中国学术论著精品丛刊

新唯识论

熊十力 著

中国书籍出版社
China Book Press

图书在版编目（CIP）数据

新唯识论 / 熊十力著 . — 北京：中国书籍出版社，2020.3

（中国学术论著精品丛刊）

ISBN 978-7-5068-7730-5

Ⅰ.①新… Ⅱ.①熊… Ⅲ.①唯识宗—研究 Ⅳ.① B946.3

中国版本图书馆 CIP 数据核字（2020）第 004648 号

新唯识论

熊十力　著

责任编辑	卢安然
责任印制	孙马飞　马　芝
出版发行	中国书籍出版社
地　　址	北京市丰台区三路居路 97 号（邮编：100073）
电　　话	（010）52257143（总编室）　（010）52257140（发行部）
电子邮箱	eo@chinabp.com.cn
经　　销	全国新华书店
印　　刷	三河市华东印刷有限公司
开　　本	650 毫米 ×940 毫米　1/16
字　　数	360 千字
印　　张	26.5
版　　次	2020 年 3 月第 1 版　2020 年 3 月第 1 次印刷
书　　号	ISBN 978-7-5068-7730-5
定　　价	78.00 元

版权所有　翻印必究

中国学术论著精品丛刊编委会

总 策 划： 史仲文　王　平
主　　编： 史仲文　张加才　郭扶庚
编　　委： （姓氏笔画为序）
　　　　　　马　勇　王文革　王向远　邓晓芒　王清淮　王德岩
　　　　　　王鸿博　何光沪　曲　辉　余三定　单　纯　邵　建
　　　　　　赵玉琦　赵建永　赵晓辉　夏可君　展　江　谢　泳
　　　　　　解玺璋　廖　奔　颜吾芟　檀作文　魏常海
常务编委： 王德岩　王鸿博　曲　辉　赵玉琦　赵晓辉
秘 书 长： 曲　辉　颜吾芟

引 言

"齐人"自吹法螺，曰交游尽富贵，原来"遍国中无与立谈者"，而刘禹锡身居陋室，往来皆鸿儒。看某人所交往，可知某人学识才能，熊十力则又一力证。熊十力性格孤僻，行为乖张，常理推测，交游一定乏善可陈，而列举熊十力朋辈，今人舌举不能下：石瑛、单不庵、梁漱溟、蔡元培、汤用彤、李石岑、马一浮、张申府、张岱年、林宰平、汤用彤、李证刚、郑天挺、陈政、罗庸、罗常培、钱穆、蒙文通、张孟劬、张东荪、朱光潜、贺麟、董必武、郭沫若、林伯渠、徐特立、李济深、陈铭枢、艾思奇……举凡英特，尽入十力彀中。鼎革之际，形势仓皇，不唯新雨难觅，朋辈故旧，风雨飘零，大多入录鬼簿，不者，这一长串名单或几无了期。

十力之名望，要在《新唯识论》一书。"唯识论"是佛家重要命题，玄奘首唱，窥基赓续其说，历代高僧大德，且赞且裹，唯识蔚为大宗。所谓"唯识"，顾名思义，"识"为"唯一"，识，即对"万有"的识见，万有，心外之万物包括精神之统名。唯识论认为，这些所谓"心外之万物"其实并不存在，皆由我人心识自体所变现而来，亦即由第八阿赖耶识中的"种子"所变现生起，故除心识之外，万有现象都是虚幻，变动不居。因此得出结论："唯识无境"。如果从万有现象自识所变一面来论说，则"唯识所变"。无境，谓此境本无，所变，谓心变幻万有万象，心变则象变。回到唯识。一个人的认识有两种，一是本心（也就是自己真实的体验），二是外在的偏见，

新唯识论

也俗称智慧。大多数人都渴望得到智慧，进而让外在的智慧埋没了本源，污染了本心。

熊十力眼界辽远，他认为，西方的实证主义、印度的唯识法相之学和中国的汉学考据，有共同的窄境：它们过于关注枝节，忽视对宇宙之基源、人生之根蒂的体悟。哲学家的主要事业，是要重新思考人类本质的发展，反省生命的意义和人生的价值，关注人类面临的危机，寻求解脱办法，这里的问题是发现人生本质和宇宙本体，以及二者的相互关系。

熊十力哲学核心是"体用不二"，也就是"体"和"用"不分别。儒家认为，人的所有活动必须以"至善"为宗旨，至善施及所有人，仁者爱人，泛爱众。熊十力强调"本体"，合天地万物于一体，宇宙人生浑然一片，不是说人们努力使之"打成一片"，它们的本来就是这样不分别的整体。是人无事生非，刻意于此疆彼界。熊十力的体是"一体之仁"，推广遍及鸟兽、草木、瓦砾，通过人的精神生命与道德意识的运动或感通，人的生命与宇宙大生命能够回复成一体。但是，这个回复成一体的中间环节，则是"用"。用，即工夫，包括道德实践或社会实践，在这个实践过程中实现良知与仁心的一致，工夫与本体的一致，外王与内圣的一致。熊十力强调"一本"，"见体"而"究体"，达到通透。他列举几种学说并一一点评，无不切中肯綮：宇宙论只能认知现象，不透彻万化之源、万物之本；人生论坐而论道，不能参究生命本性，体悟生活本质；道德论虚无缥缈，僵化为外在的法规；知识论的知识没有本源；治化论的治化类同缘木求鱼。熊十力以大无畏的精神扫荡了诸般学说，推出自己庞大的学说体系，他的"本体论"统摄宇宙论、人生论、道德论、知识论、治化论等等。人或目之为狂傲，但熊十力有狂和傲的资本，他的《新唯识论》可以瓦解任何质疑攻讦。

这是熊十力的本体论撮要，也是他哲学思想的核心。本体论是哲学最形而上的问题，探讨"存在"，即探索人与世界之关系。中国"原教旨"的儒学到宋明儒学，其实都有自己的本体论，说到底，中国哲学仍然不外乎"究天人之际"。熊十力把儒家哲学的内核——内圣之学中所探讨的心性关系问题、道德哲学的问题、人的安身立命的基础和终极寄托的问题，即关于人的存在的问题，把从孔孟到程朱陆王关于这些问题的回答，融会贯通，使之系统化、体系化，把"本体论"的概念第一次引入中国儒学，创建严整细密的哲学体系，所以，以熊十力为领袖的现代中国儒学就被称为"新儒学"，熊十力等数人被称为"新儒家"。

由本体论发源，熊十力推演"体用不二论""翕辟成变论"。所谓体用不二论有三个要素，第一，肯定本体的唯一性，第二，肯定本体的能动性和变易性，第三，肯定本体与功能的一致性。三个要素柔性密接为一体。熊十力进而阐释，所有的物理现象、心理现象，都没有自性、没有实体，人们不过是将这些假象执著为真实存在。其实，真实存在的只有一个本体——它既是宇宙的心，又是万象各具的心；既是宇宙万象的本原，又是人们反求自识的绝对真理。所谓"体用不二"论、"翕辟成变"论，是体用不二论的自然逻辑发展。"本体"或"实体"内部隐含着矛盾与张力（实质仍然是物质和精神的矛盾），两极对立互动，相反相成，于是而有了宇宙的发展变化。"翕"与"辟"都是实体的功能，熊十力试图借用传统概念"阴阳"等陈说这一现象，究竟不很惬本心，遂拈出"翕辟"二字，以为成论。"翕"是摄聚成物的能力，由于它的积极收凝而建立物质世界，"辟"是同时而起的另一种能力，不会物化，却能运用并主宰"翕"的行为。宇宙实体依赖一翕一辟的相反相成而流行不息。翕凝敛而成物，从这个意义说翕即是物；辟开发而不失其本体之健，因此辟即是心。翕辟（物心）是同一功能的两个方面，且不可分割。但两方面并不是均平，辟包涵着翕，翕从属于辟，辟遍涵一切物而无所不包，遍在一切物而无所不入。辟必待翕而后得所运用，翕必待辟而后识有主宰。

哲学之旨归，在维护人道之尊，谈天说地，终究要归结到人。人必须破除出世思想，破除造物主思想，破除委心任运思想，而应

新唯识论

自强不息，积极入世。"天行健，明宇宙大生命常创进而无穷也，新而不竭也。君予以自强不息，明天德在人，而人以自力显发之，以成人之能也。"熊十力强调以"人道"统摄"天道"，提倡刚健进取的人生态度，又与儒家积极进取的思想密接。

本体如此，透识本体，也是十分重要的问题，这是熊十力哲学的方法学问题。如何去"见"本心仁体，熊十力提出"科学的真理"与"玄学的真理"，"科学的心理学"与"玄学的心理学"，"量智"与"性智"，"思辨"与"体认"等一系列概念，阐释这些概念，也构成熊十力哲学的丰富的成分。

《新唯识论》既出，学界沸腾，佛儒二界各具一极，蔡元培序言说："惜二千年来，为教界所限，未有以哲学家方法，分析推求，直言其所疑，而试为补正者。有之，则自熊十力先生之《新维识论》始。"马一浮说："十力精察识，善名理，澄鉴冥会，语皆造微。早宗护法，搜玄唯识。已而悟其乖真，精思十年，始出《境论》。将以昭宣本迹，统贯天人，囊括古今，平章华梵。"王元化说："十力先生既不承认唯物论，也不承认唯心论。贺氏称他为泛心论者，庶几近之。他认为有物即有心，纵使在洪荒时代，心的势用即随物而潜在。体用一如，心物不二，这就是十力先生哲学的真谛。他不墨守二王之学，而有所发展。他参照柏格森的生命哲学，而有所批判。"

熊书更引起佛界的震动，欧阳竟无为刘衡如反驳《新唯识论》所作《破新唯识论》一书作序说："六十年来阅人多矣，愈聪明者愈逞才智，愈弃道远，过犹不及，贤者昧之。而过之至于灭弃圣言量者惟子真为尤，衡如驳之甚是，应降心猛省以相从。割舌之诚证明得定，执见之舍皆大涅槃，呜呼子真，其犹在古人后哉！"太虚评《新唯识论》说："观熊论，所谓：'今造此论，为欲悟诸究玄学者，令知实体非是离自心外在境界，及非知识所行境界，唯是反求实证相应故。'即知其论属真如宗，以彼所计'实体'，即指'真如性'故，宗在直明直证真如性故。熊论所宗既别，亦自得成立其说；然袭用'唯识论'为题，且据其自宗以非斥别有其宗之护、窥诸师唯识学，

引　言

则殊不应理矣！"佛界高僧与学界大儒高辩阔论，国人解颐。

1966年，政治运动狂飙突起，依佛家唯识智慧，我心之外无物，运动之类与我何干？然而国家残破，倾巢无完卵，佛法僧颠沛于途。熊十力揭橥体用不二，我心即外物。运动波及，殆无噍类。熊十力虽然被列为十大反动学术权威，然而《新唯识论》能读得懂的人实在不多，找不出他反动的证据，是以熊十力其身并没有受到强烈的冲击，但是他的心受到的打击更甚于身，熊十力根本上仍然是王阳明心学一派，凛冽寒风中，喃喃"中国文化亡了"，更是对他已死之心的悼念。如此，熊十力与尊师欧阳竟无之"唯识"，并无分歧。

王清淮
2019 年 12 月

目录 CONTENTS

新唯识论全部印行记 ·· 1
初印上中卷序言 ··· 3

卷 上

第一章 明宗 ·· 11
第二章 唯识上 ·· 19
第三章 唯识下 ·· 38
第四章 转变 ·· 64

卷 中

第五章 功能上 ··· 113
第六章 功能下 ··· 158
卷中后记 ·· 205

· 1 ·

卷下之一

第七章　成物 …………………………………… 213
第八章　明心上 ………………………………… 278

卷下之二

第九章　明心下 ………………………………… 329
附　录 …………………………………………… 352

新唯识论全部印行记

　　己卯夏，余有嘉州之行，适遇寇机，频年积稿尽毁，友好多伤之。翌年，本书上卷成，得吕生汉财印如干部。辛巳冬，中卷成，复虑轰炸，老友居觉生先生募资，合上卷付印。昨春，下卷成，复取上中卷，稍易数处，而以全书由中国哲学会付商务印书馆出版。老当国难，精力日衰矣，平生心事，寄之此书。世或罪以谤佛，则岂识予心者哉？有问："此书非佛家本旨也，而以《新唯识论》名之，何耶？"曰：吾先研佛家唯识论，曾有选述，渐不满旧学，遂毁夙作，而欲自抒所见，乃为《新论》。夫新之云者，明异于旧义也。异旧义者，冥探真极，此语吃紧。苟非自穷真极，而徒欲泛求之百氏，则陷于杂博，未能臻至理也。而参验之此土儒宗及诸巨子，抉择得失，辨异观同，所谓观会通而握玄珠者也。玄珠，借用庄子语，以喻究极的真理或本体。破门户之私执，契玄同而无碍，此所以异旧义而立新名也。识者，心之异名。唯者，显其殊特。即万化之原而名以本心，是最殊特。言其胜用，则宰物而不为物役，亦足征殊特。《新论》究万殊而归一本，要在反之此心，是故以唯识彰名。或曰："《新论》不亦谈妄识乎？岂尽说本心耶？"曰：异哉，汝之固也。辨妄正所以显本，妄之不明，本不可见。汝以为著书将只单提一义，而不可涉及余义乎？道理哪得如是简单。世俗每不悟《新论》所由立名，辄为无谓之非难，故略说如上。

中华民国三十三年一月二日黄冈熊十力记于陪都近区北碚勉仁书院

初印上中卷序言

　　是书原本系文言文，于民国十二年顷讲授于国立北京大学。后多所改定，以二十一年十月自印行世。无锡钱学熙常欲迻译英文，未果。二十七年春，余避难入蜀，寓居璧山，学熙亦至。是冬，学熙欲偿夙愿，因先用国文翻成语体文，以资熟练。义有增损，则余所随时口授，学熙无擅改也。仅翻至《转变章》首节，学熙因事离川，又不获译。迄二十八年秋，莱芜韩裕文从游，因嘱裕文续学熙稿，将别为语体文本。裕文面受裁决，遂完成《转变章》，辑为上卷。未几，裕文以生事窘束离去。余孤羁穷乡破寺中，老来颠沛，加复贫困，乃强自援笔，续缮《功能章》上下，以三十年孟秋脱稿，辑为中卷。预计全书若成，当不过三卷。下卷起草须稍待也。中卷申明体用，因评判佛家空有二宗大义，而折衷于《易》。《易》者，儒道两家所统宗也。既已博资群圣，析其违乃会其通，其相违处，辨而析之。其大通处，可融会也。学穷其至，可守一家言乎？实亦穷极幽玄。妙万物而涵众理。理极其玄，则众理无所不包，故曰涵众理。玄者万物之所共由，故曰妙万物。上卷所陈义趣，至此而后见其根极。夫泥曲者难期以超悟，曲者偏曲，谓俗学只从枝节去索解。泥于此者，未能脱然超悟。守文者无冀夫悬解，世固有莫逆予心者乎？吾姑俟之而已。中卷甫脱稿，将合上卷先付印如干部，以防散失。印费綦难，旧友广济居觉生先生筹募而资之。冀此变经，无坠旦夕。《易经》穷极变化之道，阮嗣宗称以变经，此借用之。

是书卷面，签题《新唯识论语体文本》。卷内题名仍旧，《新唯识论》以避繁重。

原本拟为二部：曰《境论》，境者，所知名境，本佛典。今顺俗为释，如关于本体论及宇宙论、人生论等，有其所知、所见、或所计持者，通名为境。曰《量论》。《量论》，相当俗云知识论或认识论。量者，知之异名。佛家有证量及比量等，即关于知识之辨析也。只成《境论》一部分，《量论》犹未及作。今本此次语体文本称今本，下仿此。则不欲承原本之规画，如将来得成《量论》时，即别为单行本，故今本亦不存《境论》之目。以《境》《量》二论相待立名，今《量论》既不属本书组织之内，则《境论》之名亦不容孤立故。本书根本问题不外体用。立言自有统纪，一依原本之底蕴。学者如透悟体用义，即于宇宙人生诸大问题，豁然解了，无复疑滞。

本书虽是语体文，然与昔人语录不必类似。此为理论的文字，语录只是零碎的记述故。又与今人白话文尤不相近。白话文多模仿西文文法，此则犹秉国文律度故。大抵此等文体不古不今，虽未敢云创格，要自别成一种作风。

本书发端于钱君，初非有意为此。继念原本简括，文不繁重曰简，义综纲要曰括。欲因钱稿而续成语体文本，历时凡四载，成兹二卷。上卷之文，既非一手，余颇有核定，但损益无多。中卷则余亲秉笔，而流亡困厄，意兴萧索，老来精力益复无几，写稿断难一气贯注。然义有据依，非由意想妄搆故。词必精核，词必足以完全表达其所诠之义，无有漏略。且正确而不容误解，乃云精核。要归无苟，则非文章之士所与知也。尝与朱孟实光潜书云：哲学之事，基实测以游玄，从观象而知化。《大易》之妙在此。穷大则建本立极，冒天下之物；通微则极深研几，洞万化之原。解析入细，茧丝牛毛喻其密；组织精严，纵经横纬尽其巧。思凑单微，言成统类，此所以笼群言而成一家之学，其业诚无可苟也。焉得知言者，而与之游于玄圃。

中华民国三十一年一月十五日熊十力识

附原本绪言节存

本书于佛家，元属造作。凡所用名词，有承旧名而变其义者，旧名，谓此土故籍与佛典中名词。本书多参用之，然义或全异于旧，在读者依本书立说之统纪以求之耳。如恒转一名，旧本言赖耶识，今以目本体，则视旧义根本不同矣。此一例也，余准知。有采世语而变其义者。世语，谓时俗新名词。自来专家论述，其所用一切名词，在其学说之全系统中，自各有确切之涵义，而不容泛滥，学者当知。然则何以有承于旧名，有采于世语乎？名者公器，本乎约定俗成，不能悉自我制之也。旧名之已定者与世语之新成者，皆可因而用之，而另予以新解释。此古今言学者之所同于不得已也。

书中用自注，或有辞义过繁，不便系句读下者，则别出为附识，亦注之类也。每下一注，皆苦心所寄。今本上卷有译者按及缮者按等文，为上卷以下所无者，盖钱韩两君所附加者。此亦与附识同例，无须改削。

本书评议旧义处，旧义谓印度佛家。首叙彼计，必求文简而义赅。注语尤费苦心。欲使读者虽未研旧学，亦得于此而索其条贯，识其旨归，方了然于新义之所以立。

附笔札

科学承认有外界独存，自科学言之，固应假定如此，而哲学家谈本体者，亦将本体当做外界的物事来推度，却成颠倒。《明宗》及《唯识》两章，须旷怀潜玩始得。

来问："《唯识章》只不承有外境，却不谓境无，何以成唯识？"

此正未了本书意思耳。书中明言：唯者，殊特义，非唯独义云云。详《唯识章》。本书明翕辟成变，即依翕上假说境物，详《转变》《成物》两章。前后意思尽一贯。以上答钟定欣。

内心外物，分成两界对立，此于真理太悖。悟到心境浑融，方是实际理地。

近世哲学不谈本体，则将万化大原、人生本性、道德根底一概否认。此理本平常，本著显，直缘人自锢于知见，不能证得。

知识论所由兴，本以不获见体，而始讨论及此。但东方先哲则因知识不可以证体，乃有超知而趣归证会之方法。西人则始终盘旋知识窠臼，茫无归着，遂乃否认本体。明者辨识此中得失，方信本论所为作，是不容已。

来问："《明宗章》有云，'吾人必须内部生活净化和发展时，这个智才显发的'云云。净化一词，似采用时下新名词，或须加注，方免误会。"所见极是。西洋谈心理者，以为吾人之本能遇阻遏，或下等欲望不遂者，必别求补偿于高等精神活动之中，是谓净化。今在本文中所云净化，其意义自别。盖必保任本心，即固有性智，而勿失之，则中有主宰，而一切下劣的本能或欲望自受裁制，而不至横溢为患。如是，欲皆从理，无有迷妄。故此云净化，乃自有真宰，而能保任勿失，始有此效。若不悟真宰，只谓即下等冲动可转而高尚化，此乃吾先哲所谓"百姓日用而不知"者也，岂究理之谈耶？学熙译本文时，未及注别，得子抉发，所关不浅。以上答黄艮庸。

《新论》原本《转变章》动点之说，吾自潜玩及此。宇宙原是大用流行，不妨说为一大动力。一者，绝对义。大者，无所不包含义。动者，神变无穷义。此动非与静为对待之词。力者，言乎神变无穷之势用也。此力字，勿作物理学上所谓能力来理会。只此动力，无别实在的物质。动力不凝摄，则空荡无物，将何所藉以自表现耶？其凝摄也，则分为众多之点滴然。由此点滴，渐渐转粗，而形成所谓原子电子，乃至辗转形成物质宇宙。故推迹物质，本非实有，吾自信理当如是。后闻学熙言，西哲已有言及动点者。吾不能读西籍，未知其立说之体系如何，其根底意思如何，但彼既有此说，则吾不欲与之雷同，故语体文本，已不用动点一词。以上答邓子琴。

本论明变而表以数，立二数或三数以示之，至道无余蕴矣。二者，一翕一辟也。三者，恒转是一，其现为翕则二也，复现为辟则三也。须详玩《转变章》。恒转亦名功能，相当《易》之太极，《春秋》之元。夫言二，非无一也。恒转本寂寞无形，而不能不现为一翕一辟，故称万法实体，是以不言一而一固存矣。吃紧。《大易》以二数明化，至矣妙矣。子云《太玄》以三，犹符《易》旨。邵尧夫以四，则已滞于象，而难与究玄矣。近人严又陵犹识此意。本论初出，世或以黑格尔辩证法相拟，实则本论原本《大易》，其发抒《易》《老》"一生二、二生三"之旨，若与辩证法有似者。但吾书根本意思，要在于变易而见真常，于反动而识冲和，老曰："反者道之动。"冲和即仁也。于流行而悟主宰，其于黑格尔氏，自有天壤悬隔处。非深于《易》者，终不解吾意耳。

《易》曰："天下之动，贞夫一者也。"《老子》"天得一以清"章善发斯旨。数立于一。一者，绝待也，虚无也，无形无象故名。无在无不在也。自一而二，以之于三，皆称体起用之征符，至无而妙有也，至虚而善动也，是故拟之以象。实无固定之象，故曰拟也。自此以往而数不胜纪，则有待之域，不可以见玄也。以上与牟宗三唐君毅。

不喜谈本体论，向者学熙亦如此。彼初闻《新论》，却没意趣，久之屏除成见，时于虚静中体玩此理，渐有解悟，至于欲罢不能，乃信此学是穷万化之奥妙，是一切学问之归墟。

读本书者，若于佛家大乘学及此土三玄《大易》《老》《庄》。并魏晋宋明诸子，未得其要，则不能知本书之所根据与其所包含及融会贯通处。其轻诋，亦宜也，吾未尝自矜己见。平生读前哲巨典，不肯用经生家技俩，只旷怀冥会，便觉此理不待求索，六通四辟，左右逢原，实有此事。古人不我欺也。以上答云颂天张俶知。

来函云："《明宗章》直指本心，说为宇宙实体，骤闻之殊不契，细玩之，觉其理无可易。"足征虚怀之益。本体不是外在的物事，更不是思惟中的概念，或意念中追求的虚幻境界。唯反己深切体认，便自识本来面目。

　　本书谈生灭，是就一翕一辟之势用新新不住而言。换句话说，即显大用流行，无有些子滞积而已。《易》所谓"妙万物而为言者"此也。本书不是就个体的物事上谈生灭，而是就所谓个体的物事上，明其都无实物可容暂住，于此可见神化之不息与大用之不测。此与俗书谈生灭的意思自不同，须旷怀冥会始得。以上答杨生。

　　虚妄的心，亦云妄识，亦省言识。别于本心或真心而言之也。若就其辨物析理的等等作用而言，则曰量智或理智。随义异名，所目则一。

　　尝怪西洋哲学家谈理智，似是无根的东西。彼所谓理智，既不同吾侪所云性智，却又不问理智是如何而有的。学者于此无疑问，何耶？吾人承认有本来固具的性智，则说理智亦是性智的发用，但他是流行于官体中而易为官能假之以自逞，又有习染之杂。他毕竟不即是性智，这是不可混淆的。参看《明宗章》谈量智处一段文。又《唯识下章》结处有云，第三章虽云心无自体，然许心有因缘，即是他有其本身底自动的力云云，此下文字，俱须细看。须知，妄识亦依性智故有，譬如浮云虽无根底，亦依太空故有，所谓依真起妄者是也。以上答张德钧。

　　　　上卷初出，偶酬诸子问难，颇有关大义者，节存如上。

卷上

第一章 明宗

今造此论，为欲悟诸究玄学者，令知一切物的本体，非是离自心外在境界，及非知识所行境界，唯是反求实证相应故。

译者按：本体非是离我的心而外在者，因为大全大全，即谓本体。此中大字，不与小对。不碍显现为一切分，而每一分又各各都是大全的。如张人，本来具有大全，故张人不可离自心而向外去求索大全的。又如李人，亦具有大全，故李人亦不可离自心而向外去求索大全的。各人的宇宙，都是大全的整体的直接显现，不可说大全是超脱于各人的宇宙之上而独在的。譬如大海水喻本体。显现为众沤，喻众人或各种物。即每一沤，都是大海水的全整的直接显现。试就甲沤来说罢，甲沤是以大海水为体，即具有大海水底全量的。又就乙沤来说罢，乙沤也是以大海水为体，亦即具有大海水底全量的。丙沤、丁沤乃至无量底沤，均可类推。据此说来，我们若站在大海水底观点上，大海水是全整的现为一个一个的沤，不是超脱于无量的沤之上而独在的。又若站在沤的观点上，即每一沤都是揽大海水为体。我们不要以为每一沤是各个微细的沤，实际上每一沤都是大海水的全整的直接显现着。奇哉奇哉！由这个譬喻，可以悟到大全不碍显现为一切分，而每一分又各各都是大全的。

这真是玄之又玄啊！

又按本体非是理智所行的境界者。熊先生本欲于《量论》广明此义。但《量论》既未能作，恐读者不察其旨。兹本熊先生之意而略明之。学问当分二途：曰科学，曰哲学。**即玄学**。科学，根本从实用出发，易言之，即从日常生活的经验里出发。科学所凭藉以发展的工具，便是理智。这个理智，只从日常经验里面历练出来，所以把一切物事看作是离我的心而独立存在的、非是依于吾心之认识他而始存在的。因此，理智只是向外去看，而认为有客观独存的物事。科学无论发展到何种程度，他的根本意义总是如此的。哲学自从科学发展以后，他底范围日益缩小。究极言之，只有本体论是哲学的范围，除此以外，几乎皆是科学的领域。虽云哲学家之遐思与明见，不止高谈本体而已，其智周万物，尝有改造宇宙之先识，而变更人类谬误之思想，以趋于日新与高明之境。哲学思想本不可以有限界言，然而本体论究是阐明万化根源，是一切智智，**一切智中最上之智，复为一切智之所从出，故云一切智智**。与科学但为各部门的知识者自不可同日语。则谓哲学建本立极，只是本体论，要不为过。夫哲学所穷究的，即是本体。我们要知道，本体的自身是无形相的，而却显现为一切的物事，但我们不可执定一切的物事以为本体即如是。譬如假说水为冰的本体，但不可执定冰的相状，以为水即如冰相之凝固者然。本体是不可当做外界的物事去推求的。这个道理，要待本论全部讲完了才会明白的。然而吾人的理智作用，总是认为有离我的心而独立存在的物质宇宙，若将这种看法来推求本体，势必发生不可避免的过失，不是把本体当做外界的东西来胡乱猜拟一顿，就要出于否认本体之一途。所以说，本体不是理智所行的境界。我们以为科学、哲学，原自分途。科学所凭藉的工具即理智，拿在哲学的范围内，便得不着本体。这是本论坚决的主张。

是实证相应者，名为性智。性智，亦省称智。这个智是与量智不同的。云何分别性智和量智？性智者，即是真的自己底觉悟。此中真的自己一词，即谓本体。在宇宙论中，赅万有而言其本原，则云本体。即此本体，以其为吾人所以生之理而言，则亦名真的自己。即此真己，在《量论》中说名觉悟，即所谓性智。此中觉悟义深，本无惑乱故云觉，本非倒妄故云悟。申言之，这个觉悟就是真的自己。离了这个觉悟，更无所谓真的自己。此具足圆满的明净的觉悟的真的自己，本来是独立无匹的。以故，这种觉悟虽不离感官经验，要是不滞于感官经验而恒自在离系的。他元是自明自觉，虚灵无碍，圆满无缺，虽寂寞无形，而秩然众理已毕具，能为一切知识底根源的。量智，是思量和推度，或明辨事物之理则，及于所行所历，简择得失等等的作用故，故说名量智，亦名理智。此智，元是性智的发用，而卒别于性智者，因为性智作用，依官能而发现，即官能得假之以自用。此中得者，言其可得，而非恒然。若官能恒假性智以自用，即性智毕竟不得自显，如谓奴恒夺主，无有主人得自行威命者。此岂应理之谈。易言之，官能可假性智作用以成为官能之作用，迷以逐物，而妄见有外，性智作用，以下省云性用。见有外者，以物为外故。由此成习。习者，官能的作用，迷逐外物。此作用虽当念迁谢，而必有余势续流不绝也。即此不绝之余势，名为习。而习之既成，则且潜伏不测之渊，不测之渊，形容其藏之深也。常乘机现起，益以障碍性用，而使其成为官能作用。则习与官能作用，恒叶合为一，以追逐境物，极虚妄分别之能事，外驰而不反，是则谓之量智。以上意思，俟下卷《明心章》当加详。故量智者，虽原本性智，而终自成为一种势用，迥异其本。量智即习心，亦说为识。宗门所谓情见或情识与知见等者，皆属量智。吾尝言，量智是缘一切日常经验而发展，其行相恒是外驰。此中行相一词，行谓起解，相者相状，行解之相，曰行相。外驰者，唯妄计有外在的物事而追求不已故。

夫唯外驰，即妄现有一切物。因此而明辨事物之理则，及于所行所历，简择得失而远于狂驰者，狂驰犹俗云任感情盲动者也。此或量智之悬解。悬解，借用庄子语。量智有时离妄习缠缚而神解昭著者，斯云悬解。悬者，形容其无所系也。解者，超脱义，暂离系故，亦云超脱，然以为真解则未也。以其非真离系，即非真解。必妄习断尽，性智全显，量智乃纯为性智之发用，而不失其本然，始名真解。此岂易言哉？上云悬解者，特习根潜伏而未甚现起耳。且习有粗细，粗者可暂伏，细者恒潜运而不易察也。量智唯不易得真解故，恒妄计有外在世界，攀援构画。以此，常与真的自己分离，真己无外，今妄计有外，故离真己。并常障蔽了真的自己，攀援构画，皆妄相也。所以障其真己而不得反证。故量智毕竟不即是性智。此二之辨，当详诸《量论》。今在此论，唯欲略显体故。本体亦省言体，后凡言体者仿此。

　　哲学家谈本体者，大抵把本体当做是离我的心而外在的物事，因凭理智作用，向外界去寻求。由此之故，哲学家各用思考去构画一种境界，而建立为本体，纷纷不一其说。不论是唯心唯物、非心非物，种种之论要皆以向外找东西的态度来猜度，各自虚妄安立一种本体。这个固然错误。更有否认本体，而专讲知识论者。这种主张，可谓脱离了哲学的立场。因为哲学所以站脚得住者，只以本体论是科学所夺不去的。我们正以未得证体，才研究知识论。今乃立意不承有本体，而只在知识论上钻来钻去，终无结果，如何不是脱离哲学的立场？凡此种种妄见，如前哲所谓"道在迩而求诸远，事在易而求诸难"。此其谬误，实由不务反识本心。易言之，即不了万物本原，与吾人真性，本非有二。此中真性，即谓本心。以其为吾人所以生之理，则云真性。以其主乎吾身，则曰本心。遂至妄臆宇宙本体为离自心而外在，故乃凭量智以向外求索，及其求索不可得，犹复不已于求索，则且以意想而有所安立。学者各凭意想，聚讼不休，则又相戒勿谈本体，于是盘旋知识窠臼，而正智之途塞，人顾自迷其所以生之理。古德有骑驴觅驴之喻，盖言其不悟自所本有，而妄向外求也。慨斯人之颠倒，可奈何哉？

　　前面已说，本体不是离我的心而外在的。这句话的意思，是指示他们把本体当做外界独存的东西来推度，是极大的错误。设有问言："既体非外在，当于何求？"应答彼言：求诸己而已矣。求诸己者，反之于心而即是。岂远乎哉？不过，提到一心字，应知有本心习心之分。唯吾人的本心，才是吾身与天地万物所同具的本体，不可认习心作真宰也。真宰者，本心之异名。以其主乎吾身，而视听言动一皆远于非理，物欲不得而干，故说为真宰。习心和本心的分别，至后当详。下卷《明心章》。今略说本心义相：一、此心是虚寂的。无形无象，故说为虚。性离扰乱，故说为寂。寂故，其化也神，不寂则乱，恶乎神，恶乎化。虚故，其生也不测，不虚则碍，奚其生，奚其不测。二、此心是明觉的。离暗之谓明，无惑之谓觉。明觉者，无知而无不知。无虚妄分别，故云无知。照体独立，为一切知之源，故云无不知。备万理而无妄，具众德而恒如，是故万化以之行，百物以之成。群有不起于惑，反之明觉，不亦默然深喻哉。哲学家谈宇宙缘起，有以为由盲目追求的意志者，此与数论言万法之生亦由于暗，伏曼容说万事起于惑，同一谬误。盖皆以习心测化理，而不曾识得本心，故铸此大错。《易》曰"乾知大始"。乾谓本心，亦即本体。知者，明觉义，非知识之知。乾以其知，而为万物所资始，孰谓物以惑始耶？万物同资始于乾元而各正性命，以其本无惑性故。证真之言莫如《易》，斯其至矣。是故此心谓本心。即是吾人的真性，亦即是一切物的本体。或复问言："黄蘗有云，'深信含生同一真性，心性不异，即性即心'云云。此与孟子所言'尽心则知性知天'，遥相契应。宋明理学家，有以为心未即是性者。"此未了本心义。本心即是性，但随义异名耳。以其主乎身，曰心。以其为吾人所以生之理，曰性。以其为万有之大原，曰天。故"尽心则知性知天"，以三名所表，实是一事，但取义不一而名有三耳。尽心之尽，谓吾人修为工夫，当对治习染或私欲，而使本心得显发其德用，无有一毫亏欠也。故尽心，即是性天全显，故曰知性知天。知者证知，本心之炯然内证也，非知识之知。由孟子之言，则哲学家谈本体者，以为是量智或知识所行之境，而未知其必待修为之功，笃实深纯，乃至克尽其心，始获证见，则终与此理背驰也。黄蘖言即心即性，是有当于孟子。然世人颇疑在我之心，本心，亦省云心。他处准知。云何即是万物之本体，此如何开喻？答曰：彼所不喻者，徒以习心虚妄分别，迷执小己而不见性故也。性字，注见前。夫执小己，则歧物我、判内外，内我而外物，两相隔截。故疑我心云何体物。体物，犹云为万物之本体。若乃廓然忘己，而澈悟寂然非空，生而不有，至诚无息之实理，是为吾与万物所共禀之以有生，即是吾与万物所同具之真性。此真性之存乎吾身，恒是虚灵不昧，即为吾身之主，则亦谓之本心。故此言心，实非吾身之所得私也，乃吾与万物浑然同体之真性也。然则反之吾心，而即已得万物之本体。本体乃真性之异语，以其为吾与万物所以生之实理，则曰真性。即此真性，是吾与万物本然的实相，亦曰本体。此中实相，犹言实体。本然者，本来如此。德性无变易故，非后起故，恒自尔故。吾心与万物本体，无二无别，其又奚疑？孟子云："夫道，一而已矣。"此之谓也。

或复难言："说心，便与物对。心待物而彰名，无物，则心之名不立。如何可言吾心即是吾与万物所同具的本体？"答曰：汝所谓与物对待的心，却是吾所谓习心。习心者，原于形气之灵。由本心之发用，不能不凭官能以显，而官能即得假借之，以成为官能之灵明，故云形气之灵，非谓形气为本原，而灵明是其发现也。形气之灵发而成乎习，习成而复与形气之灵叶合为一，以追逐境物，是谓习心。故习心，物化者也，与凡物皆相待相需，非能超物而为御物之主也，此后起之妄也。本心无对，先形气而自存。先者，谓其超越乎形气也，非时间义。自存者，非依他而存故，本绝待故。是其至无而妙有也，则常遍现为一切物，而遂凭物以显。由本无形相，说为至无。其成用也，即遍现为一切物，而遂凭之以显，是谓至无而妙有。故本心乃夐然无待，体物而不物于物者也。体物者，谓其为一切物之实体，而无有一物得遗之以成其为物者也。不物于物者，此心能御物而不役于物也。真实理体，无方无相，虽成物而用之以自表现，然毕竟恒如其性，不可物化也。此心即吾人与万物之真极，其复何疑？真极，即本体之异语。

如前已说，本体唯是实证相应，不是用量智可以推求得到的。因为量智起时，总是要当做外在的物事去推度。如此，便已离异了本体而无可冥然自证矣。然则如何去实证耶？记得从前有一西人，曾问实证当用什么方法。吾曰：此难作简单的答覆，只合不谈。因为此人尚不承认有所谓本心，如何向他谈实证？须知，克就实证的意义上说，此是无所谓方法的。实证者何？就是这个本心的自知自识。换句话说，就是他本心自己知道自己。不过，这里所谓知或识的相状很深微，是极不显著的，没有法子来形容他的。这种自知自识的时候，是绝没有能所和内外及同异等等分别的相状的，而却是昭昭明明、内自识的，不是浑沌无知的。我们只有在这样的境界中才叫做实证。而所谓性智，也就是在这样的境界中才显现的，这才是得到本体。前面说是实证相应者，名为性智，就是这个道理。据此说来，实证是无所谓方法的。但如何获得实证，有没有方法呢？应知，获得实证，就是要本心不受障碍才行。如何使本心不受障碍？这不是无方法可以做到的。这种方法，恐怕只有求之于中国的儒家和老庄以及印度佛家的。我在这里不及谈，当别为《量论》。

今世之为玄学者，全不于性智上着涵养工夫，唯凭量智来猜度本体，以为本体是思议所行的境界，是离我的心而外在的境界。他们的态度只是向外去推求，因为专任量智的缘故。所谓量智者，本是从向外看物而发展的。因为吾人在日常生活的宇宙里，把官能所感摄的都看作自心以外的实在境物，从而辨识他、处理他。量智就是如此而发展来。所以量智，只是一种向外求理的工具。这个工具，若仅用在日常生活的宇宙即物理的世界之内，当然不能谓之不当，但若不慎用之，而欲解决形而上的问题时，也用他作工具，而把本体当做外在的境物以推求之，那就大错而特错了。我们须知道，真理唯在反求。我们只要保任着固有的性智，保者，保持。任者，任持。

保任即常存之，而无以惑染或私意障碍之也。即由性智的自明自识，而发见吾人生活的源泉。这个在我底生活的源泉，至广无际，至大无外，至深不测所底，至寂而无昏扰，含藏万有，无所亏欠，也就是生天生地和发生无量事物的根源。因为我人的生命，与宇宙的大生命原来不二。所以，我们凭着性智的自明自识才能实证本体，才自信真理不待外求，才自觉生活有无穷无尽的宝藏。若是不求诸自家本有的自明自识的性智，而只任量智，把本体当作外在的物事去猜度，或则凭臆想建立某种本体，或则任妄见否认了本体，这都是自绝于真理的。所以我们主张量智的效用是有限的。量智只能行于物质的宇宙，而不可以实证本体。本体是要反求自得的，本体就是吾人固有的性智。吾人必须内部生活净化和发展时，这个智才显发的。到了性智显发的时候，自然内外浑融，即是无所谓内我和外物的分界。冥冥自证，无对待相，此智的自识，是能所不分的，所以是绝对的。即依靠着这个智的作用去察别事物，也觉得现前一切物莫非至真至善。换句话说，即是于一切物不复起滞碍想，谓此物便是——的呆板的物，而只见为随在都是真理显现。到此境界，现前相对的宇宙，即是绝对的真实，不更欣求所谓寂灭的境地。寂灭二字，即印度佛家所谓涅槃的意思。后仿此。现前千变万动的，即是大寂灭的。大寂灭的，即是现前千变万动的。不要厌离现前千变万动的宇宙而别求寂灭，也不要沦溺在现前千变万动的宇宙而失掉了寂灭境地。本论底宗极，只是如此的。现在要阐明吾人生命与宇宙元来不二的道理，所以接着说《唯识》。

第二章　唯识上

唐窥基大师在他做的印度佛家《唯识论》底序里面，解释"唯识"二字的意义云："唯字，是驳斥的词，对执外境实有的见解而加以驳斥，因为如世间所执为那样有的意义，是不合真理的。识字，是简别的词，对彼执心是空的见解而加以简别，即是表示与一般否认心是有的这种人底见解根本不同。因为把心看作是空无的，这便是沉溺于一切都空的见解，佛家呵责为空见，这更是不合真理的。所以说唯识者，盖谓世间所计心外之境，确实是空无，但心则不可谓之空无。"窥基在这篇序文里面如此说。我们看来，还要稍加修正。世间执为有离心外在的实境，这诚然是一种妄执，应当驳斥。此中妄执一词的"执"字，其意义极深，而难形容。吾人底理智作用，对于某种道理或某种事物，而起计度或解释时，恒有一种坚持不舍的意义相伴着，这就叫做执。妄执者，他所执定以为怎样怎样的，其实是一种虚妄，而不能与真理相应，故名妄执。妄执的过患极大，故应斥破，以后凡言执或妄执者，皆仿此。但基师以为识是不可说为空无的，此则不甚妥当。因为基师在此处所说底识字是与境相对的。凡心所及到的一切对象，通名为境，后仿此。换句话说，此所谓识，是取境的识。此中取字，含义略有三：一，心行于境；二，心于境起思虑等；三，心于境有所黏滞，如胶着然，即名为执。如坚持有离心实在的外物底人，就是由有此执，而不自觉。具此三义名为取境。以后凡言取境者，皆仿此。这个取境的识，他本身就是虚妄的，是对境起执的，

· 19 ·

他根本不是本来的心，如何可说不空？如果把妄执的心，当做了本来的心，说他不是空无的，那便与认贼作子为同样的错误。我们以为，世间所计度为离心实在的外物只是妄境。这种妄境，惟是依靠妄执的心才有的，并不是实在的。我们只要向内看，认明了自家妄执的心，便晓得世间所计度为离心实在的境界根本是空无的，只是虚妄的心执着为有的，这个意思，到后面自然明白。所以应当驳斥。在这方面，我是赞成基师底说法的。至于妄执的心，虽亦依本来的心而始有，但他妄执的心是由官能假本心之力用，而自成为形气之灵，于是向外驰求而不已。故此心妄执的心。是从日常生活里面，接触与处理事物的经验累积而发展，所以说他是虚妄不实的，是对境起执的。他与本来的心，毕竟不相似的。这个妄执的心和本来的心，根本不相同处，在前章里《明宗章》已可略见，向后《功能章》和《明心章》自当更详。我们以为妄执的心，实际上是空无的，因为他是后起的东西。只有本来的心，才是绝对的、真实的。基师在此处把妄执的心说为不空，这是应当修正的。

　　我在本章里面，要分两段来说。第一段要说的，是对彼执离心有实外境的见解，加以斥破；第二段要说的，是对彼执取境的识为实有的这种见解，加以斥破。

　　在第一段里，我底主张大概和旧师相同。旧师，谓印度佛家唯识论派的诸大师，后凡言旧师者仿此。古时外道小宗佛家把异己的学派名为外道。小宗者，佛家有小乘学，亦号小宗。同是执着有实在的外境，离心独存。旧师一一斥破，辩论纷然，具在《二十》等论。《二十论》，依据二十句颂而作，以说明外境唯是依识所现，而实无有外境。推原外小底意见，所以坚持有心外独存底实境，大概由二种计。此中计字，含有推求的意义，但推求字，仍不能与之切合。一、应用不无计。此在日常生活方面，因应用事物的惯习，而计有外在的实境，即依妄计的所由而立名，曰应用不无计。二，极微计。此实从前计中，别出言之。乃依所计为名，极微是所计故。曰极微计。应用不无计者，复分总别。谓或别计有瓶和盆等物是离心而实有的，此虽世俗的见解，然外小实根据于此。或总计有物质宇宙，是离心而实有的，此依世俗的见解，而锻炼较精，以为吾人日常所接触的万物，就唤做宇宙，这是客观存在的，不须靠着我人的心去识他才有的。外小都有此计。极微计者，于物质宇宙推析其本，说有实在的极微，亦是离心而独在的。近世科学家所谓元子、电子，也和极微说相同的。以上，略述外小诸计。现在要一一加以驳斥，因为他们外小的见解，在今日还是盛行的，故非驳斥不可。

　　应用不无计者，或别计现前有一一粗色境，离心独存。粗色境，犹言整个的物体。如瓶和盆等之类。殊不知这种境若是离开了我的心，便没有这个东西了，因为我的识别现起，粗色境才现起。识别，即用为心的别名。若离开识别，这种境根本是无有的。试就瓶来说，看着他，只是白的，并没有整个的瓶，触着他，只是坚的，也没有整个的瓶。我们的意识，综合坚和白等形相，名为整个的瓶。在执有粗色境的人，本谓瓶境是离心实有的，瓶境者，瓶即是心所取的境故，此用为复词。但若以实事求是的态度来审核他，将见这瓶境，离开了眼识看的白相和身识触的坚相，以及意识综合的作用，这瓶境还有什么东西在那里呢？由此可知，瓶境在实际上说全是空无的。

　　或有难言："整个的瓶，毕竟不无。因为看他确有个白相，触他确有个坚相，故乃综合坚和白等相，而得到整个的瓶，如何可说外界的瓶，无有实物，纯由汝心上所构造的呢？"答曰：如子所难，纵令坚和白等相，果属外物，不即在识。但是，这坚和白等相，要自条然各别。换句话说，眼识得白而不可得坚，身识得坚而不可得白。坚白既分，将从何处可得整个的瓶？汝的意识综合坚和白等相，以为是整个的瓶，即此瓶境纯由汝意虚妄构成，如何可说离心有这样的粗色境独存？

　　　　附识：上段文中有眼识、身识等名词。按印度佛家，把心分为各各独立的八个。本论改变其义，详见后《明心章》。然佛家所谓五识底名词，本论亦承用，但不视为各各独立。即以精神作用依眼而发现，以识别色境者，名为眼识；依耳而发现，以了别声境者，名为耳识；依鼻而发现，以了别香境者。名为鼻识；依舌而发现，以了别味境者，名为舌识；依身而发现，以了别一切所触境者，名为身识。精神作用本是全体的，但随其所依底眼耳等等官能不同，故多为之名，曰眼识乃至身识。旧师总称五识，本论亦总名之为感识。

又复以理推征，坚和白等相，谓是外物，亦复无据。如汝所计，瓶的白相，是诚在外，不从识现。若果如此，这个白应是一种固定的相。汝近看他白，他是这样的白，汝远看他，他也是这样的白。然而汝去看白，或远或近，白相便不一样了。并且多人共看，各人所得的白，也不能一样的。足见这个白，没有固定的相，唯随着能看的眼识而现为或种样子的白相。故汝所计，白相在外，理定不成。又汝谓瓶的坚相不由心现，亦不应理。坚若在外，也当是固定的相。今汝触瓶的坚，忆从少壮以至老衰，所得坚度前后不同。各人触坚，更不一致。是知坚相并非固定，唯随着能触的身识而现为或种样子的坚相。故汝计坚相在外与计白相在外是一例，都无征验的。综前所说，坚和白等相均不是离心外在的，至于综合坚白等相，而名为整个的瓶，这纯是意识因实用的需要而构造的。由此应知，如汝所计，心外独存的粗色境，决定无有。汝不应诤。

如上所破，虽斥别计，复有知解较精者，能不定执瓶等个别的粗色境，乃复总计有物质宇宙离心独存。故设难言："瓶等粗色境，你许非实有，我亦无诤。但是坚白等相虽从心所现，岂无外境为因而心上得凭空现起么？如果这个心不仗外因而得自现坚白等相，便应于不看白的时候，眼识上常常自现白相，何故必待看白方现白相？乃至应于不触坚的时候身识上常常自现坚相，何故必待触坚方现坚相？由此应知，眼等识上有坚白等相，自以外境为因，方得现起。如是许有客观独存的物质宇宙。理无可驳。"答曰：心上现坚白等相，必有境界为因,是义可许。但是,这个为因的境,决定不是离心独在的。为什么说境不是离心独在的呢？因为依妄情而说,则离心有实外境。顺正理而谈,则境和心是一个整体的不同的两方面。至后面《转变章》谈翕辟处,便知此理。这个整体所以有两方面不同,完全由于他本身的发展,是自然而然的要有这种内在的矛盾的。心的方面是无对碍的,境的方面是有形成对碍的趋势的,因此,说境和心是互相对待着,但又是互相和同的。境对于心有力为因,能引发心令与己同时现起。此中己字,设为境之自谓。如瓶境当前,能引我的心,与瓶境同时现起。心对于境能当机立应,即于自心上现似境的相貌,能识别和处理这现前的境,而使境随心转,自在无碍。所以说,境和心是互相和同的。因为他们境和心是互相对待,而又是互相和同,所以能完成其全体的发展。照此说来,境和心是一个整体的不同的两方面,断不可把境看做是心外独存的。如果说,心上现坚白等相有境为因,这是可许的。但若说是外境为因,便不应理。因为境和心,在实际上说,根本没有内外可分的,如世间所计为客观独存的物质宇宙,只是取境的心惯习于向外找东西的缘故。本无外而妄计为有外,遂不悟万物原来不在我的心外,而妄臆为外在的世界罢了。

或复问言："如公所说,心上现坚白等相,虽有境为因,却不许境在心外,是义无诤。但心所现相与境的本相,为相似、为不相似？"答曰：心上所现相,名为影像。此影像有托现境而起者,如眼等五识上所现相是也,有纯从心上所现者,如意识独起思搆时,并无现境当前,此时意中影像,即纯从心上变现。凡相,托现境而起者,即此相与境的本相,非一非异。此相是心上所现影像,不即是境的本相,故非一。虽从心现,要必有现境为所托故,故与境的本相亦非异。由非一非异故,此相与境的本相,决定有相似处,但不必全同。凡相,纯从心现者,大抵是抽象的,虽无现境为所托,然必包含过去及未来同种类的事物所具有的内容及通则等等,意中抽象的相方得现起。如于思惟中构成一杯子的概念,此等概念在意识上即是一种相,而这个相并无现境如现前具体的杯子为所托,然必由过去时意识所了别的每个杯子所具的内容与通则等等。内容，谓如各种杯子，不论磁制和金制，而同具人工制造的条件，同有盛水或酒的用处等等。通则，谓如可毁坏等等。并预测将来的一一杯子，在与过去的杯子同样情境之下，其所有内容和所循通则，也和过去是一致的。如此，才构成一杯子的概念。换句话说，必如上述情形。意中才得现起抽象的杯子的相。举此一例，纯从心上所现的相，也是于过去及未来的一一事物的共相，定有所似的。这种相，和前面所说眼等五识托现境而起的相，依世间情见上说，都不是贫乏的，都不是空洞的，都是有相当的实在性的。情见者，凡计有境物，即与究极的真理不相应。便谓情见，以不离妄情分别故。但据最后的真实的观点来说，凡所有相，又都是虚妄的，因为心的现相，常常把他自身殉没于境里面，即执着这境是实在的东西。这样，便不能与真理相应，所以堕入虚妄。此中真理，谓最后的真实。就真理说，所谓境者，只是依于真实的现显，而假名为境。若执定这个境，以为境就是本来如此了，那么就不能于境而见为是真理的显现，即不悟神化而谬执迹象，此非虚妄而何？至若把境看做是离心独在的，即于虚妄之中又加虚妄。

或复问言："意识起时，恒现似境之相，决无有不现相的时候。所以者何？一、因意识一向习于实用故，恒追求种种境，必现似其相故。二、因意识富于推求和想像等力，能构造境相故。三、因意识起分别时，眼等五识及其所得境同入过去故，意识复行追忆，必现似前境之相故。由上三义，意识恒现似境之相。唯眼等五识亲得现境，不更现相，如看白时，眼识所得即是白的本相，眼识不更变现一似白之相。所以者何？一、因眼识微劣，无推求想像等力故，故不能变现似境之相。二、境的本相，因其距离及光线等等关系，直接投刺官能而呈显于眼识的了别中，故眼识上更无须变现一似境之相，因为已经亲得境的本相之故。眼识如是，耳识乃至身识，皆可类推。由斯应说，所云现相，唯在意识，五识则否。"答曰：意识必现似境之相，如汝所说，甚符我的本旨，但谓五识亲得境的本相，而不更现相，则与吾意相乖。实则五识非不现相。我所谓五识和意识本非各个独立的，只因他们五识和意识的发现，有分位的不同，故须分别来说。眼等五识是凭藉眼等官能而发现的，他五识是先于意识而追求当前的境的。此中所谓追求，其作用极细微，是不自觉的一种追求。意识虽是自动的现起，但他意识非不藉待五识的经验的。五识创起了境，本无粗显的分别，意识紧接着五识而起，便忆持前境，更作明利的分别了。此中前境，谓前念五识所了的境，以下言前境者仿此。由此应知，意识一向习于实用，恒于种种境起追求。他是以五识为前导的，如何可说五识不现相呢？又五识虽无推求等作用，而亦有极微细的了知，虽所谓了知是不明著的，然不能说是无知。又五识和他所了的境，既成过去，意识继起而能现似前境之相者，则以五识当过去时，于所了境曾现似其相故。后念意识继起，乃得忆持前境现似其相。如果五识不曾现相，便是于所对的境冥然无知。眼识看白时，既不现似白相，便如不看一样，乃至身识触坚时，既不现似坚相，便如不触一样。我们须知道，心的知境，就因为心上必现似所知境的一种相，否则不成为知。这种道理，我想在《量论》里详说，今不必深谈。总之，五识了境时必现似境之相。所以，意识继起才有似前境的相现起，这是无疑义的。至于五识上所现似境的相，每不能与境的本相完全相肖。大概由五识所凭藉底官能和五识所了的境，以及二者间的关系，如距离和光线等等说不尽的关系，都有影响于五识了境时所现的相，而令这个相和境的本相不能全肖的。此意，犹待《量论》再详。综前所说，不论五识、意识，他们五识及意识取境的时候，都现似境之相，可见心的取境此中心字，通五识和意识而总名之。不能亲得境的本相，而是把境制造或剪裁过一番，来适应自己底期待的。此中自己一词，设为心之自谓。总之，心现似境之相，而作外想，根本是要合于实用的缘故。说到此，有好多问题要留在《量论》再说。今在此中，唯欲说明世间所谓外境，只是依靠着取境的妄心而现起的一种妄境。若果认为真有离心独在的境，那就不止是知识上的错误，根本失掉了物我无间的怀抱。

生活上的缺憾。是至可惋惜的。

或复问言："公所谓妄境者，殆以心之取境不能亲得境的本相，而必现似其相，所以说为妄境欤？"答曰：所谓妄境者，非以心上现似境之相，方说为妄。心于境起了知时，便有同化于境的倾向，所以必现似境之相。这个相，又好像是对于所知境的一种记号，如了知白时必现似白相。他所了知的是这样的一个白，不是旁的。所以心上现似白的相，就是对于白有了知的一种记号。准此而谈，心的现相，是知的作用自然会有的，无可非毁的。但是，心上才现似境的相，便很容易赋予境以实在性，并且很似有封畛的。换句话说，我们知的作用，就把所了的境当作离心独在的东西来看，这才是吾所呵斥为妄境的，因为他妄境纯是依靠着那浸渍于实用方面的妄心而起的缘故。

以上所说，对彼应用不无计，为总、为别，一一破讫。次极微计，复当勘定。印度外道，本已创说极微，至佛家小乘，关于极微的说法更多了。现在如欲把外道和小乘的极微说，一一加以详细的考核，那就不胜其繁。不过，他们外道和小乘的说法，大端也甚相近，不妨总括起来一说。凡建立极微的学者们，大概执定极微是团圆之相，而以七个极微合成一个很小的系统，叫做阿耨色。阿耨色是译音，其意义即是物质的小块。七微的分配，七个极微一词，以下省称七微。中间一微，四方上下各一微。这七微是互相维系的，而又是互相疏隔的，如此成一个小的系统。无量数的极微，都是按照上述的说法，每七微合成一个小的系统。即名为阿耨色。再由这许多许多小的系统，辗转合成几子、桌子等等粗色，以及大地和诸星体，乃至无量世界。此中粗色犹云粗大的东西或整个的物件，以下言粗色者仿此。小乘学派中，有毗婆沙师，说一切极微彼此都相距甚远，不得互相逼近。照他的说法，我坐的这张几子，是无数的阿耨色合成的。这无数的阿耨色，实际上就如无数的太阳系统，因为各个极微都是相距很远的，然而我凭依在这样的凳子上，不怕坠陷了，这也奇怪。

佛家的大乘学派，都不许有实在的极微。他们大乘对外道和小乘，常常用这样的话来逼难云：你们所说底极微，是有方分的呢，抑是无方分的呢？如果说极微是有方分的，那么既有方分，应该是更可剖析的；既是更可剖析的，那便不是实在的极微了。如果说极微的形相，是团圆的。因此拟他极微某方面是东，毕竟不成为东。拟西、拟南、拟北，也是同样，都不成的。所以，极微是无方分的。在小乘里，如萨婆多师，就是这样说的。但是，大乘又驳他道，汝的说法，甚不应理。若极微是无方分的，即不可说他是有对碍的东西，此中对碍一词，碍谓质碍。凡有质碍的东西。都是互相对待的，故云对碍。以后凡言对碍者皆仿此。遂立量破萨婆多师等云：此中量字，其意义与三段论式相近，详佛家因明学中。汝所说的极微应该不是物质的，因为不可标示他的东西等方分的缘故，犹如心法一样。心法是无有方分的。他们说极微是无方分，便同心法一样。上所立的量，既已成立，极微不是物质的了。遂诘小乘诸师云，汝所说的粗色，实际上即是那许多的极微。粗色一词，解见上。粗色以外没有极微，极微以外也没有粗色。当复立量云：汝所说的粗色应该不是粗大的东西，因为他即是极微的缘故，如汝所说极微不是粗色还是一致的道理。上所立的量，既已成立。极微不是粗色了，遂复立量云：汝手触墙壁等，应该不觉得有对碍，因为他根本不是粗色的缘故，如虚空一样。如上三个比量，比量，是佛家因明学中的名词。比字，是推求的意义。凡于事理，由种种推求而得到证明。因依论式揩定，是为比量。返证极微定是有方分的。小乘师虽欲说无方分。又经大乘逼得无可再说了，归结还是不能不承认极微是有方分。然既有方分，必定是更可分析的；凡物若是可析的，他就没有实在的自体了。由此，大乘断定极微不是离心实有的东西。当时小乘里，如古萨婆多师和经部师以及正理师，这三派的学者们，不服大乘的驳斥，又主张极微与极微所成和合色，是感识所亲得的境界，以此证成极微是实在的东西。此中和合色一词，谓多数的极微和合而成为粗大的物，名和合色。感识者，即是眼等五识，说见前。但是，极微那样小的东西，当然是眼识所不能见，乃至身识所不能触的。如何说他极微是感识所亲得的境界呢？而古萨婆多和正理师，却各有巧妙的说法。以解答这个困难的问题。无奈大乘师又把他们萨婆多师等等一个一个的都驳斥了。现在依次叙述如下：

古萨婆多师，执定有众多的实在的极微，是一个一个的各别为眼识所看的境界，例如瓶子，为眼识的境界的时候，平常以为眼识所看的，是粗大的瓶子，实际上并不是这样，而确是一个一个的极微，各别为眼识底境界。他这种说法的理由何在呢？我们要知道，印度佛家，是把一切的事情分为实法和假法的。例如世间所许为实有底物质的现象，佛家也可于一方面，随顺世间，说为实法的。若就极至的真理底方面说，便不许为实有。假法，佛家略说为三种：一、和合假，即众多的极微。和合而成的粗大的物，是名和合假。众多的极微，和合而成为大物，大物的本身是不实在的，离开各个极微，就没有这个东西了。和合的物，即是假法，故名和合假。二、分位假，如长短方圆等等，就是某种实法上的分位。如说一片青叶是短或长。一片青叶是实有的，而短或长只是青叶上的分位，不是离开青叶而有长或短的东西存在的，是名分位假。三、无体假，如说石女儿、龟毛、兔角，这都是徒有名字，而没有他底自体的，是名无体假。哲学家所构想底境界，多是无体假咧。如上，已略辨实法和假法。萨婆多师以为一一极微都是实法，至若众多的极微，和合而成瓶子这样的大物，却是和合假。又以为眼识，只是缘实法，此中缘字，有攀援和思虑及了解等等的意义。以下凡言缘字者皆准知。或疑眼识无思虑，不知眼识非无思虑，只是微细而不明著耳。耳识乃至身识皆然。不缘假法，他们以为假法，但是意识所缘的。所以眼识看瓶子的时候，实际上确是一一极微，各别为眼识的境界。

大乘驳斥古萨婆多师云：汝所说各别的极微都是实在的东西，得为眼识的一种缘。此中缘字，其含义略有凭藉的意思。如甲是因乙而有的，即说乙是甲的缘。此中意谓，眼识是能知的，必定有实在的某种色境对于眼识做被知的东西，眼识乃生，否则眼识不生。所以，这个被知的色境是眼识的一种缘。纵然许可你这种说法，但是一一极微,决定不是眼识所知的,因为我人的心,对于所知的境而起知解的时候,心上必现似所知境底相貌,否则心上没有那一回事,如何可说知道那种境呢？吾今问汝,汝试张着眼去看极微,汝眼识上曾现似极微的相否？汝既不能谎说曾现似极微的相,足见极微定不是眼识所知的,如何可说极微是感识所亲得的境界呢？大乘这样的驳斥了古萨婆多师。

经部师,执定有众多的实在的极微和合而成大物,得为感识所缘的境。此中缘字,有思虑等义,注见前。他们经部师。以为一一极微,不能直接为眼等识的境,因为眼等识上没有现似极微的相,所以不能说他一一极微是感识的境。但是众多的极微和合起来便成瓶子等大物。此中和字的意义,谓多数极微聚在一个处所,虽不必互相逼附,然相距甚近。合字的意义,谓许多极微,以相和的缘故,总成一个大物。这些大物,虽说是和合假,和合假,见前。然而眼等识缘这些大物时,却现似其相。据此,一一极微,虽不是感识所知的,而多数极微和合成为大物,乃确是感识所知的境,足见极微不可否认。

大乘破经部师云：汝所说和合的大物,毕竟不得为引发眼等识的一种缘,此中缘字的意义,参看前叙述大乘驳斥古萨婆多师处一段注语。因为他和合的大物是和合假。实际上没有这个东西,如何能为引发眼等识的缘？佛家不论大乘、小乘,都承认感识即眼等五识的发生,是要有实在的境界为缘？他感识才发生的。至若完全没有实在性的东西,是不能对于感识做一种缘的。因为没有实在性的,就没有引发感识的功用,所以不能为感识的缘。这也是经部师所共同承认的。然而,经部师也承认和合的大物,是虚假的,并不是独立的存在的,所以大乘说他和合的大物不得为引发感识的缘,这样一驳,经部师也词穷了。

正理师,执定众多的实在的极微,互相和集,得为眼等识所缘的境。此中缘字,是缘虑义,注见前。他正理师这种说法很巧妙。先要解释和集两字的意义。许多的极微,同在一处,各各相距不远,这样叫做和。虽多数的极微,同在一处,却各各无相逼附,不至混合成一体，这样叫做集。他正理师以为每一极微，虽说是小到极处，眼识不能见，乃至身识不能触，但是很多的极微，在一个处所，互相和集起来。那么，一一极微，互相资藉，即各个极微之上，都显出一种大的相貌来。如多数极微和集一处，而成一座大山。平常望见山的人，总以为他所见的是一座大山，其实所谓一座大山是和合假。实际上并没有这个东西。有什么可见呢？然而人都以为见了大山，因为很多的极微，和集在一个处所，互相资藉，各各都显出有如大山量的相。你若不信，我再烦碎的来说。譬如同在所谓大山处的无数底极微，我们设想，于其间提出甲极微来说，这个甲极微虽是小极了，但他甲极微，得到乙、丙、丁，乃至无量数的极微底资藉，那么，这个甲极微之上，便显出和大山同量的相貌了。甲极微是这样的，其他一一极微都可以类推。所以，看山的时候，实在有无量数的大山相。据此说来，极微，毕竟是感识所亲得的境界，是不容疑难的。正理师这种说法，似乎把古萨婆多和经部师两家的缺点，都避免了。

大乘又斥破正理师云：一一极微，在未和集的地位，是那样小的东西，即在正和集的地位，还是那样小的东西，因为极微的本身始终是如一的，并没有由小而变成大的，如何可说他一一极微和集相资，各各成其大相，能为眼等识所缘呢？缘字，注见前。他们大乘诘难正理师的话还很多，要不过用形式逻辑来做摧敌的武器，恐厌烦碎，不必多述了。

萨婆多和正理师两派，并主张极微是感识所可亲得的。他们的持论，元来没有经过实测的方法，只是出于思构。大乘一一难破，他们也无法自救了。

或有难言："外道和小乘首先发明极微，这种创见，是值得赞叹的。晚世科学家发明元子、电子等，很可印证他们外道和小乘的说法。足见大乘横施斥破，是毫无价值的。"答曰：大乘为什么不许有实在的极微，这个问题很大，此处不及详说。我们要知道，外道和小乘在世间极成的范围里，设定极微是实有的，世间极成义，详见佛家《大论·真实品》。吾人在日常生活的方面，承认物理世界是实在的，无可否认的，是名世间极成。和科学家中曾有在经验界或物理世界的范围里，设定元子电子等为实有的。是一样的道理。不过，我们如果依据玄学上的观点来说，这里所谓极微，或元子电子等，是实有的呢，抑非实有的呢？那就立刻成了问题。因为玄学所穷究的，是绝对的、真实的、全的，是一切物的本体。至于世间或科学所设定为实有的事物，一到玄学的范围里，这些事物的本身都不是独立的、实在的，只可说是绝对的真体，现为大用，假名事物而已。这样，即于万有不复当做一一的事物去看，只都见为神用不测了。据此说来，大乘斥破外道和小乘的极微说，是他大乘在玄学的观点上决定要如此的。外道和小乘所谓极微，即是物质的小颗粒，把这个说为实有，当然是一种谬误。由现代物理学之发见，物质的粒子性，已摇动了，适足为大乘张目。若乃玄学上所谓一切物的本体，是至大无外的。此大不和小对。是虚无的，所谓虚无，不是空洞的意义，不是没有的意义，只是恒久的存在，而无迹象可见的意义。是周遍一切处、无欠缺的，是具有至极微妙、无穷无尽的功用的。儒家哲学，称一切物的本体，曰太易，是无形兆可见的。太易者，本不易也，而涵变易，亦即于变易而见不易，故云太易。如果说极微是实有的东西，他极微就是一切物的本原。印度古代有顺世外道，便作此说。那么，我们只承认物质是实在的，更无所谓本体了。许多唯物论者。说我们所谓本体，是神秘的观念，其实并不神秘。真理是摆在面前的，你心中有一毫滞碍，便不能领会了。又有说我们是要离开客观独存的现实世界，而妄构一个高贵的、玄妙的本体，好像是太空里的云雾一般。其实，我们所谓本体虽不同世俗妄执现实世界，却亦不谓本体是在一切物之外的。如果说他是在一切物之外，又如何成为一切物的本体呢？须知，一切物都是本体显现，不要将他作一一物来看，譬如众沤都是大海水显现，不要将众沤作一一沤来看。识得此意，更可知我人和一切物实际上是浑然一体不可划分的，如何妄计内心外境划以鸿沟？唯物论者凭空构想一个客观独存的物质世界，真是作雾自述。说到这里，我对大乘斥破极微的说法，是极端赞同的。

综括以前所说，只是不承认有离心独存的外境，却非不承认有境。因为心是对境而彰名的，才说心，便有境，若无境，即心之名也不立了。实则心和境，本是具有内在矛盾的发展底整体。就玄学底观点来说，这个整体底本身并不是实在的，而只是绝对的功能的显现。功能一词，详在中卷第五六两章。这个道理，留待后面《转变章》再说。现在只克就这个整体底本身来说。他整体底本身却是具有内在矛盾的发展的，因为他是一方面，诈现似所取的相貌，就叫做境；另一方面，诈现似能取的相貌，就叫做心。能取和所取的取字，其含义曾解见本章首段。诈现的诈字，其含义只是不实在的意思。境的方面，是有和心相反的趋势。心的方面，是有自由的、向上的、任持自性、不为境缚的主宰力。所以心和境两方面，就是整体的内在矛盾的发展，现为如此的。我们只承认心和境是整体底不同的两方面，不能承认境是离心独在的。我们要知道，从我底身，以迄日星大地，乃至他心，这一切一切，都叫做境。此中他心者，谓他人或众生的心。我底身这个境，是不离我底心而存在的，凡属所知，通名为境。自身对于自心亦得境名，是所知故。无论何人，都不会否认的。至若日星大地，乃至他心等等境，都是我的心所涵摄的，都是我的心所流通的，绝无内外可分的。为什么人人都朦昧着，以为上述一切的境都是离我的心而独在的，这有什么根据呢？实则日星高明，不离我的视觉，大地博厚，不离我的触觉，乃至具有心识的人类等，繁然并处，不离我的情思。可见一切的境，都是和心同体的。因为是同体的，没有一彼一此的分界，没有一内一外的隔碍。才有感，必有应。感谓境，应谓心。才有应，必有感。正如人的一身，由多方面的机能互相涵摄，成为一体，是同样的道理。据此而谈，唯识的说法，但斥破执有外境的妄见，并不谓境是无的，因为境非离心独在，故说唯识。唯者，殊特义，非唯独义。心是能了别境的，力用特殊，故于心而说唯。岂谓唯心，便无有境。或有问曰："说心，便涵着境，故言唯心。说境，也涵着心，何不育唯境。"答曰：心是了别的方面，境是被了别的方面，境必待心而始呈现。应说唯心，不言唯境。或复难言："境有力故，影响于心，如脑筋发达与否，能影响智力的大小，乃至社会的物质条件，能影响群众的意识。应说唯境，不当唯心。"答曰：意识虽受物质条件的影响，而改造物质条件，使适于生活，毕竟待意识的自觉。智力大小，虽视脑筋发达与否以为衡，但脑筋只可义说为智力所凭藉的工具。此中义说二字，谓在义理上可作这样的说法。以后凡用义说者皆仿此。所以，着重心的方面而说唯心，不言唯境。

或复有难："如果境不离心独在，这种说法是不错的。试问科学上所发见物质宇宙的一切定律或公则等，纯是客观的事实。虽我人的心，不曾去了别他，而他确是自存的，并不是待我的心去了别他，方才有他。今言境不离心独在，如果承认这种说法，则科学上的定律公则等，也不是离心独在的么？"答曰：所谓定律或公则等词的意义，相当于吾先哲所谓理。吾国宋明哲学家，宋朝初建，当公元九六〇年。明朝初建，当公元一三六八年。关于理的问题，有两派的诤论。一，宋代程伊川和朱元晦等，主张理是在物的。二，明代王阳明始反对程朱，而说心即理。这里即字的意义，明示心和理是一非二。如云孔丘即孔仲尼。二派之论，虽若水火，实则心和境本不可截分为二，此中境字，即用为物的别名。他处凡言境者皆仿此。则所谓理者本无内外。一方面是于万物而见为众理灿著；一方面说吾心即是万理赅备的物事，非可以理别异于心而另为一种法式，但为心上之所可具有，如案上能具有书物等也。唯真知心境本不二者，则知心境两方面，无一而非此理呈现，内外相泯，滞碍都捐。如果偏说理即心，是求理者将专求之于心，而可不征事物。这种流弊甚大，自不待言，我们不可离物而言理。如果偏说理在物，是心的方面本无所谓理，全由物投射得来，是心纯为被动的，纯为机械的，如何能裁制万物、得其符则？符者信也。则者法则。法则必信而可征，故云符则。我们不可舍心而言理。二派皆不能无失，余故说理无内外。说理即心，亦应说理即物，庶无边执之过。关于理的问题，至为奥折，当俟《量论》详谈。今在此中，唯略明理非离心外在云尔。

又如难者所云:"科学上的定律公则等是离心自存的,并不是待我的心去了别他方才有他的,以此证明一切境是离心独存的。"这种说法,确是极大的错误。我们须知道,一切一切的物都是心量所涵摄的。凡为了别所及的境,固然是不曾离我的心,即令了别不及的境,又何尝在我的心外?不过了别的部分,或由数数习熟的缘故,或由作动意欲加以警觉的缘故,遂令这部分的境,特别显现起来;至若了别不及的部分,只沉隐于识阈之下,不曾明著,但决不是和我的心截然异体,不相贯通的。如果作动意欲去寻求,那么这种沉隐的境也就渐渐的在我心中分明呈露了。以是征知,凡所有的境当了别不及的时候,也不是离心独在的。尤复当知,所谓定律、公则,毕竟是依想和寻伺等等,对于境物的一种抽象与选择作用而安立的。想和寻伺,详下卷《明心章》,皆是量智的作用。若离想等,则境上有此定律公则与否,要不可知。故难者所举的义证,毕竟不能成立外境。

吾国先哲对于境和心的看法,总认为是浑融而不可分的。如《中庸》一书,是儒家哲学的大典,这书里面有一句名言。他说,明白合内外的道理,随时应物无有不宜的。原文云:"合内外之道也,故时措之宜也。"这句话的意思是怎样呢?世间以为心是内在的,一切物是外界独存的,因此,将自家整个的生命无端划分内外,并且将心力全向外倾,追求种种的境。愈追求愈无餍足,其心日习于逐物,卒至完全物化,而无所谓心。这样,便消失了本来的生命,真是人生的悲哀咧。如果知道,境和心是浑然不可分的整体,那就把世间所计为内外分离的合而为一了。由此,物我无间,一多相融。此中一谓小己,多谓万物。虽肇始万变。不可为首,言虽万变不穷,而实无有人格的神,为首出的创造者。此本《大易·乾卦》篇中的意思。而因应随时,自非无主。此心随时应物,自然不乱。可见这个心,就是一种主宰力。用物而不滞于物,所以说无不宜。《中庸》这句话的意思很深远,从来直少人识得。孟子也说道:"万物皆备于我矣。"孟子盖以为万物都不是离我底心而独在的。因此,所谓我者,并不是微小的、孤立的，和万物对待着，而确是赅备万物，成为一体的。这种自我观念的扩大，至于无对，才是人生最高理想的实现。如果把万物看作是自心以外独存的境，那就有了外的万物和内的小我相对待，却将整个的生命无端加以割裂。这是极不合理的。孟子这句话，至可玩味。程明道说："仁者浑然与万物同体"，也和孟子的意思相通。陆象山说："宇宙不在我的心之外的。"此中宇宙一词，是万物的总称。他自谓参透此理时，不觉手舞足蹈。他的弟子杨慈湖曾作一短文，题名《己易》很能发明师说，虽文字极少，或不到一千字。而理境甚高。后来王阳明学问的路向和陆象山相近，王阳明也是昌言"心外无物"的。他的弟子，记录他底谈话，有一则云："先生游南镇。一友指岩中花树问曰：'先生说天下无心外之物。现在就这花树来说，他花树在深山中自开自落，于我的心有何相关呢？'先生曰：'汝于此花不曾起了别的时候，汝的心是寂寂地，没有动相的。此花也随着汝心同是寂寂地，没有色相显现的。此时的花，非无色相，只是不显现。汝于此花起了别的时候，汝心便有粗动相。此花的色相，也随着汝心，同时显现起来。可见此花是与汝心相随属的，决不在汝心之外。'"阳明这段话，可谓言近而旨远，实则这种意趣，也是孔孟以来一脉相承的。

　　本来，境和心是不可分的整体之两方面。我们似乎不必说识名唯，但因对治他们把一切境看作是心外独立的这种倒见，所以要说唯识。又复当知，由二义故，不得不说识名唯。一、会物归己，得入无待故。如果把万物看作是心外独存的境，便有万物和自己对待，而不得与绝对精神为一。今说唯识，即融摄万物为自己，当下便是绝对的了。二、摄所归能，得入实智故。能谓心，所谓境。心能了别境，且能改造境，故说心名能。境但是心之所了别的，且随心转的，故说境名所。唯识的旨趣，是把境来从属于心，即显心是运用一切境而为其主宰的，是独立的，是不役于境的。但这个心，是真实的智，而不是虚妄的心。此不容混。参看《明宗章》及本章首段。唯识的道理，是要从自家生活里去实践的，不实践的人也无法信解这个道理。我们应该承认，万物都是我心所感通的，万有都是我心所涵摄的，故一言乎心，即知有境，一言乎境，知不离心。我人的生命是整个的，若以为宇宙是外在的，而把他宇宙和自己分开来，那便把浑一的生命加以割裂。这正是人们以倒见为刃而自刺伤啊。

境和心本来是浑融而不可分的，为什么人都妄计一切境是离心独在的呢？这种妄计并不是无来由的。因为人生不能舍离实际生活，没有不资取万物以遂其生长的。郭子玄说，人的生存，其身体长不过七尺，却是要遍取天地间的物资来奉养他，这是实在的情形。凡天地万物，不论是感官感得到的和感不到的一切的东西，都是人生所必需，不可一刻或无的。假设有一物不具备，我人就立刻不能生活下去了。子玄这段话，虽似平易而意思却很深远。我人因为要资取万物以维持生活的缘故，所以一向习于追求种种的物。此中习字，吃紧。他的追求，是惯习的，并不自觉的。当初，因于物起追求，遂不知不觉而看一切物好像是外在的境，亦复由此，更要加倍的驱役自心向外驰求种种的境。这样的驰求无有休止，自然会成为一种惯习。这种惯习既成，我们每一动念，总是由他作主。换句话说，惯习的势力，就成为我们的心。就是所谓习心。这种心起来，便执定一切物是外在的境，以为事实如此，绝不容疑了。

我在这里，还要便提一段话，就是空间时间的相，是由人心执定有外在的境才有的。因为执定有外境，就于一一的境觉得有分布相，如东西等方、远近等距离。这种分布相，就叫做空间相。同时，于一一境也觉得有延续相，如过去、现在、未来。这种延续相，就叫做时间相。所以空相和时相，都缘在日常经验里，执有外境而始现的，并非不待经验的。或有难言："分布空相和延续时相是物质宇宙存在的形式。这种形式，是我人对于一切物的知识所由成立的最根本底基础，如果否认这种形式，便是否认物质宇宙的存在，那么，我们就不会有对于一切物的知识了。但是，照你的说法，外境根本是没有的，只是虚妄的心误执以为有的。而空相和时相又是缘外境的虚假相而同时诈现的。这样，便把空、时、和外境一齐否认了。

我们对于一切物的知识还能有么？"答曰：汝这番问难，甚有意义。但吾为对治执境为离自心而外在的谬见故，说无外境，并不谓境无。须知，执有外境的人，也不是凭空能起这种执的，因为有当前的境，他才依着此境而起心分别，以为这个境是离我的心而外在的。我要斥破他这种妄执，就说：如你所执的外境，根本是没有的，因为我所谓实有的境，根本不像你所执为外在的。我只要破他的妄执罢了。事实上他起执的时候何尝不依着当前的境而始起此执呢？既许有境，则空相分布时相延续自是境的存在的形式。换句话说，空、时是与境俱有的，因此，我人对于一切物的知识所由构成的最根本的基础，不会摇撼的。我们要知道，理智作用是从执境为离心外在的这种虚妄的惯习里而发展来的。一切知识的根荄，就是以妄执外境的惯习为田地而栽培着的。如果不执境为离心外在的，他也不会对于境来处理和解析，及加以思惟等等的。那么，我们真个不能有对于一切物的知识了。这样说来，如果知识是不可无的，所谓执有外境的惯习，岂不是应该赞美的么？此复不然。应知，执有外境的惯习是无可说为好的。我们不应该于境起妄执，只可随顺世间，设定一切物是外在的境，从而加以处理及思惟等等。仅如此设定，这是无过的。但必须知道，就真理上说，境和心是浑融而不可分的。如果执境为离心独在，以为真理实然，那便成大过了。道理是活的，不可执定一偏之见来讲的。好像八面镜罢，你在这面去照，是这模样的，你向那面去照，又是那模样的，向八面去照，没有同样的。我们讲道理，应该分别俗谛和真谛。随顺世间，设定境是有的，并且把他当做是外在的，这样，就使知识有立足处，是为俗谛。泯除一切对待的相，唯约真理而谈，便不承认境是离心外在的，驯至达到心境两忘、能所不分的境地，是为真谛。如上所说的意思，我在此不能深谈，当俟《量论》详说，姑且作一结束。

译者按：本章破外境，与印度旧师的旨趣根本不同。学者试取旧师的《二十唯识论》和本章对照，自然知道。

第三章　唯识下

我在第一段里斥破外境，并不谓境是无有的，只谓境非离心独在而已。或者闻吾的说法，以为我是把境来从属于心的，当然是把心看作为实在的了。这样来理解我的意思的人，却不免有误会的地方。我固然曾说过，摄所归能而入实智。这话的意思，是要泯除心境对待的虚妄相，而获得本有的实智。实智，即谓本来的心。实智才是独立无匹的，因为境不能拘碍他。而他是能运转境的，所以说摄所归能，正显实智独立无匹。闻吾说者，应该了解我所谓心，是有妄执的心和本来的心这两种分别的。本来的心是绝对的、真实的，俟本论全部讲完了，自然知道的。至于妄执的心，就是取境的识。见第二章首段。这个也说为实在的，便成极大的错误。一般人大概不自承有本来的心，而只是妄执的心，夺据了他本心的地位。本来的心，省称本心。因此，把妄执的心看做是实在的。这样，便与执定外境是实有的见解成同样的颠倒。我们要知道，妄执的心或取境的识，根本是没有自体的。印度佛家，把这种心说为缘生的，就是说他没有自体的意义。但是如何叫作缘生呢？此非加以解释不可。缘字的意义，本是一种凭藉的意思。生字的意义，是现起的意思。如甲凭藉乙丙等而现起，即说乙丙等于甲作缘。若从甲的方面说，即云甲以乙丙等为缘。若是把乙丙等这些缘都折除了，即甲也不可得。由此应说甲的相状，就是乙丙等许多的缘，互相藉待而现起的，这就叫做缘生。甲是如此，乙丙等也都是同样的。一切物没有不是互相为缘而现起的。所以，一切物都是没有自体的。换句话说，所谓一切物，实际上只是毕竟空、无所有的。既一一物都无自体，如何不是空呢？试就麦禾来举例罢，通常以为麦禾，是有自体的，是实在的，但自了达缘起道理的人看来，就知道麦禾只是许多的缘，互相藉待而现起的一种相状。如种子为因缘，水土、空气、人功、农具、岁时等等均为助缘，如是等缘，互相藉待，而有麦禾的相状现起。若将所有的缘都除去，也就没有麦禾了。所以麦禾并无自体，并不是实在的。说至此，缘生一词的意义，应该明白了。上来已经说过，所谓妄执的心或取境的识。就是缘生的。换句话说，这个心就是许多的缘互相藉待而现起的一种相貌，当然不是有自体的，不是实在的。若把众多的缘一一折除，这个心在何处呢？实际上可以说他是毕竟空、无所有的。不过，说到这里，应当补充一段话。因为，既说这个心是缘生的，必须分别哪几种缘，才可成立缘生说，若是举不出那些缘来，又如何可说缘生呢？据印度佛家的说法，这个心的现起，应由四种缘：一，因缘。二，等无间缘。三，所缘缘。四，增上缘。今当以次解释诸缘的意义。

云何因缘？先要略释因缘这个名词，然后定因缘的义界。缘字的义训，上面已经说过，毋须复赘。因字的义训，就是因由的意思。凡事物的发现，不是忽然而起的，必有他底因由的。从前印度外道中有一派，主张世界是忽然而起的，没有因由的，这派的思想太粗浅，为佛家所斥破。因此，就说事物所具有的因由，即是事物所待以现起的一种缘。这样，便把因由说名为缘，故云因缘。在四个缘的里面，因缘特为主要，故列在初。现在要定因缘的义界。从前印度旧师，谓唯识论诸师他定因缘的义界云，以下用因缘一词，亦省称因。凡是具有能生的力用的东西，亲生他自己的果，才把他说名为因。参考《或唯识论》卷七及《速记》卷四十四第一页以下。旧师这样的定下了因缘的义界，于是建立种子为识的因，此中识字，在本论则说为妄执的心或取境的识。后凡言识者仿此。而说识是种子的果。今先详核旧师的因缘义，而后评判他的种子说。按旧师所定因缘义界，应分三项来说明：一，对于果而作因缘的东西，决定是实在的，否则没有生果的力用，不得为因缘。二，因所生的果，是别于因而有他底自体的，换句话说，因和果不是一物。三，因是决定能亲自创生果的，这个意义最为重要。如或因不是能亲生果，或不是决定能亲生，那么，这种因就是后面所要说的增上缘，而不得名为因缘。所以，第三项的意义很重要。旧师因缘的意义如此。再评判他的种子说。关于种子的说法，在旧派里是很复杂的，让我向后扼要而谈。今在此中，但据心理的方面略为叙述。种子的含义，就是一种势力的意思。他所以叫作种子，因为他具有能生的力用之故，世间说麦和稻等等都有种子。旧师大概把世间所谓种子的意义，应用到玄学上来，而臆想识的生起，由于另有一种能生的势力，遂把这个势力名为种子。但旧师所谓种子，在他说来并不是一个抽象的观念。他以为种子是有自体的，是实在的，是有生果的力用的。他并且以为种子是各别的，是无量数的多的，不是完整的。他为什么有这样的说法呢？大概以为我们的识，念念起灭，总不是无因由的，于是凭他的臆想，以为有各别的、实在的种子，为能生识的因，而识则为种子所生的果。元来，印度佛家大乘以为我们的识，不是完整的，而是各分子独立的。于是把每人的识，析成八个。详在后面《明心章》。由此，应说对于识作因缘的种子，也是各别的、无量的多的，不能是完整的。据他的说法，现前一念的眼识，有他自家的种子为因缘才得生起的。推之前念的眼识，或预测后念的眼识，都是同样的道理。眼识如是，耳识、鼻识、乃至第八识，也都是同样的道理。总之，各别的种子，各别亲生各自的果，所以，他定因缘的义界，特别扼重亲生自果一义。因为他的种子是多元的。若不是各各亲生各自的果，岂不互相淆乱么？旧师的说法大概如此。参考《摄论》世亲释种子六义，引自果条。现在我要简单的加以评判。旧师析识为各各独立的分子，如破析物质然，这是他的根本错误，且俟后文《明心章》辨正。至于以种子为识的因，以识为种子的果，因果判然两物，如母亲与小孩，截然两人。旧说种子和他的所生果，是同时俱有的，则以因果各有自体故，参考《摄论》等种子六义。这种因果观念，太粗笨，是他底玄学上的一种迷谬思想，容后《功能章》再说。总之，我于旧师的种子论，根本要斥破的。关于因缘的说法，自不便和他苟同。

　　我们改定因缘的义界云，识的现起，虽仗旁的缘，谓以下三缘。但他决定是具有一种内在的、活的、不匮乏的、自动的力。我们假说这种自动的力，是识底现起的因缘，此中两力字的意义，很微妙，不可看做实在的东西。以后凡言力者仿此。不可说别有实在的种子，来作识的因缘。我们要知道，所谓识者念念都是新新而起的。前念刚灭，后念紧接着生起。念念都是新生的，但前念后念之间亦无间隙。换句话说，此识念念都是新新的、自动的力。何以见得他是自动的力呢？识是无形相的，我们所以知道他是有而不无的，因为他具有一个特征，就是了别。他能了别一切的境。应该承认他是自动的力。虽说他是要凭藉官体才起的，此中官体一词，包括五官和神经系统而言。但不可说他是官体的副产物，因为他是能主宰乎官体的。如耳目等官所交接的物，纷纭得很，而识的聪明不乱，可见识是能自作主的。虽说他是凭藉境界才起的，俗所谓外界的刺激物，通名境界。但亦不可以刺激物的反映来说明他，因为他是能转化一切境，如色声等境，皆不足以溺心，而心实仗之以显发其聪明之用。是心于境能转化之，而令其无碍。并改造一切境的。我人的心，能改造现前一切的境，使适于生活，是分明不可否认的事实。我们内自体认，就知道识的现起，是具有一种内在的自动的力才得现起的。这种自动的力，是找不着他底端绪的，也看不着他底形相的，他好像电光的一闪一闪的，不断的新新而起。这也奇怪啊！我们以为，识的现起，就是具有内在的自动的力，只有把他底本身的自动的力推出来，而假说为因缘。除此以外，无所谓因缘。如果不明乎此，而凭臆意，以为别有所谓种子来作识底因缘，如旧师之说，这固然是极大的错误。即如世俗的见解，把识看做是官体的副产物，又有以外界刺激的反应，来做说明的这等见解，更是迷谬不堪。他不晓得他底心是能自主的、自在的、不受一切物的障碍故，故云自在。自创的。他把他分明自有的东西否认了，这也可惜。或有问言："你前说这个心，是妄执的心，是后起的。现在讲因缘的时候，又说他是具有内在的自动的力。这个自动的力，是后起的么？"答曰：此中所谓自动的力，实即性智的发用。性智，即是本体，见《明宗章》。但克就发用上说，则是性智的力用发现于官体中，官体，见前注。而官体易假之以自成为官体的灵明，是故由其为性智的发用而言，应说此自动的力是固有的，非虚妄的。若从其成为官能的灵明而言，又应说此自动的力是后起的，违其性智之本然，顺形骸而动，故云后起。是虚妄的。官体假藉之灵，逐物而起执，又杂以染习，失其本真，故是虚妄。然吾人如有存养工夫，使性智恒为主于中，不至役于官体以妄动，则一切发用，无非固有真幾。此义当详之下卷。《明心章》

> 译者按：本论的缘起说，和通常谈关系的，迥不相同。关系论者，只知着眼于事物的互相关联，而未能深观事物的本身，易言之，即不了解事物有他内在的自动的力。本论谈缘生，首以因缘，这是独到的地方。

云何等无间缘？此缘，亦名为次第缘，谓前念的识能引后念的识令生，所以说前念识是对于后念识而为次第缘。为什么说前念识是后念识的缘呢？因为识是念念起灭的，换句话说，他识是念念前灭后生的。其所以前灭后生的缘故，就因为前念识能对于后念识而作次第缘，能引后念的识令他生起，所以生灭不断。如果前念识不能作后念识的缘，那么前念识一灭，便永灭，再没有后念识生起来。这种断见是不合道理的。印度古时有断见外道，主张一切法灭已更断，如人死已无复有生。由前能引后，故说前为后的缘，既后以前为缘，虽后是新生的，而于前仍不无根据，次第缘的建立，是很有意义的。或有问云："何故次第缘，亦名为等无间？"答曰：这个名词，当以二义解释。一，等而开导义；二，无间义。等而开导者，导字是招引的意思。开字，有两义，一、是避开的意思，二、是把处所让与后来者的意思。若是前念识不灭，他便占着处所，妨碍了后念识，令彼不得生。但前念识是才起即灭的，并不暂时留住的，他好像是自行避开，而给与后来者一个处所。他很迅速的招引后念识，令其即时生起，所以说为开导。等字是相似的意思，谓前为后缘，后起的识总和前念识相似，不会一忽儿间生起和前念识绝不相似的另一变态的东西。所以，前念后念之间，还有统一性。或有难言："前念识开避，既已灭了，根本没有东西，如何说能招引后念？"答曰：前念识当正在生起的时候，即有招引后来的趋势，不是已经灭无了还能招引。须知，一切事物当其正发生的时候，就把后来新的转变已招引着了，并不稀奇。

　　无间者，间字是间隙或间断的意思。前念灭的时候即是后念生的时候，生和灭的中间是没有时分的，没有间隙的。如果从灭至生，中间还有时分，即是生灭之间有了间隙。那么，前念灭时便断了，后念如何得生？所以，前灭后生，是在同一的时候，紧紧接续着，中间绝没有一丝儿的间隙的，决不会有间断的。庄子曾说道，一切物的变化，是于无形中密密的迁移了。前前灭尽，后后新起，总是迁移不住，因其过于密密，谁也不能觉得。原文云："变化密移，畴觉之欤。"这话，可谓深入理奥。所以说，前念识为缘引后，其生灭之间是没有时分的，故应说无间。或复问言："旧师说识，亦有间断的时候，如眼识有不见色时。乃至意识亦有不起思虑时，此说然否？"答曰：旧师把识剖析为各个独立的东西，因计眼识乃至意识，都有间断的时候，其实精神作用是整体的，不能说他有间断的。眼识不见色时，乃至意识不作思量时，其能见乃至能思量的精神作用，未尝不在。旧师之说，何足为据？

　　综前两义，一，等而开导。二，无间。次第缘所以又叫做等无间，其意义也可明白了。我们的心，具有等无间缘，念念是前的灭而开避，后的被前所导引而新起。心就是这样的迁流不息，常常是新新的，没有故故的保留着。可见精神作用，元来具有至刚健的德。因此，

新唯识论

其幾之动，至神妙而不测。幾字，是幾兆的意思。变动未起而将起的时候，说为幾兆。有些学者，以为心的迁流，是由过去至现在，复立趋未来，好像过去不曾灭尽，只是时时加上新的东西，这种见解，却是错误，佛家呵此为常见。把一切物看做是可以常存的东西，佛谓之常见。我们要知道，宇宙间没有旧的东西滞积着。

  译者按：熊先生此处讲等无间缘，大半是他自己的新解释。印度佛家，因为把心分成各个独立的分子，所以讲等无间缘就有许多无谓的钩心斗角的地方，完成他底一串的理论。那种理论是没有意思的。熊先生说：如果引述他的说法而加以评判，文字就太繁了。熊先生的著书，是以简要为贵。而不喜欢过于繁重的。本来，繁碎的论辨，是中国学者所向来不取的，他总是以扼要为贵的。又旧师印度佛家于物质的现象不许有等无间缘。我尝问熊先生，物质现象也是时时变化的。时时是前灭后生的，应许他具有等无间缘义。物质常常由一状态变成另一状态，后者的变起也是以前的状态为其等无间缘的。我曾以此意白于熊先生，先生颇以为然。故附记于此。

云何所缘缘？一切为识所及的对象，通名境界。识是能缘的，境是所缘的。此中能缘和所缘的缘字，其含义有攀缘和思虑等等意思。能缘识，不会孤孤零零的独起，决定要仗托一个所缘境，他能缘识才会生起来，因此，把境界说名所缘缘。这种缘，也是非常重要的，譬如白色的境当前，对于眼识作个所缘缘，便令眼识和他同时现起。你看他的力量多么大啊。

关于所缘缘的义界，从前印度佛家很多讨论。大乘中有陈那菩萨者，菩萨犹言大智人。曾著《观所缘缘论》一书，虽是小册子，而其价值甚大，因为他在大乘的量论上立定了基础，而对于小乘计执离心有实外境的主张予以斥破。吾在《佛家名相通释》里面曾经说过，此姑不赘。现在要楷定所缘缘的义界，只好博稽陈那、护法、玄奘诸师底说法，而加以抉择。计分为四义如下：

一、所缘缘，决定是有体法。此中有体法的法字，略当于俗所谓物或东西的意思。有体法者，谓世间共许为实有的东西，不是虚假的。凡是对于识而作所缘缘的这种东西，定是有他底自体的，因为他有自体，所以具有一种力用，足以牵引能缘识，令其生起。如白色境，是有自体的，不是虚假无实的，他就能牵引眼识，令他眼识和己同时现起。此中己字，设为白色境之自谓。由此之故，才说境于识是得作一种缘的。假若是虚假而无有自体的东西，那就根本无所谓缘了。试就瓶子来说罢，照世俗的见解，瓶子便是眼识等的缘，实则这是一个倒见。我们要知道，所谓瓶子，实际上是没有自体的，是虚假的东西，他何得与识为缘？你若不承认我的说法，吾且问语：汝所得于瓶子者果何物？汝必曰：看着他，是有白的，乃至触着他，是有坚的。殊不知，你的眼识只得着白的境，元不曾得着瓶子。乃至汝的身识只得着坚的境，也不曾得着瓶子。但是汝的感识，眼等五识，亦名感识，曾见前章。当其现见坚白等境的时候，一刹那间，能见感识和所见坚白等境都灭尽了，都成过去了，而汝的意识，紧接着感识而起，便追忆坚和白等境，遂妄构为一整体的瓶子。实则坚和白等境，是有他的自体的，非虚假的，此可与识作所缘缘。至于意识所构的瓶子，根本是无体假法，无体假，见上章。若许为缘，便无义据。瓶子如是，余可类推。或复难云：“公前已云，坚白等相是识所现，如何说为实境？"答曰：凡感识所现坚白等相。皆托实境而起。实境，亦名现境，是现前实有的东西故。一方面说依识现，一方面亦可说为实境的相貌，故应以坚白等相，摄属实境，说为所缘缘。或复问言：“感识所现坚白等相，皆有实境为所托故，故以此等相，摄属实境，得许为缘，是义无诤。但是，意识起一切思惟时，不必有实境为对象，如思花的时候，并不是梅花当前引他意识起思，也不是兰花等等当前引他起思。他思惟里的花，只是一个共相。不论兰花和梅花等等，同谓之花，故花是共相。这时候，根本没有某种实境作意识的对象，更把什么说为所缘缘？又如思量一切道理的时候，不消说得，自是没有实境的。据此说来，意识应该无所缘缘。"
答曰：共相的构成，还是依靠——具体的东西，如果没有兰和梅等等的花，则花的共相如何凭空构成得来？应知，共相不是于实境无关的。况且心上现似花的共相，这种共相就是一种境界，即在思量一切道理的时候，心上也要现似某种道理的相状。如我方才思量这种道理。分明和别的道理是不同的。这就是心有所思时，总得要现似一种相状。这种相状也是一种境界。我们要知道，心的一切思惟都要现似所思的相。这个相，亦名为境。他虽然是眼识不可得见，乃至身识不可得触，然而此境，是分明内在的，昭然内自识的，不是空洞无物的。应说此境是所缘缘。如果没有所思的境作所缘缘，这时便无心了，因为心起，决定是有境为缘的，心上所现的境，也是有自体的。非空洞无物，故说有自体。此境依心而起，还能引心，即托于己而起思虑，此中己字，设为境之自谓。故知意识非无所缘缘。

又复当知：如前所说，为所缘缘，决定是有体法。由此，后念识不得以前念境作所缘缘。唐代有普光师玄奘弟子。曾说，感识后念，得以前念境为所缘缘。这种说法是错误的。我们要知道，一切物都是顿起顿灭，没有暂时留住的。前念境，于前念生起，即于前念灭尽，根本不曾留至后念。如眼识前念青境，实未至后，后念青境，乃与后念识同时新起。普光不了此义，乃谓前念境得与后念识作所缘缘。这种错误的缘故，就因为感识了别所缘境时，一刹那顷，感识和他所了别的境，同生同灭，但后念意识继前念感识而起，极为迅速，由忆持作用，能忆前念境，即现似前念境的影像。这个影像，即心上所现，本非前念境，但此时意识托影像而起解，即仍作为前念境来理解他。因意识作用迅速之故，我们每不悟，当做前念境来了别的是意识，而竟以为是后念感识能亲得前念境。实则前念境已灭尽，没有自体，如何得成所缘缘？普光之说，甚不应理，故宜刊定。

二，所缘缘，具为识所托义。凡有体法，不论是有质碍的或无质碍的，只要他是有而非无的，便名有体法，详玩前文。对于能缘识而作所缘缘的时候，他有一种牵引的力用，得为能缘识所托，而令能缘识和己同时现起。此中己者，设为所缘缘之自谓。因为心不孤生，决定要仗托一种境，方才得生。如眼识，非仗托青等色境，必不孤生，乃至身识，非仗托一切所触境，必不孤生。意识起思构时，心上必有一种影像，即现似所思的相状。这个影像，虽依心现，而心即以此为其所托，否则心亦不生。如果说心可以孤孤零零的生起，而不必要有所托，这是断然没有的事情。

三，所缘缘，具为识所带义。带字的含义，是挟近逼附的意思，谓所缘境，令能缘识挟附于己。此中己者，设为境之自谓。能缘所缘，浑尔而不可分。换句话说，即能缘冥入所缘，宛若一体，故名挟带。如眼识，正见白色的时候，还没有参加记忆，没有起分别和推想，即此见与白色浑成一事，无能所可分。这时候便是眼识亲挟白色境，所以叫做挟带。挟带之义，本由玄奘大师创发。玄奘留学印度时，正量部小乘之一派。有般若毱多者，尝难破大乘所缘缘义。戒日王印度君主。请奘师，并招集一时名德为大会。奘师即于此会发表一篇论文申挟带义，对破毱多，但其论文今不传。

四，所缘缘，具为识所虑义。上来所说的三义，尚不足成立所缘缘。我们要知道，有体法虽能为缘，有体法，谓境界。令能缘识以己为所托，并以己为所带，但若不以己为所虑，则所缘缘义仍不得成立。因为能缘识必以所缘境为其所虑，即所缘境对于能缘识得成所缘缘。如果不是有能虑的东西，把境界作他的所虑，那么，这个境界便无所缘缘义。譬如镜子是有能照的作用，他会照人和物，但人和物虽是镜子之所照，而不是镜子之所虑。因为镜子根本非能虑的东西，故镜子所照的人和物也只是他之所照，而不是他之所虑。因此，不能说人和物对于镜子得名所缘缘，因镜子但能照人和物等境，不能虑于境故。今此言所缘缘者，定是对于能虑的东西谓识。而为其缘，方才得名所缘缘。即由此义，唯识的道理可以成立。如果说境界对于识为所缘缘时，但具前三义而不必具所虑义，那就见不出识是能虑的东西了。譬如镜子所照的人和物，他们人和物也是有体法，对于镜子也有为所托及为所带之义。镜子能照的作用，必仗托人和物而始显，故说人和物对于镜子有为所托之义。镜子挟带人和物的影像，摄为一体，故说人和物对于镜子有为所带之义。假若境于识只要具有前三义，即一是有体法，二为识所托，三为识所带。便得成所缘缘，那就应该许人和物对于镜子也得名所缘缘。因为人和物对于镜子亦具有三义。如上所说，果然如此，又应许识同于镜子，因为识和镜子的所缘缘义，并没有不同的地方。既许识同镜子一样，便成唯境，不名唯识。因此之故，我们讲所缘缘，必须于前三义外，益以所虑一义。由所缘境是有体法，得令能缘识，以己为所托及所带，己字，设为所缘境之自谓，下用己字者仿此。并以己为所虑故，说所缘境对于能缘识作所缘缘。由所缘缘具所虑义，影显识为能虑，不同镜子等物质的东西，故唯识义成。

　　附识：思虑作用，是最奇妙不可测的。一切极广大、极深远、极微妙的境界，都是思虑作用所可及到的。科学上的发现，哲学上的遐思和体认，逻辑上的精密谨严，道德上的崇高的识别，如超脱小己的利害计较，而归趣至善。这种识别，是最崇高的。一切一切不可称数的奇妙的功用，都可见思虑作用是心的特征，决不可以唯物的见解来说明他。如果把思虑作用也说为物质的现象，那便是一种矫乱论。印度古时外道，有一种矫乱论者，其持论不求理据。我们要知道，心和境境谓物。是唯一的本体的显现的两方面。唯一者，绝对义。一不与二对。这两方面的现象。是不容淆乱的，譬如一纸之有表里，不可说有表而无里，也不可说有里而无表的。今若克就现象上说，不可说唯独有心而无有境。只可说境不离心独在，不可说无境。亦不可说唯独有境而无所谓心。唯物论者要把思虑作用也说为物质的，这真是无谓的矫乱。就如他们所说，物质是能思虑的东西，那物质的意义，便不是元来所谓物，可以说是具有神的意义了。当知思虑作用，毕竟是心的特征。我们只要认明这一点，便不受唯物论的矫乱。古时印度人，有说镜子能见物和心能了别物是一样的。罗素来中国演讲时，也曾说过照像器能见物。这都是唯物论者的见地。实则镜子和照像器，只能于所对境而现似其影像。这一点，固然和心有相同的地方，因为心的取境，也要现似境之相的。第一章里已说过。但心上所现影像，毕竟说为心的所缘境，换句话说，影像是心之所知。就知识的构造而说，没有所知，是不能成为知识的。影像，就是心上有所知的相状。就知识构成言。是很重要的条件。但影像是心之所知，是属于境的方面，换句话说，他不即是心，而心之特征只是思虑。镜子和照像器所现的影像，可以说是同于心上所现的影像，但心是具有奇妙不测的思虑作用，而镜子和照像器是没有思虑的。如何把心和镜子及照像器看作同样的物呢？道理很显明的，不曾隐蔽的，而好异的人以私意去求索道理，反而晦涩了，这是很可惜的。总之，心的思虑作用与心上所现影像，本不为一事，而俗情于此，不加辨析，故说镜子和照像器皆能见物，皆是和心相同的。古今陷于这种错误的人正不少。唐代玄奘门下谈唯识者，也有欠精检处。如备公云："但心清净故，一切诸相于心显。故名取境。"见《解深密经》注六第七页。太贤云："相于心现。故名所虑。"见《成唯识论学记》卷六第三十七页。此皆以心上现似所缘境之相，即名取境，不悟心取境时不但现相，必于此相而加思虑。这是根本不可忽略的。如果以心上现似所缘影像，即名取境，那么，心也就同于镜子和照像器了。本章讲所缘缘四义，而结归所虑义，以所缘缘具所虑义，影显识为能虑，故与唯物殊趣。

综上四义，明定所缘缘界训，庶几无失。

附识：旧师谈所缘缘颇分别亲疏，因为他们主张每人有八识，至其所谓八识乃是各各独立之体。因此，讲所缘缘就要判亲疏。据他们说，眼识所取的色境是眼识自己变现的，而这个色境是有实质的，**是有体法**。即此色境是眼识的亲所缘缘。但是，眼识变现色境的时候，也要托一种本质而起。这个本质是什么？据他说，那叫作器界，**犹言物质宇宙，亦相当于俗云自然界**。就是第八识亦名阿赖耶变现的境相。这个第八识的境相，眼识不得亲取他，必须仗托他做本质，而自己变现一个色境。因此，说第八识的境相即器界，是眼识的疏所缘缘，唯眼识自变的色境，才是眼识的亲所缘缘。试表之如下：

眼识的亲所缘缘——眼识自变的色境。

眼识的疏所缘缘——第八识所变的境相。

眼识的所缘缘，分别亲疏，如上所述。耳识等等的所缘缘都有亲疏之分。可以类推。详在吾著《佛家名相通释》，不妨参考。

本论和旧师立说的体系，完全不同。故所缘缘，虽亦不妨分别亲疏，但疏缘的意义，自与旧师所说，截然不同。留待《量论》方详。

云何增上缘？增上，犹言加上。旧训为扶助义，此缘，亦可名为助缘。谓若乙，虽不是由甲亲自创生的，然必依着甲故有。若是没有甲，即乙也不得有。由此应说，甲对于乙，作增上缘，而乙便是甲的果。增上缘，对于所增上的物事，亦得名因。所增上的物事，对于增上缘，即名为果。

凡为增上缘，定具二义。一，具有殊胜的功用。凡一物事，对于他物事而能作增上缘的，必是具有殊胜的功用，方能取果。果者，谓所增上的物事。如有甲故，便有乙，即是甲为乙作增上缘，而乙是甲所取得之果，故云取果。但是，所谓殊胜的功用，虽谓增上缘，对于所增上的果有很大的扶助的功用，却不限定要如此。只要他增上缘对于所增上的果，不为障碍，令果得有，那也算是他的殊胜的功用。就近举例罢，如吾立足于此，五步之内，所有积土，固是对于吾的立足，直接做增上缘，即此五步之外，广远的距离，甚至推之全地，以及太阳系统，这无量的世界，亦皆对于我的立足为增上。从何见得呢？我们试想，假令五步以外山崩河决，又或地球以外的诸大行星，有逾越轨道而互相冲碎的事情。这时候，地球也弄得粉碎，我们那有在这里立足的可能呢？应知，我们现在立足于此，实由全地，乃至无量太阳系统，都有增上的殊胜的功用。准此而谈，增上缘是宽广无外的。每一物事的现起，其所待的增上缘，是多至不可胜穷、不可数量的，然而推求一物事的因，此中因字，即谓增上缘。却是要取其切近的因，至于疏远的因，尽可不必遍举了。如前所说，立足一事，只就相当距离之内，没有土崩之患，以明吾立足于此之因，则能事已毕。

现在就心的增上缘来说，如一念色识生的时候，色识者，眼识之别名。眼识是了别色境的，故亦名色识。其所待的增上缘，当然是不可数计的，但其间最切近的有官能缘，谓眼官与神经系，乃是色识所依以发现的。又有空缘，谓有障隔处则色识不行，必空洞无碍，色识方起。又有明缘，谓若在暗中色识定不生，必待光明色识方起。又有习气缘，凡色识起时必有许多同类的习气，俱时齐现，如乍见仇雠面目，即任运起嗔。任运一词，谓因任自然的运行，不待推求而起。这便是旧习发现。此不过举显而易见的事为例，实则不论何等境界当前，而一切识起的时候，总有许多同类的习气同时发现的。以上所说的几种缘，都是对于色识的增上，极为密切。我们只取这些缘，来作色识的俱有因，便已足了。俱有因者，谓若此物，待彼物而有，即说彼物，是此物的俱有因。其余疏远的因，可不计算。色识如此，余声识等等都有切近的增上缘，可以类推。如意识起思虑的时候，其所待的增上缘，若脑筋，若一切经验，或曾经习得的知识等等，都是最切近的增上缘。

附识：增上缘义最精。科学上所谓因果，大概是甄明事物间相互的关系，这和增上缘的意义，是相当的。但是，有许多人疑及增上缘太宽泛，以为依照这种说法，将至随便举出一件事来说，就要以全宇宙来作这一件事的因，岂不太难说了么？殊不知每一件事，都是与无量数多的事情相容摄的，没有单独发生的。所以，每一件事都以全宇宙为因。理实如是，并不稀奇。但是，学者研求一事的因，初不必计算到全宇宙，只要把和他最切近的因推征出来，便可说明他了。例如秤物的重量为如干，若地心吸力，若气压，固皆为其致此之因，即至迥远的太空。或太阳系以外的他恒星，也没有不和这件事有关系的。所以说，每一件事都以全宇宙为之因，是不稀奇的。然而学者于此。却止详其切近的因，若地心吸力、若气压，就可以说明这件事了。自余疏远的因，尽可不管。吾人常能由一知二，或由甲知乙，就是这样的。

二，凡增上缘，对于所增上的果，是有顺有违的。换句话说，增上缘对于果，作一种顺缘，令果得生，同时，便对于此果未起以前的事物，作一种违缘，令前物不得生，所以说有顺有违。现在随举一事，以申明这种意义。例如霜雪对于禾等增上，能牵今禾等变坏其以前的青色，而成为现在的枯丧，即此霜雪，对于现在生起的枯丧，是为顺缘，而对于以前的青色，便作违缘。因为霜雪即增上缘。既顺益枯丧，令其得生，同时，即违碍以前的青色，令不得续起。这里一违一顺，可见增上缘力用甚大。然复当知，增上缘的力用，虽有顺有违，但所谓违缘，只是就义理上作如是说。如果误解违缘一词，以为是对于以前的东西，而作违缘，那便讲不通了。何以讲不通呢？因为以前的东西，就在前时灭了，决没有保留到现在，因此，不能说对于灭无的东西而为缘。如前所说，霜雪对于枯丧为缘的时候，此中缘字。即是顺缘。其以前青色既已灭无。今云霜雪对于前青色作违缘者，实则前青色根本没有从过去保留到现在，早经灭无，将对谁为缘呢？然由枯丧是和前青色相违的东西，今霜雪既与枯丧为缘，即义说为前青色的违缘。义说者，谓就义理上作如是说。这在论理上是无过的。须知，所谓顺违，只是一事的向背，义说为二。霜雪与枯丧为增上缘，是为一事。向背者，一事的两方面。与枯丧为缘，是向义。既顺枯丧令起，即违前青色，令不续起，是背义。由向背义故说顺违。由上述的例，可见增上缘的取果，就由于他有一顺一违的力用。如果无顺无违，便是不曾响影到旁的物事，谓所增上的物事。换句话说，即不能取果。所以，有顺有违，才显增上缘的力用，才能取果。

就识的增上缘说，他的顺违的力用是很大的。现在且举作意为例。我们要知道，一念识生的时候，尽有无量的增上缘，而最重要的，不能不说是作意。什么叫做作意？这在后面《明心下章》要详说的。今在此中，且略明之。我们每一念心起的时候，总有一种作动或警策的作用，和这一念的心相伴着。心是对于所思的境而了别的，这个了别，是我们本来的心。而所谓作动或警策的作用，是我们特别加上的一种努力，这个不即是本来的心，而只是和心相伴着，这就名为作意。此作意便是对于心而作一种增上缘。他有一顺一违的力用，很显而易见的。如我们通常的心，总是不急遽的，但有时作意起来，对于某种迫切的境，而特别作动或警策自己的心，来求解决，于是此心整个的成为急遽的了。这时候的作意，既顺此心，令成急遽，便和前念不急遽的心相违了。又如不善的作意起来，顺益坏的习心令生，习心者，一切坏的惯习的势力现起，名为习心。一切人大概任习心来作主，即是把惯习的势力，当作自己的心，故云习心。即违本来的好的心令不得显。反之，如善的作意起来，顺益好的心令其现起，即和坏的习心相违了。据此说来，作意这个增上缘，一顺一违的力用，若是其大。我们内省的时候，于作意的善否要察识分明，不善的作意才起，便截住他。久之，念念是善的作意增上，生活内容日益充实，而与最高的善合一。作意一缘，顺违的力用，如此重要，所以特别提出一说。自余的增上缘，不及深详了。

上来所说诸缘，由识的现起，是他本身具有内在的自动的力故，遂立因缘。由识的现起，是他的前念对于后念为能引故，遂立等无间缘。由识的现起，是有所缘境，为所仗托故，遂立所缘缘。除前三种缘之外，尚有许多的关系，如官能包括神经系或大脑等。及作意等等，对于识的现起都有很密切的关系。如果没有这些关系，即识亦不得现起，例如，官能太不发达的，即意识作用，亦暧昧而难见。官能，是许多关系中之一项。就这一项说是如此，旁的可以类推。所以立增上缘。为什么要分析这些缘呢？因为一般人多半把妄执的心，亦名取境的识。看做是独立的实在的东西。佛家要斥破他们这种执着，所以把他们所计为独立的实在的心，分析为一一的缘，于是而说此心是缘生的。欲令一般人知道，所谓心只是和电光似的，一闪一闪的，诈现其相，并不是实有的东西。如果说心或识是实有的，那么，他即是有自体的。现在把他分析来看，只是众多的缘互相藉待，而诈现为心的相状。可见心是没有自体的，并不是实在的。若是离开诸缘，便没有所谓心这个东西了。印度佛家当初所以说缘生的意义，只是如此，也应该是如此的。然而后来大乘有宗的创始者无著和世亲两位大师，他们便把从前佛家所谓缘生的意义，渐渐改变了。他们好像是把众多的缘，看做为一一的分子，于是把所谓心看做是众多的缘和合起来而始构成的。这样，便把缘生说变成为一种构造论。好似物质是由众多的分子和合而构造成功的。这等意义，在无著的书里，尚不十分显著，但其说法，已有这种趋势。至于世亲以下诸师，尤其护法师，便显然是把从前的缘生说变成构造论的。拙著《佛家名相通释》，叙述他们的说法，是很清楚的，决没有曲解他们的意思。

我们要知道，缘生一词是绝不含有构造的意义的，而且是万不可含有构造的意义的。为什么说万不可含有构造的意义呢？我们要知道，站在玄学或本体论的观点上来说，是要扫荡一切相，此中相字，意义甚广。世俗见为有草和鸟，以及桌子、几子等等的东西，固然是相，即不为有形的东西，而在心上凡所计度以为有的，亦名为相。方得冥证一真法界。一切物的本体，名为法界。一者，绝对义，非算数之一。真者，真实。冥证者，冥谓不起推求和分别等。证谓虽无推求分别而非无知，盖乃默然契会故。如果不能空一切相，那就不作见真实了。真实，谓本体。譬如有一条麻织的绳子在此，我们要认识这种绳子的本相，只有把他不作绳子来看。换句话说，即是绳子的相，要空了他，才好直接地见他只是一条麻。如果绳子的相未能空，那便见他是一条绳子，不会见他是一条麻了。绳子，喻现象。麻，喻本体。由这个譬喻，可知在本体论上说，是要扫荡一切相的。许多哲学家谈本体，常常把本体和现象对立起来，即是一方面，把现象看做实有的；一方面，把本体看做是立于现象的背后，或超越于现象界之上而为现象的根源的。这种错误，似是由宗教的观念沿袭得来，因为宗教是承认有世界或一切物的，同时，又承认有超越世界或一切物的上帝。哲学家谈本体者，很多未离宗教观念的圈套。虽有些哲学家，知道本体不是超脱于现象之上的，然而他的见地，终不能十分澈底。因之，其立说又不免支离，总有将本体和现象说成二片之嫌。他们都不知道，就本体上说，是要空现象而后可见体，所以堕入错误中。学者若了解我这段话的意思，才可明白缘生一词，是万不可含有构造的意义的。如果缘生一词，含有构造的意义，那便是承认现象为实有的。从何见得呢？因为以构造的意义来说缘生，就是以为一一的缘，互相关联，而构成某种现象。这样，并不是否定现象，只是拿缘生说来说明现象而已。如此，则承认现象为实有的，便不能空现象了。不能空现象，即只认定他是现象，而不能知道他就是真实的呈现。真实，谓本体。换句话说，即不能于现象而透识其本体，犹之认定绳子的，绳子，喻现象。就不能于绳子而作麻来看。麻，喻本体。据此说来，在本体论的观点上，是不能承认现象为实有的，所以，讲缘生一词，是万不可含有构造的意义的。我们要知道，缘生一词，是对那些把心或识看作为有自体的一般人，而和他说，所谓心或识只是众多的缘互相藉待而诈现的一种虚假相，叫作缘生。此心或识分明是没有自体，缘生一词的意义，只是如此。我们玩味这种语气，根本不是表示心或识由众缘和合故生，而恰是对那些执定心或识为有自体的一般谬见，假说缘生，以便斥破。譬如对彼不了芭蕉无自体底人，为取蕉叶，一一披剥，令其当下悟到芭蕉不是实有的东西。我们说缘生的意义，也是如此。

或复有难："说缘生故，才明心或识是没有自体的。如此，即心或识根本是毕竟空、无所有的。因为没有自体的，便不能不说之为空，但心识虽空，心识，复词。而所谓一一缘的相，还复空否？"答曰：此须辨二谛义。依俗谛义，不妨施设众缘，以明心识的现象，只是众多的缘互相待而诈现，即此众缘，虽复不实，但于俗情上，仍许有故。依真谛义，于俗所计为一切有的相，都说为空，唯一真实复然绝待故。准此而谈，所谓众缘相，既是随情假设，就真理言，便不许有。应说一一缘相，如实皆空。如实者，称实而谈之谓。佛家大乘空宗的创始者龙树菩萨作《中观论》。他就把一一的缘相都遮拨了，都说为空了。他为什么把众缘都看做是空无的呢？因为就真谛言，不能不空众缘的相。换句话说，就本体的观点来谈，只是一真绝待。一者，无偶。非算数之一。一切一切的相俱泯，哪有众缘相可得？须知，所谓缘的观念，是由吾人在实用方面，承认有现实的物事，才起追求，以为一现象之起，必有其因由，且非不待其他现象而得有者。如此，故有缘的观念。若就真谛言，于此不杂实用的惯习，即于一切物事，不作任何物事想，而皆见为绝对的、真实的，则缘的观念，根本不存，云何有众缘相可得？所以，缘生一词，只对彼执心识为实有的谬见予以遮拨。此决不包含众缘是实有的意义。这是丝毫不容误会的。

我们要知道，佛家哲学对于修辞是非常谨严的。他们的言说，有遮诠、表诠之分。表诠者，这种言说的方式，对于所欲诠释的事物和道理作径直的表示。譬如在暗室里，而对于不睹若处有椅的人，呼告之曰若处有椅，这就是表诠。遮诠者，这种言说的方式，对于所欲诠释的事物和道理，无法直表，只好针对人心迷妄执着的地方，想方法来攻破他，令他自悟。仍取前例，或有迷人，于暗中椅妄计为人、为怪。怪者，鬼怪。这时候。我们如果从他所迷惑的地方去破他，就和他说，凡是人，应该是如何一个样子，这暗中的形状，决不是人。又若是鬼怪，他必是非常变幻不测的东西，这暗中形状，决不是鬼怪。如此种种说法，斥破他的迷惑，终不直表暗中是椅，而卒令彼人自悟是椅。这便叫做遮诠。我们应知，缘生的说法，只对彼把心识看做是独立的、实在的东西的人，用这种说法，以攻破他的迷谬的执着，正是一种方便，是遮诠，而不是表诠。如或以为表诠者，将谓缘生为言，是表示心识由众多的缘，和合而始生的，好像物体是由多数分子和合而构成的。这便是世俗的情见，迷妄执着的见解，名为情见。应当呵斥。故知辞有遮表，不可无辨。无著和世亲一派的学者大乘有宗。大抵把缘生一词，作为表诠来讲。这是他们根本的错误。我将别为文论之，在此不及多谈了。

　　我们应知，玄学上的修辞，其资于遮诠之方式者，实属至要。因为一切学问如玄学和科学等。所研穷的理，可略说为二：一曰，至一的理。至者，极至。一者，绝对，非与二对之一。二曰，分殊的理。分殊者，一为无量故。至一者，无量为一故。这二种理，至一的和分殊的。本不是可以析成两片的，但约义理分际，又不能不分析言之。关于理的问题，我想俟《量论》中讨论。现在要提及的，就是玄学所穷究者，特别归重在至一的理之方面。反之，科学所穷究者，特别归重在分殊的理之方面。这至一的理。是遍为万有的实体，而不属于部分的，是无形相、无方所而肇始万有的。无形相、无方所，好似是无所有的，然而肇始万有，却又是无所不有的，其妙如此。这理，至玄、至微，虚而无所不包，故曰玄。隐而难穷其蕴，故曰微。故名言困于表示。云困，则不止于难也。因为一切名言的缘起，是吾人在实际生活方面，要应用一一的实物。因此，对于一切物，不能不有名言，以资诠召。召者，呼召，如火之一名，即对于火之一物，而呼召之也。诠者，诠释，于火之一物，而立火名，即已诠释火是具有能燃性的东西，不同水和金等有湿润和坚刚等性也。故名必有所诠。此名言所由兴。我们试检查文字的本义，都是表示实物的，虽云文字孳乳日多，渐渐的抽象化，但总是表示意中一种境相，还

新唯识论

是有封畛的东西，离不了粗暴的色采。我们用表物的名言来表超物的理，此中超物的理，即谓至一的理。此理，本不是超越于一切物之外而独存的，而今云超物者，因一切物都是此理的显现，而此理毕竟不滞于任何物。我们不能把他当做一件物事来看，故义说为超物。这是多么困难的事。你想把这理当做一件物事来看，想径直的表示他是什么，那就真成戏论了。所以，玄学上的修辞，最好用遮诠的方式。我说到这里，有许多奥隐曲折的意思，很难达出。惟有和我同其见地的人，才知道个中甘苦。古今讲玄学的人，善用遮诠的，宜莫过于佛家。佛家各派之中，尤以大乘空宗为善巧。他们的言说，总是针对着吾人迷妄执着的情见或意计，吾人任意识作用，为种种虚妄的猜度，是名意计。而为种种斥破。令人自悟真理。此中真理，即是前所谓至一的理。后言真理者仿此。因为吾人的理智作用，是从日常实际生活里面，习于向外找东西的缘故，而渐渐的发展得来。因此，理智便成了一种病态的发展，常有向外取物的执着相。于是对于真理的探求，也使用他的惯技，把真理当做外在的物事而猜度之。结果便生出种种戏论。古今哲学家，一人一义，十人十义，百人百义，其不为戏论者有几？大乘空宗以为，真理既不是一件物事可以直表的，所以就针对吾人的执着处，广为斥破。易言之，他就在吾人的理智的病态中，用攻伐的药方。这样，便使人自悟到真理，因为真理本不远离吾人，更没有躲避的。只要吾人把一向的迷执拨开，自然悟到真理了。佛家各派的言说，无有不用遮诠的方式，但大乘空宗，更把这种方式运用到极好处。我们细玩《大般若经》及《大智度论》《中观论》等，就可见他们是善用遮诠的。及有宗肇兴，谓无著和世亲兄弟。便把这种意义失掉了。他们有宗似是于真理未能证解，我在《佛家名相通释》一书里面，曾批评过，此处不暇详论。

我们要谈本体，本体一词，后亦省言体。实在没有法子可以一直说出。所以，我很赞成空宗遮诠的方式。但是，我并不主张只有限于这种方式，并不谓除此以外再没有好办法的。我以为所谓体，固然是不可直揭的，但不妨即用显体。用者，具云功用。因为体是要显现为无量无边的功用的，桌子哪、椅子哪、人哪、鸟哪，思想等等精神现象哪，乃至一切的物事，都不是一一固定的相状，都只是功用。譬如我写字的笔，不要当他是一件东西，实际上只是一团功用。我们把他唤做笔罢了。用是有相状诈现的，相状不实，故云诈现。是千差万别的。所以，体不可说，言说所表示，是有封畛的。体无封畛，故非言说所可及。而用却可说。上来已云，用是有相状的，是千差万别的，故可说。用，就是体的显现。译者按：如大海水，显现为众沤，说见《明宗章》。大海水，可以喻体。众沤，可以喻用。体，就是用的体。译者按：仍举前喻，如一一的沤，各各以大海水为体。大海水，即遍与众沤为体，非超脱于众沤之外而独在。无体即无用，离用元无体。所以，从用上解析明白，即可以显示用的本体。简单言之，我们克就大用流行，诈现千差万别的法相上，来作精密的解析，如《转变章》中所说。便见得大用流行不住，都无实物，即于此知道他只是真实的显现。此中真实一词即谓本体，后准知。易言之。我们即于无量的分殊的功用上，直见为一一都是真实的显发而不容已。譬如我们解析绳子，知道他是无自体的。换句话说，他不是独立的实在的物事，而只是麻的显现。我们即于绳子的相上直见他是麻。由这个譬喻，可以了解即用显体的意思。从来讲印度佛学的人，都说有宗诸师，如无著和世亲以及护法等，他们唯识论派的说法，就是即用显体。这话果然是对的么？吾独以为不然。须知，即用显体者，正要说明流行不息的功用是无自体的。因为，克就用上说，他是没有自体。所以，即于用而见他的本体，譬如于绳子而见他是麻。因为绳子实无自体的缘故。如果把流行不息而诈现万殊的功用，看做是有自体的，那么，更用不着于用之外，再找什么本体了。如果把用说为实在的，又再为用去觅他的根荄，而说有本体，这样，便把体和用截成二片，则所谓体者，已不成为用之体。他只是超脱于用之外，而独存的空洞的东西，便失掉了体的意义。我们要知道，有宗的唯识论，拿识来统摄一切法。他们所谓识，或一切生灭的法，便是我所谓流行不息的和千差万别的用。他们已把我所谓用，看做实在的东西了。因此之故,他们更要为识或一切法寻找根荄,于是建立种子。他们以为一切识是由各自的种子为因,才得生起。如前念眼识,从他的种子而生,后念眼识,又别有他的种子。眼识如是,耳识乃至第八识,皆可类推。一切物的现象,他们说为是心上的一种境相,是和心同起的。但此境相必自有物的种子为因,才得生起。如眼识上色的境相,本是物的现象。这个物的现象,是从物的种子而生的。眼识上的境相如是,耳识上的境相,乃至第八识上的境相皆可类推。换句话说,物的现象即一切心上的境相。是自有种子,而不是和心同一种子的。不过,心和物的种子,互相联属,而仍各自为因,同时生起各自的果罢了。

以图表之,如下:

心的种子(因)⟵⟶心(果)
物的种子(因)⟵⟶物(果)

据他们的说法,心和物或云心的现象和物的现象。各从自己的种子而生起。因为物的种子对于心的种子是居从属的地位。又一切心和物的种子都是含藏在第八识里面,不是离开识而独存的。他们说,每人有八个识,而第八识是含藏一切种子的,即第八识自己的种子,也是藏在第八识自体之内的,因为第八识的种子和他所生的第八识,是同时而有的。易言之,能生的种子,和所生的第八识,是无先后之隔的。因此,可说能所相依而有,即第八识的种子,还是依附着第八识。没有一个种子是离开识而孤存的。以此,完成其唯识的理论。实则他们的种子说,就是一种多元论。他们肯定有现象,谓心的现象和物的现象。又推求现象底根本的因素,才建立种子。殊不知所谓心和物的现象,并非实有的东西,而只是绝对的真实谓本体。显现为千差万别的功用。他们见不及此,却把我所谓用看作实有的东西,又虚构所谓种子,来作这些实物的因素。这样一层一层的虚妄计度,如何可说即用显体?我们玩味大乘空宗的说法,他们只是于现象不取其相。易言之,即空了现象,才得于现象而皆见为真如。真,谓绝对的真实。如,谓常如其性。印度佛家,称一切法的本体曰真如。有宗无著以下诸师，他们根本不了解体和用的意义，根本不知道体虽无形无相，而是要显现为无量无边的功用的，根本不知道用之外是没有所谓体的。因此之故，他们一方面肯定有心和物的现象，又进而求其根本的因素，遂建立种子。他们所谓种子好像是隐在现象的背后，而为现象作根荄的本体。但在另一方面，他们还沿袭着空宗以来的真如的观念。这里所谓真如，却是绝对的、真实的、不动不变的。他们虽说真如是一切法的实体，但他们既不说种子即是真如，又不说种子是真如的显现。那么，真如和种子，竟是各不相干的两片物事，还说个真如作甚？而且他们虽以种子为心和物的因，但其因种子。和果心和物，对种子而名果。一为能生，种子是能生的。一为所生，心和物的现象，是种子之所生。也是划成隐显两界的。心和物是显著的，而种子则是潜隐在第八识中的。他们这种分析的方法，直是把日常生活里面，分割物质为段段片片的技俩，应用到玄学的思索中来，结果成为戏论，如何可许即用显体？

我们以为，用之为言，即于体之流行而说为用，即于体之显现而说为用。因为体以其至无、无形相、无方所、无造作，故说为无，实非空无。而显现万有，至无是体，显现是体成为用。以其至寂寂者，寂静无扰乱相故。而流行无有滞碍。至寂是体，流行是体成为用。离流行，不可觅至寂的，故必于流行而识至寂。离显现万有，不可觅至无的，故必于万有而识至无。所以说，即用显体一词，其意义极广大深微，很难为一般人说得。哲学家颇有于流行之外妄拟一个至寂的境界，于万有之外妄拟一个至无的境界。印度佛家哲学有些是近于此的。这个，固然是极大的谬误，却还有些哲学家竟止认取流行的为真实，而不知于流行认取至寂的方是真实，乃至止认取万有为真实，而不知于显现万有认取至无的方是真实。王辅嗣解《老子》，言凡有皆始于无。其所谓有，即谓一切物。其所谓无，亦斥体而目之，非空无之谓也。有始于无，谓凡有，皆以无为体耳。今滞于有者，不知有即是无，如泥执绳相者，不知绳即是麻。触目皆真，而滞有者不悟。这种谬误，更是不堪救药。前者，只是求真

新唯识论

理而不得。后者，便敢否认真理而不复求了。许多否认本体的哲学家，皆属于后者，一切唯物论者属此不待言。难言哉，体用也！哲学所穷究者唯此一根本问题。哲学家若于此未了，虽著书极多，且能自鸣一家之学，终是与真理无干。我在本章之末，因论缘生为遮词，而推迹梵方空有二宗的得失，并略揭我的根本意思，就是即用显体的主张，以作本章的结束。自此以下，可以说纯是依据这个意思去发挥了。

第二章里，虽不许有离心独在的境，却不谓境无，只以境与识不可分为二片而已。然心的方面对境名能，境的方面对心便为所。如此，则境毕竟是从属于心的。

第三章，明妄执的心无有自体，易言之，即此心不是独立的实在的东西。心既如此，则由此心而迷妄分割，以为外在的境，其无自体及不实在。自然不待说了。

然前已有云，境并不是无有的。第三章虽云心无自体，然许心有因缘，即是此心有其本身的自动的力。可见心的相状，虽不是实在的，却也不是完全无有的。据此，心和境，既说为无自体，也就是毕竟空、无所有了。却又说心和境都不是无有的，岂不自相矛盾么？曰，否否。道理是难讲的。试就世间的事物来取譬罢，如现前的绳子，从一方面的意义来说，绳子是有的，因为我们也承认绳子的相状，是依着麻的显现而始起如此所执的相，骨子里不是空的。从另一方面的意义来说，绳子也是无有的，因为他是没有自体的。绳子的本质只是麻，如果除却麻，绳子相何在呢？所以说绳子无自体。我们由绳子这个譬喻来谈心和境。一方面安立俗谛，说心和境都是依着真实的显现，而始起此妄计所执的相，并不是骨子里全无所有的。一方面依真谛的道理，说心和境都无自体。申言之，心和境虽有相状诈现，但就实际上说，即此心和境的自体，都是毕竟空、无所有的。如上两样的说法，表面虽似矛盾，实非不相谐和的。但是，现在的问题，又要进一步，就是心和境既都不是完全没有这回事，却又说心和境都无自体，如果仅说到此而止，并没有将心和境

· 62 ·

的所以然，与其当然的道理，给个澈底的详细的说明。因此之故，我们要接着谈《转变》。转变一词，见基师《成唯识论述记》。今用此词，颇与原来的意义不同。转字，有变易与变现等义。今连变字成词，取复词便称耳。后凡言转变者仿此。

第四章 转变

　　从前印度佛家，他们把一切心的现象和物的现象，都称名曰行。行字的涵义有二：一迁流义，二相状义。他们以为一切心和物的现象是时时刻刻在迁变着、流行着，故者方灭，新者即起，谓之迁变。故灭新生如此，无有止息，因说流行。不是凝然坚住的东西，所以说迁流义。然而心和物虽都是迁流不住的，但亦有相状诈现，好似电光在他那一闪一闪的过程中，非不诈现其相，所以说相状义。物的相状，是可感知的，心的相状，不可感知，而是可以内自觉察的。因为心和物具有上述的两义，故都名为行。这个命名，是很对的。我们亦采用此名。

　　印度佛家对于一切行的看法，本诸他们底超生的人生态度。超生谓超脱生死，即出世的意思。此词本《慈恩传》。只克就一切行之上来观无常。观字，有明照精察等义，比通途所谓思惟的意义特深。无者，无有。常者，恒常。谓一切行，皆无有常，故云无常。易言之，于一切物，观是无常，于一切心，观是无常，因此说诸行无常。既作这种观法，自然于一切行，无所染着了。他们印度佛家。的意思，只是如此。从释迦传授的《阿含经》，以至后来大乘的经典，都是此意。所以旧学印度佛家。说无常，即对于诸行有呵毁的意思，以为心行不可执为有实作用，物行不应执为可追逐的实境。因为心物诸行，都无有常的缘故。他们的看法，依据他们的人生态度，这是要认识清楚的。

本书谈转变，即于一切行，都不看作为实有的东西。就这点意思说，便和旧说诸行无常的旨趣是很相通的了。但是，本书的意义，毕竟有和旧学天壤悬隔的地方，就是旧师于一切行而说无常，隐存呵毁，本书却绝无这种意思。因为我们纯从宇宙论的观点来看，我们虽不承认有客观独存的宇宙，但在逻辑上，不妨把自我所赅备的一切行或万有，推出去假说为宇宙。他处，凡言宇宙者均仿此。便见得一切行，都无自体。实际上这一切行，只是在那极生动的、极活泼的、不断的变化的过程中。这种不断的变化，我们说为大用流行，这是无可呵毁的。我们依据这种宇宙观，来决定我们的人生态度，只有精进和向上。其于诸行，无所厌舍，亦无所谓染着了。

以上，对于旧学诸行无常的说法，略作料简。现在要叙述我们的意思。

在《唯识章》里，即第二第三两章。已明示心物诸行都无自体，因为一切行的相状，当现起的时候，此中时候二字，是为言说的方便不得不下此两字，实则没有时候可说。只是一个变化，此中变化二字，亦可省言变。以后每单用一变字。并不是实在的东西。这变化的力用很伟大，是一发而不可阻遏的，也很奇怪，是没有端绪可测度的。但是，我们于此要提出两个问题，即一，谁个为能变的呢？二，如何才成功这个变呢？我们先要解答第一问题，就不得不承认万变不穷的宇宙，自有他的本体。此中万变一词的万字，只是极言变化的纷繁，是千差万别的。曰千曰万，只言其纷繁，非限于千数万数也。宇宙一词，即一切行之总名。如果只承认有万变不穷的宇宙，而不承认他有本体，那么，这个万变的宇宙是如何而有的呢？他岂是从空无中突然而有的吗？谈到此，又要问：宇宙是否有所谓空无的境界呢？此空无二字，以下亦省言无。我们的答案是，宇宙间决定没有所谓无的，如果说宇宙间有个空空洞洞的境界叫做无，试问宇宙岂如破器一般，其间竟是亏阙的么？这样以日常习用的物事来推测宇宙，是极不合理的。如果说有个空洞的无的境界，是能涵容宇宙万有的，宇宙万有一词，以下亦省称有。无故不碍有，而有亦必于无中显现。这等见解也是错误的。吾且问汝，若云无能涵容有者，尚有一个应该先决的问题，即所谓有者为有自生耶，为从无生耶？若云有从无生，无则既无，如何能生有呢？若无得生有者，则无已是有，又如何名无呢？且无既成有，则有与有同处不相容，如何说涵容呢？若云有自生者，有既自生，何须要个无来涵容？且一切有得互相为依，无只是无，不任与有作依，又何须待此无呢？如上反覆推征，宇宙间根本没有空洞的无的境界。明乎此，则无能生有或有从无生的谬想，自然不会有了。

但是许多人每承认有个空洞的无的境界，这是什么缘故呢？大概人们于日常生活里所感摄的物事，而计执为一个一个有的东西。这所计执为一个一个有的东西，就是互相隔别的，因此，便觉得有个空空洞洞的境界来容受这些互相隔别的东西。总之，把浑全的宇宙割裂了，才见有空洞，此即空洞的无的观念所由起。我常说，人们对于无的观念，有总计无和别计无的两种。总计无者，即上面所已说的，兹可不赘。别计无者，谓于日常所感和所思的物事，或计为无。如我避寇入川，平日所有的书，现在一本也未带着，我每欲看某书时，便不可得，这时候就说某书是无了。又如古今学者，所说的许多道理，我们对于某种道理自加思考，却信不及了，便谓某种道理是无的。凡此等计，都属于别计无。前面所说空洞的无的境界，是总计无。这种无，是根本没有的，完全是从日常生活里发生的一种迷谬观念。但别计无，却应承认是有其所谓无的。颇有人说，别计无亦并不是果无的。如索看某书，虽不在手边，犹不能谓之无，此书还在另一地方是有的。又如某种道理，你信不及便说是无，也许是你的智力短浅不足以见此理，而此理确不是无的。这种说法，我认为是偏见。如某书，纵在他处是有，而克就我手边说，确实是无的。又如以道理论，许多道理，固然是由我们见不及而妄计为无，却也有许多道理竟是由古今人的浅见和妄说，而事实上确是无有此理的。如古云地是方的，这个道理，在今日公认为无此理了。这种例子正不胜举。所以别计无是有其所谓无的，并不是个迷谬的观念。

颇有哲学家讨论无和有的问题，竟绝不承认有所谓无，而对于无，却不分别总计和别计，竟一概不承认有所谓无，这犹未免失之笼统。实则别计无是不可遮拨的，并且这种无的观念，是常和有的观念相涵的。方于某事某理肯定而以为有的时候，同时即有否定的方面而以为此中所无的。这种无和有的观念，是知识的最基本的范畴，所以不可遮拨。唯总计无，即以为宇宙间有个空空洞洞的无的境界，这种无的观念，实际上全是出于妄情推度之所虚构。若离开妄情，不会有这等境界了。所以说，总计无全是一种迷谬的观念。关于无和有，我欲俟《量论》中详说。今于此中，却要斥破总计无，因为有这种无的观念，便发生一个根本的迷谬，就是以为一切有是从空空洞洞的无中出生得来的。凡是持这种见解的人，便无法参透一切有的本体。假若见到体了，即知道真理是无有定在的而亦是无所不在的。此中真理，即本体之别名。后言真理者仿此。真理虽复本无形相，而是赅备万德、具足众理的，是其举体显现为无量无边的功用，即所谓一切有的。举体之举字吃紧，谓真理悉举其全体而显现为功用，即用外无体。譬如水，悉举其全体而成冰，即冰外无水。谁谓有空洞的无呢？谁谓无能生有或有从无生呢？所以，这种无的观念，是与真理不相应的，故当斥破。从来持有空洞的无之论者，约分两派：曰极端派，曰非极端派。非极端派者，即一方面仍依据常识，不否认现前万变的宇宙，即所谓有，但不了解宇宙有他的本体，而以为宇宙是从空洞的无中出生的。中国自魏晋时代以来，凡是误解老子哲学的人，多半属于此派。老子本人所说的无，实不是空洞的无。吾当别为《老子注》，此姑不详。但老子的后学，多误会老子的意思。极端派者，不独违反正理，他也很大胆的去违反常识。他不承认现前万变的宇宙是有的，大概看作如空中华一般，即以为事实上是完全没有一切物事的。所以违反常识。他根本不承认有所谓本体的，所以违反正理。我们要知道，无体即无用。照他的说法，应该否认常识所谓宇宙了。极端派的主张，却是很澈底的，很一贯的。这派的思想，在中国一向无人倡导，在印度古时似乎很风行，就是主张一切都空的空见外道。佛家的经籍中，时常有斥破他们的话，甚至说道，宁可怀着如须弥山那般大的我见，但不可持空见而自高慢。人都晓得，印度佛家千言万语，都是要破除我见的，而对空见外道，却作如此的说法，可见他们是以这种见解为大大的邪见了。总之，空洞的无的境界决定没有的，只有不了解本体的人，才作这种无来想的。宇宙全是真实的弥满。真实是恒久的、不息的，那有空洞的无呢？

　　还有许多哲学家，他们并不曾有意的作有出于无、或无能生有这样的主张，并不说有空洞的无的境界。他们只把万变不穷的宇宙，看做是客观独存的，只承认这个变动的一切行或万有是实有的，但不肯承认有所谓本体，并且厌闻本体的说法。他们以为本体只是观念论者好弄虚玄而妄构一个神秘的东西来作宇宙的因素，这完全是一种迷谬罢了。他们的意思，大概如此。我觉得他们的评议，对于谈本体的学者们，也可作一个诤友。从来哲学家谈本体，许多臆猜揣度，总不免把本体当做外在的物事来推求，好像本体是超越于一切行或现象之上而为其根源的。他们多有把本体和一切行或现象界，说成两片。他们根本不曾见到体，而只任他的意见去猜度。因此，任意安立某种本体，或以为是心的，或以为是物的，或以为是非心非物的，总当作外在的物事来猜拟。即在唯心家言，亦是臆想宇宙和人生有个公共的本源，而说为精神的已耳。其立论皆出于猜度，要非本于实证，与吾侪所见，自是天渊。当别为文论之。并组成一套理论，以解释宇宙。其实，只是他们各自构造宇宙，绝不与真理相应的，所以本体论上许多戏论，足以招致攻难，这是无可讳言的。

　　但是，谈本体者，虽有许多任意构画，我们却不能因此置本体而不肯究，甚至不承认有所谓本体。譬如病者因食而噎，遂乃恶噎而废食。这是自绝之道，虽至愚亦知其不可的。今若以谈本体者多臆度和谬误，遂乃不谈本体，甚至不承认有本体，如此自绝于真理，便与恶噎废食无异了。如果承认变动不居的宇宙是实有的，而不承认宇宙有他的本体，那么，这个宇宙便同电光石火一般绝无根据，人生在实际上说便等若空华了。如此，便与印度的空见外道，无甚异处。又复当知，宇宙从何显现，是需要一种说明的。我们于此，正要找得万化的根源，才给宇宙以说明。否则便与素朴的实在论者，同其浅陋。这是不能餍足吾人求知的愿欲的。世间戏论者，以为宇宙无所谓本体，只是变动不居的一切行或万有，互相联属的全整体可说为宇宙本体。为此说者本不承有本体，而姑以万有互相联属说为整体，即谓之本体，此乃印度古时矫乱论者之流，不足与辨。夫整体一词，为各部分之都称，若离一一部分，实无有整体可得。如言房屋，离一一椽及一一砖瓦等，实无有房屋可得。整体之言，唯有虚名，全无实义，如何说为本体？犹复须知，各部分的现象变动不居，易言之，即是刹那刹那、故故不留、新新而起。孰发现是，孰流行是，孰主宰是？岂若龟毛兔角，但依想立，实无是事，可云无体。岂若至此为句。龟毛兔角，纯由意想安立，实无此事，故不可说龟毛兔角有本体。今万有界之各部分现象，其变动不居者确有是事，非如意想之龟毛兔角也，故言岂若。既说故故不留、新新而起如是，非空非不空事，非空者，新新而起故。非不空者，故故不留故。是事非空，故不同龟毛兔角但依想立，非不空，故知是事非实，应有本体，如下所云。当知是事自有真源。真源，为本体之形容词。譬如临洋海岸，谛观众沤，故故不留、新新而起，应知一一沤，各各皆由大海水为其真源。尼父川上之叹，睹逝水而认真常，神悟天启，非上圣其能若是哉？如只认变动不居的万有为实在，而不承有本体，便如孩儿临洋岸，只认其众沤为实有，而不知一一沤皆由大海水现为之。此在孩儿固不足怪，成年人而持此见，非愚痴之极乎？总之，凡不承认有本体的见解，推至极端，还是归于空洞的无的一种思路，虽复依据常识，而肯定现前变动的宇宙为实有，但这个宇宙是从何显现的，既不能有所说明，而不肯承认宇宙有本体。如此，则仍不能不说这个宇宙是从空洞的无中出生的。然则穷理到极至处，而能不堕入无见，妄计无有本体的见解，曰无见。此事真不易哪。

综前所说，理应决定宇宙或一切行是有他底本体的。至于本体是怎样的一个物事，那是我们无可措思的。我们的思惟作用是从日常的经验里发展来的，一向于所经验的境，恒现似其相。因此，即在思惟共相时，亦现似物的共相。例如方，是一切方的物之共相，而思惟方时，即现似其相。若思惟本体时，不能泯然亡相，即无法亲得本体，只是缘虑自心所现之相而已。须知，本体不可作共相观，作共相观，便是心上所现似的一种相，此相便已物化，心所现相即是心自构造的一种境象，此即物化。而不是真体呈露。所以说，本体是无可措思的。此中所谓思，是就通常所谓思惟作用而说。别有一种殊胜的思，是能涤除实用方面的杂染，而与真理契会者，备名之冥思。这种思，是可以悟入本体的，当俟《量论》详谈。但是，本体所以成其为本体者，略说具有如下诸议：一、本体是备万理、含万德、肇万化，法尔清净本然。法尔一词，其含义有无所待而成的意思。清净者，没有染污，即没有所谓恶之谓。本然者，本谓本来，然谓如此。当知，本体不是本无今有的，更不是由意想安立的，故说本来。他是永远不会有改变的，故以如此一词形容之。二、本体是绝对的，若有所待，便不名为一切行的本体了。三、本体是幽隐的，无形相的，即是没有空间性的。四、本体是恒久的，无始无终的，即是没有时间性。此中恒久二字并不是时间的意义，只强说为恒久。五、本体是全的，圆满无缺的，不可剖割的。六、若说本体是不变易的，便已涵着变易了，若说本体是变易的，便已涵着不变易了，他是很难说的。本体是显现为无量无边的功用，即所谓一切行的，所以说是变易的，然而本体虽显现为万殊的功用或一切行，毕竟不曾改移他的自性。他的自性，恒是清净的、刚健的、无滞碍的，所以说是不变易的。关于不变易和变易的问题，是极广大、幽奥、微妙而极难说的。我在此中不暇详论，当别为一书阐发之。如上略说六义，则所谓本体，应可明白了。

谈至此，前面所谓第一问题，即谁为能变的问题，现在可以解答，就是把一切行的本体，假说为能变了。不过说到这里，还要补充一段话。此中能变一词的能字，只是形容词，并不谓有所变与之为对。

如果说能变之外，别有所变，那便划分两重世界了。又复应知，我们把本体说为能变，这是从功用立名。功用亦省称用。因为本体全显现为万殊的功用，即离用之外亦没有所谓体的缘故。我们从体之显现为万殊和不测的功用，因假说他是能变的。这能变的能字，就是从体之显现为用而形容之，以为其能。所以说，能字是形容词者。恐怕有人误会，以为本体是超脱于万殊的功用或一切行之上而有创造万有之胜能的，这样误解能字的意义，那便成邪见了。实则本体不可视同宗教家所拟为具有人格的神，亦不可视为如人有造作一切事之能的。本体只是无能而无所不能。他显现为万殊的功用或一切行，所以说是无所不能，他不是超脱于万殊的功用或一切行之上而为创造者，所以说无能，故假说为能变。

　　上来把本体说为能变。我们从能变这方面看，他是非常非断的。因此，遂为本体安立一个名字，叫做恒转。恒字是非断的意思，转字是非常的意思。非常非断，故名恒转。我们从本体显现为大用的方面来说，用而曰大，赞美辞也，形容此用之至广大而不可测也。则以他是变动不居的缘故，才说非常，若是恒常，便无变动了，便不成为用了。又以他是变动不居的缘故，才说非断，如或断灭，也没有变动了，也不成为用了。不常亦不断，才是能变，才成为大用流行，所以把他叫做恒转。

　　以上略答第一问题，次入第二问题。就是如何才成功这个变的问题。要解答这个问题，我们须于万变不穷之中，寻出他最根本的最普遍的法则。这种法则是什么呢？我们以为就是相反相成的一大法则。因为说到变化，就是有对的、是很生动的、有内在的矛盾的，以及于矛盾中成其发展的缘故。我们要知，变化决不是单纯的事情，这个道理是不难理解的。此中单纯一词，单者，单独而无对，纯者，纯一而无矛盾。如果说有单纯的事情，那就没有变化，除非有个死的世界，不会如此的，所以说变，决定要循着相反相成的法则。这种法则，我们依据《大易》卦爻的意思，可以图表之，如下：

新唯识论

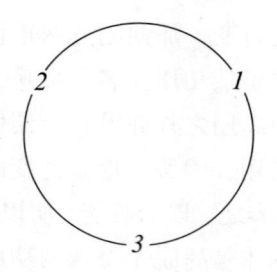

　　中国最古的哲学典册，莫如《大易》。《大易》最初的作者，只是画卦爻以明宇宙变化的理法。他们画卦，每卦都是三爻。每卦分三爻，曰初爻、二爻、三爻。爻字的涵义，要训释便太繁，略言之，只是表示变动。为什么用三爻呢？从来解《易》的人，罕有注意及此。我常求其义于《老子》书中。老子说："一生二、二生三。"此中生字是相因而有的意思。这种说法，就是申述《大易》每卦三爻的意义。本来，《大易》谈变化的法则，实不外相反相成。他们《大易》的作者。画出一种图式，就是卦。来表示这相反相成的法则。每卦列三爻，就是一生二，二生三的意思，这正表示相反相成。从何见得呢？因为有了一，便有二，这二就是与一相反的。同时，又有个三，此三却是根据一，而与二相反的。三本不即是一，而只是根据于一。因为有相反，才得完成其发展，否则只是单纯的事情，那便无变动和发展可说了。所以，每卦三爻，就是表示变化之法则。要不外相反相成一大法则而已。但是，卦的三爻，系从下而上，三爻，以次逐列。例如《乾卦》，其式如下：

────────

────────

────────

　　我们在前所列的图式，则以一、二、三，略作圆图布之。此何以故？因为变化是全体性的，是生动的，活跃的。图中一、二、三的符号，不过表示功用的殊异和微妙，相反相成，所以谓之殊异，所以谓之微妙。并不是表示有互相对待的实在的东西，所以作为圆图，取圆神不滞的意思，切勿误会为循环的意思。至于《大易》的卦，三爻以次逐列，其用意如何，此中不暇论及了。

　　上来已说相反相成的法则，今次当谈翕辟和生灭，便可甄明这法则，是一切的变化所共由之，以成其变了。变化二字，亦省言变。我们要知道，所谓变化，从一方面说，他是一翕一辟的。这一语中，所下的两一字，只是显动势的殊异。动势，亦云势用。辟，只是一种动势。翕，也只是一种动势。不可说翕辟各有自体，亦不可说先之以翕，而后之以辟也。又从另一方面说，变化是方生方灭的。换句话说，此所谓翕和辟，都是才起即灭，绝没有旧的势用保存着，时时是故灭新生的。我们要了解变化的内容，必于上述的两方面，翕辟和生灭。作精密的解析，深切的体会，否则终是不堪窥变。

　　现在且谈翕辟。什么叫做翕辟呢？前面已经说过，本体是显现为万殊的用的，因此，假说本体是能变，亦名为恒转。我们要知道，恒转是至无而善动的。无者，无形，非空无也。善者，赞词，乃形容动之微妙。其动也，是相续不已的。相续者，谓前一动方灭后一动即生，如电之一闪一闪，无有断绝，是名相续，非以前动延至后时名相续也。不已者恒相续故，说为不已。使其有已，便成断灭，有是理乎？这种不已之动，自不是单纯的势用。单纯二字，注见前。每一动，恒是有一种摄聚的，摄者收摄，聚者凝聚。如果绝没有摄聚的一方面，那就是浮游无据了。所以，动的势用起时，即有一种摄聚。这个摄聚的势用，是积极的收凝。因此，不期然而然的，成为无量的形向。形向者，形质之初凝而至微细者也。以其本非具有形质的东西，但有成为形质的倾向而已，故以形向名之。物质宇宙，由此建立。这由摄聚而成形向的动势，就名之为翕。我们要知道，本体是无形相的，是无质碍的，是绝对的，是全的，是清净的，是刚健的。但是，本体之显现为万殊的功用，即不能不有所谓翕。这一翕。便有成为形质的趋势。易言之，即由翕而形成——实物了。

恒转即本体之别名。显现为翕的势用时，几乎要完全物化？若将不守他底自性，这可以说是一种反动了。

然而当翕的势用起时，却别有一种势用俱起。与翕同时而起，曰俱起。他是依据恒转而起的。就这种势用上说，便说是依据恒转而起。若就恒转上说。便应说这种势用是恒转的显现，但恒转元是冲虚无为的，而其现为势用，却是有为的。由此，应说这种势用虽以恒转为体，而毕竟不即是恒转，如说冰以水为体，而却不即是水。这个势用，是能健以自胜，而不肯化于翕的。即是反乎翕的。申言之，即此势用，是能运于翕之中而自为主宰，于以显其至健，而使翕随己转的。己者，设为辟之自谓。这种刚健而不物化的势用，就名之为关。

如上所说，依恒转故，而有所谓翕。才有翕，便有辟。唯其有对，所以成变，否则无变化可说了。恒转是一，恒转之现为翕，而几至不守自性，此翕便是二，所谓一生二是也。然恒转毕竟常如其性，决不会物化的。所以，当其翕时，即有辟的势用俱起，俱起，注见前。这一辟，就名为三，所谓二生三是也。前来已说，所谓变化，只是率循相反相成的一大法则，于此可见了。又复当知，此中所谓一、二、三，只是表示变动的符号，并不是有一二三的片段可分，更不是有由一至二，由二至三的先后次第可分。一只是表示体之将现为用的符号，此中将字，只是在言说上作推究之辞，事实上不是有个将现而未现的时候。二和三都是表示专用的符号，则以翕和辟，均是克就用上而目之故也。就一言之，于此尚不足以识全体大用，因为说个一，只是虚拟体之将现为用。就二言之，于此亦不足以识全体大用，因为说个二，只是表示大用之流行，不能没有内在的矛盾，决不是单纯的。因此，有个近于物化的翕。此中近字，注意。非遂物化也，只是近之而已。这个翕，似是大用的流行，须自现为似物的式样，来作自己运转的工具，才有这一翕，此中自己一词，设为大用之自谓。所以就翕上看，便近于物化，难得于此而识全体大用了。只有三，即是辟的势用。既是依据一而有的，却又与二相反，而即以反乎二之故，乃能显发三的力用，得以转二使之从己。己者，设为三之自谓。据此说来，三是包含一和二的。只于此，才识大用流行，也只于此，可以即用而识体。所谓体，本不是超脱于用之外而独存的，故可即于用而识体。申言之，就是于三而识全体大用。我们即于三而说之为体？也是可以的，于用而见体，便只说体，犹之于绳而见麻，便只呼麻。假若离了三，便无可见体。我们即于三之不可物化处？便识得这种势用即三。虽是变动的，而其本体元是不变的。三之不可物化，就因为他底本体是如此的。换句话说，恒转之常如其性，即可于此而知了。在昔《老子》书中述卦爻之义，而说"一生二二生三"，此是表示变化要率循相反相成的法则，这是无疑义的。但是，他们并未有详细的说明。现在我们的说法，是否与《老》和《易》的旨意全符，这自然成问题，不过，大体上还是相通的罢了。吾人穷理到真是的所在，即古人已先我而言之，更喜先后互相印证，无可与古人立异；但古人有所未尽者，应当加以发挥或修正。学问之事，期于求理之是而已。

照上所说，恒转现为动的势用，是一翕一辟的，并不是单纯的。翕的势用是凝聚的，是有成为形质的趋势的，即依翕故，假说为物，亦云物行。行字，义见前。物即是行，故名物行。下言心行者仿此。辟的势用是刚健的，是运行于翕之中，而能转翕从己的，己者，设为辟之自谓。即依辟故，假说为心，亦云心行。据此说来，我们在前面《唯识章》。曾讲过，物和心物亦对心而名境。是一个整体的不同的两方面，现在可以明白了，因为翕和辟，不是可以剖析的两片物事，所以说为整体。注意，此所谓整体。正是克就翕和辟的势用上说。但为言说上的方便，有时说翕是一种势用。辟又是另一种势用。此所谓一种、一种云者，绝不是表示各自独立的意思，因为克就翕和辟的势用上说，那就不是有实自体的东西，如何可说为各自独立？须知，这里所谓一种一种，只是表示势用的分殊，而此分殊一词，虽含有不是单纯的意义，但决不含有可以剖为二片或条然各别的意义。此乃必须明辨者。

从前吾国《易》家的学者，多有把物说为向下的，把心说为向上的。如汉儒云："阳动而进，阴动而退。"他们以阴来表示物的方面，以阳来表示心的方面，其所谓进，就是向上的意思，所谓退，就是向下的意思。后来宋明诸师，也都持此等见解。因此，有人焉，以为吾所谓翕，便是向下的一种动势，吾所谓辟，便是向上的一种动势。他们这样比附的说法，尚有待修正之处。说辟是具有向上性，这和我的见解是无所违异。说翕是向下的，却于理有所未尽。应知，翕只是个收摄凝聚的势用。这种摄聚，是造化之妙所不期然而然的，克就摄聚的势用而言，不定是向下的，但从他摄聚的势用诈现的迹象而言，迹象者，即现似有形质之谓。便可说他有向下的趋势了。然虽有此向下的趋势，要不是决定如此的，翕本来是顺从乎辟的，易言之，翕是具有向上性的。因为翕是顺从乎辟，而辟是向上的，则翕亦是向上的了。不过，翕确亦有向下的趋势，是与辟的方面相矛盾的，亦即与辟的势用形成对立的样子。然虽对立，毕竟不为二物，毕竟是相融和的。所以说他本是顺从乎辟的，亦是向上的。如果偏说为向下，那么，翕和辟只是相反而无可相成了。这种说法是不应理的。

　　总之，翕和辟本非异体，只是势用之有分殊而已。辟必待翕而后得所运用。翕必待辟而后见为流行，识有主宰。如果只有辟而没有翕，那便是莽莽荡荡，无复有物。莽莽，空洞貌。荡荡，无物貌。如此，则辟的势用，将浮游靡寄而无运用之具，易言之，即无所依据以显发辟的德用。所以，当其辟时决定有个翕，即为辟作运用之具，若无其具，则辟亦不可见了。又复应知，如果只有翕而没有辟，那便是完全物化，宇宙只是顽固坚凝的死物。既是死物，他也就无有自在的力用，易言之，即是没有主宰的胜用，而只是机械的罢了，然而事实上宇宙却是流行无碍的整体。我们把宇宙万象分割成段段片片的东西来看，那是依托翕的势用的迹象，而误起分别，所以如此。实则弥满于翕之中而运用此翕者，只是辟的势用。夫辟，是有相而无形，辟的势用，非空无故，斯云有相，但此相非有质故，非有对故，复云无形。是无所不在的，是向上的，清净而无滞碍，说为向上。是伸张的，是猛进的。夫翕，是成形的，是有方所的，成形即有方所，而非无所不在的了。是有下坠的趋势的。据此说来，翕的势用是与其本体相反的，翕，元是本体的显现，但翕则成物，故与其本体是相反的。本体是实有而非物的。而辟虽不即是本体，辟元是本体的显现，故不即是本体。譬如水成冰已，而冰虽不失水性，究不即是水。却是不物化的，是依据本体而起的。他之所以为无形，为无所不在，为向上等等者，这正是本体底自性的显现。易言之，即是本体举体成用。举体二字，吃紧。譬如水，举其全体，悉成为一切冰块，故水非离一切冰块而独在。本体之现为功用，是举其全体悉成为一切功用。这种用是流行无碍的，是能运用翕而为翕之主宰的。辟名为心。翕名为物。今如吾心为吾身之主，而交乎一切物，能裁断不爽焉，即此而知辟是主宰。此辟所以为殊特。

或曰："辟，固名为用。翕，岂不名用耶？"答曰：翕自是用。此何待言？但是本体之现为功用时，必起一种反的作用，即所谓翕者。以有此翕，乃得为辟的势用所依据以显发焉，于是而翕乃物化，疑于不成为用矣。我们只好于辟上识得大用。易言之，即唯辟可正名为用，而翕虽亦是用，但从其物化之一点而言，几可不名为用矣。如前所说，必有辟故方见大用流行，亦即于流行而识得主宰。以其能转翕而不随翕转，如心能了别和运用一切物，而不为一切物所引诱或陷溺。即此而识主宰故。讲到此处，更须申说一段话，即我所谓主宰是于辟的势用运行乎翕的一切物之中，而能自裁决断制，决不会迷暗以徇物。易言之，即不为物化，所以说为主宰。这个主宰的意义，本是就用上才见得，不是把本体看做为超越宇宙之上的一个造物主，而说名主宰。这是不容混淆的。我们诚然知道，本体显现为一切功用的时候，此中时候一词，是为言说上的方便，而实无有时候可言。即此流行无碍的功用，确不是乱冲的，却是随缘作主的。如生物的发展，由低等生物而至高尚的人类，我们可以见到辟的势用逐渐伸张，而能宰制乎翕的一切物了。我们于用上，识得主宰的意义，便知道用之所以如此者，正以用之本体是具有刚健与明智及不可变易的等等德性。所以，本体现为用时，这用才是具有主宰，而不是盲目的冲动的。如此，则谓本体上不必具有主宰义，这是不应理的说法。但若误解主宰义，而或以为本体是超越于宇宙之上，而能宰制万有的一个造物主，遂名主宰，这等见解，便是大错而特错了。总之，主宰义是于用上见，是必有对而后见。用则有对，如翕和辟对。易言之，即物与心对。我们若摄用归体，则唯是绝对，无可立主宰之名，若即用而显示其本体，则主宰之义虽于用上见，却可于此识得用之本体。申言之，即识得本体是刚健的乃至不可变易的了。所以，主宰一词，亦可以目本体，因为从用显体的缘故。

现在要归结起来，略说几句。本体现为大用，必有一翕一辟。而所谓翕者，只是辟的势用，所运用之具。这方面的动向，是与其本体相反的。至所谓辟者，才是称体起用。此中称字，甚吃紧，谓此用是不失其本体的德性。譬如冰，毕竟不失水性，故云称也。辟却是和翕反，而流行无碍，能运用翕，且为翕之主宰的。然翕虽成物，其实亦不必果成为固定的死东西，只是诈现为质碍的物，只是一种迹象而已。我们应知，翕辟是相反相成，毕竟是浑一而不可分的整体。所以，把心和物看作为二元的，固是错误。但如不了吾所谓翕辟，即不明白万变的宇宙底内容，是涵有内在的矛盾而发展的，那么，这种错误更大极了。矛盾，是相反之谓。利用此矛盾，而毕竟融和，以遂其发展，便是相成。吾国《大易》一书，全是发明斯义。哲学家中，有许多唯心论者，其为说似只承认吾所谓辟的势用，而把翕消纳到辟的一方面去了。亦有许多唯物论者，其为说又似只承认吾所谓翕的势用，而把辟消纳到翕的一方面去了。他们唯心和唯物诸论者，均不了一翕一辟是相反相成的整体。至我之所谓唯心，只是着重于心之方面的意思，并不是把翕的势用，完全消纳到辟的方面去。现在有些盛张辩证法的唯物论者，他们又把辟消纳到翕的方面去，不知物和心即翕和辟。是相反相成的，不可只承认其一方面，而以他方面消纳于此的。我们只能说，翕和辟不可析为二片，近似二元论者所为。但于整体之中，而有两方面的势用可说，这是不容矫乱的。一切事物，均不能逃出相反相成的法则。我们对于心物问题，这是哲学上的根本问题。何独忘却这个法则，相反相成的法则。而把心消纳到物的方面去，如何而可呢？

谈至此，或有难言："如公所持，说翕为物，说辟为心，固闻命已。但吾人所知者，心理的现象于有机物若动物与人出生的阶段中，始乃发现，而有机物固不能先无机物而有。我们试设想，地球尚未构成以前，与夫地体凝成，及其与诸天体相互之关系，而所有之温度和空气等等，尚未达到适宜于生物或动物和人类之生育的阶段。这种设想，在难者以为是一种合理的推论，并不是个乱猜。这时候，哪有心理的现象可说呢？心理的现象以下亦省言心。夫心，既是后于物而起的，而公却谓物即是翕，心即是辟。那么，健动的辟，就是后于凝聚的翕而起的。如何可说翕辟是一个整体的不同的两方面，并且以辟为能运于翕之中而为其主宰呢？"按难者此等见解，只是囿于日常执物之习，而不可与穷神。物之所以然者，谓之神。如难者之意，直以物为本原而已，不知凡有必始于无，有者谓一切物。无者，至真至实而无形声可睹闻耳，非空无也。有始于无者，谓此元乃诸有之实体。凡可象者，必以虚寂为极。可象谓一切物。虚寂者，至常而无形碍曰虚。至幽而无扰乱曰寂。一切物之实体，唯是虚寂，故云虚寂乃物之极也。泥象者，不能于象而悟虚寂。如泥执冰相者，不能于冰相而悟其本为水。执物者，不能于物而见实体，其弊犹是。滞有者，不能于有而证无。准上可解。如此固持唯物之见而牢不可破，实则一切物无定实，非固定，非实在。只依根本的物事即是一切物的实体所显现之一种迹象而已。有人说，如果把物底自身说为一种迹象，那么所谓物就是空空洞洞，无有内容了。事实上一切物都是活跃跃的，在无住的过程中发展着，一切物何尝是空洞的东西呢？为此难者，只是蔽于近习，而不悟至理。从世俗的观点来说，便把物界看做是绝不空洞的，是实在的东西。从真理的观点来说，所谓一切物，都是依着真实即本体显现之迹象，而假说名物。若克

新唯识论

就物底自身言，却是空，是无所有的，但不妨依真实的显现，假名为物罢了。譬如冰是水的显现，故离水，别无有冰的自身。应说冰的自身是空，是无所有的。一切物是真实的显现，亦复如是。但凡喻，只取少分相似，使人易晓。若执定此喻，以求与所喻的道理完全相肖，则反成迷谬。他处凡用譬喻者，皆准知。

我们要知道，实体显现为分殊的用或一切行的时候，此本无时候可说，但为言词之方便，须着此时候一词。一方面，决定有一种收摄凝聚的势用，即所谓翕。这种收凝的翕，其端绪虽很微细，很深隐，而由微至著，由隐至显，便成为一切物或物界了。然当其翕而成物时，另一方面，次定有一种刚健而无所不胜的势用，即所谓辟。这个辟，是与翕同时俱现的，亦即是运行于翕或一切物之中，而主宰乎一切物的。辟不是超脱于一切物之外的大神，却也不妨叫他做神，因为他很微妙的缘故。辟本是和物同体，而于同体之中却有分化，遂和物形成对立的样子。我们可借用《大易》《乾》《坤》二卦，表之如下：

☰ 乾

☷ 坤

《乾卦》，三爻皆奇数，吾借以表示辟。《坤卦》，三爻皆偶数，吾借以表示翕。翕即成物，物界是有待的，故用偶数。辟者神也，神无形而不可分割，故用奇数。翕和辟虽说是互相对立的，却又是互相融和的。才说到辟，便涵蕴着翕了，仍用《乾卦》，表之如下：☷☰。才说到翕，便涵蕴着辟了，复以《坤卦》，表之如下：☰☷。从来讲《易》学的人，或以为《乾卦》三爻纯阳而无阴，阳谓乾，阴谓坤，下仿此。《坤卦》三爻纯阴而无阳，这是极大的错误。其实乾坤是互相错的，错者，对待义。而亦是互相综的，综者，融和义。不可把乾坤当做二元论去理会。说乾便涵着坤，说坤便涵着乾其妙如此。

前面说过，翕和辟是不可分离的整体。不过，这个整体非是由各别的东西混同而成为一合相，一合相一词，借用佛家《金刚经》语。却是一全整体而复现有分化，即有内在的矛盾，以遂其发展的。

由有分化故说翕辟。如果只承认有翕的方面，即物的方面。而不承认有辟的方面，即心的方面。那么，变化应该不可能，因为孤独无以成其变化的缘故。我们应知，无始时来有翕即有辟，有辟即有翕。变化的内容不能是孤独的，而必有翕辟两方面才成为变化，这是不容疑的道理。泰初有翕，泰初即已有辟。我们把这个辟，说名宇宙的心。伟大的自然，或物质宇宙的发展，虽不是别有个造物主来创作，可是，自然或一切物并非真个是拘碍的东西。他们一切物。内部确有一种向上而不物化的势用即所谓辟潜存着。不过，这种势用，要显发他自己，是要经过相当的困难。当有机物如动物和人类尚未出现以前，这种势用，好似潜伏在万仞的深渊里，是隐而未现的，好像没有他了。及到有机物发展的阶段，这种势用便盛显起来，才见他是主宰乎物的。不要说动物，就是在植物中已可甄明这种势用，如倾向日光及吸收养料等等，都可据以测验植物具有暧昧的心理状态。植物的心，实隐然主宰其形干，而营适当的生活，这是无可否认的。所以，辟或心是到有机物发展的阶段才日益显著，却不能因此便怀疑有机物未出现以前，就没有辟或心这种势用的潜存。一颗电子的振动，并不是循一定的规律的。电子总是在许多轨道中跳来跳去，他一忽儿在此一轨道上消失，一忽儿在另一轨道又产生，也不是有外力使之然的，这就是由他内部具有辟或心这种势用为之主宰。不过，这种势用潜存乎一切物之中，而不易察见耳。天下唯潜存的力用，是最大的力用。浅识之徒，只能有见于显，不能深察于微，因此，难与穷理。应知，辟或心的势用，当其潜存的时候，如于有机物未出现，我们无从甄明他辟或心的时候，他确实普遍周浃于翕而将形的一切物，而无所不在。只是他的表现之资具如有机体尚未构成，所以不曾显发出来，因此，说名宇宙的心。讲到此，又有问云："后来有机物上所发现之心，却是物物各具一心。此与宇宙的心为一为二耶？"答曰：——物各具之心，即是宇宙的心；宇宙的心即是一一物各具之心。譬如大海水遍现为一一沤，即此一一沤，皆涵有大海水全量。每一沤，都与大海水无二无别。一一物各具之心与宇宙的心，无二无别，亦复如是。

我们何以把辟叫做心，把翕叫做物呢？旧唯识论师。以为心是能分别境物的，就说心只是分别的罢了。实则所谓心者，确是依着向上的、开发的、不肯物化的、刚健的一种势用即所谓辟，而说名为心。若离开这种势用，还有什么叫做心呢？旧师把心只看做是分别的，却是从对境所显了别之相上去看。易言之，是从迹象上去看，是把他当做静止的物事去看，而不了解他的本身元来只是很微妙的一种势用。旧师对于心的看法，是极粗浅的。我以为流行无碍而不可剖析的和刚健的与向上的势用，即所谓辟，这才可说名心。须反躬深切体认，自可识得。如果只从他底迹象上看，以为心只是分别的东西，如同镜子一般，镜子照显妍媸等境，是分别的，却是静止的东西。那就大错而特错了。心虽动而未尝不静，但决不可当作静止的东西来看。

关于物的解释，旧师如护法等，则以为一切物另有他的根源，叫做相分种子，但是藏在第八识中，故不妨说唯识。终未免把物看作实在的东西，这也是悬空谬想。实则所谓物者，并非实在的东西，只是依着大用流行中之一种收凝的势用所诈现之迹象，而假说名物。若离开收凝的势用，又有什么叫做物呢？我们设想，造化的开端，此中造化一词，并不含有造物主来造作的意义。盖以本体既显现为大用，即依大用之行，而假说名造化，须善会。又开端一词，亦不当泥解。实不可找得最初之端也。不能不有个收摄凝聚。这种收凝，其端甚微，而确是成形之始。万物从无肇有，此所云无，乃推想万物尚未形著时，而说为无，与前文以无言实体者不同。由微至著，直从收凝中得来。收凝就是敛藏到极处。敛者，谓其力用收敛不发。藏者，谓其力用闭蓄不散。造化的力用，敛藏愈深愈固，则有成为无量的积之可能。这里所谓积，就是郁积而将兆乎形的意思，易言之，有成为形物的倾向。因此，亦名形向。每一个积或形向，可以说是物的最极小的分子。伟大的自然或物质宇宙，就是以这无量的积或形向为胎萌。唯物论者把物质看作为本原的，旧师也以为物质有他的因素，名相分种子。这都是把物看成实在的，都是极大的错误。实则物并不实在，亦决没有旧师所妄想的物质的因素。物者，只是我所谓收凝的势用所诈现之迹象而已。收凝的势用，名为翕，翕即成物。翕便诈现一种迹象，即名为物。所以，物之名依翕而立。

前面已经说过，所谓辟者，亦名为宇宙的心。我们又不妨把辟名为宇宙精神。这个宇宙精神的发现，是不能无所凭藉的。必须于一方面极端收凝，而成为物即所谓翕，以为显发精神即所谓辟之资具，而精神，则是运行乎翕之中。而为其主宰的。因此，应说翕以显辟，辟以运翕。盖翕的方面，唯主受，辟的方面，唯主施。受是顺承的意思，谓其顺承乎辟也。施是主动的意思，谓其行于翕而为之主也。须知，翕便成物，此翕也就是如其所成功的样子，意谓直是物化而已，此处吃紧。只堪为精神所凭藉之资具。若无此翕，则宇宙精神无所凭以显。如果精神要显发他自己，他就必须分化，而分化又必须构成一切物。他才散著于一切物，而有其各别的据点，否则无以遂其分化了。所以说翕以显辟，只是理合如此，而翕之所以必须顺承乎辟者，亦以其止堪为辟之资具故。这个道理，须至后面《成物章》。方好详说。至于辟呢，他本是不物化的至刚至健的一种势用。他是包乎翕之外而彻乎翕之中，是能转翕而不随翕转的。转者，转化义，如甲令乙相与俱化之谓。所以说辟以运翕，所以说辟为施，谓其行于翕而为之主也。翕和辟，本是相反的，而卒归于融和者，就在其一受一施上见得。受之为义，表示翕随辟转。施之为义，表示辟反乎翕而终转翕从己。己者，设为辟之自谓。所以，翕辟两方面，在一受一施上成其融和。总之，辟毕竟是包涵着翕，而翕究是从属于辟的。爰以图表之如下：

新唯识论

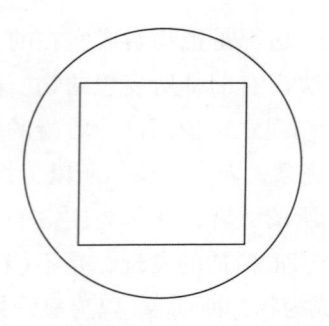

　　图中，以方的相表示翕，物成即有方所故。以圆的相表示辟，心或精神是周遍流行而无滞碍故。辟是无定在，而亦无所不在，是包乎翕之外，而彻乎翕之中。观于上列的图，便可见得此意了。

　　准前所说，所谓物者，只是收凝的势用即翕之所诈现，并非有实在的物质，但因其现似质碍的东西，却又不妨名之为物。然复须知，所谓物，也就如其所现的样子。至于包涵此物与渗透和运行此物之中者，别有所谓刚健的、开发的、不物化的一种势用，即所谓辟，这个，决定不是从物的自身中产生出来的，而是与现似物相的收凝的势用即所谓翕，同时俱显而不可剖分的。此中同时一词，恐有人误计翕在先，辟在后，或先唯辟，后有翕，故言同时以防之。实则谈理至此，无时间可说也。申言之，翕和辟，只是恒转举体显现为此两方面。恒转，即本体之别名。举体云者，谓恒转举其全体而显现为翕和辟也。所以，翕和辟不可看做为各别的实在东西。若乃因其翕而成物，遂计物质为本原的，而以辟或心为从属的，这种见解尤属谬误。须知，刚健的不物化的势用即辟，是遍涵一切物而无所不包，是遗在一切物而无所不入。这种势用，虽与翕而成形的物同为恒转的显现，而辟确是不失恒转的自性。譬如冰，是水的显现，而毕竟不失水性。所以，于此而识得本体，亦即于此而可说为本原的。我们要知道，所谓本体，是虚寂无形的。无形者，只是无有形相耳，非空无也。翕便成物，故与其本体有乖反的趋势。譬如冰，以流液的水为本质，而冰相坚凝，却与其本质相反了。唯辟，则以其至健而不有，不有者，无有形相，无有滞碍，无有和人一般的造作的意想。至动而恒寂，虽动而不失其虚寂，即动即寂故。乃全与其本体相称。辟虽健动，而常穆然无形，默然虚寂，故称其体也。所以，于辟可说为本原的，而翕毕竟是从属的。唯物论者，只在显著的迹象上着眼，而不能深察到微妙的地方，所以，武断的坚持其唯物的主张。

或复难言："如公所说，辟是刚健的势用，但按之老子哲学，则以为由无始成万化。其第五章所云橐籥即以喻无也。橐籥之中空洞，故以喻无。然彼所谓无，却是虚而不得穷屈，动而不可竭尽的。参考王弼《老子》第五章注。此与公所谓辟者，义旨亦有相似处，但老子不说为刚健的，而只谓之无，又云用之不勤。这种意义与公所见又似大大的不同了，愿闻其所以异同。"答曰：老子谓之无者，以其无状无象，故说为无耳，非真无也。其曰用之不勤者，妙用无穷，周普万物，而荡然无所劳耳。老子说用之不勤，我亦何尝于大用流行着得一勤字，使大化之行而有所勤劳，则造化亦将熄矣。但勤劳与刚健，二义迥别。勤劳，是拘执或留滞义。刚健，具有清净、纯固、坚实、勇悍、升进、与不可穷屈及无竭尽等义。须知，用之不勤者，正以其刚健故耳。刚健乃为众妙之门，何劳之有？老子只有见于用之不勤，而未深体夫用之所以不勤者，自是他有所未至。老子说道无，我亦何可于他所谓无之上，起一毫有相的执着，但无非真无，故万化由之以成。这个无状无象的物事，才是至刚至健的，所以能成万化，否则便是颓废的无，又何妙用可言呢？老子只喜欢说无，却不知所谓无才是至刚至健，我想老子尚不免耽着虚无的境界。辟是刚健的势用，这种见地，我亦本诸《大易》，但是自家深切体认，见得如此，而后敢于说出。真理是不远于吾人的，须返躬体认始得。

附识：老子之时代，当稍在孔子后，而前于孟子。他的学问，实从孔子《易传》之思想而出，终乃别抒己见，以自成一家言，盖孔氏之旁支，《易》家之别派也。余在《语要》卷二中《答意国米兰诺省大学教授书》。曾略谈及之。

上来所说，关于翕辟方面已见大概。今次当谈生灭。我们一说到变化，便知道他变化不是空空洞洞而无所有的，所以说一翕一辟。他变化是生生活活的势用，具有内在的矛盾而发展着。我国的《易》学家，也都把宇宙看做是一个动荡不已的进程。这种看法是很精审的。因此，当知我们欲解析变化的内容，仅拿翕和辟来说明他，还是不够的，必须发见翕和辟在其生和灭的方面的奥妙，才算深于知变。所以现在要谈生灭。

在谈生灭之前，不能不先说刹那义。印度佛家分析时分，至极小、量，方名刹那。如《大毗婆沙论》卷一百三十六说："壮士弹指顷，经六十四刹那。"又说："世尊不说实刹那量，无有有情堪能知故。"世尊，即释迦佛之名号。有情者，人之异名，人有情识故名。详《毗婆沙》所云"壮士弹指顷，经六十四刹那"，这好像有刹那量可说了，可是，壮士弹指，是特别迅疾的。他那一弹指顷，是否经过六十四刹那，我们却也无法甄验。因为刹那量，是小到何等的分限，古代既没有某种器具可以表明他，现在的钟表也不能表明他。我们如何能定说"壮士弹指顷，经六十四刹那"呢？或谓：《毗婆沙》这种说法，不过显示刹那量是小到不可说的罢了。六十四者，多数之词。以壮士弹指之迅疾，而经过六十四刹那，则刹那量真是小之至极，而不可以言说形容了。所以，该论又说，"世尊不说实刹那量"云云。据此，则刹那量，比于数学上的无穷小，或更为细微而难说。一般人谈到刹那，大概以为是时分之极小极促而不可更析者。我们随顺世俗，也不妨如此说。但是，佛家大乘师谈刹那义，或不许以世俗时间的观念来说。易言之，刹那不是时间义。我们不可说刹那就是极小而不可更析的时分。窥基大师在他所著的《唯识论述记》卷十八说："念者，刹那之异名。"据他这个说法，则以吾人心中一念才起之际，便是一刹那。这一念才起，即便谢灭，绝没有留住的。此念，即是刹那之异名，所以，刹那不可说是时间。我们只观察自己心中念头倏起，而不可停留之一忽儿，这就是一刹那。一忽儿，乃俗语，形容时分极促而不可把捉。此则以刹那唯依自心而假说。今就我的意思来讲，则在本章谈变的观点上，极赞同大乘师不许以世俗时间的观念来说刹那的主张。因为世俗所谓时间，毕竟是空间的变相。空间是有分段的，如东西等方。时间也是有分段的。如过去现在未来。扼要言之，空间和时间，就是物质宇宙存在的形式。我们觉得物质宇宙，于一方面，有东西等方的分布相，即此便名空间，而于另一方面，有过、现、未的延续相，即此便名时间。所以，有了物质的观念，即有空时的观念与之俱现。俱现者，谓空、时与物质同时并著。因此，空时的观念，也是非常粗笨的。空间上，如由东到西，中间是有间隔的。时间上，如由过去至现在，中间也是有间隔的。据此说来，我们若依世俗时间的观念，来说刹那。那么，由前一刹那，到后一刹那，中间总是有间隔的。如此而谈那刹，便成了一套呆板的架格，更有甚么法子可以窥见变化呢？所以，我在谈变的观点上，赞同大乘师不许以世俗时间的观念来说刹那的主张。至如前面所述基师的说法，即以自心一念才起，说为刹那，却未免偏就心之一方面说，似亦未妥。我们要知道，哲学上的用语，是非常困难的。语言文字，本是表示日常经验的事理，是一种死笨的工具。我们拿这种工具，欲以表达日常经验所不能及到的、很玄微的、很奇妙的造化之理，造化一词，注见前。其间不少困难是可想而知的。即如刹那一词，在其元来的涵义，本是一种至小而不可更析的时分。我们在谈变的时候，自不能不利用此刹那一词，以表示不断的变化，是刹那刹那顿起的。然若因此而以世俗时间的观念来理会此中所谓刹那，将把甚深微妙、不可测度的变化，箝入死的架格之内。世俗所谓时间和空间两系列，却是一个死的架格。甚至前后刹那之间，定有间隔，而变化也应中断了。如此，既已无法理会变化。应知，本书所说刹那，只是一种方便的设词，虽未尝不以刹那为至小至促而不可更析之时分，要是为言说之方便计，才用此词。学者于此，必须超脱世俗时间的观念，以理会变化之玄妙，庶几不以词害意。

已说刹那，应谈生灭。凡法，本来无有，而今突起，便名为生。此中法字，犹言事情。下言法者仿此。前面所说翕和辟或心和物，在此处则通名为一切法。例如我这现前一念心的现象，是以前本不曾有过的，而是现前一刹那顷突起的，就把这种突起，名之为生。凡法生已，绝不留住，还复成无，名之为灭。例如我现前一念心的现象，决不会凝固的持续下去，毕竟灭无，故复言灭。生和灭本是世间所共知的事情，应该不成为问题的。然而世间都以为一切法生已，必住，久后方灭。易言之，一切事物既已生起，必有经久的留住，或相当时期的留住，绝没有于率尔创生之时，即便坏灭的。率尔者，突起貌。虽复坏灭迅速，而此坏时，距其生时，亦必有个间隔的时分，就令是一瞬或一息的间隔，也是留住了一瞬一息的。断不可说生的时候，即是灭的时候，此中即是二字，乃显其不二之义。他处凡言即是者皆仿此。天下没有这般矛盾的事情。世间的见解都如此，问题就在这里发生了。一切法生已，果然得留住着吗？关于这个问题，我是赞同印度佛家的见解，主张一切法都是刹那灭。怎样叫做刹那灭呢？即凡法于此一刹那顷才生，即于此一刹那顷便灭，所以说，生时即是灭时。他一切法决不会有一忽儿的时间留住的。一忽儿，注见前。世间见有常存的物，却是一种倒见。我记得《阿含经》上，记录着佛语诸弟子的一段话。印度佛家经典，不独大乘的经是伪托的。即小乘所宗的经亦多由其后学推演而成，不必果为释迦口说也。然群经之中，颇有出自释迦弟子亲承纶音而记录之者，则《阿含经》是也。虽亦不无搀伪，然大体近实。当别为文论之。据佛说："一切法，犹如幻化。于一刹那顷才生起，即便坏灭，决无有于此刹那顷得留住者。"释迦这种说法，后来小乘、大乘之徒，都无异论。然而佛家以外之学者，犹于此义不能信解，因之起攻难者颇不少，如大乘的著述中，《庄严经论》等。多有答覆这种攻难的理论。直到现在，我们向人谈到刹那灭义，还时时遇着非难。大概古今哲学家深于察变的，也都谈到宇宙万象，是时时舍其故而趋新。但是他们多半是很宽泛的说法，不过以很生动的、很警切的语句，来形容事物之不守故常而已。要之，都未能十分明了的、肯定的、严格的说到刹那灭。因为依据刹那灭的说法，则一切法才生起的时候即便坏灭了，中间没有一忽儿暂住的时间。一般人以为，这样说来，好像堕入空见，根本不许有东西存在，甚至连自己的身心都不许存在，所以，很恶闻刹那灭的理论。昔在旧京北京，曾遇一激烈的抗议者云："如你所说，一切法都是刹那灭。现前有一块石头，此石头是刹那灭的，即是不存在了。吾今者将拾此石头打上你的头脑，你能不觉得伤痛么？"作这等抗议的人，根本不可与谈哲学，因为他们只从大化流行的迹象上去着眼，而不能理会大化流行之微妙。易言之，他们只看到事物，而不能了解事物之所以然者。其实，刹那灭的理论，并不似一般反对者所怀疑的那样可恶。毋宁说，这种理论到是实事求是的。我现在且依据印度大乘的主张，并参以自己的意思，对于他们反对者所疑虑之处，一一加以解答如下：

一、汝计一切法，非是刹那顷才生即灭者，果如汝所计，则宇宙万象，应该都是常住的了，然而现见世间没有常住的东西。万物有成必有毁，成，谓一切形物之凝成。毁，谓坏灭。有生必有死，有盈必有虚，盈者盈满，虚者衰绝。有聚必有散。凡物由多数分子互相爱合而成，曰聚。凡物破坏，曰散。这个诸行无常的公理，是分明昭著，不可否认的，诸行犹言万物。行字，详本章首段。汝为甚么怕闻灭之一字呢？

二、如汝说，并非不信诸行起已当灭，只是不信诸行才起即灭。这种思想是极大的错误。依照汝所计，诸行非是才生即灭者，即诸行生起已，虽不常住，而至少有暂时住，后乃坏灭。汝意只是如此。吾今问汝，若诸行生起已得有暂时住者，为是诸行的自力能住耶？为是诸行非自力能住，必待他力而后住耶？如此二计，皆将成过。何以故？如谓诸行自力能住，则彼应常住不坏，何故只暂时住，而不得常住耶？如许诸行因他力得住者，既离诸行之外，无别作者可说为他，作者，犹云造物主。谁为诸行作住的因呢？准前所说，诸行自住及因他住，二义俱不得成，故知诸行是才生即灭，没有暂时住的理由可说了。

三、如汝说，虽无作者为诸行作住的因，但是诸行生起已，却亦未遇着毁坏诸行的因，所以诸行得住，如果遇有毁坏的因来时，诸行方灭。例如黑色刚硬的铁，以下省言黑铁。由有火为坏因，黑铁便灭，赤色软热的铁，以下省言赤铁。方乃新生。若坏因谓火。尚未至的时候，则黑铁得暂时住。汝执定此说，维持其元来的主张，只是锢于肤见，不究理实。世俗以为凡物之灭，必待有坏因而后灭，若未逢坏因，即得暂住。此实错误。须知，克就物言，则凡物不能无因而生。即以物的本身自有力用现起，假说为因。但是，凡物之灭，却不待有坏因而始灭，只是法尔自灭。法尔一词，本之佛籍，犹言自然。不可说灭亦待因也。大用流行，是至刚至健，至神至怪，其流行也，一刹那顷顿起顿灭。刹那刹那，恒是顿起顿灭，绝没有一毫死板的东西滞积着。易言之，即没有陈旧的势用留存下去，而总是新新突起的，所以说凡物之灭，原不待因。因为一切物，核实言之只在大化迁流中。一切物，其自身根本是刹那灭的，还待什么因呢？世俗以为，黑铁之灭，由于有火为其坏因。殊不知，当黑铁与火合，即是黑铁坏灭的时候，也即是赤铁生起的时候。一刹那黑铁灭，即此刹那赤铁生。生灭时分，紧相接故，即不异时也。据实而谈，这火的功用，只是为赤铁之起，作一种牵引，可以说火是赤铁之生因，火为赤铁生因，只是一种牵引，并不是由火能创造这赤铁出来。盖赤铁之起，实由其本身自有力用，故遇火缘而得起耳。不可说火是黑铁之坏因也。黑铁之灭毕竟是法尔自灭，原不待因。易言之，即不由火坏灭之也。唯火之起也，则赤铁与之俱起。若无有火，赤铁必不起。由此，应说火有牵起赤铁之功用。世俗不知此火为赤铁生因，而误计火为黑铁坏因，真是倒见。或复难言："如谓黑铁，不由火为坏因故灭者，然世现见黑铁不与火合时，黑铁便住，及遇火合，黑铁才灭。据此，黑铁之灭，若非火为坏因者，云胡黑铁不与火合时竟不灭欤？"答曰：黑铁不与火合时，汝见其不灭耶？实则黑铁刹那灭故，汝不觉知。如前一刹那黑铁灭已，后一刹那黑铁，确是新起，而与前黑铁，极相似故。汝先后所见不异，便谓前黑铁犹住至后耳。或复问云："诚如公言，黑铁刹那灭不由火为坏因者，现见黑铁与火合时。但赤铁生，黑铁遂不复起。可见此火，仍是黑铁的坏因。"答曰：火为赤铁生因，如前已说。黑铁灭已，后不复起者，由赤铁遇火为缘而新生，黑铁故不复生。二法是相违异的，无有于同时、同处。得有二法并生故。二法，谓赤铁和黑铁。然前刹那黑铁之灭，是一事。前刹那黑铁灭已，后刹那有无黑铁复生，又是一事。此二事，不当并为一谈。今谓火于赤铁为缘，能牵令赤铁生起，同时，即无前黑铁复生之可能，是事诚然。但若谓前刹那黑铁之灭，由火为坏因，此则违理。黑铁本不是常住的物事，虽不遇火或其他的东西为缘，而实刹那刹那恒自灭故。总之，凡物之灭，皆不待因。这个道理须深切体认而后觉义味深远。大化流行，刹那刹那蜕其故而创新。一切物都在蜕故创新的历程中，所以，凡物之灭只是法尔不得不灭，非是要待什么因而后灭的。既灭不待因，所以说，凡物刹那才生即灭。因其灭也，本无所等待故。

四、如汝说一切法得暂住,定非才生即灭者,吾且问妆,依汝所计,一切物容暂住，终当有灭。若灭已，得相续起否？若不承认凡物灭已得续起者，汝便堕断见。若承认凡物灭已得续起者，汝则不应说一切物容暂住。所以者何？当物暂住之时，即是造化蜕故创新之机，已经中断，如何得有续起的物事耶？据此说来，若许凡物相续起者，便应许凡物才生即灭。刹那刹那，前前灭尽，后后新生，化机无一息之停，故万物得以相续起而不断绝也。翻者按：印度佛家说刹那灭义，并未着重化机不息的意思，只显无常而已。本论明示化机是活泼泼地，却别是一种精神。

五、如汝计，凡说一切物才生即灭者，即是偏从灭的一方面看去。易言之，只见为诸法灭尽，可谓堕入边见。边者，偏执义。偏执灭故。即偏执之见。汝作是计，只是不了我所说义。应知，如我所说，刹那刹那灭灭不住，即是刹那刹那生生不息。生和灭本是互相涵的。说生便涵着灭，说灭便涵着生。前面说过，变化是循着相反相成的法则。我们谈到此处，仍用一、二、三，来表示这个法则。如前一刹那，新有所生，就是一。而此新生法，即此刹那顷顿灭，此灭就是二。二谓灭。是与一谓生。相反的。后一刹那顷，又新有所生，此便是三。这三，不即是一，却是根据一而起的，而与二相反。但是，到了三的时候，也还如前之一，亦自有个相反的，如前所谓二，即又有个灭了。乃复有反，如同此三。即又有个生了。如此说来，刹那刹那，生灭灭生，无有穷极。因为方生方灭，方灭方生，才成变化。所以说，生和灭，是相涵的，是相反相成的。谈生即有灭在，谈灭即有生在。然而我辈着重谈灭者。必知灭，而后知生而不有，而后见生生不息之妙。若生而不灭，则化机便滞而死矣。或复问言："依一二三的式子衍下去，生已便灭，灭已续生，岂不成为循环耶？"答曰：大化流行，实无所谓循环。刹那刹那，生灭灭生，即刹那刹那，都是创新而不用其故，根本没有重规叠矩的事情。一二三的式子，正以表示造化之不守故常，如何妄计为循环耶？但是，从大化所诈现之迹象上看，则续生之法，或与前法有其相似，几乎可说为循环。其实后法于前，亦只是相似而已，不可说后起是将前法重叠一番也。

六、如汝计，若一切物皆刹那刹那新生者，云何一般人于此刹那顷新生物事，而竟看做为旧有的物事。汝这种疑问所由起，只是执其粗迹，而不究其隐微。前面说过，一切物由刹那灭故，才得相续起。如某物，前灭后起的时候，若不遇新的异缘，则后刹那续起者，恒与其前物相似。例如前所举黑铁，方其未遇火为异缘，即此黑铁，于前刹那灭已。而后刹那续起者，仍与前黑铁极相似。在此等情形之下，便名为相似随转。中译佛籍，多训转为起，此借用之。似前而起，名相似随转。由相似随转故，所以，对于现前一刹那顷新生的物事，而仍当作旧有的物事来理解他。实则，凡物都不是兀然坚凝的连持下来。易言之，即不是有独立的自体，由过去至今，一向任持不舍。须知，凡物于每一刹那，都是蜕故创新。前刹那突起，即便坏灭，后刹那续生，亦复不住。如现前某物，若笔和砚等。吾人见为犹是前物。其实，此物前前灭尽，现在一刹那顷续起的物，极似前物，故见为前物耳。或复难言："若一切物皆刹那刹那生灭相续者，云何不可觉知？"答曰：这种变化，至极微妙，至极迅速，所以不可觉察。汝若以不可觉察故，即不肯信刹那刹那生灭相续者，吾且问汝，如汝身体，息息新陈代谢，犹自视为故吾，却未尝以其不可觉知，遽否认新陈代谢作用。一切物，刹那刹那生灭相续，不可觉知，又何足怪？

七、如汝计，凡物之初起，必皆有暂住的时候，决非初起即变异者。此实无有理据。若果如汝所计，则一切法，应有定形。所以者何？因为一切法初起，既能住而不灭，便是有定形的东西，即不能由一状态转为另一状态。此云转者，改变义。然而一切法，事实上都是刹那刹那灭故生新，而此新故迁移，只于冥冥中密密的运行，既不可寻其最初的端绪，更不可索其最终的边际，根本没有定形可得。例如由乳可至酪，这乳显然不曾有他的定形，如有定形，他决不会改转成酪了。这乳所以无定形者，就因此乳初起即变，根本没有暂住，所以不会有定形可任持着。或复难言："由乳至酪者，以先经相当热度，后经冷的空气等等异缘，故乳转变成酪。若乳不遇异缘，则能暂住而任持其定形。"此难，亦不应理。应知，热度等等异缘，虽为由乳转变成酪所必需备具的条件，但是，乳的本身，是否坚住而有定形，是否为一成而不可变，这个问题确是特别重要。如果乳是能暂时坚住的，那么，他就是有定形的东西。他既已任持他的定形，既是一成不变的东西，纵有任何异缘，也不能令他转成另一状态。易言之，即无法转变成酪了。因为乳的本身，是才起即灭。易言之，即刹那刹那变异，根本没有定形可任持，根本不是一成不变的。所以，此乳遇着异缘，便可转为另一状态，即是可以成酪了。我们要知道，由乳至酪，决非可以一蹴而至，中间经过无量刹那生灭，相似随转。唯其相似的程度，则刹那刹那，随其所逢之缘，如热度等等，逐渐微异。大概后一刹那续生之乳，与其前一刹那之乳，决定无有全肖者。及至成酪，则由前此许多刹那逐渐微异之递集，至此，而乃显其特异，即是成为酪了。世俗于此不察，以为乳之初起，便能留住不灭，后经多时成酪，乳相方灭。不知成酪以前之乳，已经无量刹那生灭。原非一物。特在成酪以前，其相似程度，未骤形其悬殊，故谓乳从

新唯识论

初起便暂住而任持其定形。其实，这种看法，纯是一种错误。

八、如汝计，凡物得由此移转至彼，是名为动。如桌子，由室之东隅，移转至西隅，以及天体的运转，寒暑的往来，乃至一切一切，不可胜穷的动的现象，是彰明不可否认的。一切物既都不是不动的东西，那么，一切物便非才生即灭。如果凡物生已，不曾暂住，那就根本没有物了。既已无物，凭何来说动呢？据一般人的信念，以为没有物质的动，是不能想像的。没有动的物质，也是不会有的。所以，有物即已有动可说。因此，便无法否认一切物之存在，也就无法承认一切物是才生即灭的主张。汝持这种说法，只由不肯深穷真理，故陷于谬误而不觉。须知。汝所谓动，只是一种移转的意义。这个移转，在世俗之见，以为是有个实物才移转的，并且有其在空间上和时间上的经过的。又且一经移转，物的状态，即有一彼一此之不同的。例如桌子，于某时分，由东移到西。桌子的状态，就因其移转，而不必同于原来的样子了。汝的意思，不过如此。我若随顺世间情见，并不否认汝的说法。但是，汝若把物看做是唯一的实在的，那就大错而特错了。前面已经说过，凡有必以无为本，凡可象必以虚寂为极。虚寂故无所滞，虽显现为万象，而实泊然不离其本，斯即象而寂。无故未始有碍，虽显现为群有，而实荡然不失其宗，斯即有而无。肇公作《物不迁论》，明示于一切物，不看做是物，不见有物底动的相，可谓证真之谈。汝若依据日常生活的经验，来推测宇宙，以为只有物质是实在的，遂不能于一切物而悟本无，无者，无形而至神，是乃物之本体。若能于物，不作物想，而澈悟物之本体，即是于物而悟本无。不能于一切物而证虚寂。虚寂与无，非二也，言其无形则曰无，言其冲远而无扰动相，则曰虚寂。虚寂与无，皆克指物之本体而言。这样，便见有物，便见有物底动的相，即已无法见真理了。我们若是超脱世间情见，而唯真理之求，将必悟到一切物都不是实在的东西。世俗所见为实在的物，只是一种虚假相。一切物，在实际上说，都是刹那刹那灭坏，刹那刹那变异，哪有实在的物可得呢？据此说来，一切物既非是实在的，而世俗所见为物之动，又如何解

· 94 ·

释呢？须知，一切物虽不实在，而由刹那刹那，生灭相续，诈现相状，宛尔推移，便见为有物是在动着了。其实，物质既非实，动相自是假虚的。我们只承认万物是依着变化不息的过程，而假为之名。实际上无所谓物，更无所谓物之动。故汝欲以动来证明一切物非是才生即灭，这正是世俗迷妄的见解，非我所许。

九、如汝计，一切物若才生即灭者，即是刹那刹那顿变，不由积渐而至。然世共见，诸法皆由积渐而至盛大。如太空之中，泰初只是元气布濩，混沌未分。今此太阳系统，亦不知经几许时劫，分化、凝结，而后呈此粲著之奇。又如生物的官品，也都是由简单而趋复杂。足见一切物，都是由渐变得来。汝持此论，适以证成我的说法。须知，一切物若初起即住，延持不灭者，便是一受其已成的定形，而无可复变了，更何所谓积渐而至盛大？唯其才生即灭，无有定形可守，所以说，诸物是刹那刹那顿变的。过去的东西，没有存留到现在。现在的东西，亦决不会存留到未来。每一刹那顷，都是顿变，造化就是这样的新新不住，可谓奇怪极矣！然而诸物刹那刹那顿变，才得积渐而至盛大，因为前刹那的物，才起即灭，后刹那的物，紧接着前灭的物而续起，必较为增进些。譬如河流，前流方灭，后流续前而起者益见浩大。凡物生灭灭生而不已，所以进进益盛。进进，张横渠语。假若初起便住，即已守其定形，何由渐至盛大？由此应知，所谓一切物的渐变，确是基于刹那刹那的顿变，而后形见出来的。王阳明先生说："天地之化，合是有个渐的意思。"这话是不错的。但不要忽略，若非刹那刹那顿变，也无渐变可说了。朱子说："天地山川，非积小以高大也。"《中庸章句》这是站在顿变的观点上说，可谓深于知化。有人言，凡物不必舍故，而可以随时添上新的东西，如过去的物事，点点滴滴集累起来，持续到现在，其间自必随时加上新的分子，并且由现在拓展而立趋未来，也是随时有新分子增加的。譬如转雪球，越转越大，就因依着故有的雪片，一转一转的，时时加上新的雪片，所以，雪球渐转渐大。这种说法，总是要坚持故物不灭的主张。殊不知，故物不灭，则其创新的力用，已经停滞了，如何得有新的东西继续而起？又如故物不灭，即已任持其定形，亦决不容新分子加入，所以，不舍故物的说法，纯是一种谬想。

十、如汝计，一切事物是时常转变的，如由许多事实，甄明事物的数量上的变化，便变更他们事物的质量。例如水，在通常的气压之下，在摄氏表零度时，从液体变成固体了，在摄氏表一百度时，从液体变成气体了。在这两个转变点上，单纯的气温的数量上的变更，便引起水的质量上的变更。反过来说，质量上的变化，也变更他们的数量。但是，事物虽有转变，而当其转变的时候，只是物质由一状态，变为另一状态，并不是物质的本身可灭。如果物质才生即灭，那便无许多转变的事物可说了。汝这种见解，更是错误。须知，汝所谓物质只是一个概念。据实而谈，离开一切转变的事物别无所谓物质，还说甚么不灭呢？若克就一切转变的事物，而说名物质。那么，这些物质，正以其是才生即灭的。是刹那刹那不住的，才会由一状态转变为另一状态。如果物质初起便住，那便成为凝固的死物，如何可以转变？我国古诗有云："维天之命，于穆不已。"这里所谓天，不是宗教家所谓神或帝的意思，而是用为最极的真实之代语。命者，流行义。于穆者，深远义。不已者，生灭灭生，恒相续起，无有断绝也。此言真实的力用之流行，恒是生灭相续。无有已止，所以叹其深远也。一切物生灭相续者，实际上元是真实的力用之流行。这种流行，是庄子所谓"运而无所积"的。运者，犹言流行。无所积者，刹那刹那，都是才生即灭，没有一丝儿旧的东西滞积着。大化之行，是至刚至健的，所以，刹那刹那，灭故生新。如果有故物停留，便是造化衰歇了，这是不会有的事情。我们应知，所谓物质不灭，并不是有个坚凝的常住的物质。但因一切物生灭相续，不可断绝，及由生灭相续，而得由一状态转变为另一状态故，如是假说物质不灭，我亦赞成。

十一、汝等于诸物，时或起常见，时或起断见。如于一木，今昔恒见。则计为常，是起常见，忽焉睹其烬灭，遂又计为断，是起断见。这样，都有过失。若执诸物初起便常住者，应无后物复生；若执诸物灭已便断者，亦无后物复生。应知，一切物才生即灭。刹那刹那，故故灭尽,说一切物无有常;刹那刹那,新新突生,说一切物无有断。一刹那顷,大地平沉,即此刹那,山河尽异,这并不是稀奇事。

十二、汝等难云,一切物事,皆得名之为法。其所以名法者,以具轨持二义故。持谓任持,不舍自体。如顷写字的笔,此笔能任持他的自体,而不舍失,故说持义。轨谓轨范,可生物解。此中物者,人也。言一切事物具有法则,可令人起解。我国的古诗有云:"有物有则。"此言一切物之成,都是具有法则的,不是混乱无条理的。所以,可令人对他一切物起解。如上轨持二义,确是吾人的知识所由成立的基础,也就是科学所由成立的基础。如果说,一切物是才生即灭的,是刹那不住的,那么,一切物根本不曾任持他的自体。易言之,即根本没有物了。既已无物,自无轨范可说。轨范必待物而始见,若无有物,即无轨范可令人生解也。如此说来,吾人的知识决不可能,即科学无安足处了。汝这番问难,是很有意义的。吾将有以释汝之惑。一者,凡物刹那刹那相续起故,虽无实物可容暂住,而诈现有物的相状,条然分殊貌。宛然,有物貌。不是空空无所有也。又复当知,物相纷纶,虽云诈现,而现有其物,即物有其则。一切物相,既不是空空洞洞的全无所有,譬如电光的一闪一闪,诈现延续的光相,虽非实在的东西,却亦不是全无。所以,也不是混混乱乱的没有天则。可以说,物之现似有形,即是则之秩然不紊。二者,吾人底理智作用,应日常实际生活的需要,常常是向外去找东西,所以,理智作用不能理会造化的蕴奥。易言之,即不能明了一切物刹那刹那、生灭相续的活跃跃的内容。他总是把捉那刹那刹那、生灭相续所诈现的相状,即是将那本来不住的东西,当作存在的东西来看。于是设定有一切物,便许一切物都是能任持他底自体,且自有轨范,可以令人起解的。故所谓轨持,只于不住的变化中,强作存在的物事来图摹,本不可执为定实。然由此而知识乃非不可能,即科学也有安足处。这个意思,我本想留待《量论》详说,此中不及深谈。汝欲以一切物具有轨持二义,来难破一切物才生即灭的说法,这是没有理由的。

如上所说,凡物才生即灭,都无暂住,此理绝不容疑。有人说,

新唯识论

宇宙间本来没有永久的东西，只有暂时的是真实的。罗素来吾国讲演。《易》学家姚配中说，一切事物是刻刻变化，只有暂时的存在。见《姚氏易传·乾卦篇》。此中引用，但本其意而易其词。为便利读者计避免爻象等专门名词故。如此等说，俱未有真见，实则一切事物，根本没有暂住的。孔门传授的《易传》有云，"不疾而速，不行而至"，可谓深入理奥。因为一切事物刹那刹那变异，只是法尔如此，法尔犹言自然，曾见前文，然不直用自然一词者，以其意义更深故。不是别有个大神的力，来使一切事物很猛疾的变异。而所谓变异者，却是极奇妙的迅速，每一刹那顷都不会停滞的。所以说，"不疾而速"，又凡物刹那刹那变异故，前物已灭，本不曾行往于后，然后物续前而起，即其前虽无实物可以往后，而由刹那刹那，有物续生，宛似前物至后。所以说，"不行而至"。孔子这种说法，自是精于察变，后来只有庄子，善发挥他的意思。庄子《大宗师》云：有人怕舟失掉了，便把舟潜藏在险固的幽壑里，怕山失掉了，便把山潜藏在渊深的大泽里。这样，可谓藏之甚固，舟和山不会有坏失之虞罢。然而夜半的时候，喻冥冥中也。居然有大力的怪物，喻变化。将那藏在幽壑里的舟，与藏在深泽里的山，一齐负着，疾走疾走，杳然无踪。喻变化神速，不可得其端倪。舟和山都不知所在了。凡物皆刹那才生即灭故。这段话，极富理趣，后来只有郭子玄解释得极好。据子玄说有一种无力的力，才是很大的力。这个就是变化。谓之无力的力者，非可说为造物主故。变化的力，是能揭天地以舍故趋新。故的东西，决不会有暂时停住，忽然已是新起的物事了。天地万物，无时而不迁改。世间瞬息创新，而人或见为旧。舟和山，瞬息变易，而人或视之若前。我与某甲才一交臂顷，某甲便已逝去了，即我亦不是故我了。而世人于此，皆莫之觉，谓现前所遇，皆可系恋，以为是存在着的，岂非大惑不解耶！由上所述，我国先哲的话，可见关于凡物刹那才生即灭的见解，是与印度佛家不期而遥契的。有人说，这种理论还不能得到证明。有人说，确已迎着证明时期的曙光了。近代物理学家，岂不承认物质已消灭了吗？

综前所说，我们解析变化的内容，于一方面，说翕和辟：又于一方面，说生和灭。因为辟是流行无碍的一种势用，所以，是刹那才生即灭，无有暂住的。翕是收摄凝聚的一种势用，虽诈现物相，而实非固定底质碍的东西，所以，亦是刹那才生即灭，无有暂住的。如此说来，翕和辟，都是倏忽生灭，好像空中华一般。因此，有许多哲学家，对于宇宙的看法，颇不一致了。如印度的佛家，便把生灭的世界，说为无常，而隐存呵毁，因有厌离或超脱的意思。小乘直是厌离，大乘别是一种超脱的观念。他们印度佛家以为生灭的万法，是依着不生不灭的实体而有的。顺流，则惑苦纷纭。顺者随顺，流谓生灭。证本，则一极寂静。本和一极并谓实体。所以，有超越生灭，而安住不生灭的实际的蕲向。实际，即实体之别名。我国儒家哲学的思想，则以为绝待的太易，举其全体而显现为分殊的大用或生灭的万象，此中太易，即实体之异名。生灭，即谓翕和辟，都是生灭灭生而不已，故言生灭，则翕辟不须另举。即于生生不息，而见为至诚，生灭灭生，即是生生不息。至诚，亦实体之别名。此非超越生生不息的万象而独在，故于生生不息的万象，直作至诚观，便于相对中见绝对。于流行而识得主宰。准上可知。因此，不言超脱，而自无不超脱；不起厌离，则以本无可厌离故。观法无常，而日新盛德，于是可见。孔子《易传》说："日新之谓盛德。"大化流行，时时更新，故曰日新。灭故所以生新，大化无有究尽，森然万象，皆一真的显现也。一者，绝待义，不与二时。一真即谓本体。我尝说，识得孔氏意思，便悟得人生有无上底崇高的价值，无限的丰富意义，尤其是对于世界，不会有空幻的感想，而自有改造的勇气。

有人说，我的哲学是援儒入佛的。这话，好像说得不错。其实，个中甘苦，断不是旁人所可知的。我从前有一个时代，是很倾向于印度佛家思想的。我的研究佛家学问，决不是广见闻、矜博雅的动机，而确是为穷究真理，以作安心立命之地的一大愿望所驱使。我尝问无著和世亲一派之学于欧阳大师，也曾经服膺勿失的。其后，渐渐素开百家之说，佛家和其他连孔家也在内。一概不管，只一意反己自求。我以为，真理是不远于吾人的，决定不是从他人的语言文字下转来转去，可以得到真理的。所以，我只信赖我自己的热诚与虚心，时时提防自己的私意和曲见等等来欺蔽了自己，而只求如陈白沙所谓"措心于无"，即是扫除一切执着与迷谬的知见，令此心廓然，无有些子沾滞。如此，乃可随处体认真理。久之我所证会者，忽然觉得与孔门传授之《大易》的意思，若甚相密契。因此，才把旧日所依据无著和世亲一派的主张而造作的《唯识学概论》，全毁其稿，又誓改造《新唯识论》，以救其失。我之有得于孔学，也不是由读书而得的，却是自家体认所至，始觉得和他的书上所说，堪为印证。这个甘苦，也无法向一般人说了。我于佛家，所极注重的经典，莫如《阿含经》、涵养的工夫，有可与孔门相通处。《大般若经》、扫除一切锢于习染的知见，及于一切物，无所取执。《涅槃经》、破一切所执已，始直显一切法的真常的本体。《华严经》。此经于现前所见的一一物事，皆说为神，就是泛神论的意思。又示人以广大的行愿，可以接近入世的思想。佛家演变殊繁，此经却别具特色。这几部经，都与儒家的《大易》，有可以融会贯通的地方。注意有可以三字，非全同。我想将来别为论述，此中不及详谈。一般人说我是援儒入佛者，这等论调是全不知道学问的意义和甘苦。须知，此理不是可以随便援这家人那家来说的。我尝语诸生云：学者自家做穷理工夫，却要寻着根本问题，次第引生许许多多的枝节问题，相引以至无穷。吾人解决此等问题，常有赖于平日所读百家之书，藉资引发，久之，豁然贯通。自家思想，成了伟大的体系。亦自觉得，对于百家之说，或有所同，或有所异；或于众异中有一同，或于众同中有一异，或于小同中有大异，或于小异中有大同。然无论同异如何，而自家思想毕竟不是浮泛或驳杂的见闻所混乱凑合而成的，此处吃紧。毕竟是深造自得的，毕竟是自成伟大的体系的。到此境界的时候，出口说话，自可贯穿百氏，辨异取同，左右逢原，不存彼此的封畛。此方是观其会通，此方是蹈于大方，此方是契会真理，而无私家门户见，但此等境界又的的确确与俗学为比附之说者绝不相侔。此意自难为一般人说得，因论儒佛二家的宇宙观不必同，而纵言及此，似伤枝蔓了。翻者按：熊先生说及此时，初不主录入本书，翻者以为录入亦好。

有人问："翕和辟，刹那刹那，生灭灭生，是名大用流行。大用，亦云功用。此功用是浑一的，如何成为各别的个体？"答曰：恒转显现为功用，本是浑一的全体。但是所谓浑一，并不是一合相之谓。一合相，借用《金刚经》语。相者相状。一合者，谓其混同为一，密合而无分化。而确是万殊的，是重重无尽的，但互相涉入，而成为浑一的全体。以图式表之如下：

图中每一○，表示一个功用。此一个功用，即是具有一翕一辟的两方面，故○内作S，以表翕辟。⑤和⑤相衔者，显示互相涉入，不可分隔也，然而如上所言，虽明功用是万殊的，但若就物言，则每一个体，当具有无量的功用。譬如张人或李人，以及桌子、椅子等等，他们各各是一聚无量的功用。今试问某一聚无量的功用，何以互相摄持，而成为个体？这个道理，我在此不欲谈。容俟后面《成物章》。再说。

我从前的笔记中，尝究明变化的道理，略说以三。其一曰：变者，非动义。变化一词，亦省云变。动者，移转义，是先计有空间和时间，并计有个动的物，即由具有质量的东西，依其在空间上有所经之距离，和时间上有所历之久暂，而由一状态迁移转化为别一状态。如此，便叫做动。今此所谓变者，系克就大用流行而言，此是超时

新唯识论

空的。易言之，时空的形式，是与物质界俱时显现的，而在这大用流行的观点上说，却是完全没有时空的。大用流行，根本不是具有质量的东西，即不可当做一件物事来猜拟。所以说，变非是动。我们若以动的意义来理会这个变。那就要堕入千重迷雾了。孔门传授的《中庸》一书有曰："不动而变。"这句话的意义，是很深远的。所谓变，是要向无物之先去理会他。此语吃紧。但所谓无物之先的先字，不是时间义，不是说宇宙有个无物的时候在变化的开端之前，而只是要把世间所计执为有物移转的观念遣除净尽。所以，义说无物之先。不曾有物移转，而法尔有这样奇妙的变。法尔一词，见前。吾国先哲所谓神化的意义，就是如此。神者，理不可穷，妙不可测，故说为神，非宗教家所云上帝也。大凡唯物论者，闻我所说变不是动的意义，都会惊怪的。他们谈变，总是计有物界，而说一切物的质和量的迁移转化名变。他们有量变质，及质变量的说法。殊不知，这样说法，只是见为有物移转，只是俗所谓动，而实不当谓之变。纵许他们的说法，不是全无科学上的根据，但是，科学却不能直接体认流行无住的变，而只是抓住着那无住的变所诈现之迹象，当作存在的东西来理解他。谨严的科学家，当然会严守科学底范围，而不至挟一万能之见，以武断一切也。须知，有物移转，还是一个机械观。如果把物的移转，看做是活跃跃的变，那就迷谬不堪了。譬如一种机器的动，我们从他底动相上看，他也是活跃跃的，但如看穿了他只是一副机械在那里转动，才晓得他是死东西了，一丝儿活气也没有了。有些唯物论者，自诩深于谈变，并反对机械观。殊不知，汝等既是有物移转的观念，又如何不是机械观呢？又何曾窥到变呢？变，是要向无物之先去理会，所以说变非动义。

二曰：变者，活义。我们如果晓得变不是俗所谓动的意义。不是有物移转的意义，那么，就可知道变只是活的意义了。此所谓活的意义，是极深广、极幽奥、极难形容的。我们只好略陈下之六义，以见其概。

（一），无作者义，是活义。作者犹云造物主。印度外道，有计大梵天为作者，有计神我为作者，佛家皆不许。中国儒道诸家的思想，亦皆遮拨神教，皆不承认有作者。若有作者，当分别他底自性是染污，抑是清净。作者底自性是清净的，他决定不会作出染污的物事来。作者底自性是染污的，他决定不会作出清净的物事来。然而世间现见众生有染有净，究是谁之所作呢？又若有作者，当分别他是恒常的法，抑是无常的法？如是无常法，他就不应名为作者，因为他同一切所作的物事，同是无常法的缘故。如是恒常法，他便无有作，以其体是恒常，故无造作，若有造作，便非恒常，仍堕前所说无常法不应名作者之过。又若建立作者，以之成就万有，即此作者亦非不待成就，应更建立一更高的作者。于是辗转相待，便堕因明所谓无穷过。又若由作者肇造万物，他应该预定模型，并须用作具。如此，则作者也是很呆笨的守着一定的方式去作了。返复推征，作者义不得成立。因为变不是有个作者来造作的，所以说变才是活的，是不受任何的限定的。

（二），幻有义，是活义。为甚么说幻有呢？前面已说，变是没有作者来造作的，既无作者，如何起变？他不是从空无而起的，无不能生有故。应知虽无作者，而法尔本有功能，亦名恒转。由此恒转，显现为大用流行，即说为变。今克就变来说，他底动势，即所谓翕和辟。纯是刹那刹那诈现的，决没有暂住的。此变的动势之本体，即是恒转。若离开恒转来说，动势没有自体的，所以把变或变的动势，说为幻有。俗所谓心和物，都依此动势而立称，哪有实在的东西。这里幻有一词的涵义，本不涵有好和坏的意思。这个词语，是表示事实如此。因为变只是这样的幻有，我们就目他以幻有，用不着参加好和坏的意思上去。从前理学家最怕把万有说为虚幻。殊不知，所谓幻有确是事实如此，何须怖畏？尤复当知，幻有才是活的。譬如云峰幻似，刹那移形，顿灭顿起。譬如风轮乍转，排山荡海，有大威势。你看幻有的物事是这样活泼泼地，何等诡怪呢？

（三），真实义，是活义。前面克就变或变的动势而言，则说为幻有。这是一方面的看法。但如深透此变，或变的动势之源底，他即是绝对的恒转之显现。易言之，恒转即是变底实体，因此，我们便从变的实体上理会，说变是至真至实的。宇宙间，只有真实的物事才是亘古亘今活跃跃地。所以说一华一法界，一叶一如来。这种无穷的灵妙的神趣，非天下之上智，谁能领会及此啊？法界和如来二词，皆用为绝对真实之代语。一华一叶，莫非全真，莫非至神。

（四），圆满义，是活义。万变不齐，一切都是真实的、全的显现。所以随举一事一物，莫不各各圆满，都无亏欠。譬如大海水显现为众沤，每一沤都以大海水全量为体，毫无亏欠。庄子说："秋毫比较泰山不为小，泰山比较秋毫也不为大。"因为泰山的实体是绝对的、全的。秋毫的实体，也是绝对的、全的。秋毫和泰山，各各圆满，有甚么小大可分呢？小大只存乎吾人的情见，非可与真理相应也。王船山先生说："大化周遍流行，是无往而不圆满的。譬如药丸。药丸，是和合百味的药而成的。随抛一粒丸子，总是味味具足的。"此说很有见地。这个道理，随处可征，即就文字来说，一字中持一切义，一名中表一切。如一人字，必含一切人及一切非人，否则此字不立。故言人字时，即已摄持全宇宙而表之，不能析为断片，谓此唯是此无有彼也。若真可析，则非圆满。以不可析故，圆满义得成。我们尝说，亿万劫摄在一刹那，无量涵于微点。这话毫不稀奇，随在无非圆满，所以说之为活。

（五），交遍义，是活义。恒转既已举其全体，显现为万殊的妙用，喻如帝网重重。帝网一词，系佛家经书中的典故。据说天帝的冠冕，以珠结网，重复一重，即为极多重数的网，互相遍布也。此可以喻无穷的妙用之分殊相。所以，众生无量，世界无量。据常识的观点来说，好像宇宙是一切人共同的。其实大谬不然。各人自有各人的宇宙，但互不相碍。如我与某甲、某乙，同在这所房子里。实则我是我的这所房子，某甲是某甲的这所房子，某乙又是某乙的这所房子。我们三人的房子，并不是同一的。如我坐在这所房子的中间，某甲站在西隅，某乙卧在东窗下，三人所见的这所房子，各各不同样式。即令三人成排的站在中间，各各所见也不能相同的。又如我对于这所房子,很感觉得寂旷虚寥,某甲或与我适得其反,乃至某乙之所觉,又不同于我和某甲。如此,可见这所房子,不是三人共同的。或有难言:"你们三人所见的房子虽不一,但是,这所房子的本相,或者是一的,只由你们各自识上,仗此房子所现的相,成为各别了。这样说来,这所房子的本相,仍不妨说为三人共同的。"答曰:这所房子的本相,是一、是多,也很难说。如说是多,若离开三人仗他房子所现的相而外,要更进一层,来证明他的本相是多,却无从去找证据了。如说是一,而三人仗他所现的相确是不一了。因此,我们如果假定这所房子是有他底本相,那么,他就是亦一亦多的。换句话说,他是多不碍一,一不碍多的。我们不要偏执他的本相是多,也不要偏执他的本相是一。至若克就我们各自识上仗他所现的相而言,那就显然各有各的房子,不能说是一了。然各人的房子同在一处,宛然似一,仍是多不碍一。总之,众生无量,宇宙无量,这是不可测度的道理,很诡怪的,就是这无量的众生,或无量的宇宙,各各遍满于一法界,互相不碍。此中借用一法界一词,犹云大宇宙,乃为言说方便而假设之词。譬如张千灯于一室之内,这千灯的光,各各遍满于此一室,互不相碍,所以说为交遍。大用流行,至活而难拟议,即此可见。

(六),无尽义,是活义。无穷的妙用,即是绝对的真实的显现。这个是不忧匮乏的。《易传》说为"生生不息",又说"德盛化神"。后儒说为"不容已"。"不容已"三字,形容造化最妙。造化一词,详前。真实的流行,自然是不容已。他是法尔万德具足,无有所待的。如何可已?力用盛大,不容已故,即无竭尽,故说无尽。无尽才是活的。如上,略说活义粗罄。

三曰:变者,不可思议义。此云不可,与言不能者大大的不同,亦与言不必者迥异。若云不能思议,则只是不能而已,非有所不可也。若云不必思议,则有姑置之意,更无所不可也。今云不可思议,此不可两字,甚为吃紧。欲明不可之由,必先解说何谓思议。思者,必行之谓。议者,论议之谓。心行者,心之所游履曰行。此心思考一切义理时,多方推度,如游履然,故云心行。论议者,不必出诸口,著诸纸墨，始称论议。凡在思考中，一切推穷、辨析等等，都应叫做论议。总之，思议是发自量智。量智见《明宗章》。量智是从日常生活的实用中练习出来的。所以，凭量智来思议的时候，他总要作种种构画。这种种构画，自然不免有许多臆测和乱猜的地方，即令本实测以游玄，运思有则，避免了多少臆测和乱猜的思议，而他毕竟不能深入所思议的物事的底蕴。至多只能作一概然之想，以为他大概是如此如此的罢。我们诚然不可不信赖我们思议的能力，曾经发见许许多多的道理，但亦不可把思议的能力推崇得太过。万物的本真，造化的秘奥，毕竟不是思议所可相应的。我们以无倒妄的思议，来穷究所谓变，大概可得到两个原则：一曰，"一，故神"。此所谓一，不是算数的一，却是绝对的，即以一来表示实体。因为变，是实体的显现，由绝对的一，而显现为无穷的万殊的变，所以说为神。若非是一，即是有待的东西，便不能现为无穷的胜用。二曰，"两在，故不测"。此中两在一词，即显变，不是单纯的势用。如翕和辟，及生和灭，都是同时现为两方面，而相反相成的。唯其诡异如此，所以说为不测。我们凭思议来了解所谓变，只能得到上述两个原则。但是，这里所说的两个原则，也只是作一个概然的测度，以为大概是如此如此的。至于变的实际，并非思议可以与之相应。尤复须知，我们研穷道理，到极至的地方，是绝无道理可说的。可是，我们的量智作用，一向熏习于实用方面而发展出来，恒是持着向外找东西，或种种构画的态度。他总是不安于无道理可说，却要从多方面来寻找道理，思议就是如此的诡怪。试就上述第一原则，作如下的思议：实体是绝对的，为什么要显现为无穷的万殊的功用或变呢？这正是无道理可说的。越思议，越要糊涂。又试就上述第二原则，作如下的思议：所谓变，必定是有个翕和辟及生和灭两方面的相反相成。夫变，既不是别有个作者使之然，何故能如此呢？这也是无道理可说的。他法尔如此。我们就说他是如此。若更要层复一层的去找道理，终归无道理。越思议，越要糊涂。须知，穷理到极至的地方，是要超脱思议，而归趣证会。

卷　上

　　证会一词，其意义极难说。能证即所证，冥冥契会，而实无有能所可分者，是名证会。这种境界，必须涤除一切情见，凡知见之不能与究极的真理相应者，皆名情见。直任寂寥无匹的性智恒现在前，始可达到。寂寥，无形貌及虚静貌。无匹者，绝待义。性智即是吾心之本体，故云无匹。我们说到变，已经穷至万物的本源和造化的秘奥，真是穷理到极至的地方。如果向这里驰逞思议，或寻找道理，不但无法透入实际，还要无端的加增许多不相干的迷惘，所以说变是不可思议的，这里，只有证会才可相应。从来儒者所谓与天合德的境界，儒者所言天字皆用为实体之别名，非谓造物主。就是证会的境界。吾人达到与天合一，则造化无穷的蕴奥，皆可反躬自喻于寂寞无形、炯然独明之地，而非以己测彼，妄臆其然也。用思议来测变，便是把他当做外面的道理，来推测他，是谓以己测彼。今此证会的境界，便见得这个道理不在我的外面，当下默然自喻，故与以己测彼者，绝不同途。证会，才是学问的极诣。思议，毕竟是肤泛不实的。或有问言："如公所说，思议遂可废绝否？"答曰：我并不曾主张废绝思议。极万有之散殊，而尽异可以观同：尽者，穷尽。察众理之通贯，而执简可以御繁；研天下之幾微，而测其将巨；穷天下之幽深，而推其将著。思议的能事，是不可胜言的。并且思议之术日益求精。稽证验以观设臆之然否，求轨范以定抉择之顺违，其错误亦将逐渐减少，我们如何可废思议？不过思议的效用，不能无限的扩大。如前所说，穷理到极至处，便非思议可用的地方。这是究玄者所不可不知的。或复难言："如公所云，变是不可思议，却已思议他了，如何复言不可？"答曰：我们凭量智来思议所谓变，纵是无倒妄的思议，也只能作一个概然的测度，以为他大概是如此如此的，毕竟不能亲入他的底蕴。易言之，任思议来测变，所得毕竟肤泛。譬如一杯热水在此，我们也可思议他是热的，但其热度浅深的意味，则非亲饮者不知。由此譬，可见变的实际，是要证会，方才真解。若只任思议，便不济事。本来，证会，是要曾经用过思议的工夫，渐渐引归此路。证会。唯恐学者滞于思议之域，不复知

新唯识论

有向上一机，所以说不可思议。不可者，禁止之词，戒其止此而不更求进，故言不可，以示甚绝。常途以不可思议一语，为莫明其妙的神秘话头，若作此解，便非我立言的意思。总之，我们诚欲于流行而识得寂然之体，及于虚静之中而验夫翕辟之萌，与无生而生、灭即不灭之幾，倘非反己证会，何由可得实解？我在前面《唯识章》上。已经很详悉的说明了宇宙万有，不是离我的心而独在。易言之，即我人和宇宙，不是各有本原。由此可见，万物所以生成的道理，只要返在自心体认。体认，犹言证会。《阿含经》所谓身作证，就是在己身上，实证这个道理，不同于思议的肤泛。可是，证会的意义，向人道不得。王阳明先生云："哑子吃苦瓜，有苦不能说。你若要知苦，还须你自吃。"可谓善譬。如何得到证会，《量论》当详。

本章主要的意思略说如上。现在要将印度佛家唯识大旨，稍加论次。印度佛家的立说，大概以人生论为骨干，他们对于人生，偏有一种特殊的感触。却把本体论或宇宙论及认识论，都包含在人生论里面来说。大乘空宗诸师，宗《大般若经》，而造《中观》等论。他们扫荡一切迷谬的知见，令人自悟空理。空者，遣除净尽义。一切迷妄分别都空故，真理方显，即由此义，名真理为空理。此即本体之别名。其所持说，大抵偏于本体论及认识论等方面者为多，也可以说他们只是站在认识论的方面来说话。虽则他们的本意，是在显示本体。但是，他们不同乱猜的哲学家，妄构本体是如何如何的东西，而只是破除一切迷谬的知见，直使见尽情亡，庶几自识真理。见尽者，妄见断尽也。情亡者，虚妄分别俱泯也。真理即谓本体。所以说，他们只是站在认识论的观点上来说话。外道有许多解释宇宙的见解，他们一切遮拨。因此，不欲对于宇宙予以解释，只令人扫除一切知见，即于宇宙万象，不作宇宙万象看，而直见为真如。真如，即谓本体。这就是空宗的大旨。

其后有宗巨师，如无著、世亲，始唱唯识论。无著作《摄大乘论》，以藏识中种子为一切物的因。藏识，后详。这里才有解释宇宙的说法。无著之弟世亲，作《三十唯识颂》等，始有较精密的宇宙论。今叙次其说：一曰现界，二曰种界，三曰真如。

先谈现界，略以二义。一、他们所谓现界，是众生各各别具的，并不是一切人所共同的。二、他们所谓现界，不是一个整体，而是析为各个独立的分子，即所云八识是也。八识者，一、眼识，了别色故。二、耳识，了别声故。三、鼻识，了别香故。四、舌识，了别味故。五、身识，了别触故。六、意识，了别一切法故。七、末那识，向内计执藏识为自我故。八、藏识，含藏无量种子故。每一人，皆具有此八识。而每一识，又不是一整体，复析为心和心所。心上所有的各种作用，名为心所。心是一，为多数心所之统摄者。心所乃多，而同依一心，成为一聚。如眼识，由心与其多数心所合为一聚，名曰眼识。耳识，乃至第八藏识，均可类推。如上所述，八个识各各析为心及心所。乃复将每一心析为二分，曰相分、见分。相分，相当于俗所谓物。见分，相当于俗所谓心。更有内二分之说，但可并入见分，故不别谈。并将每一心中之每一心所，亦析为二分，曰相分、见分。综前所述，将八个识析而言之，只是一切心及一切心所。又将一切心和心所析而言之，只是无量见分及相分。归结起来，这无量的见分、相分，通名现界。现前显现，故云现界，相当于俗云现象界。所以说，他们所谓现界，是析为各各独立的分子。

次种界者。前所云现界，或无量的见分相分，决定不是无因而生的，故应建立种子，为现界的因。种子名义，参看第三章谈因缘处。各人底现界，均不是一整体，如前已说。可知现界的因，根本是差别的。易言之，现界是许多独立的分子，就由于亲生现界的种子，有那么多。如眼识，是析为各个相分、见分的，此眼识的每一见分，从他自己的见分种子而生。其每一相分即某种色境，从他自己的相分种子而生。眼识如是，耳识乃至第八藏识均可类推。这样说来，种子是万殊的。印度轻意菩萨《意业论》言："无量诸种子，其数如雨滴。"《瑜伽伦记》五十一第七页引。足见他们底种子说，确是多元论。

又次，真如者。佛家无论何派，都说万法底实体名为真如。唯识论师不得有异。然唯识家建立种子为现界之因，其言种子种子，

新唯识论

亦省称种。且立法尔本有种。亦省称法尔种。此法尔种,既是现界根源,如何又别立真如？又准彼义，亦不可说真如显现为法尔种，彼说真如是不生不灭法，是恒常法，无有起作故。参考《大般若》等经。

总之印度唯识论，颇似繁琐的哲学。他们承认有现界，却把现界分析为多数的分子。即八个识聚，或无量见分、相分。因此，更建立众多的种，说为现界——分子的因。又建立藏识来含藏一切种，以完成其唯识的理论。他们这样的一套宇宙论，纯是无谓的穿凿。尤可异者，他们既立法尔种，说为现界的根源，却又承用不生灭或恒常的真如，说为现界的实体，亦不知何以解于二本之嫌？我以为空宗不谈宇宙论，只令人剥落一切迷妄的知见，方好冥悟实体。这等意思，确甚深微。无著派下诸师的说法，便增迷惘。我在本章里面，一方面，依翕辟和生灭，施设宇宙万象，迥异空宗不谈宇宙论；另一方面，说翕辟和生灭都无实自体，而只是恒转的显现。易言之，即于宇宙万象，不取其相，而皆见为真实，恒转和真实二词，皆实体之别名。仍与空宗密意有相通处。这是我要郑重申明的。

卷中

第五章　功能上

前章《转变章》。克就变言,则说为一翕一辟之生灭灭生而不息。若乃斥指转变不息之本体而为之目,则曰恒转。恒转势用大极,此大不与小对。无量无边,虽是实有,而无质碍故,说无量。无封畛故,说无边。故又名之以功能。此在前章是所未及深详的,今当广说。尤其是印度佛家所见差谬处,须予以绳正。

在本章开端,关于体用两字的意义还须申说一番。此本前章所屡用的名词,而其间义蕴尚有未及委细剖白处,所以补陈于此。用者,作用或功用之谓。这种作用或功用的本身只是一种动势,亦名势用。而不是具有实在性或固定性的东西。易言之,用是根本没有自性。如果用有自性,他就是独立存在的实有的东西,就不可于用之外再找什么本体。

体者,对用而得名。但体是举其自身全现为分殊的大用,所以说他是用的本体,绝不是超脱于用之外而独存的东西。因为体就是用底本体,所以不可离用去觅体。

印度佛家,把宇宙万象即所谓色法和心法通名法相,谓色心法虽无定实,而有相状诈现,故名法相;把一切法相底实体,名为法性。性者,体义。他们印度佛家所谓法性,即我所云体,其所谓法相,我则直名为用,而不欲以法相名之。但依用之迹象而言,有时也不妨说名法相。西洋哲学家分别现象与实体,亦近似佛家法相、法性之分。

新唯识论

我为甚么把一切法相说名为用呢？这个道理，须虚怀体究便自见得。试就法相上说，如心的现象是刹那刹那、别别顿起，我们可以说他是一种作用或功用，新新不住的诈现，绝没有理由可以说他是实在的东西。旧唯识师说心的自体即是了别。详基师译《成唯识论》。他们便从对境了别的这一征象上认取，以为心就是如此的一个东西了。推迹他们的意思，所谓心者，虽非有质，而不能不承认他是实在的，因为明明有对境了别的一个东西故。殊不知，了别的这种相状，绝不可当做是实在的东西。这个只是诈现的一种迹象，我们由此迹象，穷核其本相，只可说为一种健行的作用或功用，也可说为一作用或一功用中之健行的一方面。每一作用或功用，是具有翕辟两方面的。健行即是辟，此辟可说为一种作用，乃偏举之词，也可说为一作用中之一方面，乃赅其全而显此一分之词。我们若要随俗施设此心的现象或这种法相，只好依健行的势用上假立。即依辟上而假立之。实则健行的势用，元是刹那不住的，根本没有如俗所计为实在的东西。所以心这种法相，我们不可定执为实有如此的法相，只说为称体显现的功用而已。体，本寂然无形，而显现动势，即名为用。称字吃紧。体成为用，而全不失其体之自性，譬如水成为冰，而不失水性，故曰称也。

又如物的现象，佛书中名为色法。在常识的方面，当然把一切物看做是很实在的，如桌子、椅子，乃至山河大地，及诸天体，何一非实在的物事？然而，哲学家如印度诸师把物质析至极微，科学家把物质析至元子电子等。这样一来，所谓桌子椅子乃至天体诸大物，都不成为实在的物事了。然则，极微或元子电子等，由现在说来，却是物质宇宙的基本。我们就认定这些细分，是实在的东西，其果然否？印度胜论师名极微为细分。今所谓元子电子等，亦得名细分也。这种疑问，也不难解释。我们不妨直下断案曰：电子等等细分，都不是实在的。设将来发见有物比电子等等更为基本的细分者，我亦敢断言不是实在的。试旁征科学家的说法，则或以为我们对于电子等等，与其形容为一种微粒，不如形容为一种波动，比较妥当。实则，微粒说者把电子等等当做有质的小颗粒,如枪弹然。这个解释固然不对,而纯持波动说者,亦不必符合于实际。即复说为亦波亦粒,不过兼取两义,别无所进。总之,微粒说与波动说,只是吾人主观方面对于所谓电子等的本相所图摹之一种情形,谓有得于其本相,是乃大误。我们应知,电子等物事,但随俗施设耳,并非实有如是物事。以理推征,电子等等,亦如前所说心法,只是诈现的一种迹象。我们由此迹象而推求其本相,只可说为一种凝摄的作用或功用,也可说为一作用或一功用中之凝摄的一方面。凝摄即是翕,盖与辟相反相成者。义详上卷《转变章》。凝摄之势,转益增盛,宛尔幻似吾人所测为微细波浪,而多数波群,或有时幻似吾人所测为微粒。以故,被吾人叫做电子等等。其实,此类微细物事,只是依凝摄作用而有之一种迹象而已。我们如果把物的现象执为定实,以谓诚有如是法相,便大错特错。总之,我们在这里,把物的现象亦云法相。和心的现象亦云法相。看做是称体显现的大用之两方面。所以,心和物根本没有差别。也都不是实在的东西。

　　用之一词,其意义似不待训释,说来便很明白的。但如欲加以训释,反觉甚晦而难明。用,亦曰作用,作者动发义;亦曰功用,功者能义。不过,这里所谓动发和能,其意义又是极难宣说的。动发者,谓其变动而无所留滞,无留滞,即没有东西存在。发生而不可穷竭也。才生即灭,才灭即生,故无穷竭。动发的本身,只是胜能。胜者殊胜,赞辞也。这种胜能的意义,是极其微妙而难以言语形容的。常途如物理学家。所谓能力,是可施以实测的,今此所谓胜能,便不是实测的方法所可及的。这个胜能,只好说为无力之力,无能而无不能。我们说他是刹那刹那变动,而不曾有一毫留滞,刹那刹那发生,而没有穷竭和断绝。这种动发的胜能,实际上竟是确尔没有东西存在,而又炽然起动,炽然发生,不是空无。既炽然起动,炽然发生,不是空无,而又确尔没有东西存在,如此诡怪至极,所以说为无力之力,无能而无不能。这种无力之力,无能而无不能,才是至大至健而不可称量的,至神至妙,含藏万德,具备众理,而不可思议的。这种胜能，是无有所谓空间时间性的，是圆满周遍一切处，而无有一毫亏欠的，此中一切处言，只是为言语方便而施设之词，理实无有处义。是显现千差万别，而复无固定形相可求的。这种胜能，我们若要说他是有，他又确是没有实质、没有色相，如何可说为有？若要说他是无，他又确是众妙之门，万善之长，是无所住而恒新新创生的，如何可说为无？所以，这种胜能是俱离有无相的。物理学上所谓能力，却与此中所谓胜能，全不相应。因为他们物理学家。所谓能力，可以说为实有的事情之一种迹象，而毕竟不即是实有的事情。此中实有的事情，即斥指所谓功用之翕的方面之动势而目之，只对迹象而说为实有耳，非如俗所计有实物也。他处凡言实有的事情者皆仿此。又此实有的事情，不妨假名为宇宙。舍此，亦非别有物界可名为宇宙故。因为实有的事情，虽复炽然起动，而实寂然无物曾至，曾谓过去。凡物刹那灭故，无有由过去至现在者，是但有刹那刹那诈现之动，而实没有动的物，即动而无动。虽复炽然发生，而实湛然无物现住。凡物刹那灭故，无有现在得住者。其没有动的物，与动而无动诸义，准上可知。故知繁然妙有，毕竟泊尔虚无。我们体会到这里所谓胜能的意义，则通常所有运动速度，和放射种种粗笨的概念，都要扫除净尽了。所以，物理学上所谓能力，只是图模宇宙的迹象，宇宙见前注。并非宇宙真个如此。譬如伸一指端，若以非常猛疾的速度，令其不住而周转，则恍若见有动轮，实则这种动轮，并非实有，只是虚假的迹象。物理学家所谓能力，是实测所可及的东西，这个也和上述的动轮一样虚假。我们在玄学上把宇宙万象还原到一大胜能。这种能的意义，本极微妙难言。我们断不可以物理学上能力的意义，来了解此中所说的能。这是千万须得严辨，而不可起一毫误会的。有人说，照这样来讲胜能，未免把一切法相或宇宙万象看作空洞无物了。其实，这并不须惊怖。元来只是大用流行，哪有固定的法相？

本论虽不妨假说法相，而实不立法相，却只谈用，这是与印度大乘根本不同的地方。须知，大乘空有二宗，关于所谓法相的说法，亦复为二。空宗是要空法相，此云空者，即是遮拨的意思。他们空宗欲人自悟空理，空理，即谓一切法的本体，亦名真如，即是空诸妄想执着之相所显底真理，故名空理，非谓理体空无，切须善会。因此，不得不遮拨一切法相。如第三章中所举喻，若于绳相执着为实有者，即于绳而但起绳相想，不复能于绳而直见其本唯是麻。今于一切法相执着为实有，则亦于法相而但作法相想，不复能于法相，而直见其本唯是如。如者，具云真如。易言之，即不能空法相，而直透澈其本体。透澈，即证会的意思，非同浮泛的了解。所以，空宗要遮拨法相，以便悟入实际。实际，亦真如或本体之别名。这种意趣，甚深微妙，从来几人会得？

《般若心经》者，从《大般若经》中甄综精微，纂提纲要，而别出之小册也。《大般若经》是空宗所宗主的根本大典，所谓群经之母也，而《心经》采撮《般若》旨要，足见其为法门的总持。《心经》开宗明义，开宗者，开示宗要。就说照见五蕴皆空。这句话的意义，广大无边，《大般若》全部，无非发挥此意。五蕴者，法相之别称。综一切法相而计之以数，则说有五，析一切法相而各别以聚，则说为蕴。蕴者，积聚义。五蕴者：一色蕴，即通摄一切物的现象。如俗所计，内而根身，外而物质宇宙，总摄色蕴。色蕴，本无内外封界可分，但世俗计有内外耳。受、想、行、识四蕴，则举一切心的现象而析别之，假说此四蕴。大乘空宗说到心的名数，原是根据小乘。小乘初说六识，谓眼识、耳识、鼻识、舌识、身识、意识。识者，心之别名，他处准知。至于第七识及第八识，小乘当初虽无其名，而已有其义。详《成唯识论》。大乘自无著唱有教，始分明说出八识的名目。但是，既说有六识或八识，还是各各独立的六个或八个呢，抑是仅作为六方面或八方面的说法呢？小乘于此问题，大概是无甚明确的表示，不同大乘无著一派直析八识为各各独立。然大乘空宗在其随顺世俗而说到心识的时候，却是假析为诸聚来说，如眼识为一聚，耳识为一聚，乃至第六意识为一聚，并且于每一识聚中，又各各析之为心、心所。这也是小乘以来相沿的说法。试就眼识举例，眼识这一聚中，应分别说为心，及心上所有的心所法。心是主，心所则是依托于心，而与心相应合以取境的各别作用。这些作用，不即是心，而只是依属于心，因此，说为心上所有之法，而省称心所。心是一，以是诸心所法之主故，不容有多。心所则有多，受、想等等作用法尔差别故。法尔犹言自然。眼识一聚之中，析为心、及心所。耳识乃至第六识均可以此例知。既略释心、心所名义，再说受等四蕴。受是心所之一，而名为受者，谓于境而有苦乐等的领纳故，故说名受。受者，领纳义。此即以情的作用，假立受蕴。想亦是心所之一，而名为想者，谓于境取像故。如缘青时，计此是青，非非青等，于境取像，即成辨物析理的知识，此即以知的作用，假立想蕴。行亦是心所法之一，而名为行者，谓于境起造作故，故说名行。行者，造作义。此即以意的作用，假立行蕴，但行蕴中不单是行之一心所，尚有很多的心所法，都包含于行蕴，此不及详。参看吾著《佛家名相通释》部甲。前受、想、行三蕴，只是一切心所。最后识蕴，则非心所法，而只是心法。即通眼等六识聚中，各各心法，总立识蕴。如上五蕴，总结说来，不外心物二种现象，受等四蕴皆属心的现象，色蕴即是物的现象。故总五蕴言之，不外心物两方面。

　　上来已说五蕴名义，今释经旨。经言五蕴皆空者，谓一切法相都无实自性故，即皆是空。如以色蕴言，此色法无有独立的实在的自体故，即色法本来是空，竟无所有。如以受蕴言，此受心所法，无有独立的实在的自体故，即受心所法，本来是空，竟无所有。乃至以识蕴言，此诸心法，无有独立的实在的自体故，即诸心法，本来是空，竟无所有。文中言乃至者，中间略而不举故。《大般若经》卷五百五十六有云："如说我等，毕竟不生，但有假名，都无自性。凡人皆自执有我相，不悟我者只是依五蕴而起之妄执耳。若离五蕴，则我果何在耶？故云我者，只是假名。求其自性便不可得。诸法亦尔，但有假名，都无自性。何等是色，既不可取，色本空无，有何可取。亦不可生。"色本空无，如何有在？何等是受、想、行、识，既不可取，亦不可生云云，《大般若》全部，此类语句，不可胜引，与上述《心经》的意思，都是互相发挥的。我们要知道，空宗唯其能空法相或五蕴相，所以于法相或五蕴相，而皆证空理。空理，详前注。亦可省云空。易言之，即于一一法相或一一蕴相，无所取著，而直透澈其本体。本体即空理。《心经》说五蕴皆空，这里空字，实含有两种意义：一是说，五蕴法都无自性故，名之以空。此云空者，即是空无义。一是说，既知五蕴法都无自性，便于一一蕴相，遣除情见执着，而直证入其离诸戏论之清净本然，亦说为空。此云空者，即谓空理，非空无义。清净本然，亦空理之代语。此中二义，本是相关联的。若诸法有实自性而不空，即无由于法相而见空理故。《心经》，基师有幽赞，而依护法之见地作解，不尽可据。

《心经》复云："色不异空，空不异色。色即是空，空即是色。受、想、行、识，亦复如是。"此中空言并含二义，复同前释。一者，如俗所计，空谓虚通无物之境，本谓空无，故举空言，便与色异。世间情见，执色为有故，今依真谛道理，解析此色，析至极微，更析至邻虚，极微，更析之便无有物，名曰邻虚。邻虚者，近于虚而无所有也。故知色法，本自空无，何曾实有？《经》故说言："色不异空，空不异色。"若色与空互异者，即色法应有实自性。今既不尔，故知色与空，互不相异。既色与空互不异，所以又申之曰："色即是空，空即是色。"此中即言，明示色和空是一非二，因为色法无实自性的缘故。色和空，称名虽复不一，而核实竟无差别。色本空无，是义决定。受、想、行、识，将复云何？须知，小乘以来所谓受、想、行、识四蕴法，只是依众生虚妄分别的方面而言。此中分别一词，系作名词用，即心或识之别名。此虚妄的心，是与其本来底真实的心，不可混杂而谈，要当提出来别说。我们应知，虚妄的心是待因缘、次第缘、所缘缘及增上缘，才幻现心相。如前第三章谈缘生处，可以覆按。这种心既析为众缘，则此心法便无有自性。既无自性，即是毕竟空，无所有，所以《经》中才说至色与空互不异，及互相即的四句，接着就说："受、想、行、识，亦复如是。"此明心法，亦同于色法，本是空无。如上所说，都是遮拨法相。

新唯识论

　　二者，空谓空理，由法相空故，即于法相而识空理。如色法，非异彼空理别有自性故，故说色不异空。此空理非离异色法而独在故，故云空不异色。由色与空理互不异故，遂申之曰，色即是空，谓此色法即是离相寂然之真理故。真理，即空理之异名。离相者，即谓真理自身是远离吾人一切虚妄计度所执相故。又曰空即是色，谓离相寂然真理，即是色法之实相故。此云实相，即本体之代语。下仿此。如上所说，色与空理，有互不异，及相即四句，受、想、行、识，例色同然。故云，亦复如是。综前所说，由于色心诸法相都空故，此云空者，空无义。谓不计执有是色心等相故。因即于一一法相，而皆见为空理。

　　既于诸法相，而直透悟其寂然无相的本体，所以，《经》复说言："是诸法空相，不生不灭，不垢不净，不增不减，是故空中无色，无受、想、行、识。"此承上文而申之也。诸法空相者：通色法及心法而言之，故云诸法。空相者，相谓实相，详前注。即诸法的本体，是空诸妄执所显得故。故云空相。如于色法，不妄执为实有如是色相，而直透悟其寂然无相的本体，即此本体，是空诸妄执所显得之实相也。以由空诸妄执所显故，亦云空相。凡法本无今有，名生。生已，坏尽，名灭。空相者，是离言绝待，言说是表示物事或某种东西的。而所谓空相，决不可当做外在的物事或东西来想。言说不能和他相应，所以说为离言。他不是有物可与之为匹的，故云无待。法尔本有，法尔，犹言自然。自然者，无所待而然之谓。本有者，本来有故，非昔无今有故。既非一向无而今始生，故云不生。凡法有生，则有灭，既无有生，即亦无灭，故云不灭。障染名垢，翻此名净。所谓空相，恒如其性，不受染污，譬如太虚，虽云雾四塞，而虚性恒时自尔，不受云雾阻碍，故云不垢。然又言不净者，以净必待垢得名，既本清净，恒无有垢，即净之名，亦无所待以立，故云不净。体相益广名增，翻此名减。空相，至大无外，不待增益始广，故云不增。凡法可增则可减，此既无增，即亦无有减损，故复言不减。如上略明诸法空相远离生灭、垢净、增减等相，即是泯除有对的差别的法相，而直证人绝对的无差别的实相。所以,《经》复说言:"是故空中无色,无受、想、行、识。"空中者,谓于空相或实相中,唯是一真绝待,一真之一是无对义,非算数之一也。离相寂然。所谓实相者,虽本实有,而非如俗所计外界的物,即非有形体与方所等,故云离相。寂然者,唯是冲虚寂默,无可形容。吾人一切虚妄计度与戏论,只是作雾自迷,都与他不相涉。故约实相言,即无有色法可得,亦无有受、想、行、识等法可得。此《心经》综括《大般若》全部深密的理趣,而以极简约的文字表达之者也。

我在这里引用《心经》一段文字,加以解释,欲令读者了然于空宗的根本意思。所谓尝一脔肉而知一鼎之味,睹梧桐一叶落而知天下之秋。读者由《心经》这段话,确是可以明白空宗的旨要了。我尝说,空宗的认识论,是对于吾人的知识或情见等,极力大扫荡一番。易言之,即是要将无始时来,在实用方面,惯习于向外找东西的量智作用,排斥令尽,令尽者,令其无复存留也。量智,见上卷《明宗章》。而返诸固有本来离染的性智。空宗所谓般若者,即智义。而不径译为智者,其义深微,恐滥常途所谓智故也。今本论所谓性智,即相当于空宗所谓般若或智义。唯其如此,空宗所以要把那量智所行底境界,即情见所执为实有的法相,一切剥夺净尽,使外无可逐之境,即内而狂驰之情见,亦与之俱熄。我们要知道,情见本无根的,若把情见所攀援或构画的东西,一一遮拨尽,情见也无可孤存了。唯情见消亡,即于法相不起执,而得透入诸法实相。空宗在认识论方面的主张,是我在玄学上所极端赞同的。不过,我们还可以假施设一外在世界或经验界,不属玄学领域,本无外界,只是假设。在这里对于情见或知识,不妨承认其有相当的价值。只是这种情见与知识,要加以锻炼和改进,毋令陷于迷谬。迷者,于物无知。谬者,知见错误。尤要者,在使情见转为正见,此中正见一词,意义甚深。常途所谓毋迷谬者,非此境界。易言之,即使情见转为性智的发用。说到这里,我有无限的幽奥的意思,很难说出,且待写《量论》时再谈。

空宗的全部意思,我们可蔽以一言曰:破相显性。此云相者,

新唯识论

谓法相。性者，实性，即本体之异名。后仿此。空宗极力破除法相，正所以显性。因为他的认识论，是注重在对治一切人底知识和情见。以下，省称知见。所以破相，即是斥驳知见，才好豁然悟入实性。知见是从日常现实生活中熏习出来的，是向外驰求物理的，决不能返窥内在的与天地万物同体的实性。此中内在的一词，决不含有外界与之为对的意义。须善会。所以，非斥驳知见不可。这个道理，我将来作《量论》时，便要详说。我和空宗特别契合的地方，也就在此。古今许多哲学家，各自逞其思考，来组成具有体系的说法，以鸣一家之学，皆自谓有当于真理。不悟他的思考，正是一种情计。妄情计度，曰情计。但凡言情见或情计者，此情字之意义，甚渊广难言。大概理智作用是由向外逐物而发展来的，所以，总是有取或有得。有取者，谓有所追求与执著。有得者，谓有所获得，好像有个东西为其所得者然。如此，即不能荡然亡相而冥冥内证也。此义深隐难言。凡有取或有得，即名情见或情计。他处凡用此词者，皆仿此。绝不是如理思唯的一种冥思，或思现观。如理思唯一词，见《深密》等经。如，谓相应。其思唯恰恰与真理相应，而无颠倒推度者，名为如理。儒家《大学》，所谓"知止而后能定，定而后能静，静而后能安，安而后能虑，虑而后能得"，此等思虑，由定静中发，即无倒妄，故云得。得亦如理之谓。冥思者，以离虚妄分别故，说之为冥。思现观一词，见《大论》等。现，谓现前明证，非意想猜度故。观者，分明照察，无有迷谬故。如理之思，方名现观。此思现观之名所由立也，非克治惑染尽净，神智超脱，无由得思现观。哲学家难达此境，很多学者所成立的具有体系的说法，简直如蚕作茧自缚，无缘窥见真理。从来哲学家各用其知见以解释宇宙，卒至知见愈出，即解释愈多，而吾人与万物浑然同体的不属形限的本原，乃益被障碍，而无可参透。此中本原，即本体之形容词。自本体言之，无物我可分，故云同体。凡有形者，即有分限。本体虽显现为一切形物，而其自身是无形限的，故云不属形限。我尝说，哲学或玄学，如果不是以驰逞戏论为务，而是在发现真理，那么，我们于此，便不可信任自家的知见用事，直须在这里谓玄学。关闭此一道门。谓知见。才有玄览之路。玄览一词，借用《老子》，此中用为穷究真理之意。览者，穷究义。玄，谓真理。与《老子》本义不必符。尤其是对于哲学界，或古今哲学家，许多纷纭复杂的知见和说法，就得用空宗大扫荡的手段，务期斩尽葛藤，方得回机向上。向上，犹云直透本原，见前注。如果一任驳杂的知见，先入为主，那就无入真理分。分读份。总之，我们在本体论方面，对于空宗涤除知见的意思，是极端印可，而且同一主张的。不过，我要附加一句话，我所谓涤除知见，并不是说要对于世间一切知识全不理会，只是不随他转去。此中理会一词，只是求知道的意思，但时或用之以代体认一词，则其含义甚深。

空宗认识论的主张，是要涤除知见，所以，于法相或宇宙万象都说为空。他的意思，是空了法相，才好于法相而深澈其实性，否则拘执虚假的迹象，而不究其真。虚假的迹象，谓一切法相。真，谓实性。这些话在前面屡经说过。我们要知道，依据空宗的说法，是无有所谓宇宙论的。他虽有无量无边的言说，但是，善学者如究其旨，则不外如前所说破相显性四字。他只站在认识论的观点来破除法相，便于法相所由形见，绝不究问。此中见字读现。形见者显现义。易言之，即不肯说真如实性显现为一切法相。此中真如，即是实性，特累而为复词耳。我们玩味空宗的语势，在空宗可以说真如即是诸法实性，而决不肯说真如显现为一切法。现在把这两种语句。并列如下：

甲　真如即是诸法实性

乙　真如显现为一切法

甲乙二语，所表示的意义，一经对比，显然不同。由甲语玩之，便见诸法都无自性，应说为空。因为诸法的实性，即是真如，非离异真如别有诸法之自性可得。非字，一气贯至此。故知诸法但有假名，而实空无。

由乙语玩之，诸法虽无自性，而非无法相可说，由法相即是真如的显现故，故于一方面应以一切法会入真如实性，此即摄相归性。

新唯识论

如于绳而直见为麻，即是以绳相会入麻。《大般若》卷五百六十二说，"一切法，皆会入法性。不见一事出法性外"云云。法性，亦真如之别名。这方面的说法，毕竟与甲语的意义，即空宗的意义。是恰恰相符应的。另一方面，由法相即是真如的显现故，喻如绳相即是麻的显现。虽克就法相言都无自性，喻如绳相，本非离麻而别有绳的自性。而有功用诈现，迹象宛然。真如显现为功用。此功用，非离真如别有自性，原是刹那不住，故云诈现。固不妨施设一切法相，法相者，即依功用诈现的迹象而得名。由此假立现界，现者，显著义，略当俗云现象界。亦不妨假立物界，或外在世界。这方面的说法，与前面所说摄相归性的意思，在表面上看来好像极端违反，其实是可以融通的。因为后一方面的说法，虽是随顺世间，而要其归，仍在不坏法相而谈实性。坏者毁坏。甲语便完全毁坏法相，乙语则不然，法相仍可施设，但明其无自性，只是真如的显现，则即法相而见为真如。宗门古德云："信手所扪，皆是真如。"儒家孟子所谓"形色即是天性"，亦同此意。故云不坏法相而谈实性，此与摄相归性的密意，终无背反。

如上所说，甲乙二种语势，甲是说明空宗的意思，而乙则隐示本论有与空宗不同处。此中隐示二字，因为乙语实系本论的意思，而文中不曾直标本论，故置隐示二字。空宗的根本大典，经则《大般若》等，论则《大智度中百十二门》四论。我们综会这些经论的全盘意义，要不外如上述甲语之所说明者。凡属具眼的人，自当承认我这种看法是没有错误。因为空宗的密意，本在破相显性，已如前说。在空宗只破毁法相，便不肯施设法相，所以，依他的说法，是绝不谈及宇宙论的。古代印度外道，大概各有他一套的宇宙论。如梵天及大自在天等计，以为宇宙万有是由作者为因而得起的。作者一词，见上卷。数论，则以心物诸现象，是由自性及神我并三德等为因，而得起的。参考吾著《佛家名相通释》部甲。顺世外道则以极微为一切物的本原。此云一切物，亦贱心的现象而言。胜论说明宇宙则以实德业等互相依而有，不同一元、二元诸论。胜论解析一切物，说有九实，所言实者，其意义即谓是实有的东西，而析为九种，故云九实。如坚劲及流液等等物质现象，固皆名实，即所谓我和心意，亦皆名实。德者，一一实上所具有之德。业者，作用义，谓有取、舍、屈、伸等法，是属于实德上之业用故。实德业等，不相离而相属。其立论大概如此，其方法颇尚解析，自余各派的说法，兹不及详。总之，外道都承认有离我人的心而独立存在的宇宙。其解释虽复各有异点，而其计执实有外境，即所谓独立存在的宇宙。则是彼此所共同的。他们外道这种迷妄的执着，其过患遂不可胜穷。由僻执实有外在的宇宙故，即无法返证绝对的无外的空寂本性。本性，即谓本体。但克就吾人而言，则为吾人所以生之理，故名为性。此乃本有，不由后起，故云本性。空寂者，离诸染着曰空，真净曰寂。无外者，此乃遍为万物实体，更无有外。绝对，可知。返证者，内观名返，默然自识名证。由不见自本性故，即于真理无知故，真理与本性，非二也。就其在人言之，曰本性。就其为万有之原言之，曰真理。迷惑炽然。譬如霾雾，蔽塞太空，迷惑势力盛大，亦复如是。其心恒是纷扰狂驰，此言心者。即依迷惑的习气。说名为心。向外追求种种可欲乐境。如目之于色，口之于味，四肢之于安逸，乃至意念之于名利权势等等，皆自以为是可欲乐之境也。追求不已，长无餍足。人生纯为一大苦聚，众苦之会曰苦聚。因为人生迷失其与万物同体的空寂本性，所以至此。

空宗为对治外道恶见故，见不正故，名恶。众生由不正见，沦陷无已，故呵以恶见。根本不谈宇宙论。因为空宗把心物诸现象都说为空，即已无有所谓宇宙故。如《大般若》经第一会中，说二十空，谓内空、外空等等。内空者，如心法。念念起灭不实故，是内空。根身，如浮沤不实故，亦是内空。外空者，如世所执外在物质世界，元非实有故。此二十空，名义殊繁，总略言之，只是于一切物行，行字，见前《转变章》，下准知。及一切心行，一一谛观下去，谛者实义，远离虚妄计度，如理观照，是名谛观。但觉都是空无，都无所有。乃至最后，反观意念，犹取空相，如意识中，犹作一切都空之想，即是有空相存，故云取空相。取者，执着义。即此空相，复应遣除，是名空空。夫空相亦空，更何所有？虽复涅槃、法性、至真至实，涅槃一词，具有真常寂灭等义，乃法性之别名，今与法性一词合用，为复词。然恐人于涅槃起执故，则说无为空。无为，亦法性之别名。

《大般若》五百五十六云："时诸天子，问善现言：'岂可涅槃亦复如幻？'善现答言：'设更有法胜涅槃者，亦复如幻，何况涅槃？'"是则法相，固不可执，若复于法性起执者，虽性亦相，故应俱遣，一切皆空。遍大地上，古今谈玄之家，空脱至极，诚莫有如空宗者。渊乎微哉，叹观止矣。会得二十空义，《般若》全部在是，然不读《般若》全部，则于二十空，只从名词上粗略玩过去，毕竟无所了解。由空宗的见地看来，印度外道，乃至其他哲学家，各持一套宇宙论，只是凭他的臆想或情见来妄构，实际上决没有那一回事。空宗的说法，自世谛观之，世者世俗。谛者实义。世俗共许为实有的，曰世谛，亦云俗谛。好似奇怪，其实，并不稀奇。据现代物理学的说法，我们可以把物质还原为电气，也不能承认物质宇宙为实在的了。虽则电气还是有物，核以空宗的理趣，还是隔得无穷的远。然而只把粗笨的实质的观念，和外在的物理世界即物质宇宙的观念，概行打消，则可以随顺深入空宗的理趣，这是无疑义的。可是一层，我们要知道，空宗的谈空，毕竟不是空见。空见者，谓只计一切都空，是其见解一味偏滞于空故，故云空见。在空宗的密意，只是要空一切法相，易言之，只欲人于一切法相之上，而能远离一切法相，以深澈其真实本性。此中远离云云，即于法相而不起执之谓。法相是千差万别的，若于法相而不执为法相，得悟入其真实本性，便离差别相。法相是生灭无常的，若于法相而不执为法相，得悟入其真实本性，便离生灭相。法相是变动不居的，若于法相而不执为法相，得悟入其真实本性，便离变动相。广说乃至无量义，恐繁且止。总之，空宗密意唯在显示一切法的本性。此中一切法，犹云一切物。他处用法字者皆准知。所以，空宗要遮拨一切法相，或宇宙万象，方乃豁然澈悟，即于一一法相，而见其莫非真如。空宗这种破相显性的说法，我是甚为赞同的。古今谈本体者，只有空宗能极力远离戏论。

卷　中

空宗把外道，乃至一切哲学家，各各凭臆想或情见所组成的宇宙论，直用快刀斩乱丝的手段，断尽纠纷，而令人当下悟人一真法界。一切法的本体，曰法界。真者不虚妄义。一者绝对义。这是何等神睿、何等稀奇的大业！

我和空宗神契的地方，前面大概说过了。但是，我于空宗还有不能赞同的地方。这种地方确甚重要，今当略说。

空宗的密意，本在显性。其所以破相，正为显性。在空宗所宗本的经论中，反反覆覆，宣说不已，无非此个意思。然而，我对空宗，颇有一个极大的疑问，则以为，空宗是否领会性德之全，尚难判定。此中领会一词，即自知之谓。但此种知的意义极深，是无有能知和所知的相状可得的。性德者，性之德故，名为性德。或性即德故，名为性德。夫性，无形相、无方所，本无从显示，而心之所可自喻，言之所可形容者，唯其德耳。德者，得也，谓性之所以得成其为是性也。除却德，便无所谓性了。全字，甚吃紧。性本万德具足，毫无亏欠，但人不能不囿于其所习，而难自喻其性德之全。空宗诠说性体，性体者，性虽无形，而非空无。以非空无故，说有自体。方言性时，即是克指性之自体而目之也，故以性体二字，合而成词，即性即体故。大概以真实、不可变易及清净诸德而显示之。极真极实，无虚妄故，说之为真。恒如其性，毋变易故，说之为如。一极湛然，寂静圆明，说为清净。一极者，绝对义。湛然者，深冲义、微妙义。寂静者，无扰乱故，无作意故。圆明者，无迷暗故。如上诸德，尤以寂静，提揭独重。如在凡位，不由静虑工夫，即无缘达到寂静境地，便长沦虚妄，而障其真、障其如、障其圆明。故自小宗，迄于大乘，有三法印。印可决定是佛所说法，非非佛法。此中法字，姑从宽泛解释，谓佛氏所说一切义理。其第三法印，曰涅槃寂静。涅槃，注见前。可见印度佛家各宗派，都是以寂静言性体。换句话说，性体就是寂静的了。

本来，性体不能不说是寂静的。然至寂即是神化，化而不造，故说为寂，凡有造作，则不寂。因为化之本体，是虚寂而不起意的，故无造作，而万化皆寂也。岂舍神化而别有寂耶？至静即是谲变，谲者，奇诡不测。变而非动，故说为静，因为变之本体，是虚静无形的，故不可以物之动转而测变。世俗见物动则不静，此变不尔，实万变而皆静也。岂离谲变而别有静耶？夫至静而变，至寂而化者，唯其寂非枯寂而健德与之俱也，静非枯静而仁德与之俱也。健，生德也。仁，亦生德也。即生即德，曰生德。曰健曰仁，异名同实。生生之盛大而不容已，曰健。盛大，犹云至大至刚。盛者，刚强义。生生之和畅而无所间，曰仁。和者，生意融融貌。畅者，生机条达貌。间者，阻隔义。《大易》之书，其言天德曰健，此云天者，乃性或本体之别名。天德，犹上文所云性德。亦名为元。《易》之《乾卦篇》，乾即健义，即以健德，显示性体。乾亦名元，非于健德之外别有元德可说也。此释与旧来易家多异，当别为论。元者，仁也，为万德之首，《易》云众善之长。万德皆不离乎仁也。性地肇始万化，地者依持义，假说性体为万化所依持，故云性地。畅达无亏，是名亨德，仁之通也。性地肇始万化，含藏众宜，众宜者，不拘一端，不守一定之宜故。是名利德，仁之制也。制者，裁制得宜。性地肇始万化，永正而固，正者，离迷暗故，不类倒故。固者，离动摇故，毋改移故。是名贞德，仁之恒也。恒无惑障故。《易》之言天或性，则以元、亨、利、贞四德显示之。四德，唯元居首。亨、利、贞乃至众德，皆依元德发现，成差别故。老子云："元德，深矣、远矣。"王辅嗣以元训玄，实误。又曰："生而不有，元德，生德也。其生也，本真实不容已，而非有心故生也。非有心故生，即生而无生者可得。生者，犹言生起的物事，根本没有生起的物事，则生即无生，故曰生而不有。为而不恃，生生化化，德用无穷，未始无为也。生而不有，化无留滞，又何尝有为乎？为而无为，故云不恃。长而不宰，含藏众德，故说为长。无形无意，不可说同宗教上之造物主，故云不宰。王辅嗣云，有德而不知其主也，亦言无所谓主耳。是谓元德。"老子之学出于《易》。其书实发明《易》义，当别论之。夫元德者，生德也。生生不息，本来真故、如故。生而无染，本圆明故。生而不有，本寂静故。是则曰真、曰如、言乎生之实也。实，谓无有虚妄。曰圆明，言乎生之直也。直，谓无有迷惑。宇宙人生，不是由盲目的意志发展的。曰寂静，言乎生之幾也。至寂至静之中，生幾萌动，而滞寂者，则遏其幾焉。是故观我生，观我生一词，借用《易，观卦》语。夫吾与天地万物生生之理，岂可向外推求哉？亦返之我躬而自观焉，乃自喻耳。因以会通空宗与《大易》之旨。吾知生焉，吾见元德焉，此本论所由作也。自观，自喻，而后参证各家之旨，得其会通。未有不由自喻，而杂拾诸人，可以通斯道也。程子曰："吾学虽有所受授，而天理二字。确是自家体认出来。"学者宜知。

  附识：古德有云："月到上方诸品静。"诸品，犹言万类。月到上方，乃极澄静圆明之象。万类俱静，寂然不动也。此只形容心体寂静的方面。心体，即性体之异名。以其为宇宙万有之原，则说为性体。以其主乎吾身，则说为心体。陶诗云："日暮天无云。春风扇微和。"以此形容心体，差得其实，而无偏于滞寂之病。"日暮天无云"，是寂静也。"春风扇微和"，生生真机也，元德流行也。

  谈至此，空宗是否领会性德之全，总觉不能无疑问。空宗于寂静的方面，领会得很深切，这是无疑义的。但如稍有滞寂溺静的意思，便把生生不息真机遏绝了。其结果，必至陷于恶取空，空者，空无。取，谓取著。恶者，毁责词，谓妄计著一切皆空，成不正见，故呵为恶取。至少亦有此倾向。我虽极力赞扬空宗大扫荡的手势，但是，这种手势也须用得恰到好处，若用之太过，恐于本原上不免有差失在。于本原差失者，即谓其不见性德之全。空宗说涅槃亦复如幻，又说胜义空、义最殊胜，名为胜义。空者空无。无为空。无有造作，故名无为。空义同上。夫胜义、无为，皆性体之别名也。涅槃，亦性体别名也。此可说为空，可说为如幻乎？虽则空宗密意，恐人于寂静的性体上，而计著为实在的物事然者，故说空，说如幻，以破其执，非谓性体果是空，果是如幻。然如此破斥，毕竟成过。说性体虚寂，不应执为实物有可也，虚者，无形名虚，非以无有名虚。寂者，离扰乱相故。实物有者，谓意想中，如有实在的物事然。直说为空、为如幻。则几于空尽生性种矣。性种者，性即种故，名性种。性者，生生不息真机。俗以物种为能生，故假说性体名种。后来清辨菩萨空宗后出之大师也。菩萨，犹言大智人。作《掌珍论》，便立量云。量者，三支论式。三支者，宗、因、喻，详在因明。

　　无为，无有实。宗
　　不起故。因
　　似空华。喻

　　此量直以无为性体，复辞。等若空华，极为有宗所不满。如护法菩萨，及我国窥基大师，皆抨击清辨甚力。详基师《成唯识论述记》。平情论之，清辨谈空，固未免恶取，然其见地，实本之《大般若经》。《般若》破法相，可也，亦可不毁法相而谈实性。乃并法性亦破，空荡何归？清辨承其宗绪，宜无责焉。吾尝言，空宗见到性体是寂静的，不可谓之不知性。性体上不容起一毫执著，空宗种种破斥，无非此个意思。我于此，亦何容乖异？然而，寂静之中即是生机流行，生机流行毕竟寂静。此乃真宗微妙，迥绝言诠。真宗，犹云真宰，乃性体之别名。若见此者，方乃识性德之大全。空宗只见性体是寂静的，却不知性体亦是流行的。吾疑其不识性德之全者，以此。夫以情见测度性体，而计执为实物者，此诚不可不空。但不可于性体而言空。若于性体而言空，纵其本意并不谓真无，但亦决不许说性体是流行的，是生生不息的。空宗的经论俱在，其谈到性体或真如处，曾有可容许著流行或生生不息等词否？若谈性体，而著此等词，则必被呵斥为极谬大错，无稍宽假。不独空宗，凡印度佛家各宗派，罔不如是。但空宗说涅槃亦复如幻，设更有法胜涅槃者，我说亦复如幻，何况涅槃。如此谈空，虽用意切于破执，而终有趣入空见之嫌疑。门人栖霞牟宗三，颇疑空宗谈本体，不免沦空之病，亦非无见。吾尝言，谈到真理，须是如实相应，不贵为激宕之词。真理不是要说得好听，他是如此，我们就以很平易的话，来形容他是如此。注意形容二字，真理不是一件物事可直下道出。若措辞稍涉激宕，必其中有所偏，非应真之谈也。印度佛家，毕竟是出世的人生观。世者，迁流义，又隐覆义。堕世中故，隐覆真理，故有隐覆义也。出者出离，谓众生以惑染故。堕在世间，生死轮转，当修道断惑，出离生死，是名出世。所以，于性体无生而生之真机，不曾领会。乃但见为空寂而已。谓空宗不识性德之全，非过言也。我常以我之所体认，参之孔氏的话头，甚觉其可相印证。孔子尝曰："仁者静。仁者寿。"又曰："仁者乐山。"孔子所谓仁，即斥指心体而目之也。心体，即性体之别名。见前附识中。仁者，即谓证得仁体的人。证者证知。仁体呈露时，即此仁体炯然自明，谓之证。得者，保任义。即此仁体，恒时为主于中，毋有放失，谓之得。静者，远离昏沉、嚣动等相。寿者，恒久义。此言恒久，即真常义，不与暂对。山者，澄然定止貌。是则性体寂静，孔子非不同证。然而，孔子不止说个寂静，亦尝曰："天何言哉？四时行焉，百物生焉，天何言哉？"夫孔氏所言天者，乃性体之别名。无言者，形容其寂也。至寂而时行物生，时行物生而复至寂，是天之所以为天也。谈无为空者，何其异是耶？《中庸》一书，孔氏之遗言也。其赞性德云："《诗》曰：'德輶如毛，毛犹有伦，上天之载，无声无臭'，至矣！"輶者，微义。毛，轻微义。伦，迹也。上者，绝对义。上天，谓性体。载者，存义。此引《诗》言，以明性体冲微无形。若拟其轻微如毛乎，毛则犹有伦迹也，无可相拟。理实，性体不可睹其存，而实恒存。惟其存也无形，乃至声臭俱泯焉，其可执之以为有物乎？夫无声无臭，空寂极矣，而有存焉。则空者，空其有相之执耳，非果空无也。涅槃如幻之云，何与此甚异耶？

总之，在认识论的方面，空宗涤除知见，不得不破法相。唯破相，乃所以去知见，而得悟人法性。这点意思，我和空宗很有契合处。不过，我不妨假施设法相。在上卷里，依大用流行的一翕一辟，而假说为心和物。这是我与空宗不同的地方。这个不同处，所关不小。在本体论的方面，空宗唯恐人于性体上妄起执着，例如印度外道以及西洋的哲学家，大都是把本体当做外在的物事来猜度。这样一来，诚无法见真理。像空宗那般大扫荡的手势，直使你横猜不得、竖想不得。任你作何猜想，他都一一呵破，总归无所有、不可得。"无所有、不可得"六字，《般若经》中恒见，读者勿浮泛作解。直使你杜绝知见，才有透悟性体之机。这点意思，我又何曾不赞许？不过，空宗应该克就知见上施破，不应把涅槃性体直说为空、为如幻。如此一往破尽，则破亦成执。这是我不能和空宗同意的。昔有某禅师，从马祖闻即心即佛之说。此中佛谓性体。心谓本心，非妄识也。本心即是性体，故云。后别马祖，居闽之梅岭十余年。马祖门下有参访至其地者，某因问马大师近来有何言教。参者曰："大师初说即心即佛，近来却说非心非佛。"恐人闻其初说，而执取有实心相，或实佛相，故说双非，以遣之。某呵云："这老汉又误煞天下人。尽管他非心非佛，吾唯知即心即佛。"其后，马祖闻之曰："梅子熟了也。"某禅师居梅岭，故以梅子呼之。这个公案很可玩味。我们不要闻空宗之说，以为一切都空，却要于生生化化流行不息之机，认识性体。我们不要以为性体但是寂静的，却须于流行识寂静，方是见体。本论上卷第三章，已申明即用显体的主张。这是我和空宗根本不同的所在。

或有难言："空寂是体，生生化化不息之幾是用。印度佛家之学，空宗在内，不须别举。以见体为根极，中土儒宗之学，只是谈用。今公之学，出入华梵，欲冶儒佛而一之。其不可强通处，则将以己意而进退之。公之议佛，得毋未足为定谳欤？"曰：恶是何言？诚如汝计，则体自体，而用自用，截然为两片物事。用是生化之幾，不由体显，如何凭空起用？体唯空寂，不可说生化，非独是死物，亦是闲物矣。须知，体用可分，而不可分。可分者，体无差别，用乃万殊。于万殊中，而指出其无差别之体，故洪建皇极，而万化皆由真宰，万理皆有统宗。本无差别之体，而显现为万殊之用。虚而不屈者，仁之藏也。仁谓体，下同。藏者，含藏。体本至虚，而其现为生生化化，不可穷屈，由其至仁含藏万德故也。动而愈出者，仁之显也。动而不暂留，新新而起，故云愈出。此正是仁体显现。

是故繁然妙有，而毕竟不可得者，假说名用。万有不齐，故云繁然。妙有者，万有之本体，法尔虚寂，至虚至寂，而现为万有。此理非思议所及，故谓之妙。但克就万有而言，即此万有，都无自体，故云毕竟不可得。何以故？万有，非离异其本体而别有万有之自体故，又皆是刹那刹那诈现，无物暂住故。寂然至无，无为而无不为者，则是用之本体。寂然者，虚静貌。至无者，无形相、无方所、无作意、无迷乱等相，故云至无。无为者，非有意造作故。无不为者，谓虽不起意造作，而法尔含藏万德，现起大用故，成妙有故。用依体现，喻如无量众沤，每一沤，都是大海水的显现。体待用存。喻如大海水，非超越无量众沤而独在。所以，体用不得不分疏。然而，一言乎用，则是其本体全成为用，而不可于用外觅体。一言乎体，则是无穷妙用，法尔皆备，岂其顽空死物，而可忽然成用？顽空者，谓其全无所有。故以顽钝形容之。顽钝一词的意义，即无用之谓。如说空华成实，终无是理。王阳明先生有言："即体而言，用在体。即用而言，体在用。"这话确是见道语。非是自家体认到此，则亦无法了解阳明的话。所以，体用可分，而又不可分。这个意义只能向解人说得，真难为不知者言也。

上来所举难者的说法，正是印度佛家的意思。他们印度佛家浩浩三藏，佛家典籍，分经、论、律三藏。壹是皆以引归证见诸法实相为主旨。实相，即本体之异名。《法华玄义》引《释论》云："大乘但有一法印，谓诸法实相。"《胜鬘》等经说"澈法源底"，犹云澈了一切法之实相。源底，亦实相之形容词也。此不独大乘为然，《阿含》已说真如，小乘无一不归趣《涅槃》。难者所谓见体为根极是也。我国玄奘法师，于印度大乘有宗，最为显学。其《上唐太宗皇帝表》于孔学颇示不满。表中有云："盖闻六爻深赜，拘于生灭之场；孔子之哲学思想在《易传》。《易》每卦六爻所以明变动不居之义，幽深繁赜极矣。但其所明只拘于生灭的范围。易言之，即只谈法相，而未能悟入一切法之本体。生灭，即克就法相而言之也。奘师之意如此。百物正名，未涉真如之境。"此就孔子之《春秋》而言也。《春秋》推物理人事之变，始于正名，而不容淆乱，万世之大典也。然未涉及真如，其失与《易》同。奘师总以孔子为不见体也。难者谓儒家只谈用，其说实本之奘师。夫奘师所以薄孔氏为不见体，而独以证见真如归高释宗者，此非故意维持门户。奘师本承印度佛家之学。印度佛家所谓真如性体，本是空寂的。虽其所云空寂并非空无，而是由远离妄情染执，所显得之寂静理体，说名空寂，然亦只能说到如是空寂而止，万不可说空空寂寂的即是生生化化的，生生化化的即是空空寂寂的。万不可说，至此为句。更申言之，只可以孔德言体，孔德一词，借用老子。王辅嗣云：孔，空也。以空为德，曰孔德。而不可以生德言体。生德详前。只可以艮背来形容体，《易·艮卦》曰：艮其背。艮，止也。背，不动之地也。止于不动之地，曰艮背。佛书谈体，曰如如不动是也。而不可以雷雨之动满盈来形容体。《易·震卦》之象曰雷雨之动满盈。儒家以此语，形容本体之流行，盛大难思，可谓善于取譬。但在印度佛家，则不可以流行言体。因为他们印度佛家只见体是空寂的，绝不容有异论。他们内部虽有分歧的宗派，而关于这种根本见地，大概从同。玄奘依据自宗的观点，当然以为孔子不曾见体。因为孔子谈体，显然与印度佛家有极不同处故耳。

　　孔子系《易》，曰"易有太极"。太者，至高无上之称。赞叹词也。极者，至义，谓理之极至。六十四卦之义，《大易》全书，分为六十四卦。皆此一极之散著，一极即太极。一者，绝待义，下同。又无不会归此一极，谓《易》不见体可乎？《春秋》本元以明化，董子《繁露·重政》云："元，犹原也。"此则与《易》义相会。《易》曰："大哉乾元，万物资始。"《春秋》建元，即本斯旨。一家之学，宗要无殊。宗要者，宗谓主旨，要谓理要。《春秋》正人心之隐慝，慝，谓邪恶或迷妄。隐，谓恶习潜存也。《春秋》别白是非，明正善恶，其辨甚严。顺群化以推移，春秋明三世义，谓人类由据乱世而进升平世，尚有国界，由升平世而进太平世，则世界大同，而经济制度与文化等等，皆随世殊异。其义据则一本于元，由元言之，则万物一体。故世界终归大同。元者，万物之本真，纯粹至善者也。

其在于人，则为本心，而抉择是非或善恶者，即此本心为内在的权度。谓《春秋》不见体，可乎？玄奘所以说《易》《春秋》不明体者，因为孔氏只是于用识体，只是于流行识体。故善学《易》《春秋》者，宜心知其意。若印度佛家，则言体必遗用，必不涉及流行。玄奘不悟自宗之失，反以孔氏为不见体，所谓守一家之言而蔽焉者也。吾尝言，大用流行，虽复变动不居。其中自有个常生常寂的真实物事在。我们克就大用流行的相状上说。这个确是刹那刹那诈现，都无自性。然而，由此可以悟入大用流行底本体。因为用上虽无自性，而所以成此用者，即是用之实性，此乃绝对真实的、常生常寂的。用之流行，实则流行即用之别名，但立词须有主语，故云用之流行。虽是千变万化，无有故常，而所以成此流行者，即是流行之主宰。流行是有矛盾的，详玩上卷《转变章》。于流行而识主宰。便是太和的。克就流行的方面而言，如物与心是矛盾的，然心毕竟能不物化，而使物随心转。就因为心的势用，是不曾失掉他底本体的德性，所以能主宰乎物。因此，可以说心即是本体。由心即是体，故能宰物而不随物转，所以消释矛盾，而复其太和之本然。太和者，和之至也。太者，赞词，无可形容，而赞之曰太也。孔子所谓仁，即太和是也。此非灼见本体不能道，但此意深远，难与俗学言。玄奘之智，不足及此，况其他乎？西哲如黑格尔之徒，只识得矛盾的意义，而终无由窥此仁体。流行是变化密移的，于流行而识主宰，便是恒常的。流行是万殊的，于流行而识主宰，便是无差别的。流行是虚幻的，于流行而识主宰，便是真真实实的。流行是无有所谓自在的，于流行而识主宰，便是一切自在的。我们应知，用固不即是体，而不可离用觅体。因为本体全成为万殊的用，即一一用上，都具全体。故即用显体，是为推见至隐。见读现。用现而体隐。现者，即隐之现，非有二也。离用言体，未免索隐行怪。隐谓体，专以空寂言体，而不涉及生生化化之大用，是谓索隐。见趣一偏，出世之行，未免于怪。印度佛家之学根本处，终成差谬。

难者曰："公谓印度佛家离用言体，恐非彼之本意。"答曰：

新唯识论

汝若欲为彼解免者，吾且问妆，吾前已云"寂然至无、无为而无不为者，则是用之本体"，此句中吃紧在"无为而无不为"六字，而与印度佛家天壤悬隔处，尤在"无不为"三字。我于体上说个"无不为"，这里便与王阳明所云"即体而言，用在体"，同其意义。所以，我们不是离用言体。汝试熟思，印度佛家三藏十二部经，他们谈到真如性体，可着"无不为"三字否？他们只许于体上说名无为，断不许说"无为而无不为"。因为自小乘以来，本以出离生死为终鹄，所以，他们所趣入的本体，此中趣入二字：趣者，投合义，投入而与之合也。入者，冥然内自证知也。只是一个至寂至静、无造无生的境界。及大乘空宗肇兴，以不舍众生为本愿，大乘本愿，在度脱一切众生，然众生不可度尽，则彼之愿力，亦与众生常俱无尽，故终不舍众生也。以生死涅槃两无住着为大行，小乘怖生死，则趣涅槃，而不住生死，是谓自了主义。儒者议佛家自私自利，小乘诚然，大乘则不住生死，而亦不住涅槃。惑染已尽故，不住生死，随机化物，不独趣寂故，不住涅槃。此大乘之行，所以为大。虽复极广极大、超出劣机，劣机谓小乘。然终以度尽一切众生，令离生死为蕲向，但不忍独趣涅槃耳。就大乘不舍众生及涅槃亦不住之意义上说，似有接近儒家的人主观之可能。然举竟未离出世思想的根菱，终与儒家异辙。空宗还是出世思想，所以，他们空宗所证得于本体者，亦只是无相无为，无造无作，寂静最寂静，甚深最甚深，无相至此，并出《般若经》。而于其生生化化、流行不息真幾，终以其有所偏主，而不曾领会到。偏主，谓出世思想。所以，只说无为，而不许说无为不为；所以，有离用言体之失。夫言无为者，谓其非如作者起意造作故，故说无为。作者，谓具有人格的神，宗教家所谓造物主是也。言无不为者，谓其具有无量无边妙德，德而曰妙，无可形容故。所谓生生化化流行不息真幾，德盛之谓也。由具无穷盛德故，所以显现为万殊的大用，所以至无而妙有。因此，说无为而无不为。我们言体，却不离用，刚刚是与印度佛家相反的。

或复难言："佛家小乘，专主趣寂，诚哉有体无用。但大乘修行，修者，修为。行者，行持或行履。此行，作依持故，能远有所到，得至佛位，即名行持。此行，是其所切实践履，无虚妄故，即名行履。修行者，所修之行，曰修行，或修即是行，故名修行。则有六度、万行，行而曰万，言其行不一端也。六度者：一曰布施，以己所有施诸人，而不存施与想，对治悭贪故。二曰净戒，护持正戒，恒不放逸故。三曰安忍，忍受一切困辱，堪能任重道远故。四曰精进，发起净行，勇悍无退故。五曰静虑，远离惛沉散乱曰静，明察一切法曰虑，恒处定故。六曰般若，智义是般若义，于一切法，无横计故，无妄执故，证见一切法实性故，是名般若。以此六法，离生死岸，而到彼岸，即所谓涅槃，是名为度。乃至法云地，胜用无边，大乘修行，从见道以往，凡有十地。第十地，曰法云地，谓证得真如实性故，名得法身。如是具足自在，如云含水，能起胜用，故此地名法云。如何说彼大乘有体而无用耶？"这个疑难，也须解答。今当申明我所说义，方好绳正他们的支离。他们，谓大乘。须知，吾所云用，原依本体之流行而说，如澈悟真性流行，真性，即本体之异名。是为即体成用，谓即此体，全成为用，非体在用之外故。即用呈体，体本无相，而成为用，则有相诈现，故说即此用，可呈现其体也。则体用，虽不妨分说，而实际上毕竟不可分。此理非由猜度，试即俗所谓宇宙而言，我们落实见得万象森罗，皆是大用灿然，亦皆是真理澄然，澄然者，虚寂貌，以于用见体故。云何体用可分？又就人生行履言，全性成行，性即体。全者，言其无亏欠也。吾人一切纯真、纯善、纯美的行，皆是性体呈露，故云全性成行。全行是性，如此心，随时随事，总能收敛。不惛沉、不散乱、这便是行，也就于此行处，认识本来清净性体，故云全行是性。亦见体用不可分。行，即用之异名耳，既全性成行，全行是性，则体用不可分，甚明。我们体认所及，却是如此。今观大乘谈体处，只是无为、无造，无有生生，无有神化。神化一词，谓变化微妙不可测，故说为神。佛家于体上不言神化，无有流行，甚且说，譬如阳焰，乃至如梦。《大般若经·法涌菩萨品》言："诸法真如，离数量故，非有性故，譬如阳焰，乃至如梦"云云，夫真如，为诸法本体之别名。此本无相、无对，更无数量，但说为非有性，如焰、如梦。究不应理。真如虽无相，而实不空，云何非有性？焰梦并是空幻，都无所有，岂可以拟真如？《经》意虽主破执，而矫枉过直如此，终是见地有未谛处。审其言，则体为空寂而无可成用之体，是其由修行所起胜用，只欲别于小乘自了生死，故不得不修此大行。大行，即胜用。但彼大乘所谓自在胜用，终不许说即是真性流行，彼于真性上，不容置流行两字故。如果说真性是流行的，则可以说自在胜用，即是真性的发现，易言之，就是即用即体。今彼说真性，唯是无为无作，唯字注意。则应许自在胜用，但依真性起，而不即是真性呈露。则应至此为句。由斯，体用不得不二。据此说来，大乘自空宗时，其在谈行履的方面，于所谓大行胜用，大行胜，用作复词。与真如性体，并不曾融成一片。吾前云，全性成行，全行是性，正明体用不二。审空宗所说，已不如此。这种支离，直到后来有宗无著世亲一派，愈演愈不堪。此意且俟后文再谈。总之，大乘所自别于小宗者，其根本意思，只是无住涅槃，生死、涅槃两无住着，是名无住涅槃。此义冲远，学者宜旷怀深玩。无如其出世思想，不曾改变，故其证会于真如性体者，只见得是空寂无为的境界。关于这种根本意义，大小乘是没有多大区别的。

　　或复问言："如公所说，印度佛家离用谈体，然则其所证见为空寂或寂静等德者，皆非性体之本然，然谓如此，本来如日本然。而为其情见所妄构欤？"答曰：汝所计，亦非是。佛家断除惑染，止息攀援，心有所思时，必构画一种境相，如所谓概念或共相等者，正是心上构画的境相。即此构画，说为攀援。泯绝外缘，入于无待。攀援息，即不见有外在之境，故云泯绝外缘。夫俗所谓知识者，必心有所缘，而始生其知。此所缘相，即对待相，即现似外境相，故此知，非真知也。真知者，浑然内自证知。无能所，无对待，无内外，远离一切分别相故。故泯外缘，即入无待，当下即是，非由意想安立。默默之中，独知炯然，此知之体，独立无匹，恒默恒知，无所待故。明明之地，一寂澄然。明明云云，朦上独知而言也。恒知恒寂，无作动相，独体之妙如是。佛家于此，亲证为空寂真常。离一切相故，名空。离诸惑染故，名寂。本非虚妄故，名真。本无变易故，名常。佛家亲证如是，故说如是。我们体认所至，亦自信得如是。更参稽儒家的说法，曰无声无臭也是空寂的意思。曰诚、曰恒性，恒有三义：曰不易义，性恒是善，不可改易故。曰不增减义，一味平等故。曰不息义，无间断故。也是真常的意思。我常说，儒佛所证会于本体者，实有其相同而无所异，约大概来说，并不为附会的。可是一层，如将儒佛两家的学说，仔细推勘，他们儒佛两家又有天壤悬隔的地方。佛家证到本体是空寂的，他似乎是特别着重在这种空寂的意义上。着重二字，吃紧。易言之，不免有耽空滞寂之病。善学者如其有超脱的眼光，能将佛家重要的经典，言经，即包括论籍在内。一一理会，而通其全，综其要，当然承认佛家观空虽妙，而不免耽空；归寂虽是，而不免滞寂。此中观空一词：观者，如理照察义。观空者，谓照了一切法，都无自性故，皆是空故，因得激悟一切法之本体。又复应知，本体，无相无为，复不可执着为实物有。此体纯净，空诸执故，亦名空理。如是种种观察诸法空义，是名观空。归寂者，佛家各派皆归趣涅槃寂静，离诸扰乱相故。夫滞寂则不悟生生之盛，耽空则不识化化之妙。此佛家者流，所以谈体而遗用也。儒者便不如是。夫空者无碍义，不独无质，并无些微相状可得，故云无碍。无碍故神，神者言乎化之不测也。非思想所及，曰不测。寂者无滞义，滞者，昏浊沉坠，而不得周遍，不获自在。无滞反此。无滞故仁，仁者言乎生之不竭也。无穷无尽曰不竭。故善观空者，于空而知化，以其不耽空故。妙悟寂者，于寂而识仁，以其不滞寂故。我们于儒家所宗主的《大易》一书，便知他们儒家特别在生生化化不息真幾处发挥。他们确实见到空寂，如曰"神无方，易无体"、神者，形容变化之妙。易者，生生不息之谓。无方，谓无有方所。无体，谓无有形体。曰"寂然不动"。不动，谓无有浮嚣动扰等相。寂然，冲虚貌。寂义，既有明文，无方、无体，正彰空相。非以无有名空，乃以无方无体名空。此与《般若》之旨全符。我们须知，不空则有碍，而何化之有？

不寂则成滞，而何生之有？惟空寂始具生化，而生化仍自空寂。此语吃紧。虽复生化无穷，而未始有物为累也。《大易》只从生化处显空寂，此其妙也。佛家不免耽空滞寂，故乃违逆生化，而不自知。总缘佛氏自始发心求道，便是出世思想，所以有耽空滞寂、不悟生化之失。然若疑佛家证见本体为空寂真常，亦非真见，且疑其为情见妄构者，此则甚误。本体是真、是常，绝待故曰真，德恒故曰常。德恒者，谓其德真恒，不可变易。空寂者，言其离一切相，亦云无碍。离一切染，亦云无滞。清净微妙，清净谓寂，微妙谓空。其德至盛而难名，姑强字之曰空寂也。空与寂，并是强名，直须忘言默契始得。本体法尔恒然，恒然者，言其亘古亘今，恒是一味空寂故。但凡夫纯任情见作主，所以不能证体。佛家唯静虑之功，造乎其极，静虑者，禅定之异名。远离昏沉嚣动，而恒在定，故名为静。远离虚妄计度，于一切法，如理观照，故名为虑。故于空寂本体，得以实证。他这种证会，确不是情见妄构。而是冥然如理，无可置疑的。冥然，谓无虚妄分别。如理谓与真理相应。

或复难言："本体唯其是空寂的，所以亦是生化的。如果不悟生化，恐其所见之空寂终是情见妄构，而不得空寂之本相。若真见空寂，何竟不了生化？岂有无生化之空寂体耶？如只见为空寂而不悟生化，这种空寂必是情见所妄构，决定不得空寂本相，可知已。这种疑难殊不应理。情见妄构时，便极不空寂。如何可许情见得构成空寂相？"须知，此等问题不是凭量智推求可以下评判的。此中量智，谓理智作用。或知识，亦即是情见。我们至少须得有一种清明在躬、志气如神的生活。纵不易常如此，也须不失掉此种生活的时候很多，常令此心，廓然离系，破除种种见网，一切依情见所起的推求或知识与见解等等，总名为见，亦云见、网。网者，网罗，不得开解。凡一切见，皆即是网，故名见网。方是空寂的真体呈露。到此，则本体之明却会自知自证，易言之，即他自己认识自己空寂的面目。此中两用自己词语，皆指本体而言，亦即是本心，亦即上卷《明宗章》所云性智。我们如果至此境界，才算有了根据，庶几可以评判佛家证见空寂的本体，是确然证到，抑是情见妄构之一大问题。"我们"至此为句。若是自家没有根据，而徒任情见来评判此等问题，直是说废话，有甚相干？总之，我们体认所及，确信得性体亦云本体。元自是空的，诸法一相，本无相故；诸法云云，用《大般若经》语。克就诸法言，则幻现千差万别之相，若克就诸法之本体言，则唯是一相而已。一者，无差别义。此中一相，实即无相。无者，非无有之谓，乃法尔实有，而无相状可得也。无相即是空，空诸相故，非以无有名空。性体元自是寂的，本来清净，不容增减故。凡法可增益、可损减者，即不自在而失其寂。性体恒是圆满自在的，无可增减，所以恒寂。我们玩味佛家经典所说，便觉得佛家于性体之空寂方面，确是有所证会，但因有耽空滞寂的意思，所以不悟生化。或者，他们佛家。并非不悟生化，而只是欲逆生化，以实现其出世的理想。推迹他们的本意，元来是要断除由生化而有的附赘物。附赘物，谓众生从无始来所有迷执的习气。这种附赘物，本是无根的，而确足以障碍性体。他们要断除这种附赘物，乃不期然而然的至于逆遏生化了。有人说，小乘确是逆遏性体之流行，流行，即谓生化。大乘似不然。此说非是。大乘之异于小者，只是不取自了主义，其愿力宏大，将欲度脱一切众生，而众生不可度尽，则彼亦长劫不舍世间、不舍众生。大乘之大也在是。吾昔常据《华严》等经，谓其不必是出世意思。其实，大乘本不舍世间，但终以出世为蕲向。我们如取融通的讲法，虽于理无悖，然要不是佛家本旨，则又不可不知也。

有问："佛家何故偏有出世思想？"吾语之曰：古代印度民族大概富于出世思想者多。其原因，非此中所及论。玄奘法师言："九十六道，印度外道的学派，有九十六种。并欲超生。谓超脱生死。师承有滞，致沦诸有。"有者，三有，即三界之异名。佛家说有欲界、色界、无色界。欲界，即人类与诸动物之世界。色界者，有微妙色故。无色界者，并微妙色亦不可得。然色界、无色界，均有诸天云。凡属三界众生，皆不得出离生死。奘师意谓，外道拘守自宗，不闻正法，故虽欲超生，而终沦没于三界中也。据此，则古代印度人多怀出世思想，盖不独佛家而已。有人说，佛家欲逆遏本体之流行，归于不生不化。这种理想，果能做到，宇宙间便一无所有，只合强名为不可思议的寂灭界。这样清宁之极，岂不比有人有物的世界好得多。有人说，佛家并不是要人物灭无，他只是要断除由生化而有的附赘物。如种种迷执习气。如果众生都成佛，都已把种种迷执断除了，性体便解脱障碍。他之所求，不过如此。如上二说，各是一种看法。我在本书中不欲深论。但有可明白断言者，按之佛家经典，包括各宗派而言。他们佛家语性体，绝不涉及生化。这是很可注意的，也不是由我们任意曲解的。有人说，佛家的说法，每是四处不着脚的，难执一定之义以论定他。然而，会通其义旨之全盘体系来说，他们总归趣出世，是无容置疑的。他们语性体不涉及生化，也是很分明确定的。

　　说到此，我又要回复到前面的话。佛家证见性体空寂，其为确然亲证，自不容疑。或且不妨说，因为他们佛家耽空滞寂之故，足见其于空寂，证会独深，但于生化德用，则不免忽略，或虽有证解，而其出世思想，终以逆遏生化为道。如此，毕竟是有所偏蔽在。吾于前文里，颇疑空宗不曾领会性德之全者，意亦在此。夫性体广大，此中广不与狭对。大不与小对，乃至广至大而无有匹也。具足万德，冥冥证故，迥绝言诠。斯无得而名焉。冥冥者，无分别义。证者，亲证。亲证者，即性体上有昭然自明自了之用，所谓本心之明是也。然正亲证时，无一毫分别相。言诠所由绝也。既言诠不及，即性德无可为之名。凡名，必于众德之中，特别有所注重处，始为之目。既未起分别，便无特别注重处可目故。若乃随顺证量，而起知虑，证量者，现量之别名，上所云亲证是也。证量无分别相，及起知虑，则分别著矣。则将离其浑全，而致察其所特别注重处。由不可名，而至可名。性德之浑全，不可名者也。于万德浑全中，而标其特别注重处，始有可名。故语性德者，曰空、曰寂，实就所注重处而名之耳，不可谓性体无生无化也。如其无生无化，则性体亦死物矣！故谈空寂而不悟生化，要非识性德之全。然有不可不知者，凡谈生化者必须真正见到空寂，乃为深知生化。性体离一切相故说为空，离一切染故说为寂。于其寂而可识神化之真也，于其空而可识生生之妙也。从来哲学家谈生化者，大概在生化已形处推测，而不知生化之真须于生化未形处体认。所谓在生化已形处推测者，这种看法似是把生化看做是一种绵延或持续的生力之流。其实，这是从生化已形处看，便似如此。殊不知，生化的本体元自空寂。此处吃紧。其生也，本无生，其化也，本无化。因为生化的力用才起时，即便谢灭，不是起和灭的中间有个留住的时分，更不是一种持续和扩张的生力之流，如柏格森氏所谓如滚雪球越滚越大。"更不"至此为句。依据滚雪球的譬喻来讲，虽时时刻刻创加新的雪片，却总有故的雪片不灭。生化果是如此，则其生也便非生而不有，其化也便非化而不留。实则，生化之妙，好像电光的一闪一闪，是刹那刹那、新新而起，也就是刹那刹那，毕竟空，无所有。所以说，生本无生，化本不化。然而，无生之生，不化之化，却是刹那刹那、新新而起，宛然相续流。吃紧。又好似电光的一闪一闪，虽本无实物，而诈现有相。因此，或误计度为有一种绵延或持续的生力之流，如此误会，便是从生化已形处推测，不可得生化之真了。更有很粗笨的思想，以为只有物质才是生生化化的，不悟物质只是由生化诈现的迹象，实际上并无所谓物质。唯物论者，其神智囿于现实世界或自然界，因妄计有物质才生化。殊不知，如有物质便成滞碍，何能生化？唯虚故，不穷于生，空诸相故，亦云虚。唯寂故，不穷于化。此理确然易知，而人情狃于所习，遂不能悟及。此诚无可如何者。复有妄计宇宙是由一种迷暗的势力，为生化之原者。如古代印度的数论，虽建立自性为本原，然必由三德合故，始成生化。三德者：曰勇、相当能力的意义。曰尘、相当物质的意义。曰暗。即是一种迷惑，佛家亦谓之无明。他们数论以为生化必依勇和尘，固与唯物论者同其错误，然而，他们似更看重暗德。此暗的势用，于三德中实居最要。据数论师的说法，宇宙所以生生化化而不已，元来不是有何意义，有何目的，其实就由于一种暗，才会如此的。后来西洋的学者如叔本华，也说有盲目的意志，与数论所谓暗者略同。

这一派的思想，谓其无所见欤，他确也见到人生后起的狂惑追求的习气。人生也就把这种习气，当做了他的本来面目。人生从无始来，便丧其真，这是难得避免的一种失陷的悲剧。不过，他们数论师等误以这种经验，谓狂惑追求的习气。来推测宇宙生生化化不息真幾。如此，极是倒见。所谓铸九州铁，不足成此大错也。

生化，只是空寂真常的本体中，有此不容已之幾。此语吃紧。真故，万德具足，不得不生化。常故，万德贞恒，不得不生化。恒故无息。无息故生化不穷。此理宜深心理会。空故，上德不德，其生化本无心也。上德者，德至盛而难名，故曰上。不德者，不自有其德也。德盛自生化，非有心于为生化也，只是理合如此，非如人之有心去造作。寂故，静德圆遍，其生化不可穷也。我们知道性体是空寂真常的，也就知道性体是生生化化的。生化只是个德盛不容已，此语吃紧，亦无可多置词。不是有所为的，人情妄有追求，才是有所为。生化，只是真理合如此，不是有心去追求甚么，故不可以吾人妄情去猜测。不是盲暗乱冲的。有所为，才盲暗乱冲。无所为者，反是。德盛不容已，自是明智的，只不是有心去造作，而确不是乱冲的，所以说为明智。是自然有则而不可乱的，验之物理人事，任何繁赜，任何诡变，都不是无规则可寻的。是虽起灭万端、变动不居，而毕竟不失其恒性的，恒性者：恒谓恒常，性者德性。此理不可滞物而索解，须脱然神悟始得。宇宙本体虽是生化无穷的，而自具有真实、刚健、空寂、清净、昭明等等不可变易的德性，名为恒性。譬如水，其生化元无固定，如或凝冰、或化汽，但水具湿润的恒性，则始终不变易。由此譬况，可悟生化无穷中自有恒性的道理，是故斥言生化则是诈现无实的。若即生化而会其恒性，则是彻体真常的。唯其有恒性而生化，所以不是顽空。唯其生化而有恒性，所以不是一味散动，却是即动即静的。近人柏格森《创化论》的说法，不曾窥到恒性，只妄臆为一种盲动，却未了生化之真也。是其流行成物，而畀物各正的，生化之妙，约每刹那言，是才起即灭的。通多刹那言，则后起续前。故假说流行，流行故成万物，而畀万物各得其正。如天成其广大，地成其博厚，人有其良知良能，都是真实的显现，都无不正。因为流行的本体，是万物各各全具的，故乃各正。参看上卷《明宗章》第一节按语，大海水与众沤喻。是于流行中有主宰的。如吾心，是流行不息的，而其应万感，则恒有主而不乱。于此，可识生化流行中，自有主宰在。所以，宇宙生生化化不息真幾，决不是迷暗的而确是明智的。我们如果依据自家迷惑的习气来推测生化，便已堕入邪见坑里，与实际的道理谓生化。全不相应。这是学者所应虚怀涤虑，进而深究的。总之，如印度佛家见到性体空寂，便乃耽空滞寂，至于逆遏生化，这个固不免智者之过。但是，谈生化者若非真正见到空寂的本体，剥尽染习，则其于无生之生、生而不有，不化之化、化而不留，如斯其神者终乃无缘窥见。亦将依据有生以来逐物之染习，以为推测、僻执戏论而已矣。夫以有取之心而妄臆生化之原，其不相应也何疑。有取之心，谓习心也。习心常有所追求，常有所执著，故云。故知，为学未穷至空寂处，空，非空无之谓，乃以无形无相名空。寂，非枯寂之谓，乃以无染污无嚣乱名寂。前文可覆按。则惑习潜存，必证得空寂本体，保任涵养而勿失之，惑习便自伏除。否则惑根蕴积于中，反障其空寂本体矣。任情卜度，都无智炬，逞臆寻求，难探道要，障真理之门，绝生民之慧。人生悖于至道，安于堕没，甚可悲也。堕没者，谓其堕落沦溺，几于丧失其生命也。然而，见到空寂，必求免于耽空滞寂之弊。然后知空者不容已于生，但生而不有仍不失其空之本然耳；寂者不容已于化，但化而不留仍不失其寂之本然耳。是故上智尽其所以生之理而无所亏，体其所以化之理而无所挂。挂者，挂碍。无所亏、无所挂者，其德日新而不已也。体其所以化，尽其所以生者，则直与法界为一，而未始有极也。法界即本体之异名。学至于此，方是究竟。

本论原本公世时，读者已有问言："是书《转变》一章，实为全部纲领旨趣所在。即于大用流行而显其本体，是谓真如，亦云恒转或功能等。尚有许多别名，故置等言。即于本体生生化化不息真幾，显为大用，要由相反相成，故说翕辟。本体不是僵死的物事，却是

新唯识论

总在生生化化的一个物事。即此生化，说为大用，而此大用，实由相反相成，故说为一翕一辟。详在上卷《转变章》。即于翕辟顿变、刹那不住，故说生灭。亦详《转变章》。真如本体，四字，系复词。法尔恒存，法尔，犹言自然。不是依他故有的，不是本无今有的。此体本常，常故说无生，恒自存故，云无生。常故说不化，不化者，谓其德贞恒，不可易故。然而此体底自身，却是生生化化的一个物事，决不是僵固的物事。所以，显现为万殊的大用。由此说无生而生、不化而化。虽复生化无穷，而其显为翕辟都无实物，刹那生灭无物暂住。故知生而不有，化而不留，毕竟本来空寂也。《新论》之旨，其谈生化，明明含摄《大易》，而究竟空寂则宛转归诸《般若》矣。世谓公之学，糅杂儒佛。不知公亦自承否？"余应之曰：自《新论》初版问世以来，世之以糅杂儒佛议吾者，吾闻之熟矣。世之所执者，儒佛二家门户之见也。吾之所究明者，真理也。真理是至易至简的，亦是无穷无尽的，是无穷无尽的，亦是至易至简的。易简者，言其无差别相，是万法本体故。无穷无尽者，言其为用万殊故。哲学要在于万殊证会本体，所以为众理之总会，群学之归宿也。此体，非戏论安足处所，只要各哲学家都得涤除情见净尽，他们到这里本体。自有相同的证会。佛经所谓诸佛同证，我们在理论上是应该承认的。事实上哲人虽得尽除情见。有人否认同证之说，以为各哲学家总不免有或蔽或通，或见似或见真，或见浅或见深，或见偏或见全，决不会有同证的。因此，哲学上只好听其各说各的道理，而无可观其会通。这种理论，是吾所尝闻的。哲学界如此的现象，也是无可讳言的。其实，哲学界如此的现象，就因为各哲学家每为情见所封，故于真理不得同证。如一群患目盲的人，无由共睹天日，大凡真能涤除情见者，必须上智始能之。古今上智极少，而中材为多。中材于此理谓本体。为蔽为通，及其见似见真，见浅见深，见偏见全之别，则一视其有无涤除情见工夫，及其用功纯一与否以为断。纯一者，不问曰一，不杂曰纯。可是一层，人生梏于形气，形气，谓身体及环境。缚于习染，欲其涤除情见，此极难能，矧欲涤除尽净，谈何容易哉？情见，即缘形气与习染而始有。所以在哲学家中欲觅几个堪认为彼此完全同一证得真理，而无一毫互不相应处的，恐终不可得。这个情形并不是真理太诡怪，或故意隐伏令人不可同证，而只是人各为其情见所蔽，才不获同证。然而此理，毕竟是人人本来同具的。其在人，便名为性智，参看上卷《明宗章》。他性智。总会发露的，即此发露，假名智光。哲学家如果能保任这种智光，以对治情见，自然会与真理相应，易言之，即此智光会自照也。智光之体，即是真理。非离智光别有物名真理。假若哲学家都能恒时保任这种智光，恒字注意。则彼此同证决无问题。惟其不恒保任，所以不获同证。然虽不恒保任，却不能道他们绝无智光发露时。因此，他们于真理，容有所见，容字注意。只其介然之明不胜情见之蔽，终自组成一套戏论，而其一点明处反晦而不彰。此所以陷于蔽而不通，或见似而不真，或见浅而不深，或见偏而不全，总缘其乍露之明，不胜其重锢之蔽，故成差谬。所以说，哲学家只是各说各的道理，纷纷无有定论。戏论既多，如何可得公是处耶？大凡人之情见虽甚复杂，而衡量见趣，亦可粗别为几种。见趣者：趣谓趣向。凡人所持之见，或如彼，或如此，即是有所向也。如唯物唯心诸论，其见不同，即其趣向异故。即见即向，说名见趣。哲学上有多少派别，即是见趣有多少种类。试取一部哲学史或哲学概论而披阅之，便可略知其概，毋庸详述。凡治哲学的人，于其见趣较接近者，则党同而益张之，各人的情见，决不会全同，只有较接近的。于其见趣互异者，则攻伐不遗余力。于是而门户之见始成。下流的哲学家，就缚于门户见，竟忘却了哲学之本务是在求真理。竟忘二字，一气贯下。哲学所以没进步，此是一大原因。

　　据此说来，哲学上只是家自为说，各执情见，各逞戏论，无可观其会通，达于真理之域乎？这种看法也是错误。吾前已云，性智是人人本来同具的。虽情见锢蔽，要不无智光微露时。因此，我们应相信任何哲学家纵未免戏论，也不会全无是处。而且古今来，于真理确有所见的哲学家。何曾绝无？我们只不要封执门户见，更不要忽视东方哲学的修养方法，如中国儒家、道家，及印度佛家等。努力克治情见，常令胸间廓然无滞碍，此语吃紧。久之，神解超脱，自然洞达性真。性真者：此理生来本具曰性，无有虚妄曰真，即谓吾人与万物同具之本体。自家既有正见，而复参稽各哲学家之说，其有的然证真者，则吾因得同证，而益无疑无谬。其或蔽欤，则遮其蔽，而诱之以通。其所见失之似欤，则绳其似，而引之趣真。似之害，乃过于蔽。其所见失之浅欤，则就其浅，而导之入深。浅与似微异。似之失乱，浅之失肤，其障真则同。其所见失之偏欤，则融其偏，而扩之得全。偏之一字最害事，见地稍偏一点，便步步入歧途，至与真理完全相背。所谓差毫厘、谬千里是也。如此治学，方乃观其会通，庶几不迷谬于真理。会通者，必其脱然超悟之余，将推阐其旨，犹不肯守一家言或一己之见，而以旁通博采为务。固已自有权衡，于众家知所抉择，旁蹊曲径，令人通途，非漫然牵合，纷然杂集之谓也。纷然，乱貌。哲学家所患者，自家没有克治情见一段工夫，即根本没有正见，如是而言哲学，入主出奴，固是不可，即或涉猎百家，益成杂毒攻心，肤乱成说，横通持论，其误己误人尤甚。故哲学所贵在会通，要必为是学者，能自伏除情见，而得正见，然后可出入百家，观其会通。须知，会通一词，是异常严格的。会通的境地，是超出一切情见和戏论的。只有会通，才可发明真理。若稍存门户见，便陷于某一家派的情见之中，而每为真理之障了。

　　时人识得学问的意义者已甚少，其于《新论》妄以糅杂儒佛相攻诋，固无足怪。实则《新论》不唯含摄儒家《大易》，其于西洋哲学，亦有借鉴。西洋谈形而上学者，要皆凭量智或知识去揣画。明儒以向外求理，为朱子后学根本迷谬处。其实，朱派不尽如此。独西洋谈本体者，确犯此病。《新论》划分本体论的领域，明此理是无对的，非外在的，不可以量智推求而得，量智仅行于物理世界，不能证得本体。此正救西洋哲学之失。印度佛家除有宗唯识论师外，余皆扫荡法相，似无宇宙论可言，后详。颇嫌其不为科学知识留地位。如果根本不谈宇宙论，即无由施设物理世界或外在世界，科学便无立足处。《新论》则明大用流行，如所谓翕辟之妙，生灭之幾，依此施设宇宙万象，但不可执为定实。即仍有宇宙论可说。其于所谓宇宙之解释虽与西洋哲学异旨，而非不谈宇宙论。则有精神相通处。《新论》于西洋学术上根底意思颇有借鉴，要自不敢轻于持论。若乃儒佛二家号为互异，但究其玄极无碍观同。本体是空寂真常的，佛家证见如是，儒家亦自见得。参看前文。但佛家于空寂的意义特别着重，儒家于此只是引而不发。如曰"寂然不动"，曰"无声无臭，至矣"。只是一语，轻描淡写过去。佛家则千言万语，反覆申明，总是令人观空趣寂。本体是生生化化流行不息的。儒家《大易》特别在此处发挥。佛家于体上只说无为，绝口不道生化。有问，儒家既言生化，如何又道"寂然不动"？答曰：无形故寂然。无有散乱昏扰等相，故云不动。此正显其空寂。空寂，故至神至妙，故生化不测。谁谓空寂是死体耶？此何疑？两家在本体论上底说法，明明有不同处，究以谁为是耶？吾以为二家所说皆本其所实证，都无不是。此在前文已经说过。但是二家各有偏重处，就生出极大的差异来。儒家本无有所谓出世的观念，故其谈本体特别着重在生化的方面，虽复谈到空寂，却不愿在此处多发挥，或者是预防耽空滞寂的流弊，亦未可知。佛家起自印度，印人多半是有出世思想的。覆按前文。佛家经论处处表现其不甘沦溺生死海的精神。他们佛家本有出世的希求，所以勤修万行，断尽诸惑，要不外观空趣寂，大乘诚重悲愿，然为众生不悟空寂始起悲愿，否则亦无悲愿可言。故其谈本体，特别着重空寂，而不涉及生化，抑或欲逆遏生化，故不言之耳。吾尝云，佛家原期断尽一切情见，然彼于无意中始终有一情见存在，即出世的观念是也。我这个说法，每为治佛学者所反对。若辈可以在大乘经籍中，举出义证，证明佛家并没有所谓出世的意思。其实，大乘是从小宗中演变出来的。他们大乘的说法，都是对治小宗的思想。对治者，如医用药，对症而治之也。小宗只求自了生死，大乘则誓愿不舍众生。覆按前文。小宗贪著涅槃希求速证，益于世间生厌舍想，大乘故示不舍世间，用破小执，如《华严》《维摩》诸经，皆有深意。我们却不可寻章摘句来讲，失掉大乘期愿度脱一切众生的本意，不可二字，一气贯下。须会通佛家各派的重要经论，即综贯其整个的意思来说，佛家毕竟是出世的思想。但是大乘对治小宗的意思，确是一个大转变。由此，也可渐渐放弃出世思想，与此土儒家接近。所以，佛家谈本体，不涉及生化。这个态度并非偶然，当与其出世思想有关。窃意此亦是佛家之一偏。

然而儒佛二家所说的，皆本其所实证，而不为戏论，只是各说向一方面去。会而通之，便识全体。佛家说空寂，本不谓空是空无，寂是枯寂，故知此体空寂，元是生生化化不息真幾。不空不寂，只是滞碍物，何有生化？儒家言生化亦非不窥到空寂，只不肯深说。故二家所见，元本一理，法尔贯通，非以意为糅杂也。尝谓儒佛二家，通之则两全，离之则各病。儒家立说虽精审，然若不通之以佛，则其末流恐即在动转或流行中认取。如后来程朱学派有向外求理之嫌，阳明学派有就发用上说良知而陷于猖狂妄行者。乃至西洋哲学中谈变或谈生命者，多认取盲目的冲动为生化之本然，未识空寂妙体，终无立本之道。在佛法未入中土以前，老子治《易》而崇无，盖已有见于此。佛家立说虽甚深微妙，然若不通之以儒，则唯荡然出世，耽空滞寂，走入非人生的路向，似不应理。此约佛家本义而谈。若近世学佛者，自是习于虚伪，尚说不到出世。故证空而观生，则生而不有之妙油然自得也；归寂而知化，则化而不留之神畅乎无极也。斯义也深远哉，吾谁与言之耶？或曰："若是。则与昔者三家合一之论，奚若？"三家谓儒、释、道。曰：似不可乱真，吾前已言之矣。言三家合一者自己无有根据无有统类，比附杂糅而谈合一，是混乱也。会通之旨则异是。体真极而辨众义，辨众义而会真极，根据强而统类明，是故谓之会通。混乱者，寻摘文句而求其似，此不知学者所为耳。会通则必自有正见，乃可以综众家而辨其各是处，即由其各是处以会其通。夫穷理之事，析异难矣，而会通尤难。析异，在周以察物，小知可能也。会通，必其神智不滞于物，非小知可能也。私门户而薄会通，大道所由塞也，学术所由废也。时俗固可与言学乎？或曰：

"公之学，已异于佛家矣。其犹可以佛家名之否？"答曰：吾始治佛家唯识论，尝有撰述矣。后来忽不以旧师持义为然也，自毁前稿。久之，始造《新论》。吾惟以真理为归，本不拘家派，但《新论》实从佛家演变出来，如谓吾为新的佛家，亦无所不可耳。然吾毕竟游乎佛与儒之间，亦佛亦儒，非佛非儒，吾亦只是吾而已矣。

综前所说，吾与印度佛家，尤其大乘空宗，颇有异同，已可概见。至若有宗具云大乘有宗。持论，本欲矫空宗流弊，而乃失去空宗精要意思。此亦可谓不善变已。今当略论之如后。

有宗之学原本空宗，而后乃更张有教，以与之反。言更张有教者，盖小乘多持有教，见下注。大乘有宗虽亦谈有，而与小乘异旨，故云更张。考有宗所依据之《解深密》等经中，判释迦说教有三时，参考《解深密经·无自性相品》。但此下述经，颇省易其辞，而义则无变。谓初时为小乘说有教。小乘教中大概明人空，易言之，即谓没有如俗所执为实在的人或实在的我，只是依五蕴即色心诸法，而妄计为人或我已耳。然犹未能显法空道理，如于五蕴诸法，即犹执为实有的，而不知法相本自空无，故此未证法空但名有教。第二时为发趣大乘者说空教。谓大乘空宗所依据之《般若经》，说一切法都无自性，即法相本空，故名空教。然是有上、有容。未为了义，谓更有胜教在其上故，故云有上。此当容纳他胜教故，故云有容。他胜教者，谓下第三。第三时为发趣一切乘者即大乘有宗说非有非空中道教。妄识所执实我实法本皆空无，应说非有；然诸法相如心法、色法，皆有相状显现，众缘生故，不可说无。又此诸法相皆有真如实性，更不可说是空。由此应说妄识所执是诚非有，但法性法相毕竟非空。此与《般若》一往谈空者不同，故名非有非空中道教。详此所云三时教，本有宗假托佛说，随机感不同，教亦差别，"本有"至此为句。以示自宗有所依据，便于拑反对者之口尔。判教之说，吾素不取。释迦殁后，佛家分成许多宗派。此是学术思想自然演变之不能免者，而必一一归之释迦，谓其于某时说某教，又为之抑扬于其间，其假托之情，自不可掩。然当时结集经文者，原为对付异派计，后人乃信为诚然，便大误。但于此极可注意者，则有宗判定空宗为不了义教，固已明明白白反对空宗的说法。这是不容忽视的。不过，有宗以其所谓非有非空的说法，来对治空宗末流之弊，用意未尝不是，而他们有宗自己所推演的一套理论却又堕于情见窠臼，如何可折伏空宗。我们现在欲评判有宗的得失，姑从两方面来看他。一从本体论的观点来看，二从宇宙论的观点来看。把他们的得失刊定，才好显示本论的意思。但在叙说有宗的义旨时，为求读者容易了解起见，只得力避太专门的名相，而于义旨则决无漏失。这个是可以负责申明的。旧著《佛家名相通释》部乙叙述有宗义极详明，可与本论参看。

先从本体论方面的观点来审核有宗的说法。他们有宗确有和空宗不同处。这个不同处，我们可就《宝性论》中找出证据。《宝性论》，系原魏天竺三藏勒那摩提译。该论《本为何义说品》第七，"问曰：余修多罗中，按修多罗谓经籍。皆说一切空。按指空宗所宗经而言。此中何故说，有真如佛性。按《宝性论》即属有宗。佛性亦是真如之别名。偈言：处处经中说，内外一切空。按内空、外空等，可覆看前文。有为法如云，及如梦幻等。按以上谓空宗。此中何故说，一切诸众生，皆有真如性，而不说空寂。按以上谓有宗。答曰：偈言，以有怯弱心，按此第一种过。因空宗说一切空，众生闻之便起怖畏。既一切空，无所归趣，故有怯弱心也。轻慢诸众生，按此第二种过。如一切空之言，即众生都无真如佛性，本自下劣，故是轻慢众生。执著虚妄法，按此第三种过。既不信有真如，则唯执著一切法皆是虚妄而已。又可云若谈一切空，而无真实可以示人，故外道等皆执著虚妄法，无可导之入正理也。谤真如实性，按此第四种过。凡执著虚妄法者皆不知有真如性，故妄肆谤毁。计身有神我。按此第五种过。如外道等由不见真如故，故妄计身中有神我也。为令如是等，远离五种过，故说有佛性。"

据《宝性论》所言，足见从前空宗所传授的一切经典处处说空寂，及至有宗堀起，其所宗主的经典便都说真如实相，实相，犹云诸法实体，与真如连用，为复词。不似以前盛宣空寂的意味了。《宝性论》

特别提出这个异点来说，很值得注意，简直把有宗一切经论中谈本体的着重点和空宗谈本体的着重点之互相不同处宣布出来。

《大般若》说七空，详第二分，即二十空之省略。乃至二十空，详《大般若》初分。于一切法皆以空观，除遣其相。后来有宗广解真如，参考《大论》七十七。如其所宗之《解深密》及《瑜伽》《中边》等论皆说有七真如，乃至十真实。真实，亦真如之别名。言七真如者，非真如体可差别为七种，非字，一气贯下。但随义诠别故，说之为七。如第一云流转真如。谓真如是流转法之实性故，非即流转名真如。流转法者，谓色心法是刹那生灭。相续流故，故云流转。乃至第七云正行真如，正行谓圣者修道，发起正行。此中经文有道谛一词，今不引用，恐解说太繁。谓真如是正行所依实性，或正智所行境，即智所依实性故，亦非即正行名真如。十真实者，随义诠别，复说以十，用意同前，毋须繁述。总之空宗一往遣相，即真如实相亦在所遣。有宗自谓矫空之偏，故说一切法相皆有真如为其所依实性，摄相从性，一切真实。空有二宗，其异显然。

或有难言："《大般若经》便已处处说真如，何曾是到有宗才拈出真如来说。"答曰：善学者穷究各家之学，须各通其大旨，注意各字。不可寻章摘句而失其整个的意思。不可二字，一气贯下。《大般若》非不说真如，要其用意所在，完全注重破相。若执真如为实物有者，实物有谓人情于经验界的物事执为很实在的，以此成为心习，将闻说有真如，亦当做实物来想。如或计为外界独在的，或计为很实在的东西，可以想像得到的。亦是取相，便成极大迷妄。故《般若经》的大旨只是空一切相，而欲人于言外，透悟真如。言外二字，注意。所谓离相寂然，才是真实理地。空宗的着重点，着重二字，吃紧。下言着重者，仿此。毕竟在显空寂。这个着重点就是空宗整个的意思所由出发，及其所汇集处。我们于此领取，方不陷于寻章摘句之失。否则，将谓《般若》已说真如，有宗亦何所异。殊不知，空宗有其着重点，确是他独具的面目。

再说有宗。他们虽盛显真实，亦何尝不道空寂。如《解深密经》

新唯识论

及《瑜伽》卷七十七。皆说有十七空,《显扬论》卷十五。说十六空,《中边》亦尔。《中边述记》卷一可参考。此外,真谛译有十八空论。以上诸空义,皆见于有宗经论中,实则有宗都根据空宗《般若》的二十空义而采撮之。学者但识其大意可也,至其一一名相,兹不及详。可见有宗亦谈空寂,但其着重点毕竟在显真实,遂乃别具一种面目。学者将有宗重要的经论,任取一部来玩索。便见得有宗立说之旨与空宗正是两般。我们要知,本体是真常的,故名真如;绝对的真实,故名真。常如其性,故名如。是无相的,是离染的,亦说为空寂。不见空寂而谈真如,恐堕取相,而非证真。重显空寂,重者,偏重。又惧末流将有耽空滞寂之患。空宗首出,故以破相而显空寂。有宗继起,乃不毁法相而说真实。真实,即谓真如,他处仿此。其着重点,各有不同,亦自各有其故。故者,所以义。

综前所说,空有二宗谈体各有着重点,此其不同处固也。然复须知,佛家自小乘以来,于体上只说是无为,决不许说是无为而无不为。所以,他们佛家是离用谈体。这个意思前面已经说过。他们有一共同点,即是不许说本体显现为大用。如本论所谓翕辟和生灭的流行不息,即大用之谓。易言之,即不许说真如显现为宇宙万象。须知,所谓宇宙只是大用上之增语,非离大用别有物界,可名宇宙故。非字,一气贯下。增语者,语即名言。夫名言所以定形,如白之名言即以规定白之形相,与青等异也。而形本无实,故名言者只由立意造形。如所谓白者,求其实质本不可得,纵说为光子或电子,毕竟亦无实,故知白者只是意中起想,造作形相。想者,取像义,然非全无所依。要依大用流行,方乃起想,施设名言,但无有与此名言相应之实物,只是于大用流行中,亦即于本来无物之地,无端增益许多名言叫做宇宙万象,故云增语。要之,由本体显现为大用,始可施设宇宙万象。易言之,由真如体全成用故,即依用相差别用则诈现众相故。而有种种增语。如说宇宙万象。如果不许说真如显现为用,即无有宇宙论可讲。印度佛家,从小乘各部至大乘空有二宗,于体上都只说是无为,不肯说是无为而无不为。易言之,都不曾说此本体是生生化化的物事，即不能说此本体是显现为大用的。生化流行便是体的显现，便名大用。若于体上只说无为，不许说无不为，只说恒常不变，不许说生化流行，此体便无有显现，只是顽空的，便无大用可说。所以，他们印度佛家在本体论上的见地，最好是对宇宙论纯取遮拨的态度。从小乘以来，都是根据释迦说五蕴等法，此即用一种剖解术或破碎术，把物的现象和心的现象，一切拆散了，便无所谓宇宙。如剥蕉叶，一片一片剥完，自无芭蕉可得。但是，小乘虽用剖解术，犹未谈到毕竟空、无所有。及至大乘空宗，便说得澈底了。他们所以遮拨宇宙万象，虽是用意在破除相缚以显真如，相缚二字，宜深玩。相即是缚。故名相缚。如执着宇宙万象为实在的，此即相缚。由此便不能于万象而透悟其本体即真如。然亦由其不许说本体是生生化化的物事，而只许说是无为的、无起作的。所以，只好把宇宙万象极力遮拨。不过，他们一往破相，在理论上都无过患。

　　大乘有宗矫异空宗，颇谈宇宙论。但是，他们有宗将宇宙之体原与真如本体真如本体，系复词，他处仿此。却打成两片。此其根本迷谬处，容后详谈。有宗所以陷于这种迷谬不能自拔者，就因为有宗谈本体虽盛宣真实，以矫空宗末流之失，然亦以为本体不可说是生生化化的物事，只可说是无为的、无起作的。因此，他们有宗所谓宇宙，便另有根原。如所谓种子。

　　有人说，《涅槃经》以常、乐、我、净，四德显体。无变易故名常，断一切苦故名乐，是内在的主宰故名我，离一切染故名净。《涅槃经》以此四德来显体，很分明的是与空宗偏彰空寂的意义不同了。余以为，《涅槃》自是有宗的经典。但是，四德只明真如是不变的，是自在的，是离垢染的，常即不变义，我即自在义。乐与净，即离垢染义。亦不曾说真如本体是生生化化的。这里很值得注意。

　　综前所说，有宗在本体论上始终恪守小乘以来一贯相承之根本义，即本体不可说是生生化化的是也。有宗虽自标异空宗，而这种根本的理念仍与空宗不异。所以本论和有宗在本体论上的见地，也是不能相同的。本体是绝对的真实，有宗云然，本论亦云然。但在本论，所谓真实者并不是凝然坚住的物事，而是个恒在生生化化的物事。唯其至真至实，所以生生化化自不容已。亦唯生生化化不容已，才是至真至实。生化之妙难以形容，强为取譬，正似电光的一闪一闪，刹那不住，可以说生化是常有而常空的。然而电光的一闪一闪，新新而起，唯其刹那不住，故是刹那刹那、新新而起。又应说他是常空而常有的。常有常空，毕竟非有。常空常有，毕竟非无。非有非无，是犹此土老聃所谓"惚兮恍兮其中有象，恍兮惚兮其中有物，窈兮冥兮其中有精，其精甚真其中有信"者耶。"是犹此土"至此为句。惚恍，形容本体无相也。有象、有物，形容其生生化化而非空也，非谓有实物或实象也。窈冥，深远之叹，言本体无相深远不可得而见也。精者，言乎生化的力用，至神而不竭，至妙而无疵也。曰真、曰信，真极之理于生化而验之也。信，验也。我们不能舍生化而言体。若无生化，即无有起作，无有显现，便是顽空。何以验知此体真极而非无哉？

或曰："生化是用，不当于体上说，体无生化故。"答曰：信如斯言，体用截然分离，此正是印度佛家差谬处。汝犹不悟，何耶？体者，对用得名。要是用之体，非体用可互相离异故。若所谓用者非即是体之自身底显现，则体本不为用之体，只是离异于用而别为一空洞之境。如此，则体义不成。本来空洞，不起用故，依何名体？佛家常以真如本体，喻如虚空。如《佛地经论》云："清净法界者，按即真如本体之别名。譬如虚空，虽遍诸色种种相中，而不可说有种种相，体唯一味"云云。详佛家自小乘以来谈本体，都只说是无为、无起作，即无有生化的物事。这样的本体，自同虚空一般。虚空是无起作的，是无生化的，而所谓宇宙万象或诸色种种相，虽依虚空故有，毕竟不即是虚空自身底显现，以虚空无生化故。真如本体亦如虚空，所以真如只是遍诸色种种相中，遍字注意，谓其随处皆遍，无有空缺，似是宇宙万象所依托的一个世界。不能说真如现作诸色种种相也。这样一来，形上的本体界与形下的现行界，似成对立，不可融而为一。现行界犹云现象界，即所谓宇宙万象或诸色种种相。

形上形下两词，本之《易·系传》。理之极至，说名上。形者，昭著义。真极之理，昭著不无，故云形上。形下者，万有纷纶，迹象昭著，故亦言形。又即克就迹象目之为下。然迹象非别于真极而为实有，只是真极之流行而已。故在《大易》，形上形下，约义分言，本非二界。而世之言哲学者，每与《易》义相违。

第六章 功能下

谈至此,更要从宇宙论方面的观点来详核有宗的说法。吾前屡云,空宗破相,意在显体。但他们空宗因为一往破相,即于法相只有遮拨,而无施设,所以说他们是不谈宇宙论的。有宗恰恰和空宗相反。他们有宗开山的大师就是无著、世亲兄弟。无著的学问大抵参糅小乘谈有一派,小乘原分二十部,虽互有异同,但从大端上看来,此二十部总不外空有二派。空派,渐演而为大乘空宗。有派,则自无著世亲始成大乘有宗。并资藉大乘空宗,而后张其大有之论。虽复谈有,而超过小乘故,谓之大有。其初期立说,实以三性义为纲要。三性之谈,本始于空宗。三性者:一、遍计所执性。遍计谓意识。意识周遍计度,故云遍计。所执者谓遍计之所执,如依五蕴而计为我,实则于一一蕴上本无我相,但由意识妄计执着为有,故说此我相是遍计之所执。又如依坚白等相而计为整个的瓶子,实则坚等相上都无瓶子,亦由意识妄计执着为有,故说此瓶子相是遍计之所执。举此二例,可概其余。二、依他起性。他,谓众缘。如世间计执心或识是实有的,不悟心法只依众缘而起。云何众缘?一者因缘,谓此心法不是无因而凭空得起的,故说有因缘。二者所缘缘,若无所缘的境界,心亦不起,故说有所缘缘。三者次第缘,如前念识能引生后念识,故说次第缘。四者增上缘,如官能等为识所凭藉以起者,故说增上缘。增上者,扶助义。据此,则所谓心法本无自体,只依众多的缘而起,故名为依他起性。此中据空宗义,其所谓因缘尚无后来有宗所谓种子义，故此云因缘但从宽泛的说法。又复应知，心法既说为依他起性，而色法即物质现象，亦是依他起性，自不待言。当知，色法上可假说有因缘及许多相关联的增上缘，参看吾著《佛家名相通释》。三、圆成实性。此谓真如。圆者圆满，谓真如体遍一切处，无亏欠故，说为圆满。成者成就，谓真如体本自恒常，非是生灭法故。宇宙万象都是有生有灭的东西，即名生灭法。今此真如则非是生灭法，故名成就。实者真实，亦云真理，谓此真如是一切法真实性故，犹云宇宙的实体，故名万法真理。如上已说三性名义。

按《大般若经》言，慈氏佛呼弥勒也。应如是知，诸遍计所执，决定非有。按可细看前文。诸依他起性，唯有名想施设言说。按想者，取像义。如谓青唯是青而非白等，或甲唯是甲而非乙等。名者，诠召义。如色之一名即以呼召色法，而诠释其为质碍物也。吾人于一切事物，本由想立名，复因名起想。由名想故，种种言说纷然而起，凡情缘名想言说而主执着，即计为有实现行界或宇宙万象。实则一切法，不论心法或色法，都是依他众缘而起的。故一切法都无自体，本来空无。申言之，一切事物都是互相缘而有，都不是独立的实在的东西，即众缘亦是假设，根本无有实在的东西叫做缘，如《中论》等广说其义。故说一切依他起法，本来空无，唯有随情所起之名想，及依名想施设种种言说而已。据实而谈，名想言说都无有与之相应的实物，纯属虚构。奇哉奇哉！空宗对于依他起性的说法，元是如此，极须认清。诸圆成实，按诸字谓一切法。诸圆成实，犹云一切法的圆成实性。空无我性，是真实有。按空者，空一切执着相也。无我者，此我字即是执着义。凡由遍计的意识，所计执为实有的东西而绝不与真理相应者，通名法执，亦名为我，亦名法我。诸哲学家不能证见圆成实性者，皆以倒妄计度，成法我相。而圆成实性本来寂净，离诸戏论，毕竟无有如彼遍计所执法我相故，故说无我性。遍计所执法我相，如实是无，但法我相空已，而圆成实性毕竟不空，故说是真实有。推迹空宗始说三性的意思，他们空宗以初性遍计所执只于妄情上有，而实际上本无。这种见地自是诚谛，为甚又说依他起性呢？

新唯识论

须知，凡妄情之所执，妄情即谓遍计。亦必有其所依而后起此所执。譬如执有现前的桌子，这个桌子只是妄情之所执，根本完全没有如所执的这种桌子。事实诚然如此。但是，人情总不得无执，将转计云，桌子纵然是所执，而此所执岂无所依，凭空得起？如说眼识但得黑色，乃至身识但得硬度，都不可得桌子。所以这个桌子是现量证明没有的，此云现量，若顺俗释，即是依据感官经验的知识。在因明，则谓之五识现量。不容诤执。然而，黑色乃至硬度，通摄色蕴，此皆现证的物事。现证，俱云现量所证得。即此又可见一切法相确然不是无有的。故所执相宜遮，而一切法相究不可遮。否则桌子的所执相全无所依，如何得起？又如依色等蕴而执为实人或实我相，固是妄情所执。实人，犹云实在的人。实我，仿此。但色蕴法不可说无，前已略示。受蕴乃至识蕴诸心法是内自觉知的，亦不可说无。由斯，色蕴等等法相一一皆是实有。故所执相如人我相，得依之以起。凡情计执，大底如此。总之，人情迷执，根深蒂固。虽说初性遍计所执。以对破其所执，却只破得肤表的一层，而一切法相之执乃是根株所在。此根不拔，即无由见真理。真理，谓真如。由是事故，故于一切法相，若色、若心，并说为依他起的，足见色和心都不是实有的。解析心法，但依众缘诈现，云何有实心？解析色法，亦依众缘诈现，云何有实色？又复当知，本依色心，假说众缘。色心自性空故，众缘亦都无自性，是故一切法相本来皆空，唯有名想都无实义。佛书中言无实义者，犹云无实物。故承初性而谈次性，依他起性。极有深意。初性但遣所执，次性尽遣所执之所依一切法相，然后一真之体揭然昭显，故终之以第三性。圆成实。夫于法相而计为法相，则不能睹其本真。本真，谓一切法相之实体。即圆成实性是也。情存于有相，故不得无相之实也。本体是真实有，但无相状。次性遣相，而后可显圆成，此《般若》了义也。空宗说三性，实则初及二并在所遣，遣者除遣，他处准知。唯存第三。此中意云初二性并遣，即离一切相，乃于一切法而皆目为圆成实。古德有云，信手所扪，莫非真如，妙符斯旨。

或有问言："空宗一往破相，即真如涅槃，亦说如幻如化，此则三性俱遣，宁有第三性可存耶？"真如涅槃，复词也，即是圆成实。《般若经》说：涅槃如幻如化。"是第三圆成实性，亦在所遣。答曰：《经》意恐人于圆成实性而起执故，故说如幻如化，以破其执耳，岂真谓圆成实可拨为无哉？但其偏于破相，语势嫌过，易滋流弊，是可议耳。总之，空宗谈三性，不但遣初性，所执。即依他起以下，或省云依他。亦必俱遣。此处所关，极端重要。因为依他不遣，即是执法相或现界为有，现界，俱云现行界，犹云现象界，即是宇宙万象。以此与圆成实性或本体界成为对立，即依圆二性不得融而为一。依圆二词，均系省称。如此便成戏论。我们细玩《大般若经》及《中观》等论，很分明的是遮拨一切法相，密示圆成。圆成，系省称。密，谓密意。法相不空，即无由见圆成，故遮拨法相，方令透悟真体。此空宗秘密意趣也。故空宗三性，依他与所执俱遣，所执，初性之省称。由遣依他故，即于法相不见为法相，所谓万象森罗元是一真法界，其妙如此。一真法界，即圆成之别名。故遣依他者，乃即依他而悟其本是圆成，故无依圆二性对立之过，此空宗所为不可及也。

有宗自无著始盛张三性义，以自鸣为非有非空中道之教，矫异空宗。盖有宗以为，三性中初性纯是所执，是诚非有。依他不应说无，圆成则是真实有。故通依圆，总说非空。彼有宗自谓空有双彰，所执非有，是彰空义。依、圆非空，是彰有义。故云空有双彰。所以与一往谈空者异撰。其用意未尝不是，然而有宗谈三性虽原本空宗，而其归卒与空宗绝异者，则因有宗关于依他性的说法根本与空宗违反。由此，二宗遂划鸿沟。空宗说依他，元是遮拨法相。有宗说依他，却要成立法相。在上章前面曾云，两宗对于法相的说法不同，至此便可对照。遮拨法相，却是不谈宇宙论。成立法相，便有宇宙论可讲。两宗的分歧只从依他性出发。

有宗因为要谈宇宙论，根本就要改变空宗依他性的说法。这个改变的步骤，也是逐渐完成的。当初似犹未甚失空宗之旨，如有宗所宗的《解深密经》有云："如眩翳人，眩翳众相或发毛轮等相，差别现前。依他起性，当知亦尔。释曰：'谓眩翳人似毛轮相，非实似实故,喻依他起非有似有。'"见《一切法相品》,参看唐圆测疏。详此中非有似有的意思,即只说为幻有,并非完全遮拨。虽已稍异空宗,但其乖违犹不显著。迨后,无著创发唯识之论,即于依他起性而改变空宗遮诠的意义,因建立种子,使缘起说一变而为构造论。缘起一词,与依他起一词,含义全同。依他之他,即目众缘。诸法依采众缘而起,曰缘起,亦曰缘生。他处用此词者。准知。这样一来,有宗便陷入情见窠臼,却把空宗的精意完全失掉了。今略为勘定如下:

一、有宗首变遮诠义者。空宗谈缘起,本是遮诠,此在上卷第三章后段业已说得很详明,读者可以覆按。我相信,凡有神解的人读过《般若经》及《中观》等论,当然明了空宗谈缘起的意思只是一种遮诠。云何遮诠?谓由执实法相,不了真理故,真理,谓圆成实。故依剖解术破除法相,即明示一切法相都无自体。无自体故,即是空。唯由法相皆空故,方可于此透悟圆成实性。此空宗善巧处也。空宗的缘起说,决不是表诠的意义。易言之,即不是要说明一切法由众缘会聚而构成的。如果以为一切法是由众缘会聚而始构成,则是执定有一切法而为之下解释,即明其所由成就。这样只凭意想来安立宇宙,妄加猜度,便不能透悟法相本空,即是不能于法相而洞澈其源底。源底,为本体之形容词,亦即圆成实性之代词。所以,哲学家谈本体者为得为失,就要看他在宇宙论方面是否善用遮诠。此中有无限意思很难说出。我对于空宗的偏尚遮诠,本不敢完全赞同。然而,由其说当下便除遣法相而证实相,实相,谓本体,亦即圆成实性。这里确是不二法门。虽复有其短处,谓于宇宙万象,有偏于遮拨之嫌。而长处究不可掩。我希望治哲学者,都肯一受空宗的洗礼。

缘起说本导源释迦,小乘经典中益盛张之。夫言缘起者必须安立几种缘,所谓因缘、次第缘、所缘缘、增上缘是也。青目师云:"一切所有缘,皆摄在四缘,以是四缘,万物得生。"见《中论释》。据小乘毗昙说,心法待四缘,方乃得起。四缘,可覆看前谈依他性一段文。色法亦待二缘,谓因缘及增上缘。如一颗树的生起和长盛,

卷　中

有他本身能生的力用，可假说为因缘。人工的培植和水土、空气、日光、岁时等等关系，均是增上缘。大概小乘师谈缘起者，颇有以为诸法心法和色法。待众缘会聚始起。颇有二字，显小乘中不皆持计此者。如此言缘起，便是表诠的意义，显然承认诸法是有，而以缘起义来说明诸法所由成就。这与后来大乘空宗遮诠的意义，便天渊相隔了。我且把表诠、遮诠二种意义，对比如下：

表诠承认诸法是有，而以缘起义来说明诸法所由成就。

遮诠欲令人悟诸法本来皆空，故以缘起说破除诸法，即显诸法都无自性。亦云无实自体。

如上所说，遮表二种意义，判若天渊。小乘有部谈缘起，既是表诠的意义，有部者，此派计执诸法实有，故云有部。所以，大乘空宗欲遮其执，便非根本把所谓缘一一破斥不可。如果把缘破了，则彼妄计有从缘而生之诸法，乃不待破而自空。这个真是霹雳手段。龙树菩萨在其所造的《中论》里面，即将四缘一一破尽。参考《观因缘品》。今不暇具述，略撮其旨，叙以二义如次。

一曰：缘者，由义。若法由彼生故，此生即说彼法与此法作缘。此法望彼法为果。若尔，是果固待缘成，即缘亦待果得成。如无有果，则缘义不成，以缘名待果而立故。

既缘待果成，今应问汝：缘中先有果耶，先无果耶？若缘中先有果，便不应说果从缘生，果已先有故。若缘中先无果，便不应说缘能生果，缘中本无果故，无则不能生有故。如汝计，虽缘中先无果，而有生果之能，故果后时得生者，此不应理。缘中既有生果之能，应一切时恒生其果，而世共见无有此事。如谷子有生芽果之能，在仓库时奚不生芽果耶？

综前所说，缘中先有果、先无果，二俱不成，故知无有从缘所生果。既无从缘所生果，则缘义不成。何以故？果无即缘亦无故。

二曰：众缘与所生果都无自性。何故都无自性？由缘待果而成故，即缘无自性。又果亦待缘而成故，即果无自性。由众缘与所生果都无自性故，故知缘起唯是假说，都无实事。

空宗遮拨因果，所谓众缘之缘，即相当于常途所谓因，故缘亦得名因也。问四缘中初列因缘，何耶？答：因义有宽狭。从宽泛言之，一切缘皆名为因。从狭义言之，唯于生果系最亲切的有力者，方名因。故四缘虽并得名因，而初之因缘则取义特狭，学者宜知。至为卓绝。古代学者都计执实有因果，并以为因是决定能创生果的。空宗独正其谬。在古代有此稀奇的创见真令人有不知所以赞叹之想。又复应知，如我所说，即在本论所说。一切法都是才生即灭、没有刹那留住的。覆玩上卷《转变章》。如此，则根本无有所谓一切物。从何而说有定实的因果耶？应知，因果法则只是随情计假立，纵许由生灭灭生不已故，有迹象诈现，情计依之作物解，乃施设因果。然既曰迹象，即了无一法当情，犹云绝没有一物相当于情见所计执的那模那样的存在着。易言之，即是本来无一物也。将以何物目之为因？复有何物可字曰果？故知因果唯随情计假立，都无实事。空宗以遮诠的意义谈缘起，自是诚谛。

大乘有宗还是根据小乘有部的意思来反空宗。他们大乘有宗谈缘起，首先把空宗遮诠的意义改变殆尽。他们比元来小有俱云小乘有部。更要变本加厉。这个变本加厉处就在因缘义的改造。缘这一番改造，有宗逐渐完成极有统系的唯识论。其理论虽宏博精严，但构画愈工，违真愈甚，毕竟如蚕作茧自缚，乃堕入遍计所执而终不自悟。我尝说，有宗全盘错误，只于其谈缘起或依他起性处便可见。他们有宗。谈依他性，所以铸成大错者，根本就在因缘义的改造。元来小乘谈缘起，其于因缘尚是宽泛的说法，大概犹就一切法互相关系间立论。如此法得生，由彼法与力故，故说彼法为此法作因缘。是所谓因缘，实际上与增上缘无甚差别。小乘说有六种因，实皆相当于增上缘。参考基师《唯识述记》等书。如此，虽未得空一切法相以透悟本真，然若但依俗谛作如是计，尚无有过。独至无著菩萨，大乘有宗开山人物。一方依据小有，一方矫异大空。其谈缘起，乃特别改造因缘义以组成一套宇宙论，实则陷于臆想妄构，未可与空宗并论也。尚考无著造《摄大乘论》，始建立功能，亦名为种子，种子亦省名种。复建立阿赖耶识,摄持一切种。种子为数无量,故云一切。依佛家说。人各一宇宙,故每人皆有八个识。其第八识曰阿赖耶。阿赖耶者,含藏义,谓含藏一切种故。于是,以种子为宇宙万有的因缘。因缘亦省称因。宇宙万有,即诸行或一切法之总名。西洋哲学家推求宇宙之本体,说为第一因,亦同此旨。《摄大乘论》有言,于阿赖耶识中,若愚第一缘起,按缘起者,谓种子为因缘,一切法得生起,故云缘起,即指目种子也。赖耶识中种子是一切法的本因,故名第一缘起。愚者,言其不了。此中意云,若不了悟赖耶识中种子,是万法本因者,便起如下各种迷谬分别。或有分别自性为因,按数论建立自性为心物诸行之因。或有分别夙作为因,按夙作犹云夙世所造作,亦云先业,如尼乾子等,计先业为诸行之因。或有分别自在变化为因,按婆罗门等计有大自在天,能变化故,故为诸行之因。或有分别实我为因,按僧怯等计有实在的神我为诸行因。或有分别无因、无缘,按自然外道及无因论师,并空见外道等,并计一切法无有因缘。复有分别我为作者、按胜论立神我,谓其有造作力用。我为受者。按数论立神我,谓其受用诸境,如色声等物,是神我之所受用故。譬如众多生盲士夫未曾见象,复有以象说而示之。彼诸生盲,有触象鼻、有触其牙、有触其耳、有触其足、有触其尾、有触脊梁。诸有问言,象为何相?或有说言象如犁柄,或说如杵,或说如箕,或说如臼,或说如帚,或有说言象如石山。若不解了此缘起性,无明生盲,亦复如是。按谓,若不解了种子为诸行之因者,即由无明成盲,不悟正理。将于宇宙的本体或因缘,纯任臆想乱猜,亦如盲人猜象也。无明亦云无知。据无著这一段话来看,他的因缘义确与小乘不同了。小乘因缘,尚是据一切法相互相关系间立论,到无著手里却将因缘义改造,而成为玄学上最根本的原因。他建立种子做因缘,可以说是一种多元论。他以为各派哲学谈到宇宙缘起一大问题,都是胡猜乱想,只有他的种子说是为诚谛。如上所引。由他的说法,向外界去觅因的,如自性及梵天神我等计。固是邪计,而主张无因无缘者,亦是戏论。他建立赖耶识来含藏种子,即由此赖耶中一切种为心物诸行生起之因。所以，宇宙不是无因，亦不是有外法为因。他以此完成其唯识的理论，抑可谓精密已。

问："赖耶识亦八个识中之一也。赖耶中含藏余七识各各种子，故余七识得生，余七识者，以第八识望前七个识，故置余言。各各二字注意。每一识皆自有种，不杂乱故。赖耶亦自有种否？"赖耶，系省称。答：赖耶从其自种故生，谁谓赖耶无种？问："赖耶是所生果，赖耶之自种是能生因，如何果得藏因？"答：因果同时故，若因先果后，则果不能藏因。今说因果同时，故果得藏因。又互为能所故，约生义言，赖耶是所生，其自种是能生。约藏义言，赖耶是能藏种子的，而赖耶自种及余一切种，都是以赖耶为所藏的，故云互为能所。故彼所计，彼者，谓无著及其后学。于理论上非不成立。

有宗本以一切众生各具八识，各有八个识也，虽此说小宗已有端绪，要至大有始成体系。而每一识都可析为相、见二分。如眼识，其所缘青等色即是相分，而了别此青等相之了别作用即是见分。合此相、见二分，通名眼识。眼识如是，余耳识所缘声是相分，了别此声相者是见分。乃至第八赖耶识。各各有相见二分，类准可知。乃至者，隐含鼻等识，文从略故。谓鼻识所缘香是相分，了香相者是见分。舌识所缘味是相分，了味相者是见分。身识诸所触境是相分，了触相者是见分。意识缘一切法时，必变似法之相，是名相分，了一切法者是见分。第七识缘赖耶见分为我时，必变似我之相，是名相分，计执有我相者是见分。如上已说前七识，各各相、见二分。至赖耶识相分，则析以三部分，一器界，即俗云自然界或物界是也。二根身，即清净色根，非世俗所谓肉体也。肉体本属器界，但能扶助根身，与根身和合似一故。三种子，赖耶自己种子及前七识种子，皆藏于赖耶自体内，而为赖耶之所缘。如上三部分，通是赖耶识之相分。问：根器自是相分，如何种子亦名相分？答：根器各从种子生，种子本不应与根器同类，但以其为赖耶见分之所缘故，故亦名相分耳。凡为所缘时，即是相故，旧师之意盖如此。至赖耶见分，有宗经典则说为极深细，而为吾人所不可知云。据彼有宗所谓一切识、或一切相见，通名现行，现者，现前显现义。行者，相状迁流义。亦可总称现行界。以今哲学上术语言之，即是现象界。彼既肯定有现界，现行界之省称。故进而推求现界的原因，于是建立一切种子为现界作根源。种子潜隐于赖耶识中，自为种界。现界虽从种子亲生，但现行生已，即离异种子而别有自体，如亲与子，截然两人。所以，种现二界，元非一体。无著言种子具六义，其一曰果俱有。果谓现行，由种子为因，现行方起，故现望种而名果。俱者，两物故言俱也，谓种子与其所生现行果法，一为能生、一为所生。彼此相待而有故，故云果俱有。参考《瑜伽》《摄大乘论》及《成唯识论》。种现对立，成为二界，此自无著创说，传授世亲。尔后众师纷出，于此都无异论。

┌现行界一切识或一切相见…………果所生
└种子界一切种子…………因能生

　　附识：依有宗义，前七识现行。是各各有自体的。而其各各种子则潜在赖耶识中，是种与现明明不为一体。至赖耶自种，虽与余识种同伏藏赖耶自体，然为赖耶见分之所缘，名为相分。则赖耶自种及余识种，只是与现行赖耶识，俱有相依，要非一体。现行赖耶识，系复词。所以说种现对立，成为二界。此义判定，则其妄构易见。

　　无著在《摄论》中，只说一切识各各有自种，各各二字注意。如眼识有自种，耳识乃至赖耶识，均可例知。但每一识，复析以相、见二分。此二分种为同为别，则自世亲以后之十师，遂成诤论。世亲是无著异母弟，初治小乘学，无著诱之入大，遂禀无著，弘唯识论。十师，皆世亲后学。护法折衷众义，说根器及五尘相，皆与见别种。根、器，皆赖耶相分，均是色法故，故各有自种，而不与赖耶见分共一种生。五尘，谓五识所缘色、声、香、味、触是也。此五尘相，亦各有自种，非与五识见分同种。若第六意识缘一切法时，其所变似法之相纯由

新唯识论

见分变现者，此相是与见分同一种生。故二分种，同别合论。本论兹不暇详。参考吾著《佛家名相通释》。吾国窥基，乃一遵护法，但由相见别种义言之，颇有二元论的意义。

因一切相分种…………………………………果一切相分
因一切见分种…………………………………果一切见分

如上所说，无着学派只为把因缘改造为玄学上底最根本的因缘，所以建立种子，说名因缘。但是，他们最大的谬误，就是划成种现二界。我们依据明解的觉证，明解，是心所法之一，即依性智而起者，下卷方详。不能承认有两种世界。如果说，万化本隐之显，种界隐现界显，道理是合该如此的。此复不然，隐显不可析以能所，别为二界。隐者，其化几之新新不息者耶。化几者，言乎乍起之动势也。动势，一刹那顷，才起即灭，无暂住时。刹那刹那皆然，故曰新新。灭灭不已，即是生生不息。化几之妙如此，斯理甚微。感官经验所不及，故曰隐也。显者，其化几不已之迹象耶。如燃香楮，猛急旋转，便见火轮，俗名旋火轮。此旋火轮，本非实有，只是刹那刹那、新新不绝之动势所诈现耳。故显者隐之迹，隐者显之本。谓隐是显的本相，而显非异隐别有自体。隐显可假说本迹，而不可析以能所，不可别为二界。斯义也，后有圣者起，当不疑于吾言也。无著诸师谈种现，明明划分能所二界，如何不是谬误。

本来，他们无著派的种子说，全由情计妄构。易言之，即依据日常实际生活方面的知识，来猜想万化之原，如此而构成一套宇宙论，自不免戏论了。他们所谓种子，也就是根据俗所习见的物种，如稻种、豆种等等，因之以推想宇宙本体，乃建立种子为万物的能作因。能作因一词，本自小乘。此借用之，不必符其本义。作，犹云造也，盖谓种子能造起万物，故说名能作因。这正是以情见猜测造化，如何应理？造化一词，解见上卷《转变章》。据他们的说法，种子是个别的，是一粒一粒的，且数量无穷。轻意菩萨《意业论》云："无

· 168 ·

量诸种子，其数如雨滴。"这无量数的种子，不止体类不同，种子的自体，有类别者，如无量的眼识种子是同类，若望耳识等等种子便是异类。又准相见别种家言，眼识无量见分种子是同类，若望眼识相分种子便是异类。眼识种如是，余各识种皆可例知。还有性类不同。种子性类别者，谓诸种子有是无漏性，有是有漏性。无漏者，清净义、纯善义。有漏者，染污义。如后另详。如眼识无量种子，其性同者为同类，性异者为异类。余各识种，皆可类知。如是各别的种子，都潜在赖耶识中。如果某一同类的种子要生果法，果法，即目诸识或一切相见，如眼识相见种子将要生眼识相见，乃至赖耶识相见种子将要生赖耶识相见。也不能凭孤独的力用，却须逢遇众多的缘力会合才行。故以心法言，不是单从因缘而生，必待次第、所缘、增上诸缘。此诸缘义可覆看前文。旧说心法具四缘。以色法言，亦不是单从因缘而生，要待许多的增上缘。旧云色法具二缘。这样说来，便是众缘凑集在一堆儿便有果生，道理上似犹说不通。因此，世亲以后的唯识师乃唱士用果义，士用果者：士者士夫，犹言人也。所谓果法之生，由因缘上具有似人的造作力用，故能生此果，即名此果曰士用果。参考吾著《佛家名相通释》。即以因缘种子。名为作者，作者，犹云似彼有造作力用的人，显示因缘有能造起果法之作用故。以旁的缘次第及所缘与增上等缘。名为作具。作具，犹云工具。凡作者，必待作具，方能有所造作。因缘必仗次第等缘，方得造生果法。故说次第等缘，是因缘所仗之作具也。如此，则所谓缘起者，不是众缘堆集便能生果。因为堆集只是乱凑在一块儿，没有一个具有作用的东西主于其间，如何有造生果法的胜用？现在把因缘种子说为作者，旁的缘说为作具，由作者因缘。具有造作的作用，复仗托作具旁的缘。才显其作用。所以，得生果法。这样说来，确然可以言之成理，足以补救无著创说时疏略的地方。然而，缘起说自无著以后，显然变成构造论。这和空宗遮诠的意义，极端相反。南北极相去之远，犹未足为喻也。

无著虽建立种子为一切法的因缘，此云法者，即谓色心诸现象。

新唯识论

但种子是从何而有的,当时并未提出这个问题。不过,据前文引述《摄大乘论》的一段话来细玩,他无著。为对治外道各派哲学谈本体论或宇宙论的种种谬误,因此建立种子为万法之本。足见他所谓种子,应该是法尔本有的。法尔,犹言自然。不可更诘其由来,故云法尔。本有者,本来有故,不从他生故,非后起故。后来世亲派下诸师,要究诘种子的由来,于是有主张是法尔本有,亦有主张是从现行熏习始起的。此中现行,谓前七个识。熏者,熏发,习者,余势之续起不绝者也。俗云惯习,或习气,实即余势不断绝者是。此谓前七识起时,虽即谢灭,但有一种续起的余势,不可断绝,还投入第八赖耶识中成为种子。此种子能为因缘,生起后念诸识,或一切相见云。至护法师,始折衷二家义,主张本新并建。夫言现行熏种者,只承认有新熏种,不立本有种。若尔,无始创起的现行便无种子,堕无因论。故应建立本有种。现行从种生已,即有势用,熏生新种投入赖耶,故新熏种义应成立。又现行熏生新种时,并得熏发赖耶中潜存的本有种,令其增长。由此,本新二类种子,皆由心造,所以完成唯识的理论。现行,即心之别名。现行能熏生新种,又熏长本种。所以说,一切种均由心造。照无著派下诸师的说法,种既生现,现者,现行之省称,后仿此。现复生种,似已稍变无著元来的意思。他们世亲后诸师谈缘起,还是一方以种子为潜在的世界,一方以现行为显著的世界。不过,这两种世界是互相为缘而生的。易言之,潜界虽为现界作根源,而现界也是潜界的根源了。他们的花样虽多了一点,而种现二界对立,仍是如故。并且,种界是一粒一粒的积聚着,现界是段段片片的拚合着,所谓八个识,又各各析成相、见等分,明明是截作许多片片段段,却又拚合拢来。也是遵守以前的说法。他们说种现互相为缘,只是把二界加以穿纽,而现界自是显现的万象,种界自是潜伏的主体,无始现行,要从本有种生,毕竟种子是主体。总是两重世界对立着。这种臆想穿凿,穿凿谓立意求通,而不合理实。分明是戏论。又复须知,他们所谓新熏种,即习气是也。既建立本有种,便不应以后起的习气与之混同,徒增无谓的矫乱。有人说,

· 170 ·

依据有宗新熏种的说法，则是现行眼识，现行眼识，系复词。才对青等相起了别时，便熏生青等相分种子，投入赖耶识中。此种子能为因缘，生起后来的青等相。这个说法，总未免太荒诞。有宗说青黄赤白等色相，是实尘法。易言之，即实在的物质。但如说现行眼识缘青等相时，虽即谢灭，却有一种习气续生，潜伏而不自觉。因此，以后眼识缘青等相，便由习气加入，能知现境似前青相，并且由习气故，便于青等相妄计为果树或青菜等物，却不能见到此青等是一种生生不息的神用显现着，和这种显现的美丽。用而曰神，言其不测也。由此可见，吾人由习气故，不可证见宇宙实相，常自妄构一个宇宙。如果树等也。所以习气的势力，不可否认。但在有宗诸师，拿习气和他们所说的本有种混同在一起，谓其能为诸法之因，如上所说为青等相生起之因。便有荒诞之讥了。上述的说法，我认为是审谛的。他们既立本有种，就不该以后起的习气与之混同。既在理论上不能餍人之心，而于习气亦乏亲切的体认，诚当予以辨正。

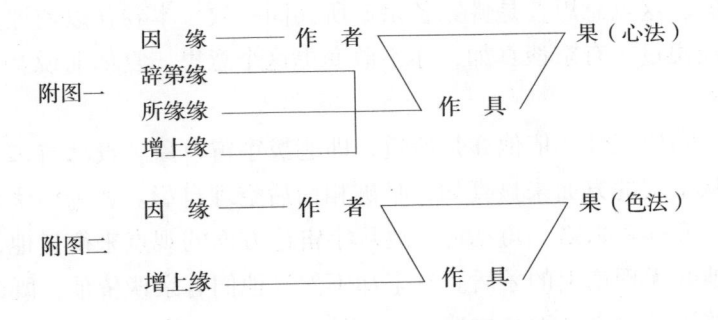

附图一　因　缘————作　者　　　　　　　　果（心法）
　　　　　辞第缘
　　　　　所缘缘　　　　　　作　具
　　　　　增上缘

附图二　因　缘————作　者　　　　　　　　果（色法）
　　　　　增上缘　　　　　　作　具

　　综上所说，有宗因改定因缘义，遂将缘起说变成构造论。这是佛家哲学思想上很大的一个变迁，从来竟无人辨析得，均以为空有二宗谈缘起，似无异旨的。也算怪极。

　　二、有宗堕二重本体过。有宗既建立种子为现行作因缘，其种子即是现行界的本体。前引无著《摄论》文，《摄论》，即《摄大乘论》之省称。可为明证。因为《摄论》遮拨外道各宗的本体论，如数论的自性等等。然后揭出自家的种子说，即以赖耶识中种子为诸行之因。

诸行，犹云心物万象。以此避免无因及外因等过。向外界去觅本体，如自性等计是谓外因。无因论者谓诸行本无有因。凡此，皆佛家所力破者。他们的种子说在本体论上可以说为多元论或二元论。种子是个别的，无量数的，故是多元。种子性别，或是有漏性，或是无漏性，说见前文。是则约性类分，可谓二元。又种子体别，一切相见各别有种子故，亦见前文。是则约体类分，亦是二元。只为立赖耶识以含藏之，故不为外因耳。要之种子自是现界的本体，按诸他们的理论，确是如此。他们明明以种子为现界的根源，与西洋哲学家谈本体者，思路正复类似。西哲于本体和现象，无法融而为一，有宗的种现二界，亦然。

为什么说他们有宗有二重本体呢？他们既建立种子为诸行之因，即种子已是一重本体。然而，又要遵守佛家一贯相承的本体论，即有所谓真如是为万法实体。佛家说真如，亦名无为法，绝不许说真如或无为法底本身是个生生化化或流行不已的物事，只可说他是无起作的。这点意思，是佛家各宗派所共同一致。本卷在以前评空宗时业经说过。有宗谈真如，亦不敢变更这个意思，复如前说。须覆看前文。

空宗谈三性，依他亦是所遣，即遮拨宇宙万象。覆玩前文。他们只从空寂的方面来显真如，唯破相而后空理自彰。相者，法相。空理，真如之别名。均见前。故从宇宙论方面的观点来衡量他，空宗。他并无理论上的矛盾。有宗却不然，他们有宗谈依他，既改变空宗遮诠的意义，而待构造论。于是，一方讲宇宙论，要建立多元的和生灭不断的种子，来作诸行的因缘。他们种子本身，是生灭灭生，相续不断的。参考《瑜伽》等种子六义。吾著《佛家名相通释》解说详明。这个种子自然是诸行或宇宙的本体了。另一方又谈真如，只许说是不生灭，或无起作的。这却别是一重本体了。如是二重本体作何关系，有宗也无所说明。真如本身既不可说是生生化化或流行的物事，种子之中如本有种法尔有故，不可说是真如现起的，以真如自体无起作故。后来以习气名新熏种，其非真如所显，尤不待言。

据此所说，种子自为种子，真如自为真如，此二重本体，既了无干涉，不独与真理不相应，即在逻辑上也确说不通了。向来推崇有宗的火，总谓其理论严密、系统宏整。这般人只是入他网罟中。无出头地。若是具眼人，疏通他的理论，提控他的系统，就会发现他这一套理论和系统，纯是情计妄构。虽复施设条目，繁密可玩，毕竟成为戏论。其悖于真理已甚矣。总之，有宗种现二界对立，已是谬误，既立种子为诸行因，此种又不即是真如现起，真如直是闲物。所以说，有宗有二重本体过。

如上略以二义，绳正有宗缘起说的谬误，可见有宗实不曾证体，即不悟体必成用，遂堕入戏论。这便是本论不得不作之故。我们依本体论和宇宙论的观点，来审核空宗，觉得空宗只谈本体是空寂的。玩其意旨，绝不许说本体亦是生化流行的。所以，空宗不免有遗用谈体之失，我在前文里已经说过。然而，空宗遮拨宇宙万象，令人自悟空寂的真体，却没有本体和现象不得融而为一之过。有宗一方谈真如本体四字，系复词。是不动不变的，一方建立种子为现界因缘，并且以种现二界对立。后来诸师，又以种现互相为缘，而二界对立则如故。他们有宗的种和现，却是有生灭的和变动的两重世界。今试问，不动不变的真如与这两重世界作何关系，却也无法说明。又此两重世界，种和现。互为能生所生，譬如谷子生禾，禾又生新的谷子一般。谷子喻本有种，禾喻现行。世新后之诸师，主张现行熏发习气，即入赖耶识中为新种，如禾从谷子而生，又能生新的谷子。这种说法纯是依据日常经验的知解，来构画宇宙。因为他们根本不曾证得本体，即不悟体必成用，所以有此戏论。

有宗谈三性，只为将依他起即缘起。完全更变空宗的意思，于是陷于邪谬而不自悟其非。他们有宗反对空宗不谈宇宙论的意思，本未可厚非，无奈他们只恃情计构画，竟成作雾自迷。又复应知，空宗原来的精意，是在于法相而识法性，法性，即本体之别名。于现象而识真如，现象，犹言法相。真如，即法性。但欲达到此种胜解，胜解者，谓最殊胜的证解，与心所法中胜解异义。必于法相或现象无所取着，取着犹言执着。荡然无相而后能证见无相之相。法性真如，不可执一切法相以求之，以真如自身本无形相故。然虽无形相，要不是空无的，故应说有无相之相，唯能荡然除遣一切法相之执，而后能证见及此耳。故空宗遮遣依他，最有深意。若执实有依他起法，即是取着一切法相。由取着一切法相故，则无由于一切法相而见为真如，亦即无由除遣遍计所执相。三性中，初所执相实依次性即依他起法而始有的。何以故？由于依他起法即一切法相而计度为有，故惑相转增，名为所执。此处须深心体会。有宗不深究空宗的意思，只见他空宗遮遣依他，即无宇宙论可讲，于是极反其说，却将依他起义即缘起义变成构造论。既建立本有种为现行因，复以现行为实有法，调能生新种，即以种现互为缘说明宇宙所由构成。他们有宗纯依情见来构画一套宇宙论，如何可悟真如？我昔者常斥驳有宗三性之谈，谓其根本谬误，就在说依他处。当时曾招佛家学者许多非难。自唐代玄奘、窥基盛宣有宗，二百余年，号为显学。五代之后，虽讲习者稀，然佛门俊彦游意斯宗者，究代不乏人，要皆笃志守文，无有知其戾于至理者。余生正法久衰，将秉孤炬以破千载之暗，固知其难也。

上来评判空有二宗，其说已详。本论所与二宗异同之故，也可概见。现在还要略申本论的主旨，以作本章的结束。

本论的旨趣是在即用显体，这是上卷第三章。已经说过的。为什么可以即用显体呢？许多学者每云体不可说，只好依作用显示之。这句话等于空说白道。我们应先理会体用二词的意义，是可以分作二片的物事呢，抑是毕竟不可分为二片的呢？这个问题真正重要。如果说体用是可分的，那么体自为体，用自为用，如何可云即用而显体？我愿好学深思的人不要忽视此个问题。

说到这里，我还要把体用二字的意义重复训释一番。体字，具称之就是宇宙本体。或云万法实体。读者随文取义，宜不致误会。用字，在上章开始的几节文中曾训为胜能等义，并严切申明这种胜能与物理学上能力的意义截然不同，读者须覆玩上章开始各节。似不须再说了。然而，吾犹欲哓哓者，因为在西洋哲学或玄学上，大概分别现象与实体，佛家有法相和法性之分，吾国《易》学有形上形下之分。形上形下，注见前，须覆玩。他们这些名词的意义，还得刊定一番。

西洋哲学	佛家	易学
现象即宇宙万象或亦云宇宙	法相	形下
实体	法性	形上

据我的意思，西洋哲学上实体一词，与佛家所谓法性，法性，具云万法实性，犹云一切物的本体。《易》学所谓"形而上者谓之道"，都是指目宇宙本体之词。尽管他们对于本体的解悟各有不同，因之说法亦异，然而他们所用的名词，如实体、如法性、如形上，都是以为有所谓宇宙本体而为之称。名言虽异，所指目则同，所表示的界域则同，这是不可忽的。譬如杯子一词，其所表示的杯子，常途看做是一件固定的东西。哲学家看做是一聚复杂的事情。解说虽互不同，然而杯子一词所表示的界域，仍是相同。界域者，即所谓杯子这个东西显然别于其他的东西。哲学家方其解说杯子时，并不曾离开杯子这个东西来说话，常途亦然。两方哲学与常途。对于杯子一词所表示的界域，不能谓之有异。举此譬况，可见实体与法性、形上诸词，名言虽异，所指目同也，所表示之界域同也。我尝遇人言，西洋谈本体者与吾儒佛不同旨，因之以为本体之体字不便通用。吾诘之曰，如君之为人，某甲誉为君子人也，某乙又以为小人而毁之，则君之姓字，在甲乙二人口中，将不可通用乎？吾于此，忽不惮辞费者，有以也。

现象、法相、形下，《易》曰："形而下者谓之器。"谓之二字无忽，言形下即是器也。器者，犹言法相，亦犹言现象也。名言异而所指目同，所表示的界域无弗同，此不待繁释者。

本论不尽沿用实体和现象，或法性和法相等词，而特标体和用，这里却有深意。我以为，实体和现象，或形上和形下，或法相和法性，断不可截成二片的。因此，我便不喜用现象、法相、形下等词，虽复时沿用之，要为顺俗故耳。因为，说个现象或法相与形下，就是斥指已成的物象而名之。已成的物象，以下省云成象。我人于意想中，计执有个成象的宇宙，即此便障碍了真理。真理，谓本体。易言之，乃不能于万象而洞澈其即是真理呈现。因为，他只于万象而计为万象，即不能扫象以证真，这就是理障。障碍真理，故名理障。哲学家常把本体和现象或形上和形下，弄成两界对立的样子，就因为不能除遣成象的宇宙之故。说到这里，我是很赞同空宗的。他们空宗除遣宇宙万象，而直透真理，可谓单刀直人。不过，他们有很大的缺点，就是谈体而遗用，因此偏于扫象，而无法施设宇宙万象。有宗则与世间哲学家同堕情见窠臼，妄构想一个成象的宇宙，而无以透悟空理。空理，即真理之别名，注见前文。本论所以特别发挥用义，确是体悟有得而后敢言，体悟者，屏除情见推度而默与理契也。自信可以避免诸家的过误。

用之一词，亦云作用，亦云功用，亦云势用，亦云变动，亦云功能或胜能，亦云生生化化流行不息真几。或省云生化，或省云流行，皆用之目。他用。可以有很多的别名，是列举不尽的。

设有问言："由何义故，名之为用？"应答彼言：所言用者，略以二义显示。一者，克就一翕一辟的动势名之为用。翕辟只是一个动势的两方面，并不是实在的物事，故名为用。二者，此一翕一辟的动势是才起即灭的，是无物暂住的，是新新而起的，是流行不息的，刹那刹那，前灭后生，故云流行。故名为用。综上二义，可知克就用言，应说大用流行是非空非不空的。云何说非空呢？翕辟成变故，刹那顿现故。变动之力，昔未尝留以至今，今亦不可留以往后，刹那刹那，都是顿现，详上卷《转变章》。譬如电光一闪一闪，势用盛故，故说非空。云何非不空呢？翕辟非有实物故，刹那刹那都不暂住故。既不暂住，即无实物，譬如电光一闪一闪，赫赫辉烁地，实即寂寂默默地，毕竟无所有故，故说非不空。

体用二词的意义，略如上述。我们要知道，体用二词，只是约义分言之，实则不可析为二片的物事。如果把体看做是一个没有生化的物事，那么这个体便是顽空的，如何可说为真实？顽空者：无生生不测之神，故曰顽；无万变不穷之德，故曰空。佛家谈体，绝不许涉及生化，所以我说佛家是离用谈体。覆看前文。我们从宇宙论的观点来看空宗，则空宗在这方面，即宇宙论方面。却不谈用。空宗纯然除遣一切法相，故不谈用。但如何有个无用之体，终是说不通。空宗只显体是空寂，不言生化，故是无用之体。有宗谈宇宙论，建立种子和现行。据彼计，种子本身是才生即灭，才灭又即生，恒相续流的。每一种子，皆是如此。现行界则每一现从其自种生起时，都不暂住。但继起之现，又各从其自种而生，和过去之现相续。故现界也是恒相续流的。但现行，有不定恒相续的，此姑不详。详彼种与现，略当本论所谓用义，略字吃紧。盖彼之种现由妄想构划，本非真有见于用。但彼自是在用上猜测，惜无真见，故任猜度而衍种现二界之论，彼未尝不自以为发挥用义，而不知其适成戏论也。但如彼计，种和现是同为生化流行的两重世界，和那本无生化流行的真如了无干涉。这是前面屡经说过的，既体真如。用种和现。条然，划若鸿沟，欲不谓之戏论，奚其可哉？抑不止有宗犯此过，凡哲学家将实体和现象说成二片，不得融而为一者，皆与有宗同病也。

余尝默然息虑，虑者，俗云思想或推求等也。游心无始，游心者，纵心于虚，故曰游。息虑而后可虚怀以契真。故息虑者，无妄虑耳，冥与理契，亦非无虑。无始者，泰初冥漠，故托言之以形容无物之地耳。而知体用毕竟不可分为二片。使其可分，则用既别于体而独存，即是用有自体。不应于用之外更觅一物说为本体。又体若离于用而独存，则体为无用之体，不独是死物，亦是闲物。往复推征，体用毕竟不可分，是事无疑。今当以二义明不可分：

一曰，即体而言用在体。夫体至寂而善动也，寂者，寂静离染，无嚣动相。寂，非与动为对待之词，此体恒寂故。善字，赞词也。此言动者，亦非与寂为对待之词，此体恒寂亦恒动故。至无而妙有也。无有方所，无有时分，无有形相。无有作意，故曰至无。动而不已，诈现相状，故曰妙有。动不已者，非谓前之动势延留至后，乃前动才起即灭，后动续生，刹那刹那，皆灭故生新。大化无有休歇，故云不已。动势本无形碍，但由相续不已故，诈现有相。后当别说。寂无者，是其德恒常而不可易也。动有者，是其化至神而不守故也。非恒德将焉有神化？德恒，故化神。无神化，何以显恒德？以上吃紧。唯具神化与恒德，故称为体。体者，绝对的真实义。其德恒，其化神，所以为真实之极也。然而，寂无则说为体之本然，本者，本来。然谓如此。本来如此，理绝言思，故云本然。动有亦名为体之妙用，本然不可致诘，妙用有可形容，是故显体必于其用。诚知动有，元无留迹，则于动有而知其本自寂无矣。故夫即用而显体者，正以即用即体故也。两即字吃紧，正显体用不二。所以说用在体者，在字须活看，在字如不善会，将以为说用在体者，如云乙物在甲物中。若尔，体用犹为二物，便是大错特错。意云此用即是体之显现，非有别异于体而独在的用故。

二曰，即用而言体在用。在字详前注。意云由体显现为万殊的用，亦非有别异于用而独在之体故。此与前义本一贯，特返覆以尽其蕴耳。前就体言，本唯一真而含万化，一真之一，是绝待义。故用不异体。用非与体为二，云不异。今就用言，于兹万化皆是一真，万化，喻如众沤。一真，喻如大海水。万化皆是一真，喻如众沤一一皆揽大海水为体。故体不异用。体非与用为二，云不异。由体不异用故，故能变与恒转及功能等词，是大用之殊称，亦得为本体或真如之异名。以体不异用故，遂从用立名。

综上二义，可知体用虽若不一而实不二。摄动有归寂无，泊然无对；会寂无归动有，宛尔万殊。故若不一。然寂无未尝不动有，全体成大用故；动有未尝不寂无，大用即全体故。故知体用毕竟不二。

误解体用义的人，或以为本体上具有一种作用，即由此作用生起宇宙万有。如此却将体和用及万有析成三片了，此便大误。须知，所谓用者即是体之显现。所谓体者，虽复本无方所、无形相，然而不是空无，更不是死物。他确是显为翕和辟的种种动势的，故云显现。这些动势。本是刹那刹那，方生方灭，方灭方生，如此流行不已的。

即此动势，说名为用。故体不是离开群动而别有物。群动具云种种动势。体是全成为群动的，易言之，体是全成为万殊的用的。若离群动或万殊的用。而求有所谓体，便与宗教家臆想有个超越万有的上帝，同其迷妄了。

体既不是离用而别有物，用也不是以体为能生而自为所生。所以体和用，只随义别故，有此二名，决不可截然分能所，如有宗所谓种和现也。有宗元来建立本有种子，为现行或万有的体原，而其种子是有自体的，故对现行而说名能生，至现行从种生已，便是实有的物事。易言之，现行也是有自体的，故对种子而说名所生。他们种现是一能一所，分成二界。本论所云体用，却不是如此的。

如上所说，即体即用，故体用毕竟不二。复有问云："克就用言，唯有翕和辟的动势，宛尔诈现，刹那不住，凭何施设宇宙万有？"应答彼言：翕辟动势都无实物，刹那刹那，生灭灭生，迅疾流驶，幻现迹象，如旋火轮，如燃香楮，迅转则见火轮，此火轮本非实有，而宛如实物。即依迹象假说宇宙万有。以下、省云宇宙，或省云万有。其实，只有新新而起绝不暂住的动势，何曾实有宇宙？应知，万有本来空无，唯依动转迹象，此中动者，谓翕辟的动势。转，谓前灭后生，相续流转。假立心物诸名，亦假说宇宙。故真了用义者，不应妄执从用发生万有，以万有本无故，唯依用即动势而假说之故。注意。在前面已经谈过，哲学家不应计执有个成象的宇宙，因为宇宙或一切物，只是依不住的动势而施设的增语。增语，曾见前文。唯有名言，都无实事。本论不喜用现象或法相等词，而直谈用，说见前。此中正有深意。

如实谈用，称实而谈，无谬误故，故云如实。此用是非空非不空的，已如前说。我们从非空的一方面来谈，大用流行用而曰大，赞词也。虽本无实物而有迹象诈现，依此迹象可以施设物理世界或外在世界，如此便有宇宙论可讲，亦可予科学知识以安足处。如果完全遮拨物理世界，科学知识便无立足处了。这是本论和空宗迥不同的地方。有宗虽谈宇宙论，但是他们有宗种现二界的说法，纯是情见妄构，甚至把真如说成与种现二界绝无干涉的另一无为法界，尤不应理。有宗根本不解了即体即用的胜义，只是驰逞戏论。我们要知道，绝对即涵相对，绝对谓体，相对谓用，相对即是绝对的内涵，非离绝对而别有相对的世界故。相对即是绝对，于相对而识绝对，以一切法皆是绝对的显现故，非离相对而别有绝对的世界故。然不妨克就相对义边，假说宇宙。克字吃紧，直指相对而说故。翕辟相反而成变化，依此假说宇宙。盖无生之生，虽复生而不有，本体不从他生，更不是本来无有而今始生的，故曰无生。本体自身是个生生不息的物事故，无生而有生也。即依生义，而名为用。但才生即灭，没有任何物事存在，是生而不有也。然自其生生不已言之，宛然流行而有则焉。方生方灭，方灭方生，故云生生不已。生生之流诈现有形，故云流形。有形即有则，此宜深思。流形一词，本《易·乾卦》。不动之动，虽复动而不留，本体是无待的，无方所的，无形相的，非如实物有移转故，故云不动。本体底自身是个变化不可穷竭的物事，故不动而有动也。即依动义，而名为用。但动势是才起即灭，无物暂住，故云不留。然自其动动相续言之，宛然见象，而成理焉。前动方灭，后动即起，故恒相续。见续现。由动相续，故现物象。形物皆具有理则，故云成理。所以，本论从大用之非空的方面来说，可以施设宇宙万象，即科学知识也有安足处了。

我们谈用，又从非不空的方面来看，大用流行，虽复生灭宛然，生灭不已之迹象，现似形物，故云宛然。而实泊尔空寂。何以故？如实谈生灭义，极于刹那，才生即灭。详上卷《转变章》。夫才生即灭，是本无有生也。既无有生，即亦无灭。若尔，生灭性空，没有生起一件物事，是生无自性。无生便无灭，是灭无自性，故云生灭性空。此中空字是空无义。便应于生灭宛然，澈悟本来空寂。此中空字，非空无之空，乃以无形碍及无障染名空。寂者，清净义，离扰乱相故。此中意云，由了生灭的法相本空无故，即于法相而澈悟本来空寂的真如法性也。然则，一真常寂，不碍万变繁兴；一真之一，绝待义，非算数之一。体恒空寂，曰常寂。万变繁兴，元是一真常寂。良由万变至神无方,并非另生一实有的物事,可以离异一真而独存,并非二字,一气贯至此。无方者,无方所。本无有物,何方之有?故乃于万变而悟一真耳。如其执有物界,又从何澈悟一真耶?故知遣相而实相斯存,遣相,谓不计执有实物界或宇宙万象也。实相,谓本体。观变而不变可悟,变,用也。不变,德也。诚知用非实有,则无执物之迷,故乃于用而见本体之恒德矣。斯乃至人超悟之境,非情见所测也。夫宇宙万有,本自空无。万有唯依大用流行之迹象而假设,本无所谓万有故。哲学家如此,犹多不悟,矧乃欲其了知大用无实,是事诚难。无实二字吃紧。大用流行,刹那刹那,都不暂住,本无形相可求,故非实有。非实有故,即等若空无,故云非不空也。此中理趣深微,读者宜虚怀沉玩。不了用之无实,即不了神变无方,正是实相无相也。不了二字,一气贯下。实相,体之异名。此体至真至实,而无形相可得,故云无相神变即大用之称。无方,具云无方所,与无相义同。此言于无方之变,识得无相之体,以非有实作用,别异于体而独存故,乃即用即体故。所以,本论从大用之非不空的方面来说,却是即用而见体。因此,在科学上所施设的宇宙万有或外在世界,在玄学上不得不遮拨。同时,玄学也要超过知识而趣归证会。这个意思,俟《量论》再详。

从来佛家学者,莫不盛宣缘起义。实则空宗谈缘起,本以遮拨法相,或现象界。易言之,即明万有本空而已。空者、空无。此意在前面屡经说过。我们从宇宙论的观点来看空宗,空宗虽不曾谈用,但其遮拨法相的意思,我们在玄学上也与之同契。独至有宗谈缘起,一反空宗遮诠的意思,而变成构造论。他们有宗确是计执法相为实有,易言之,即计执有成象的宇宙。他们并且凭臆想构划宇宙,析以二重,所谓种界和现界是也。他们因为计执有此种现二界,才以缘起义来说明之。如说此缘彼而得生,彼亦缘此而得生。这样说来,总构想有成象的宇宙,不能理会到渊然无象之实际理地,易言之,即不能澈悟生生无住之神。本论所说体用不二的意义,在笃信有宗的学者看来,根本是无法了解的。他们有宗学者每诋我为无知,为邪见,

新唯识论

我亦愿受之而无诤。真理本自昭著，但迷者不悟，我们只期能悟者同悟而已。

或有问言："如公所说，本体是冲寂无形的，但寂非枯寂，却是生生不住的。若生已有住，便成死物。唯其不住，故生生不已也。即此生生不住。说名为用，亦复依用施设万有。据实而言，万有本自空无，是将使人起空见也，奈何？"答曰：全体大用，圆成而实，本来圆满，毫无亏欠，故曰圆。本来现成，不依他有，故曰成。绝待故，无妄故，故曰实。云何言空？凡情迷失本真，无我计我，证真，则万物同体。本无所谓小己或自我，然人皆于无我而妄计有我。无物逐物，证真，即唯大用流行。本无有如俗所计现实界的物事，然人皆于无物而追求种种物。遂至以本空者空字，是空无义，下仿此。计为不空，凡情计有内我和外物，此即以本空者为不空。本不空者反计为空。凡情不悟真体，即于本不空，而计为空。世尊悯群生颠倒者，以此。

谈至此。还有一个问题须附带说及，就是我国哲学上自两宋以来的理气问题。这个问题，由宋明迄今，还是不曾解决。从来哲学家关于理气的说法，虽极复杂，但根本诤端不外理气是否截然为二之一大问题。此中诤论极多，几于家自为说，人持一见。我现在不欲征引儒先的说法，更不暇评判他们儒先的短长。将来容有旁的论述。只好本我的意思予理气以新解释。我先要审定理气二字的意义。

气字，当然不是空气，或气体和气象等等气字的意义。常途每以形气二字连用，形气二字的意义，有时用得很宽泛。宇宙万有亦总云形气。这里的气字，犹不即是形气之称，至后当知。我以为，这气字只是一种生生的动势，或胜能的意思。此中胜能，不是物理学上所谓能力，在上章开始几节中，有一节谈及此，可覆看。此气是运而无所积的。运者，动义，或流行义。动势生灭相续，故云流行。刹那生灭，无物暂住，故云无所积。动相诈现，犹如气分，分读份。故名为气。言气，即显无实物故。详核此所谓气，正是本论所谓用。至于万有或形气，唯依动转的迹象，假为之名，非离一切动势，有实形气。

　　理字，本具有条理或法则的意义，但不可如宋明儒说是气上的条理。宋明儒中，许多人把气说为实有的，因为理者只是气上的条理。如此，则理的本身竟是空洞的形式，只气是实在的。明儒持这种见解的更多，即在阳明派下，也都如是主张。他们阳明后学一面谈良知，即本心。不得不承认心是主宰，一面谈气是实有，理反是属于气上的一种形式，颇似心物二元论，甚乖阳明本旨。我在此处不欲多作评判，只说我对于理气的解释。我以为，理和气是不可截然分为二片的。理之一词，是体和用之通称，气之一词，但从用上立名。气即是用，前面解释气字的意义时，尽说得明白。理之一词，何以是体用之通称呢？因为就体而言，此体元是寂然无相，而现似翕辟万象，翕辟即是万象，复词耳。现者，显现，或现起义。似者，以万象不可执为定实，故置似言。即众理灿然已具。万象，即是众理故。故此体，亦名为理。又体之为言，是万化之原，万物之本，万理之所会归，故应说为真理，佛家说真如名真理。亦名实理，程子每言实理，即斥体言之。也可说是究极的道理。此中道理，系复词。道字亦作理字解。就用而言，翕辟妙用。诈现众相，即此众相秩然有则，灵通无滞，亦名为理，即相即理故，两即字、明其不二。或相即是理故。比上语较径直。前所云理，当体受称，是谓一本实含万殊。后所云理，依用立名，是谓万殊还归一本。理虽说二，要自不一不异。体用义别故，故不一；即用即体故，故不异。析理期详，俟诸《量论》。

　　在本章之末，还须与有宗简别一番者。本论从用显体，即说本体亦名功能。功能亦名胜能，胜能的意义，说见上章初几节中。但是，有宗建立种子，亦名功能，自无著创说时，即以功能为现界或一切行的本体。一切行，谓心和物。无奈他们有宗把能和现分成二界，不可融而为一，功能，亦省称能。现界，则亦省云现。易言之，即是体用截成两片。这个谬误在前面驳辨甚详，本可不赘，然而就名词上看，我所谓功能是斥体而目之，无著等所谓功能，也是一切行的本原。本原一词，即是本体的别名。诚恐有人误会，竟以此同彼。

此者，本论所谓功能。彼者，无著等所谓功能。今略举数义，以相简别。

一曰，本论功能即是真如，无二重本体过。有宗功能是潜在于现界之背后，为现界的因素。若仅如此，尚为一般哲学家所同有的过误，体用说成二片，哲学家多犯此过。不幸有宗又本佛家传统的思想，别立无起无作的真如法界，无起，犹言无生。无作，犹言不动。真如法界，系复词。过又甚焉。本论摄用归体，用即是体之显现，非别异于体而自为实在的物事，故用应摄入体，不可将体用析成二片。故说功能即是真如，会性入相，性者，体之异名。相，谓用，义旨同上，但更端言之。故说真如亦名功能。以故，谈体无二重过。

二曰，本论依功能假立诸行，行字，见上卷《转变章》。诸行，谓心和物诸现象，俗所谓宇宙万象是也。无体用分成二界过。据有宗义，功能是体，以其为现行之因故；现行，即诸行之别名。诸者，心物诸行繁然不一，故言诸也。现者，诸行相状，现前显著，故言现也。现行是用，以其从功能生起故。然彼现行生已，便有自体，乃与功能对立而成二界，如前已驳。本论依功能翕辟假说心和物，故非实有诸行界与功能并峙。故非二字，一气贯下。诸行界，犹俗云现象界。以故，无体用析成二界过。

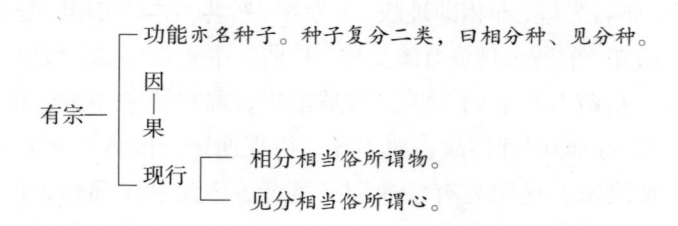

有宗——┬ 因 ── 功能亦名种子。种子复分二类，曰相分种、见分种。
　　　　└ 果 ── 现行 ┬ 相分相当俗所谓物。
　　　　　　　　　　　└ 见分相当俗所谓心。

附说：功能为因，现行为果。能现各有自体，互相对待，成为二界。又现行是相分与见分之都称，易言之，即相分与见分合名现行。

本论　功能 ┬ 翕假说为物
　　　　　 └ 辟假说为心

附说：离翕辟外，无所谓功能；离功能外，亦无所谓翕辟。此须善会。翕辟，只是同一功能的两方面，这两方面的势用，是相反相成的。不可看做是两种实有的物事。此处吃紧。故夫于翕辟而悟其生而不有，即本无生；于翕辟而悟其动而不滞，未始有物，故无滞积。即本无动。详玩上卷《转变章》。然则生动之极，兀然空寂，即用见体。空寂之至，油然生动，举体成用。其斯为诚之不可揜，神之不可测也夫。非离功能别有真如，于此宜悟。

三曰，本论功能是浑一的全体，但非一合相的，亦非如众粒然。一合相一词，系借用，不必符其原义。假如有一件呆板的物事，纯是一味合同，其间绝无分化可言，便名一合相。众粒，谓如世间稻等种子，为各各独立的粒子，不得互相涵摄为浑一之全体。有宗功能说为粒子性，是各各独立的，是多至无量数的。这些众粒。必须有储藏的地方，所以建立阿赖耶识。赖耶含藏种子，说见前文。这种说法，也可谓之多元论。殊不知，一切物的本体，元是绝对的，元是全的，既曰多元，便是相对的物事，如何可以多元来谈本体？此固不待深论，而得失易见。本论功能，亦称大用或功用，又曰生生化化流行不息真幾。流行一词，见前。这个元是浑一的全体，浑者，浑全。一者，绝待。是遍一切时及一切处，恒自充周圆满，都无亏欠的。此中时和处，乃设言之以形容其圆满之极。实则谈到圆满的全体，本来是绝待的，是超时空的，那有时处可说？不过，这个全体并不是一合相，不妨说是无穷无尽的部分互相涵摄，互相融贯而成为浑一的全体。此中部分一词，须善会。常途言部分，是有实物可剖成部分的，此则不可当做实物来想。又每一部分可强说为一单位，易言之，即强说为一个功能。但切忌误会，以为功能果真是个别的东西。须谨防此种谬想。大凡谈理至玄微之境，便觉语言文字都是死的工具，不堪适用。此意难言。譬如大海水，喻浑一的全体。实则只是无量的众沤，众沤，喻各部分。互相融摄而成浑全的大海水。曾航海者，方见到大海水只是众沤。我们说功能是浑一的全体，而仍于全中见分，于分中见全，并不道是一合相。此处最关紧要。

问曰："全中见分，喻如大海水元是一一的沤，此义易了。分中见全，义复云何？"答曰：如于众沤中，随举一沤，便涵摄无量无边的沤。易言之，即此一沤便涵摄全大海水。汝于此事，犹置疑否？若无疑者，应知于浑全的功能中假说众分，犹言一个一个的或许许多多的功能。于众分中随一功能皆涵摄无量无边的功能。易言之，任举每一功能，都见是全体的，所谓一微尘即遍全法界，此中全法界，亦可云全宇宙。理实如是。

复次每一功能都具有内在的矛盾而成其发展。这个矛盾，可以说为互相反的两极，一极假说为翕，一极假说为辟。翕则疑于物化而实为辟作工具，辟则守其不可物化的本性，而为运翕随转之神。随转者，谓翕亦随辟转也。唯辟能运翕，故矛盾终归消融，而复其本性矣。翕辟两极，以其互相反而恰互相成，这也奇怪。由此应知，变化不是如机械的动作的。其间宛然有一种自由的主宰力，就是辟极。这个辟，是运行乎翕极而为之主。此辟是具有明智的力用，明智者，无染污故，故说为明，虚灵无碍故，故说为智。不过此种明智，是至微妙而不可知，说为不可知，已是可知了，只为众生锢于情识，故对众生说不可知。但决不能说他是没有明智的。如谓其非明智，便把这辟只看作是迷暗的力用，那就根本不识得造化之真了。我们要知，大用流行或云变化。是没有预定的计画的，因为本无作者的缘故；作者，谓宗教家所云创造世界的上帝。也不可道是没有计画的，因为有主乎翕中之辟，此辟底本身就是湛然明智，能随在作主的，绝不是乱冲的，故可以说是有计画。但无所谓预定，即不是有个能计画者。如有预定的计画，即是有个能计画者。须知，翕辟成变，即于辟上说名计画，不是离翕辟之变外，别有个能计画者，此处宜虚怀体究。总之，每一功能都具翕辟两极，没有一个功能只是纯翕而无辟，或只是纯辟而无翕。没有二字，一气贯下。说至此，还要补充一段话，就是两极一词，须申说其意义。极者，极端。我说翕和辟是两极端，只形容其相反的意思，非谓其如一物体之有二端，其二端不可同处也。物体可分为上下或南北等二端，其二端是有方所之异而互相隔远的。今此云两极端，则是两种绝不同的势用。或云动势。一是收凝，而有物化的倾向的；一是刚健和开发，而为虚灵无碍之神，恒向上而不肯物化的，故说为两极端。亦省云两极。实则此两极只是同一功能之故反的动势，故反者，谓若故意为此相反之动也，非谓其果有意，盖言似之耳。功能之表现其自身，盖不得不如此，所谓法尔如是。这种不同的动势翕和辟。是互相融合在一起，决不是可以分开的。须知，功能的本身，就是这两种动势。离此两种动势外，无所谓功能。势用虽殊，殊者，谓有翕和辟之不同。元非异体。只是一个功能。所以翕辟两极，不可当做物体之有上下或南北两极来想。上下等是各异其方所的，而此则没有方所之异，根本不可当做实物来想，哪有方所可说？所以两极一词的意义，绝不容误会。

复次无量功能互相涵摄而成为浑一的全体。此通就一切功能言之，是全体。又复每一功能都涵摄无量无边功能。易言之，任举一个功能。他便涵摄一切功能，即是全体。此克就每一功能言之，各各都是全体的。是等义趣，如前说讫。今次应说一切功能互为主属。属者，从属，从属于主故。如甲能功能，省称能，下准知。对乙能乃至无量能而为主，乙能等等则对甲能而为其属。同时，乙能亦对甲能乃至无量能而为主，甲能等等则亦对乙能而为其属。于甲能乙能互为主属如是，余一切能，均可类推。由一切能互相为主属故，所以说一切能不是一合相，而又是浑一的全体。主和属元来各各有别故，故不是一合相。主和属互相涵摄故，故为浑一的全体。又由一一能都为主故，即都是自由的，或自在的。由一一能都为属故，即非是散漫而不互相涵摄的。总之，一切功能既非一合相，而仍是浑一的全体，是即于相对见绝对。既是浑一的全体，而毕竟非一合相，是即于绝对见相对。体用不二的意思，即此可见。综前所说，本论功能虽不是一合相，而绝非具有粒子性。易言之，决不可当做各各

新唯识论

独立的粒子来设想，尤不可妄臆其有贮藏的处所，此是本论与有宗天壤悬隔处。

附说：功能非一合相，不妨说为一个一个的。但所谓一个一个的，又决不可看做是如众粒然。易言之，即此无量功能确是浑一的全体。或有问言："所谓浑一的全体，是否即一个一个的相加之和？"答曰：于全体中不妨说有许多部分，**部分，谓一个一个的功能**。但全体决不是各部分相加之和。如果各部分元来是各各独立的，今若聚合在一起，则必如一盘散沙然，何可成为全体？然则，全体何故不即是各部分相加之和，毕竟未易索解。为释此难，复将体用义一作分疏。本体是一，而其显为用也，则不能不万殊，所谓各部分者，即克就用相上言之耳。**相者，相状**。用相虽有各部分之殊，但其本体元无差别，故克就各部分言，此各部分毕竟是互相融摄而为浑一的全体。何以故？由即用即体故，非用离体别有物故。所以用相虽殊，**殊者，谓不是一合相，而是许多部分**。要非不相融摄，非不为全体。因为摄用归体，即一一用相都无差别故。此义深微，只有大海水与众沤喻，最便形容。一，大海水可以喻体。二，大海水全显为众沤，可以喻体全显为万殊的用，即所谓一个一个的功能。三，众沤可以喻无量功能。**即各部分**。四，众沤互相融摄而为全体，可以喻一一功能互相融摄而为浑一的全体。综上所说，可见大海水与众沤喻，善形容体用。于此透悟，则全体何故不即是各部分相加之和，其义豁然无疑矣。此处正文，融体归用，所以只就用相上立言，故只说到部分互相融摄而为全体，便随宜而止。至全体何故不即是各部分相加之和，则恐泥执用相者不能摄用归体，必横生滞碍，故复将体用分疏一番，期善学者深思而自得之。总之，本论谈体用，有时须分疏，**如说体无方无相**，

卷 中

用则诈现有相，体无差别，用则万殊。又如说体显为用。如是等等，皆见体用二词的意义，不可混淆。有时须融会，或融体归用，或摄用归体，皆融会之谓。此在读者随文会义。至理不可方物，不可以形物比方之也。说得死煞，便不是。

复次功能是浑一的全体，但非一合相。即于全中见分，而可以说为一个一个的。又每一功能都具翕辟两极，皆如前说讫。复有难言："所谓每一功能都具翕辟两极者，此意每一功能，就是翕辟二势和合在一起的一个单位。据此，则甲单位与乙单位，以及无量的单位，都是各各鳌然分立的。他们各个单位虽得互相融通，互相感摄，而说为全体，但是在另一方面，似乎已把他们各个单位说成各自独立的，终令人见分易，而见全难。"答曰：来难意思，未免滞碍。至理玄微，不容夹杂日常分析物事的观念，以相拟议。如应者言，借用佛典语。应谓契应正理。功能本自浑全而又不可计为一合相，功能不妨说分而又非如众多粒子然。有宗甚谬误。此处不容以情见猜测。至妆所云每一单位，若就其翕之一方面言，则收凝而有物化之倾向，似成一极小的圈子，注意似字。这种圈子初不必显著，后来渐著，及其著也，或即被人叫做极微，或亦云电子等。故谓之翕。同时，此翕中即有虚灵无碍之神，或刚健的力运行其间而为之主，便谓之辟。每一个翕既似形成一极小圈子，若有粒子性者然。注意似字，及若有等字，非实成粒子故。因此，则运于翕中之辟的势用，也就和此翕同一小圈子，而这个圈子其实也只是一个动圈。如此一翕一辟之和合而成一圈者，假说为一个功能，亦得谓之一单位。无量的功能，每个都是如上所说。我们应知，功能所以非一合相者，其妙就存乎翕。有翕便有分化，才不是一合相。假使没有所谓翕就无从显出对待，无有万殊可言。据此，则翕是分化的，每一个翕，是自成一极小圈子。今试克就辟言，此辟是否真个随翕而分成各个的圈呢？应知，辟的势用虽运于一切翕之中，恒随各个的翕而分成各圈，但辟的本身确是浑一的。可分与不可分，于此都不妨说。辟的势用，既不同实物，

· 189 ·

新唯识论

不妨说不可分。他是随一切翕，而皆运乎其间的，亦不妨说可分。有难："如此说来，辟似成二。一、随各个翕而成为各圈的；二、统一的。"此难大误。统一的辟即是随各个翕而成为各圈的辟；各圈的辟，也即是统一的辟。岂其有二？然则，翕何故有？应知，翕并不是别有来源。此翕和辟，是同一本体。可以说，翕的本身即是辟，不过为显发辟的力用之故，不得不有资具。所以，本体之动自然会有许许多多的收凝的势用，许多字，吃紧。不是只翕成一团也。才收凝便有成形的倾向，即此谓之翕。所以，翕是一种反动，故与辟异。我们可以数来表示翕辟的意义。

-- 翕

— 辟

-- 是偶数，是有对的意思。因为翕便近于物化，故成有对。一是奇数，是无对的意思。因为，体显为用，虽用之为言，不外一翕一辟，而翕则近于物化，便不守其体之自性，此之谓反。幾乎不成为用。唯辟则不舍其体之自性，可以说辟即体之如其自性而呈显；只有辟才是大用流行，也可以说辟即是体。因此，说辟是无对。又复须知，翕辟二势毕竟相反相成。辟能转翕从己，己者，设为辟之自谓。翕终顺辟，于此可识浑全。综上所说，于全体中，不碍分化，于分化中，可见全体。法尔如是，何庸疑难？

四曰，本论功能、习气，不容混同。有宗立义最谬者，莫如混习气为功能。他们有宗计一切功能，综度由来，可为二别。一者，本有功能，谓无始法尔而有故。无始，犹云泰初，或泰始。佛氏云无始者，因凡情皆计有初始，而实不可知其始期，故曰无始。法尔，犹言自然。自然者，无待而然。二者，新熏功能，谓前七识一向熏生习气故。前七识者，大乘说每人都有八个识，一眼识、二耳识、三鼻识、四舌识、五身识、六意识、七末那识、八阿赖耶识。此八识，俟下卷当详。一向者，佛家承认每人的生命是恒存的，推其前则无始，究其后则无终，故此言一向者，乃约无始以来而说。习谓惯习，气谓气势。习气者，谓惯习所成势力。熏者，熏发，如香熏

卷　中

物，便有香气发生。前七云云者，谓前七识起时，各各能发生习气，以潜入第八赖耶识中，令其受持勿失，而复为新功能也。有宗说前七识是能熏，第八赖耶识是所熏。前七中，如眼等五识取外境故，故能熏发习气。第六意识攀援一切境故，能独起思构故，故能熏发习气。第七末那识，恒内自计执有我故，故能熏发习气。唯第八赖耶识，则受持前七所熏发之习气，故名所熏。习气藏赖耶中，即成一种新的势力，能生未来之一切心物诸行，故名新熏功能。有宗中谈功能由来者，自世亲以后，或主唯本有，或主唯新熏，至护法折中众义，主张本新并建。中国玄奘及其弟子窥基并宗之，遂成定论。参考基师《成唯识论述记》。吾著《佛家名相通释》，征述尤详。这种说法，甚不应理。须知，功能原唯本有，无别新熏。所以者何？功能为浑一的全体，具足万德，无始时来法尔全体流行，曾无亏欠，岂待新生递相增益？设本不足，还待随增，何成功能？故知本新并建，徒为戏论。尚考有宗根本谬误，则在混习为能，故说本外有新。习气，亦省云习。功能，亦省云能。后皆仿此。由不辨能习之殊故，故说习气为新熏功能，以别于本有功能。若了习气非可混同功能者，则知功能唯是本有，而无所谓新熏也。其实，有宗所谓习气，我亦极成。不过，习气是如何才有的，有宗于此似欠说明。他们有宗只说习气是由前七识各别熏生，据有宗说，眼识可析为相、见二分。相分即色境，见分即了别色境的作用。此二分合名眼识。此眼识起时决不是空空过去，却能熏生一种习气，投入赖耶中，是为新功能。由此为因，得生后念眼识相、见二分。故与本有功能无异。眼识如是，耳识乃至第七识，皆可例知。而于所以熏生之故，则犹未详，此亦是其粗疏处。

　　我固承认习气是有的，但我之言心，不许剖成八个。因此，无所谓前七各熏。我以为，凡人意念乍动之微，与发动身语或事为之著者，通名造作，亦名为业。发动身语者，谓意念乍动，曰意业。即由意业转强，而发为口语，曰语业。发为身体上之动作，曰身业。后二业，即已见之行事。一切造作，不唐捐故，犹云不虚费。必皆

· 191 ·

有余势续起而成为潜存的势力,注意一切字,及皆字。是名习气。
这千条万绪的习气,所以各各等流不绝者,注意各各字。等流,谓
各各习气的自身均非固定的,都是刹那刹那、生灭灭生、相续流去,
故云等流。等者,似义,后起似前曰等。就因为人生有储留过去一
切作业,以利将来之欲。业曰作业,取复词便称。这个欲虽不显著,
而确是凡有情识的生类所同有的。如其无此欲,则一切作业才起即
灭,都无续起的余势。以彼造作或业起时,无储留此作业之希欲故,
故业一灭便无余势。人生常依据过去,以奔趋茫茫不测之当来,当来,
犹言未来。必不甘过去都消逝无余,以致绝无依据。所以,凡业起时,
必恒有保留之希欲与俱。因此,所作业虽方生方灭,而此业灭时即
有余势续生,名为习气。业方灭时,即其余势续生,而生灭之间,
亦无间隙。此习气恒自潜伏等流,而成为吾人生活的潜力。申言之,
一切习气恒互相倚伏,成为吾人生活的内在的深渊,可以说为习海。
习海是我人所取资的,亦能沦没吾人的。吾人本来的生命,此中生
命一词,直就吾人所以生之理而言,换句话说,即是吾人与万物同
体的大生命。盖吾人的生命,与宇宙的大生命,实非有二也。故此
言生命是就绝对的真实而言。世俗用此词,其含义自别,切勿误会。
后凡言生命者,皆准知。必藉好的习气,后云净习。为其显发之资具,
如儒者所谓操存涵养,或居敬思诚种种工夫,皆是净习。生命之显发,
必由乎是。然亦以有坏的习气,后云染习。遂至侵蚀生命,且直取
而代之。谓染习为主,是直取生命而代之也。不幸人生恒与坏习为缘,
常陷入可悲之境。故哲学对于人生的贡献,要在诏人以慎其所习。
孔门的克己,印度佛家的断惑或破执,都是去坏习。东方哲学的精
神,只在教人去坏习。坏习去。然后真性显。要之,习气自为后起,
本不可混同功能。尝以为能习二者,表以此土名言,盖有天人之辨。
天者,非如宗教家所谓造物主,乃即人物之所以生之理而言也。易
言之,即一切物的本体,说名为天。人者,谓众生自无始有生以来,
凡所自成其能而储留之,以自造而成其为一己之生命者,于此言之,
则谓之人耳。功能者,天事。习气者,人能也。以人混天,即以后

起同所本有，而吾侪始将人类从无始来，拘执形气，乃沦溺现实生活中，凡所遗留的一切坏习，认为天性。此中形气一词，谓众生之身，及其身所接之天地万物。总名形气。众生拘执形气，其生命便完全物化了。因此，无从自识性真，而人乃无复性之可能，人生役于形，囿于染习，便失其性。诚能复还其性真，即自得于性分内，而无盲以逐物之患。此真人道之大患也。有宗能习不分，是诚千古巨谬。本论特严能习之辨，略举三义如下：

一曰，功能即活力，习气但为资具。功能是宇宙的本体，功能本大用之称，然即用即体故，故说功能是体。亦即是吾人的本性。性字义，训释不一。然董子曰，性者生之质，其义为妥。质，实也，程子所谓实理是也。吾人之生，本于一个真实的道理，即名此生的实理曰性。此性是法尔本有的，曰本性。人之生也，形气限之。这句老话表示人生有物化的危险，很难超脱，固非全属无稽之谈。殊不知，从人生的本性来说，此中本性即谓功能。以其在人而言，谓之本性，后仿此。毕竟是不堕于形气的，是夐然超脱的。夐然，绝待也。因为本性上毫无障染，譬如太阳，虽有云雾起为障染，而其赫然光明之体，恒自若也。云雾何曾障碍得他、染污得他。本性无障染，义亦犹是。毫无滞碍，流行不息，而无所住着。毫无亏欠，德用圆满。所以可形容之，而说为吾人固有的活力。这种活力是精刚勇悍能主宰形气，而不拘于形气的。精者，纯洁无染。刚者，至健不挠。勇者，锐利而极神。悍者，坚固而无不胜。此四德者，在一般人的尘凡生活中，本难发现，但四德乃本性固有，元无损减。吾人才提醒，便呈露。吾人具大有的无尽藏，而无待求足于外者，就是这种活力。大有，见《周易》。有者，富有。大者，至极之称。可惜人每役于形，而迷失其宝藏。吾人试反验之胸次，若有些子挂碍在，挂碍，即是物化了。便失掉元有的活力。活力如何可失掉，只吾人自甘物化，以致本性不得显发，故云失掉。只有将此活力涵养得充盛，才于此见自本性。易言之，即于此识得功能妙体。功能，即是一切物的本体。此体具众妙故，故云妙体。

附说：明儒王船山诗有云："拔地雷声惊笋梦。弥天雨色养花神。"笋之生机在根，潜藏于地，若梦梦然。春雷震而笋梦惊，则生机勃然不可御。人生固有活力，锢而不显，犹笋梦也。必其能自警觉，而本有活力始条达不可遏。雷声，喻提醒警觉之功。春气生养万物，雨泽甚厚，常有密云流布，故云弥天雨色。此喻学者涵养工夫深厚。警觉为入道初幾，此则功行圆熟。花之神即活力是也。二句尽有次第，此咏涵养活力的意思，深可玩。

习气无论为好为坏，都是自形生神发而始起的。形生神发者，形谓身、神谓心。此身既生，即有心作用发现，于是有一切作业。即凡作业，皆有余势等流，名为习气。故习气非本有。此习气既起，便和吾人的生命紧相系属。生命即功能，亦即前云活力。活力只是形容词。以功能既赋予于吾人，而为吾人之本性，即说为吾人所固有的充盛的活力，即此活力，亦名为生命。生命元是法尔无为的，法尔，见前。此中言无为者，生命的运行是自然的，是默运未尝息而毕竟无作意的，故曰无为。非谓其兀然坚住，始名无为也。必需资具，才得显发，譬如电力必赖有传电和发光的资具，才得呈现出来。资具，谓如电线和电灯泡子等。如果无有资具，电力虽未尝不在，却不会显发了。因明学谓凡喻只取少分相似，若泥执此喻，以求与所喻之理全相印合，则谬误不堪，学者宜知。习气是人为的，此习气却是生命所仗的资具。如果没有习气，生命也无以显发他自己。我们要知道，习气无论好坏，却有一种通性，即每一习气之潜存者，皆有起而左右将来生活之一种倾向。这种倾向正是一切习气的通性，一切者，习有好坏，今赅好坏而言，故云一切。如操存涵养等工夫，操存、涵养，并本孟子。操者操持，存者存主。吾人的生命，即此本心是已，常持守此心，而不令放失，即日用万端都任本心作主，不令私意或私欲起而蔽之，此便是操存工夫。涵养，亦云存养，识得本心以诚敬存之。于物感未交时，中恒有主，不昏不昧。物感纷至时，中恒有主，常感常寂。非涵养工夫深纯，不克臻此。涵养与操存，义亦相近。其微异处。当别详。此类作业所成习气，操存涵养等工夫，即是吾人自己努力向上的一种作业，其萌于意，与发于身语者，无非清净。这种作业的余势潜存者，是为净习。无障染性故，净习之性，非障碍，非垢染。其潜力恒使吾人生活日益向上故，唯净习具此倾向。吾人本来的生命，恒赖有此净习而后得显发。故说习气但为资具。此中谈净习，举儒家操存涵养等义为例者，取其简要，于人生日用极切。佛家谈修行工夫，其名相过繁，然与儒者操存涵养义，大旨非无融通处，但其归趣究不同耳。人生如果拘于形体，囿于染习，而净习不起，则生命不得解脱于缠锢之中，而几于完全物化矣。拘形骸，囿染习，即生命被缠锢。所以，生命必仗净习为资具，而后得脱然无累。然则，染习不得谓之为资具与？曰：此亦不然。染净之分，其幾甚微，而其流则相差极远。染习之所以成乎染者，唯当其作业时，稍徇形骸之私，便与本来的生命相违碍，吾人的生命，是浑然与天地万物同体的，初非小己之形骸所得私也。今吾人乃拘执小己之形骸而自私焉，故违碍本来的生命。此等作业之余势潜存，余势，名染习。恒有使吾人生活日究乎污下的倾向，染习具此倾向。此染习之所以迥异乎净也。然凡习凡者，通染净言之。要皆于生命为资具，染习只是不良的资具而已。但人生的通患，常是把资具当做了本来的生命，注意。不独染习乘权，是取生命而代之的，即净习用事，亦是以人力来妨碍天机，人力，谓净习。天机，谓生命。以后起的东西谓净习。误认为本来面目，谓生命。人生之丧其真也久矣。所以前哲用功，染习固克治务尽，即净习亦终归浑化。程子说："明得尽时，渣滓便浑化。"此意极深微。净习者，所仗以达于本体呈露之地也，本体呈露方是明，必使本体毫无蔽障方是明得尽。至此，则净习亦浑融无迹，即习乃转化而成性也。程子所谓渣滓，即指习言。习虽净，若未浑化，犹是渣滓也。孟子谈工夫，以勿忘勿助长为极。助长，即是习心未浑化故。佛家谈修行，其究亦归无所得。至此，则净习浑化无迹也。此义幽深，非浅智所及。夫如是，乃不至役于资具而丧其真。

附注：孟子云勿忘勿助长者，谓吾人涵养的工夫，必于本心即本体，亦即生命。此心是不物化的，故是吾人的生命。念念保任之，勿令放失，故云勿忘。又保任之功，须随顺本心昭灵自在之用，不可着意把持，而欲助其长盛。如欲助长，则是自家习气用事，斯时本心已被障碍，而不得显发矣。此中义蕴，深广无边，若于此未曾用功者，亦自不知所谓。

二曰，功能唯无漏，习气亦有漏。唯者，此外无有之谓。漏，谓染法，取喻漏器，顺物下坠故。有漏、无漏，相反得名。亦者，伏无漏二字。习气不唯是无漏，亦通有漏故。纯净义，升举义，都是无漏义。升举犹云向上。杂染义，沉坠义，都是有漏义。功能是法尔神用不测之全体，吾人禀之以有生，故谓之性，亦云性海。此性至大无外，含藏万德，故喻如海。性海元是光明晃曜，无有障染，自性无滞碍故，云无障，亦无他法能障自性故，云无障。自性无垢污故，云无染，亦无他法能染自性故，云无染。故说功能唯无漏性。此中性字，是德性之性。与上文性字不同。上性字即功能之别名，此中性字则功能上所具之德性也。以后准知。是以物齐圣而非诬，微尘芥子，同佛性故。行虽迷而可复。人生无恶根故。若有宗计功能，通有漏无漏者，有宗析功能为个别的，已如前说。彼计一切功能，有是有漏性，有是无漏性，故概称功能即通此二。则是鄙夷生类，执有恶根，可谓愚且悍矣。有宗功能分本有、新熏二类。其本有功能亦有是有漏性者，即是斯人天性固具恶根。故本论所说功能，与有宗截然异旨，学者宜知。

惟夫习气者，从吾人有生以来，经无量劫，一切作业，余势等流。万绪千条，辗转和集，如恶叉聚。其性不一，有漏无漏，鳌然殊类。

劫者时也。辗转,相互之谓,和集者,一处相近名和,不为一体名集。无量习气互相附着,成为一团势力,故言和也。然又非混合而无各别,故言集。恶叉聚者,果类有不可食者名无食子,落在地时多成聚故,梵名恶叉聚。此喻习气头数众多,互相丛聚。无漏习气,亦名净习。有漏习气,亦名染习。夫习所以有染净异性者,揆厥所由,则以吾人一切作业有染净之殊故。染业者,如自作意,至动发诸业,作意,谓意业。此以意欲创发,乃至计虑、审决等心理的过程,通名作意,与心所法中作意义别。动发,即见之身语而形诸事为,此业便粗。壹是皆狥形躯之私而起者。此业不虚作,必皆有余势潜存,名有漏习。余势二字吃紧。凡业虽当念迁灭,然必有余势,续起不绝。如香灭已,余臭续生,丝竹停奏,余音入耳。又如春日犹寒,严冬之余势也,秋时厉暑,盛夏之余势也。凡物皆有余势,何况有生之物灵长如人,其所作业余势强盛,自非物质现象可比。佛家向以人之知虑,迄于行为等等造作,萌于意者为意业。自意而发诸身体动作者为身业,自意而形诸口语者为语业。虽复分别说为意业、身业、语业,要之总名造作,亦名为业。凡业皆有余势,等流不绝。以此余势为过去所惯习故。故名为习。此习遗于种族,即名种族经验,亦即心理学上所谓本能。其播于社会者,谓之风气。总之,人生一切造作或业,决非过去便散失,都有余势等流,谓之习气。而人每忽焉不察,须沉心体之自见。下言净习,亦可准知。又一切业狥形骸之私而起者,通成染习。此处须深玩。染即是恶。须知,恶本无根。吾人本性无染,何故流于恶耶?只狥形骸之私,便成乎恶,王阳明先生所谓"随顺躯壳起念"是也。人之生也,形气限之,有了形骸,便一切为此身打算,即凡思虑行为,举不越此一身之计。千条万绪之染业皆由此起,须反身切究,始觉痛切,否则粗心昏气,于此茫然不省。净业者,如自作意至动发诸业,壹是皆循理而动,未尝拘于形骸之私者。此业亦不虚作,必皆有余势潜存,名无漏习。一切净业,皆是循理而动。净即是善。循理者,即凡意身等业,壹皆顺从乎天性本然之善,而动以不迷者也。《中庸》所谓率性是也。率性即不役于小己形骸之私。孟子以强恕为近仁。恕者，即能超脱乎一身之外，不在一身利害得失上打算，唯理是从。不以己身与万物作对，而通物我为一者也，故曰近仁。仁之为德，生而不有，至公无私，即性也。强恕则复性之功犹未即是性，故以近仁言之。强字吃紧。意身等业，皆不外乎强恕之道，即业无不净，而动皆率性。此等净业之余势等流，便名净习。凡习染净由来，大较如此。乃若染习行相，难以殚详。此中行相谓习气现起而行趣于境，有其相状，故云行相。下言行相者皆准知。染习行相不一，故难详也。

净习行相，复难穷析。各举其要，染净相翻，都以三本。染习三者，曰贪、曰瞋、曰痴。是三为一切染业本，三者自身即染业，由此引生其他种种染业，故说为本。旧称此为三毒。贪者，染着相，谓于自身及一切所追求境，皆深染着，不能荡然无系故。染着二字，须自省深切始知之。瞋者，憎恚相，谓于他有情不能容受故，每怀憎恶故。有情者，众生之异名，以有情识故名。痴者，迷暗相，谓于真理无证解故，即于宇宙本原或人生真性曾不自识故，于一切事不明析故，于诸所作任倒见故。见解不正，曰倒。此三本惑，三者又通名为惑，是一切惑之根本，故云本惑。一切染业，依之得起。广说其相，当俟下卷。要之，此三都非本来清净性海中所固有，只因拘于形骸而始有的。易言之，即吾人的生命，缠锢于物质中，而吾人只是顽然一物，所以无端而起种种惑相。无端二字吃紧，惑无根故。物交物，故染着生；吾人拘于形，故自成为一物，以此物与他物交，则有染着，如颜料之于丝然，欲免于染不得也。物相排拒，故憎恚生；物本拘碍，故迷暗生。总之，吾人受拘形骸，或沦溺物质生活中，物质生活无可归咎，只沦溺便成大咎。才有一切惑业，即染业。成为惑习。即染习。惑习潜存，复乘机现起而为新的业，则惑益增盛。此人生所以陷于物化之惨，无由复其性也。

净习三者，曰无贪、曰无瞋、曰无痴。是三为净业，复为余净业所依。余者，犹云旁的种种。无贪者，离染着相，对治贪故。无瞋者，柔和相，混然与万物同体，故心恒慈柔和悦。对治瞋故。无

卷 中

痴者，明解相，随顺性智故，游心虚寂故，常自精察自己知见迷谬处，而自绳正之，因得进于明解。性智，见上卷《明宗章》。对治痴故。旧说此三，名三善根。一切净业，依引三者而起，故此三为万善之本。亦俟下卷，详说其相。儒者强恕于三善根亦是阶梯。三善根者，所以对治三毒。三毒要依身见起，身见系佛家名词，阳明所云随顺躯壳起念，亦同此旨。三善根则必破除身见。初惟顺性，而起对治，顺性顺字，吃紧。三善根皆净业，犹未即是性，只是吾人颇自本性，不为形役，而努力对治三毒。初时用功，正是勉强，不勉强，则将随顺躯壳起念，而无由顺性矣。终乃一任真性流行。至此则净业或净习，亦浑化无迹而与性为一矣。此中理趣渊微，非凡夫境界。故三善根初幾，非不由强恕。强恕正所以伏除身见故。恕则推己及人，未尝囿于一身之私。对治三毒，从强恕入手最切近故。对治贪，莫妙于恕，能恕则必克治一己染着之私矣。对治嗔，莫妙于恕，能恕则己所不欲，勿施诸人矣。对治痴，莫妙于恕，何以故？恕则能超脱于形累与情计之外，而神智独伸，痴自尽矣。故曰强恕，是三善根阶梯也。我们要知道，一切净业或净习，如强恕与无贪等三善根，乃至种种，都是顺性而起的修为，故说为业或习。此业或习，乃性之所由达也，此中意义，煞是难言。若非自己曾用功于此，而又切究华梵诸先哲意思能会其通者，无从明了此意。容当别为讲词。虽复名业或习，而性即行乎其中。一旦功行纯熟，功行者，即净业或净习之都称耳。纯则无染习之杂，熟则臻于自然，更不待着力也。则业或习乃浑化而与性为一矣。如舟中扶舵者，即身即舵，此其譬也。扶舵者之身，喻净业或净习。舵喻性。舵仗扶者之身而动，恒不失其主宰。扶者之身，为舵作运行的工具，而与舵完全叶合如一。故曰即身即舵，非其身与舵可分离也。是故习有染净，净习顺性，染习则与性违。染净消长，吉凶所由判，染长则净消，丧其生理，凶道也。净长则染消，全生理之正，吉道也。然生品劣下者，则唯有漏习一向随增，净习殆不可见。前面已经说过，功能者天事也，习气者人能也。人乘权而天且隐，吾人所禀之形，与其所造之习，

· 199 ·

通谓之人。已成乎人矣，则人自有权，而其天性反隐而难显。易言之，即后起的东西来作主，而固有的生命竟被侵蚀了。故形气上之积累，不易顺其本来。习与形气俱始，故是形气上之积累。染习则恒与形气相狎，而违拂其固有生理。净习虽与天性相顺，然即在人类欲其舍染趣净亦极难。故云不易尽顺本来。愚者狃于见迹见现，见迹谓染习。而不究其原，不悟众生本性皆善。因众生染习流行，遂以测生理之固有污疵。有宗立本有有漏功能，与儒生言性恶者同一邪见。果尔，即吾于众生界将长抱无涯之戚。然尝试征之人类，则通古今文史诗歌之所表著，终以哀黑暗、蕲高明，为普遍之意向。足知生性本净，运于无形，未尝或息。悠悠群生，虽迷终复。道之云远，云如之何。险阻不穷，所以征其刚健；无染习之险，何以见克治之健。神化无尽，亦以有夫《剥》极。物之生，不能皆灵而无蠹。人之习，不能尽善而无染。蠹与染皆缺憾也，《易》之所谓《剥》也。然天道无择于长育，圣哲常垂其教思，故神化无尽也。若有小心，睹宇宙之广大，将恐怖而不可解。《易》道终于《未济》，不为凡愚说也。《大易》之书为六十四卦，而以《未济》终焉。此义宏远。万物之变，万化之不齐，如欲一切跻于一个极好的境地，而绝无所谓不好者存，则是有绝对而无相对也。将绝对之名，又何待而立乎？须知，真理恒存，正以其有乖反乎真理者，而益见真理之不息而至尊。人生希望，唯存乎常处缺憾而蕲求不已之中。《未济》，诚终古如斯矣，夫何忧何惧。

三曰，功能不断，习气可断。可者，仅可而未尽之词也。功能者，体万物而非物，体万物者，谓其遍为万物实体。非物者，功能的自身，本无形相，虽为一切物之本体，毕竟不即是一切物，故不可以执物之见而测功能。本无定在，故乃无所不在。穷其始则无始，究其终则无终，既无始无终，便是恒常。故说功能永无断绝。此中所谓恒常，却非凝然坚住之谓。功能自体元是生生化化流行不息的，以其不息，故谓恒常。

或复计言："如人死已，形销而性即尽，性即功能，尽者灭尽。

岂是人所具功能得不断耶？"应答彼言：形者，凝为独而有碍；独者，成个体故。性者，本至一而无方。至一者，绝对义。无方者，无有方所故，不限于某一部分故。人物之生也，语性则一原，成形则不能不各独。形者质碍物，固非复性之本然已。但此性毕竟不物化，其凝成万有之形，即与众形而为其体。自众形言，形固各别也；自性言，性则体众形而无乎不运，乃至一而不可剖、不可坏。不可剖与坏者，贞也，性之德也。若乃人自有生以后，其形之资始于性者，固息息而资之，资始者，由形言之，形乃资于性以始也。形之初生，固资于性以始，形既生矣，则犹息息资于性也。非仅禀于初生之顷，后乃日用其故，更无所创新也。性者，万物之一原。由甲物言之，则甲物得性体之全，以成为甲也。由乙物言之，则乙物亦得性体之全，以成为乙也。丙物，乃至无量物，皆可类知。要之，性体非限于一物，而凡物之生，实无一不资于性体以有其生也。性体，是无尽的宝藏，凡物皆息息资之以生，非仅于初生时一次资之而已。故吾人的生活，息息创新，以性体为其源泉故也。易言之，是性之凝为形，而即以宰乎形，运乎形者，实新新而生，无有歇息之一期。然形之既成，乃独而有碍之物，故不能有成而无坏。但不可以形之成乎独且碍，而疑性之唯拘乎形中，遂谓形坏而性与俱尽耳。吃紧。性者，备众形而为浑一之全体，流行不息。形虽各独，而性上元无区别。一己与人人乃至物物，据形则各独，语性惟是一体。形虽有碍，而性上元无方相。方相者，形也。性则所以成乎此形者，而性本无形。以形之必坏，而疑性亦与形俱尽者，是不知性者大化流行，原非有我之所得私，执形以测性，随妄情计度而迷于天理之公。死生之故，所以难明耳。故功能无断，理之诚也，如其有断，乾坤便熄。岂其然哉！

习气者，本非法尔固具，唯是有生以后，种种造作之余势，无间染净，造染则有染势，造净则有净势。无分新旧，旧所造作者，皆有余势潜存。新所造作者，亦皆有余势潜存。辗转丛聚，成为一团势力，浮虚幻化，流转宛如。宛如者，流动貌。虽非实物，而诸势互相依住，恒不散失。此处吃紧。储能无尽，习气不散失，即是储留无尽的势能。实侔造化之功；王船山云：习气所成，即为造化。应机迅速，是通身物之感。物感乎身，而身应之，即由习气应感迅速。故知习气虽属后起，而恒辗转随增，力用盛大。吾人生活内容，莫非习气。吾人存中形外者，几无往而非习，此可反躬自察者。明儒唐一庵云：自生身以来，通髓彻骨，都是习心运用。俗人有俗人之习，学者有学者之习，古今有世习，四方有土习。真与习化，几成天作，每向自己方便中窝顿，凡日用睹记、讨论，只培溉得此习。中间有新得奇悟，阔趋峻立，总不脱此习上发基。吾人日常宇宙，亦莫非习气，各人的宇宙不同，即由各人宇宙由自己习气形成之故。如吾人认定当前有固定之物名以书案，即由乎习。若舍习而谈，此处有如是案乎，无如是案乎，便有许多疑问在。则谓习气即生命可也。宗教家说，人有灵魂，虽死后亦不散失。吾谓灵魂即无量习气互相结合的体系而已。儒者说，人死后有知气存，见《礼经》。知气盖即习气的复合体。谓之知者，习气自是一团虚妄分别的势用。潜存而未现者，虽不明了，要非无知，故云知气。总之，众生只任有漏习气作主，故习气便成为生命，而本来的生命反被侵蚀了。然则，习气将如功能，亦不断乎？曰：功能决定不断，如前说讫。习气者，非定不断，亦非定断。所以者何？习气分染净，上来已说。染净相为消长，不容并茂。如两傀登场，此起彼仆。染习深重者，则障净习令不起，净习似断。非遂断绝也，故置似言。又若净习创生，渐次强胜。虽复有生以来，染恒与俱，而今以净力胜故，能令染习渐伏乃至灭断。始伏之，终必断。断于此者，以有增于彼，染增则净断，净增则染断。故概称习，则仅曰可断，而不谓定断也。为己之学，哲学要在反求诸己，实落落地见得自家生命，与宇宙元来不二处而切实自为，无以习害性。孔子曰：古之学者为己，正就哲学言。无事于性，性上不容着纤毫力。有事于习，修为便是习。增养净习，始显性能，极有为乃见无为，性是无为，习是有为，习之净者，顺性起故，故极习之净，而征性之显。尽人事乃合天德，人事以习言，天德以性言，准上可解。习之为功大矣哉！然人知慎其所习，而趣净舍染者，此上智事。凡夫则鲜能久矣，大抵一向染习随增，而净者则于积染之中偶一发现耳。如孟子所举乍见孺子入井而恻隐之心，此即依性生者，便是净习偶现。若乃生品劣下者，则一任染习缚之长躯，更无由断。其犹豕乎！系以铁索，有幸断之日乎？故知染习流行，倪非积净之极，足以对治此染，则染习亦终不断。要之，净习若遇染为之障，便近于断。近字注意，净习虽无全断之理，然间或乍现，而不得乘权，则其势甚微，故已近于断。染习若遇净力强胜，以为对治，亦无弗断。故习气毕竟与功能不似也，功能则决不可计为断故。

综前所说，性和习的差别处，较然甚明。性谓功能，注见前。有宗乃混而同之，是所谓铸九州铁不足成此大错也。今此不宠习以混性，亦不贵性而贱习。性是真实，习本虚幻。然虚幻法，毕竟依真实法而起，既起便有势用，如何贱视得？虽人生限于形气，故所习不能有净而无染，此为险陷可惧。一流于染，即堕险陷。然吾人果能反身而诚，则舍暗趣明，当下即是。本分原无亏损，染污终是客尘。本分谓性。染习虽障碍本性，然本性要不因染障而有改易，故云无亏损。譬如客尘虽障碍明镜，然明镜实不因尘障而有改易，故拂拭尘垢，则鉴照朗然如常也。坠退固不由人，战胜还凭自己。人生价值，如是如是。使其生而无险陷，则所谓大雄无畏者，又何以称焉？佛号大雄无畏者。就因为他与众生同在险陷之中，他却能首先战胜险陷，而自拔出来，并且不舍众生，而愿尽拔出之，以一己与众生同体故。孔子"己欲立而立人，己欲达而达人"，与佛同一心事。

本论所谓功能，和有宗根本异旨，在上面所陈诸义中，已可概见。现在要把根本大义重行提示，以作本章的结束。

一、体用二词，虽相待而立，要是随义异名。注意。实非如印度佛家以无为及有为，析成二片，有为者，以心物诸行，皆有起灭故，有变动故，故名有为。亦非如西洋哲学家谈实体及现象，为不可融一之二界。融一者，具云融通为一。

二、至真至实，无为而无不为者，是谓体。无为者，此体非有形故，非有相故，非有意想造作故。无不为者，此体非空无故，法尔生生化化、流行不息故。

　　从其生化流行，彰以用名。然用即是体，非用别成一物，与体对待。若亲与子，非一身也。非字一气贯下。何以故？生而不有，化而不留，流行而无故之可守，一无形无相无想之本然也。无故可守者，谓虽发现生化而实无物，焉有故物可守？即用即体也，谁谓有异体而独存之用耶？

　　无形者，空寂也。空者，以无形无染名空，非以空无名空。下准知。无相者，亦空寂也。无想者，亦空寂也。空寂复空寂，离诸滞碍，含藏万有，具备万德或万理，无可称美而赞之以至神。神故生，神故化，神故流行不息，是故称之以大用也。用也者，言乎其神也。即体即用也，谁谓有异用而独存之体耶？

　　是故用外无体，体外无用，体用只是随义异名，二之则不是。

　　三、用也者，一翕一辟之流行而不已也。翕辟势用，刹那刹那，顿起顿灭，本没有实在的东西。然而刹刹势速，宛有迹象，如旋火轮。刹刹，具云刹那刹那。势速者，前刹那方灭，后刹那即生，新新而起，其势迅速。夫灭故生新，流行不住，虽无实物，而有迹象，如燃香火，猛力旋转，见有火轮，轮虽非实，宛尔不无。因此，不妨施设宇宙万象。

　　四、宇宙万象，唯依大用流行而假施设。故一切物但有假名，都非实有。不独现前桌子、椅子，乃至日星、大地，都是假名而无实物。即元子、电子等等，也都不是有实在的东西，也只是假名。云何世间执有日用宇宙？亦云现实世界。应知由习气故，见有实物坚执不舍。人生从无始来，染习炽然，于彼神化，无证解故，妄执化迹为实事故。化迹者，犹言大化流行之迹象。实事，犹言实物。故一切法，随情不妨施设，谬执终成过患。随顺世间情见，曰随情。邪谬执着，曰谬执。

　　五、穷神顺化，即于流行而识主宰，于迹象而见真常，故不待趣寂，印人厌离世间，趣向寂灭，非吾所许。而生无非寂也。生生之妙，无有留滞，所谓生而不有，生亦寂也。

　　上来假设功能，以方便显示实性。今当覆取前章《转变》。谈心物而未及尽其义者，郑重申之，曰《成物》、曰《明心》、以次述焉。

卷中后记

【释体用】《新论》纲要即体用义，读者仍多茫然，今更略为阐述。治哲学者须于根本处有正确了解始得。若根本不清，即使能成一套理论。亦于真理无干，只是戏论。哲学上的根本问题，就是本体与现象，此在《新论》即名之为体用。体者，具云本体。用者，作用或功用之省称。不曰现象而曰用者，现象界即是万有之总名，而所谓万有实即依本体现起之作用而假立种种名。天地人物等名。故非离作用，别有实物可名现象界，是以不言现象而言用也。

本体现起作用，亦云体现为用，或云由体成用。此语须善会，不可妄计体用为二。哲学家往往误计本体是脱超于现象界之上，或隐于现象界之背后而为现象作根原。此乃根本迷谬。《新论》谈体用，正救此失。

体是无方所无形象，而实备万理含万善，具有无限的可能，是一真无待，故说不易。

用者，言乎本体之流行，状夫本体之发现。因为本体是空寂而刚健，空寂之空，非空无义，以无方所、无迷暗，故名空。寂者寂静，极虚灵故，无昏扰相故。刚健则力用至大至强至神。故恒生生不已，刹那刹那，新新而生，不守其故。化化不停，刹那刹那，变化密移。即此生生化化，说为流行，亦名作用或功用。

克就体言，是一极绝待，无方无相。无方所，无形相。

克就用言，是幻现相状，宛尔万殊。大用流行，有迹象现，如电光之一闪一闪，而似有物事如赤色者现。此赤色，即是闪动之迹象，亦云相状。本体之流行幻现相状，义亦犹是。既有相状，便宛尔成众多之相，非是一相，故云万殊。所谓万有，即依流行之相，而假立种种名。

体，喻如渊深停蓄之大海水。

用，喻如起灭不住之众沤。

曾航行海洋者，必见大海水全体现作众沤，不可于众沤外别觅大海水。又众沤各各以大海水为其体，各各二字注意。非离大海水而各有自体。非字，一气贯下。

体与用本不二而究有分，虽分而仍不二，故喻如大海水与众沤。大海水全成众沤，非一一沤各别有自体。沤之体即是大海水故。故众沤与大海水本不二。宗教家说上帝造世界，而以上帝为超越于世界之上，即能造与所造为二。哲学家谈实体与现象，往往有说成二界之嫌，其失亦同宗教。然虽不二，而有一一沤相可说，故众沤与大海水毕竟有分。体与用本不二而究有分，义亦犹是。沤相，虽宛尔万殊，而一一沤皆揽大海水为体故，故众沤与大海水仍自不二。体与用虽分而仍不二，义亦犹是。体用义，至难言。如上举大海水与众沤喻，最为方便。学者由此喻，应可悟入。哲学家或只承认有现前变动不居的万象为互相联系之完整体，即计此为实在。如此计者，实只知有现象界而不承认现象之有其本体，是犹童稚临洋岸，只见众沤而不知有大海水。

或虽计有本体，而不免误将本体说为超脱乎现象界之上，或隐于现象界之后，致有二重世界之嫌。其于体用之本不二而究有分，虽分而仍不二者，从来哲学家于此终无正解，此《新论》所由作。

已说体用，再克就用言之，则用非单纯的动势，必有两方面，曰翕曰辟。翕辟只是方面之异，自不可看作截然二片的物事。辟乃谓神，神即心。翕便成物。现似物质，而非果有实质。物有分限，神无分限。心是无在无不在。《华严经》七处征心，十番显见，形容得甚妙。神遍运乎物而为之主，此理之常；物亦可以乘势而蔽其神，此事之变。物成，即不能无坠退之势。无机物犹不得发现心神，植物似已发现心神而仍不显著，乃至人类犹常有心为形役之患。物能障蔽心神，乃后天事势所有，不容否认。但神终为物之主，可以转物而不为物转，究是正常之理。然神毕竟主乎物，宇宙自无机物而有机物，有机物由植物而动物，而高等动物，而人类，乃至人类中之圣哲，一层一层，见心神逐渐显著甚大，确尔官天地，宰万物。而事势终亦不越乎常理矣。自《新论》问世以来，读者每不寻其底蕴与条贯辄为不相干之攻难，故复撮要言之。

【释体常义】本体真常。老子言常道，道者，本体之目，常者真常。佛氏言真如。佛说真如，亦本体之目。真谓真实。如者，常如其性，不变易故。论与疏皆云，真即是如，言真实即不变易，不变易者言其常也。西洋哲学之中否认本体与夫以动变言本体者，可勿论；若其以真常言本体者，亦与东哲真常意义，有相通处。至其陈述所见，有仁智浅深等等不齐，其思想各成体系，则吾《大易》所谓"一致而百虑"也。本体真常是一致处，而向下所见各不同是百虑处。余于真常意义，体究数十年，若道本体不是真常的，则虚妄法何得为万化根源，何以名为本体？若道本体底自体是真常的，却又当深究。须知，一言乎本体，他便不是空无的，故有其自体可说。但此真常之云，既以不生不灭、不变不动为义，则此本体便是兀然坚凝的物事，他与生灭变动的宇宙互相对立，如何可说为宇宙本体？吾于此，苦究数十年，直至年将半百而后敢毅然宣布《新论》，以体用不二立言者，盖深深见到、信到，不能把本体底自体看做是个恒常的物事。而恒常者，言其德也。吾取一譬，如《易》之《坤卦》，以地方为言，后人遂谓《易》言地之自体是方的，此实错误。方者，言地德也。方故，承《乾》而无邪曲，此地德之所为美也。吾《读经示要》已解明。以此例知，曰真、曰常，皆从本体之德以彰之也。

儒者言天何耶？天者，本体之目即真常义。《中庸》卒章，引《诗》曰"德輶如毛，毛犹有伦，上天之载，无声无臭"，至矣。此以虚无言天德也。无声无臭，即是虚无义。虚无者，无形无象、无染污、无作意故名，非空无之谓也。言诚，即真实义，亦言其德也。言刚健、言生化，亦言其德也。言元亨利贞，皆言其德也。德字义训曰德者得也。若言白物具白德，则以白者，物之所以得成为是物也。今于本体而言真常等等万德，则真常等等者是乃本体之所以得成为宇宙本体者也。若无是诸德，何得肇万化而成万物，即本体之名，无可立矣。

德字含二义，曰德性、曰德用。德性之性，不可以西文性质字译，此性字极灵活也。德用之用，亦不可以西文能力或作用翻，此用字极灵活也。此等名词，望细心斟酌，勿便姑置。此答贺自昭书。真常等义，以本体之德言，而非以本体之自体言，此宜深究。若暗于此者，不可通《新论》。

【释理】宋儒似有云，理虽散在万事，而实管乎一心。语句或稍不同，不能全忆，而意实如此。每闻学者好举此语，实不澈也。由此说，理仍纯在事物上，心能管统事物之理而心犹不即是理也。凡宗守朱子之学者皆主此说。若如我义，心物根本不二。就玄学上说，心物实皆依真理之流行而得名。真理即本体之名，佛家以真如名为真理。伊川、朱子好云实理，亦本体之名。此义见透，即当握住不松。因此在量论上说，所谓理者，一方面理即心，吾与阳明同；一方面理亦即物，吾更申阳明所未尽者。程子曰理在物，科学家实同此意。如此，则先肯定实物，再于物上说有个理，是乃歧物与理为二也。自吾言之，物之成为如是之物即理也，不可将物与理分开。据常识言，即执物而求其理，智者却于万物而识众理散著。由此见理世界实无所谓物的世界也。你谓然否？吾欲《量论》中详谈理。老当昏世，恐未能也。《新论·功能下章》有一段谈理气，而说理之一词，通体用而言。用之一名，核以吾义则先儒所谓理气之气亦即是用，而用亦即是理，固不当离理与气而二之也。

伊川云："冲寞无朕，万象森然已具。"以吾义通之，冲寞无朕，说为一理。万象森然，不可徒作气来会。当知万象森然，即是无量无边的众理秩然散著也。万象云云，即无所云用，用即众理散著。前言用亦即是理者，以此。冲寞无朕，而万象已具，是一理含无量理，故言体而用在。又当知，万象森然，仍即冲寞无朕，故言用而体在。是无量理本一理也。一为无量，无量为一。宇宙人生真蕴，如是而已，妙极。

　　哲学谈到形而上之理，自是真真实实的物事。佛家云真理，伊川云实理，义意深微。如非真实，何能备万德而肇万化乎？空洞的形式，无实体而靡所寄，且无能生德用，将别假材料而与之合以成物。不悟空形式与顽笨材料，二本相离，又如何结合耶？前儒言理气，已多误。程朱犹未免支离，后学更甚，今更不堪问矣。答贺自昭。参看上卷《唯识上章》谈理处，及下卷《成物章》谈范畴诸文。

卷下之一

第七章 成物

　　常途提及一物字，总以为物者物质，即是有对碍的意义。对者碍义。凡物有实质故，故名对碍。质即是碍故。印度唯识论师说器界及五尘并有对碍，顺俗谛故。器界相当于俗云自然界。五尘者，色声香味触也。案彼听说，器界则是第八识见分所变相分。每人各有第八识，非共同也。人之一生有死期，而此第八识无死期。远从无始，以至未来，不知其尽也。器界即是第八识见分所变现之相分，非离第八识而独在，故成唯识。然诸论师如护法等，则许此相分有自种子，非与见分同种生云。五尘则是五识见分各自所变现之相分。如色尘是眼识见分所变相分，声尘是耳识见分所变相分，乃至一切所触尘法，是身识见分所变相分。但此云五尘是有对碍。易言之，即具有实质之物。世或误解，当别为辨。据护法等义，此等相分亦各各有自种子，非与见分共一种生。诸见变相，识有八聚，即是见分有八，故置诸言。元非凭空突起。旧师盖建立本识，以含藏一切种。第八识亦名本识，种子亦省云种。此言一切者，谓八识聚各各见分、相分，皆各有自种。数无量故，今通言之，复以一切相种依一切见种挟带力故，得生相。谓相种虽亲生相分，而必由见种挟之以起，始得生相也。以见种于相种为主故。是故举果赅因，而说一切相是一切识之所变现。旧师树义盖如此。此中识者，即谓见分。因果者，相、见二分，对彼所从生之各自种子而言，即名为果。相、见种子，对其所生之相、见二分而言，则名为因。有问："相种得见种挟起，

·213·

新唯识论

而始生相。应云此相从种子变生，何名识变？"答曰：克就因位言，应说种变。若通果位言，可云识变。然今此中欲显举果，便已赅因。故说相分依识变现，非不隐含种变义也。又此中据二分立义，与《三十论》谈因变果变义者颇异。然非不可会通，当别为论。夫谓人各具一本识，含藏一切种，是生心物诸行。行字义，见上卷《转变章》。如其说，则与外道神我论同其根底，且为极端的多我论者。从来谈佛法者，皆谓佛家破我。实则佛家之本识，非神我而何？众生各各有一本识，即是多我论。至其破我之云，乃是因吾人于我起执，故施破斥耳，非真破我也。于我而起执，即起惑造业，长溺苦海。所以破我，实破执也。印度唯识哲学，毕竟不脱宗教思想。因为此派哲学，根本未曾变更神我观念。当别为论。

　　附识：佛家说每人有八个识，而于每一个识可析为二分，曰相分及见分。此二分或各有种。第六识等，其相分亦有与见分同种生者，故置或言。参考《佛家名相通释》。例如眼识。以图表之，如下。

眼识见分种（因）⟵⟶ 眼识见分（果）
眼识相分种（因）⟵⟶ 眼识相分（果）

眼识如上图。耳识乃至第八识，均可例知。然一切识虽皆析言相、见二分，但诸识相分，有非物界所摄者。故此中不论。此中物界，亦云物质宇宙。如第六识独起思构时，必变似所思之相分。详在《佛家名相通释》。但此相分，虽是心上所缘之境，而此境究不是物质的。第七识计有自我，必变现一似我之相分。此相非物质的不待言。第八识相分有三部分：曰种子，曰根身，曰器界。种子是第八识中所藏，非其所变。但第八见分以种子为其所缘之境，故得名相分。根身据云有自种，亦说为第八见分所变。然是清净色，极微妙故，即不同常途所谓物质。故唯器界相当俗所谓物质宇宙。除第八所变器界以外，五识所变色等五尘，亦皆是物质的。学者如欲详究旧师相分义，可参看《佛家名相通释》。

旧师印度唯识师。以本识中种子说明物界所由起，虽彼亦以种子说明心界所由起。今在本章但约物之方面言。适成戏论。详彼所执本识既同神我，而本识中种是为具有能生的力用，而沉隐以为万有根原的实体界。亦名种子界。此一切种所生一切相、见，差别显现，是为现行界。差别者，言其万殊。种现二界对立，纯是一种谬妄的猜想。中卷屡经破斥，此姑不赘。总之，旧师的见地与其立论的根本旨趣，是我所不能赞同的。因此，旧师所以说明物质宇宙的一套理论，也是我所视为戏论的。

附识：有问："相、见二分之名词作何解者？"答曰：见者，识别了解等义。相者，相状或境相义。云何言分？须知，旧师谈心，只是用一种剖解法。他把心剖作二分，甚至可以剖作三分或四分。不过，第三第四两分，均可摄入见分。遂以相、见对开，而说二分。详在吾著《通释》。见分，就能缘方面言。常途所谓心，即见分是。相分，就所缘方面言。常途所谓物，即相分是。但据旧义，八识各别。故意识等相分，有不可摄属于常途所谓物者。见前段附识中。旧师之论，本不许有离心独在的物。故破除外物之观念，而把物名为相分，即是当作心之一分。然而用剖解法，析成多分，如将物质破作段段片片者然，终成过误。彼亦知其不妥，故又云以相摄入见，名为二识。详基师《述记》。然既已破之，又复拚合拢来，适见其辗转自陷也。旧师理论上之缺憾，往往如此。

上来略叙旧义，加以驳斥。今次当申述我底本旨。我以为物质宇宙是本来无有，而不妨随俗建立。我要说明这个意思，又非从宇宙真际说起不可。中译佛籍以真际为真如异名。真如又即本体之异名。

新唯识论

真际者，真谓真实，无虚妄故。穷理至此方是究竟，故说为际。真际者，恒转也。恒转即本体之异名。见上卷《转变章》。恒转是至无而健动的。无者，无形，非是空无。无形故绝待，绝待故至真至实，真实故健。无形而健，故生化无穷，亦名为动。夫有形者域于形。域于形者即凝固而为死物，无健德可言，无生化可言。唯无形而实不空者，其德至健。而生生化化，无有穷竭。即此生化，亦名为动。健以动，故无所留滞。化而恒舍其故，生而不有其成。此庄生所谓运而无所积，乃恒如其寂无之本性，详玩《转变》《功能》诸章。是故我说恒转亦名真如，非异恒转别有无为法可名真如也。又此恒转，亦截然不同旧师所谓种子。旧师种子是拟物的观念。彼所谓种子，实依世间草木等种子，比拟而构成此观念也。其为妄构不待言。本论所云恒转，则直就生生化化不息之实体，而强为之目，所以异彼种子。这段话的意思，本已散见中卷。因为在本章中要将常途所计执为实有的物质宇宙，给他一个正当的解说，就不得不从根本原理上郑重提示一番。根本原理一词，乃指真际而言。

　　在中卷里面曾经说过，恒转亦名功能。又复说言，功能是浑一的全体，但不是一合相，而是有分殊的。即全中有分。虽是分殊的，而亦不是如各别的粒子然，即不同旧师种子。却是互相融摄，成为一体的。即分中见全。详在第六章《功能下》。设复有问："功能本是浑一的全体，如何而有分殊？"应知功能自体备万德，具众妙，是一切圆满，无所亏欠，无有滞碍的。如何可以呆板的物事来猜拟他？

　　功能既有分殊，即不妨于全体中假析言之，而说为一个一个的，或许许多多的功能。换句话说，即是一为无量。就其为全体而言，是谓一。于全体中见分殊。而说为许许多多的，是谓无量。以至一而含无量，故云一为无量。亦复应知，无量功能互相即，一切即一。一即一切。互相涉，一切入一。一入一切。而为浑一的全体，非一一功能各各成独立而不相涉不相即之小粒子。非字一气贯下。应复说言，无量为一。

　　现在，且克就分殊方面言。即无量功能中，每一功能均具翕辟两方面。易言之,即每个一翕一辟的动圈,假说为一个功能。夫辟固无形,而翕亦未始有质也。翕辟,只是同一动势的两方面,元非实在的东西。故假说为动圈。这种动圈的形成,就因为翕的势用,是尽量收凝。我们可以把每个收凝的动势,均当做一单位。这种单位,不可说是凝成了一小颗粒,也不是成为一道圈子的相状。然而,我们谨防人把他收凝的动势。当做小颗粒来猜想。所以,勉强用动圈一词来形容之。圈字,是把每个收凝的动势,均当做一个单位的意思,并不谓每个收凝的动势,是各成一道小圈子。此处难措辞,须善会。每个动圈里面,均有辟的势用,弥满充周于其间。因为辟是无封畛的,是无定在而亦无所不在的,因此,应说翕不是离辟而孤起的。申言之,翕的本身亦是辟。并不是异辟而别有来源。本体是举其全体显现为翕和辟。辟则冲寂刚健,而无方相。乃如其本体之自性。翕的势用是收凝,将有物化之惧,殆不能保任其本体。然此收凝的势用,其本性要不异辟,以本体无二故。但辟要表现他自己,不能没有资具。否则辟的动势,只是浮游无据,将何所藉以自表现耶。因此之故,辟的势用,决定与收凝的势用,即翕。恒相俱有。但辟的势用本无差别,而翕则是有差别的,是多至无量的。每个翕之中,皆有辟的势用周运其间。所以,就每个翕上说,可以当做一单位,可以名为动圈。实则每个动圈之中,均有辟的势用在,决没有纯翕而无辟的这种动圈。元来辟是无差别,本不可以动圈言。但因其与翕不一不异,即从翕而说为同一动圈。不异者,翕辟无二体故。不一者,翕是收凝而将成物,辟是健行而无形故。前面所云,每个一翕一辟的动圈,假说为一个功能。实则功能所以有分殊,而可说为一个一个的者,只以翕之故,才有分殊耳。

　　就功能之收凝的方面而言,便谓之翕。翕故成为动圈。动圈一词即表示每个收凝的动势,可当做一单位,如前说讫。夫翕者,于至无而动之中,始凝而兆乎有者也。至无者,言乎体也。至无而动,则体之显现而为万殊的妙用也。妙用之行,必有其收凝的一方面。此收凝即有之幾兆,所谓翕是也。动势之始凝,本无形也,而已凝焉,则有之幾也。形物著见，名之为有。见去声。收凝之势，虽未成乎形，而已为形物所自始，故曰始凝而兆乎有也。

如前已说，物质宇宙是本来无有，而又不妨随俗建立者。称体而言，此中称者，如实相应之谓。一真无寄，一者，绝待义。寂然清澄，无形无象，声臭俱泯。既已言诠不及，亦复心行罔措矣。故说物质宇宙本来无有。当知，是如实说。理实如是，即说如是。名如实说。然称体起用，状体曰无。以无相无染故，非空无也。不无，故全成为万殊的用。喻如大海水全成为众沤。此中称字吃紧。一一用上，皆具全体，譬如一一沤各以大海水为体，故曰称也。他处用此词者，皆准知。不能不有所收凝，收者，收敛。凝者，凝聚。他处准知。上文所谓始凝而兆乎有者是也。凝而兆有，故物质宇宙不妨建立。

夫凝者，本于无。凝者具云收凝，即翕之代词。下仿此。无谓体。全体成用，用不孤行，必有其收凝之一方面。故凝亦用也。而用非与体为二，乃即用即体。岂异于无，而别有凝者存耶。无者虚也。至真极净沕穆无形，故虚。虚，至一也。无对故至一。虚而之凝，此语须善会。即虚而凝，非可索虚于凝之外。即凝而虚，无可求虚于凝之前。此理须沉思深体之。遂以成多。故一立而数起。有一则有二，有二则有三。自此以往，而数不可胜穷矣。虚以含万有，而数乃无贼。众理备也。知虚凝本一致，详上注。一多互相即者，一即是多，多即是一，故云互即。造化之奥昭然矣。

或复问言："虚本至一，其显为用也，凝以成多，何耶？"答曰：凝者，动而极敛，将成为物。将字吃紧，非果成为实物也。敛而将物，遂不期而分化。不期者，大用显现，非如人之起意筹度故。若无分化，则将一味散漫而不得极敛。故收敛之极，必分化而成为无量的动圈。譬如水蒸汽在空中，只是游气遍布而已。气体浮游，不固定故，曰游气。本《正蒙》语。及其渐凝也，则分化而形成无量的点点滴滴。注意，凡噛只取少分相似，不可执定譬喻，求其全似。由此譬况，可悟凝敛必至分化。亦缘分化，乃极凝敛。此乃造化之妙也。凝则成多，分化之谓也。我们于俗所谓物质宇宙解析到最后的太素，太素一词，见易纬。今借用之，略当俗云元素。只是前文所谓无量的动圈。每一动圈，即一单位。这些单位，就是物质宇宙的基本，所以说为太素。儒家的巨典如《中庸》曾有云："语小，天下莫能破焉。"其所谓小，盖即吾所云动圈是也。每一动圈，即是凝敛到极小的积，故可名为小。积字，曾见《转变章》，只是凝聚的意思。非谓其已成形物也。我们设想把这种积，用剖解的方法来破析他，毕竟无可破析，因为物质才可破析。今则物质的观念，既已遮除，而穷到极小的积，便不可当做形物来想。如何可施破析？这种莫破的动圈，我在上卷里曾名之为形向。详《转变章》。形向者，谓其未成乎形，而有成形的倾向也。每一形向，元是极微小的凝势，虽未成形，但凝敛之极，已有成形之势。故云凝势。可以名之为小一。惠施曰："至小无内谓之小一。"今借用为形向之别名。无内谓不可分也。若可分，则有更小于此者。今此不可分，则其小已极，无复有更小于此也。一者，谓每一最小的凝势，均是一单位。故谓之小一。此小一或凝势，是刹那刹那，生灭灭生，流行迅疾，势用难思，可以名为势速。这些势速是千条万绪，极其众多的，无量无边的。可以图表之如下。

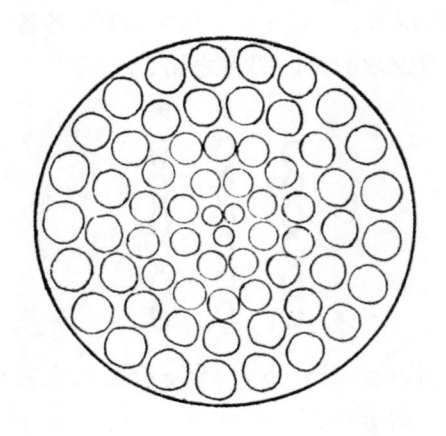

附说：图为一大圆圈，是表示浑一的全体。其内含许多小圆圈，是表示全中有分，也就是一中有多，**一谓全体。多谓各个势速或小一，即全中之分。**兼表示每一分皆具全体。如上卷《明宗章》所举海沤喻。每一沤皆具大海水全体。图中小圆圈之数，却无定。非有意为之安排多少数目也。但亦不无意者，只表示多数而已。图取圆形者，乃取《易传》圆神不滞的意义。或作循环解者，便大误。他处用圆图者，均仿此。

或复有难："如公所言，体则是虚是一，用则凝以成多。自多的方面言之。每一凝势为一单位，谓之小一。无量小一，为物质宇宙的基本。若尔，更有一问题，即此无量的小一，将是各各为生灭相续，流转不已的单位耶？抑各单位皆刹那肇创不必以新生为已往之续耶？"

由前之说，则诸小一似有定数。如甲小一，初刹那才生即灭。次刹那继起，亦复即灭。自此以往，刹那刹那，均是才生即灭。据此可知，甲小一虽复刹那刹那，没有丝微的物事留住。然其势用恒是前灭后生的，如此相续流转下去。譬如一人之身，总是新陈代谢的，相续流转下去。甲小一如是。乙小一，乃至丙丁等等，以及无量的小一，亦莫不如是。这样说来，一切小一，从无始来，各各等流，相续流转，曰等流。当然是有定数的。以图表之如下。

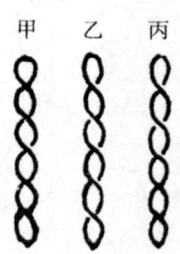

甲　乙　丙

附说：图中第一行，初一圈表示甲小一在初一刹那才生即灭。次一圈表示次刹那继起的甲小一虽不即是初刹那的甲小一依旧延持而下，但是，继续初刹那而起的即是甲小一续生。第三圈以下，均可类知。第一行甲小一如此，第二行乙小一及第三行丙小一，皆可类推。

从图之甲乙丙各系列看来，一切小一，如甲乙丙各自等流。据此可见，从无始际，小一有多少头数，以后便永远是那样多的头数。因为后起的小一都是过去的接续者。如图之甲乙丙各系列中，都是后后继于前前。不能于原始所有的头数以外，别有创新。所以说有定数。

小一既是物质宇宙的基本，而他小一。却是有定数的。又复每个小一，虽云刹那不住，然通多刹那言之，却是相续不断绝也。如甲小一从无始来尽未来际，刹那刹那，生灭灭生，恒无有断。推之无量小一，亦莫不然。据此说来，小一既有定数，复具恒性，小一不断绝，即是具有恒常性。是等见解，未免以小一视同物质的分子，适成机械论。非真知化者也。

如实而谈，凡诸小一，都是刹那诈现。一刹那顷，才起即灭。本来无有丝微的物事可容暂住，故云诈现。本无自性。犹云没有独立存在的自体。原其所自，盖乃寂然真体，确尔显现。小一非有质也，只是一种凝敛的势用而已。此即真体之显现也。真几之动，真体虚寂，而不空无。何以知其不空？即其动不容已而知之也。既于动而识体，则不可离动觅体，亦明矣。将显其健进，健进，即所谓辟是也。必先之以凝敛。凝敛，即所谓翕是也。此中先字，只约义理说先后，不是有时间上的先后，须善会。覆玩上卷《转变章》。如不有所凝敛，则其动也，只是浮游无据。亦无所凭藉，以彰其渐进之德矣。唯凝敛，而遂分化以成众多的积。积字见前。则健进之力，畅行于其积之中，而益显其至刚之运，通达而无所阻，纯粹而不可挠。此动之所以有健进与凝敛二势也。凝敛，若将物化，自与健进的本体相反。然非凝敛成积，则虽固有健进之势用，而以无所凭之具故，则亦无以显其健进矣。故凝敛者，乃真几之动，自然会显为如此。设问："此中是否有意？"当答彼云：造化有心而无意，容后方详。造化一词，见上卷《转变章》。总之，凝敛与健进只是浑一的动之两方面，没有两方面的相反相成，也无所谓动。亦复应知，由相反相成，而只见夫凝势，虽若物化，而终顺以从健。健则纯刚纯善，而不靡于凝以物化。是故于动用处，而知其即是真体显现，无可离动觅体也。此处吃紧。以上一大段话，似已总括本书根本大义。要须知此，然后了解凝敛的势用，即所谓无量的小一者，元属真幾微妙。真体成用，欲显其健进必凝摄为无量的小一，而健进始有所凭之具。反以相成，故云微妙。不可夹杂实物的观念来猜测。在前文所述或人的疑问中，曾经设想到小一也许是各各为生灭相续流转不已的单位。如甲乙丙等等小一，应是各各等流的。这样说来，小一便成有定数与有恒性的东西。前已叙讫。或人此种疑问，不免把小一当做一颗一颗的实物来想。所以计度小一也许是各各自类相续。如甲小一，是刹那刹那前灭后生而不绝的，此为甲小一自类相续。推之一切小一，莫不皆然。他或人不能解决这个疑问，就因他的量智作用，一向着物，所以不能不胶滞于此。着物之着，是染着义。宜深切自勘。量智，是从历练于事物方面而发展的。因此，本量智以穷究道理时，总不免依据物理界的经验去推索。而于理之极至，本不可当做一物事以推之者，彼亦以物推观。此之谓着物。实则，真体成用时，谈理至此，本无所谓时间。但为言语之便，而置一时字。其显为凝敛的无量的小一者，只可借用吾先哲老子书中所谓"众妙之门"一词以形容之。妙者，神妙不测之谓。妙而曰众，言其无有限量也。凡形物，皆有限量。今此不可以形物求者，焉得有限。门者，所由义。惟其神妙，故为万物所由之而成也。夫大用流行中，不得不有所凝敛以为健进之具。然依凝敛，乃有万物可言，不凝敛，即无物矣。但所云物者，幻迹耳，非有实物也。因此，不可说一切小一，可以各各自类相续。如果一切小一，是各各独立存在的东西，那么，就应许他是各各自类相续。今所云小一，既不是一颗一颗的实物，便无各自相续义。

我们应知，一切小一，都是顿现。一刹那顷，才起即灭，不暂住故。故云顿现。前不至后，后不承前。前刹那的小一既不曾延持至后，后刹那续起的小一实是突起，非有所承受于前也。此不至彼，彼不因此。此时此处的小一，不曾至于彼时彼处。彼时彼处的小一，亦不因此时此处而有。夫谈义至此，本无时与处可说，但以语言方便故，假说时处耳。所以一切小一，各各均是刹那顿现。实际上没有那一个小一是可以当做一件物事看待，及可以说他是刹那刹那，生灭灭生，自类相续的。实际至此为句。我们推想他小一是自类相续者，其所以错误，大概由误计小一为实物故，即赋予以时相和空相。所谓小一，本非有物，即无时空可言。今误计小一为实物者，即于小一而赋以时相和空相。意谓此小一虽是每刹那顷，才生即灭，但刹刹续生。刹那省云刹。即刹刹皆有所据。刹刹相续，是时相。刹刹有所据，是空相。如前图，所列甲乙丙诸小一，各各自类相续，这种意计，确然是有时空观念从中作祟。

谈至此，我要对于时空，略说几句。我以为时空本非实有。只缘量智一向求理于外，即以为有外在的物事而去推求。如此既有物相存，则时相、空相乃缘物相俱起。何以故？有物相故，必计此物延续。若无有延续，便无物故。然于物计为延续，即时相起。又有物相故，必计此物扩展。若无有扩展，亦即无物。然于物计为扩展，即空相起。扩展，谓有形体扩张展布，即空间相。所以说时空相缘物相始有。实则，物界本依俗谛施设。世俗共许为实有者，曰俗谛。亦云世谛。随情安立故。于真谛中，本无有物。超越世间情计，契应真理者，曰真谛。何以故？因于一切物而冥证本体，即廓然无有物相可得故。物相泯绝，时空相即俱泯。故说时空本非实有。现在，我们谈到小一，却是依据真谛以假设俗谛。故乃权宜方便，显示真体成用，其健进也，必有所凝敛，而始资之以显健德，不凝敛则大用之行亦浮游无据，无以成其健进矣。唯凝敛，乃成为无量的小一，而群有遂兆于兹。此俗谛所以不妨施设。然复当知，小一者，大用流行，迅疾以凝。其凝敛也，必流行之势用，极为迅疾，始有所凝耳。如旋火轮，旋转势用猛疾，乃宛若有所凝如轮者。此譬虽近，而推原万物之始，其初凝也，亦不外流行猛疾所致耳。夫刹那不住，何猛如之。此所以名为大用也。凝故分化，成众微势，谓之小一。众微势者，众言众多，数无量故；微势者，每一小一，只是一种凝敛的势用。以其极端收敛，成为最极微小的一团势用。故云小一。小一者，用也。用也者，真体之显也。用者，即体之显现为如是用耳。故体者，用之体。岂可用外索体耶。故小一，不可以物测。虽有凝势，而未成乎形。无形而有分。其凝也，便成散殊的。既散殊，而亦非凌乱无序的。故云有分。分理已具，而毕竟无形。此小一所为不可以物测也。谈至此，我们于所谓小一，不容夹杂时空观念来理会之，只好冥心无物之地。物相既遮，时空相俱遣。智与神会，神者，大用不测之称。思与化通。此中思字义深，非常途所谓思想。通者，冥会为一，非以此通彼也。而后免于戏论。

或有难云："如公言，一切小一，非是从其本际以来，各各自类生灭相续，而只是刹那刹那，各别顿现。易言之，即刹那刹那，都是肇创。无有后后，续于前前。是义诚尔。便应一切小一，犹如空华，毫无根据。又应刹那刹那皆是幻现，都无法则。"刹那刹那，通多刹那言之也。如是二难，当以次答。且答初难。至理非言说所及，尤为凡情所不悟。强以喻明。曾航海者，皆只见无量众沤。众沤，喻一切小一。若离众沤，无别大海水可得。大海水，喻本体。所以然者，众沤，皆揽大海水为体故。大海水，全显作众沤故。须知，任举一沤，皆以大海水为体。众沤顿起顿灭。不可说某一沤，从其前前至于后后，刹刹生灭相续，或自类延持不绝也。不可至此为句。此中延持者，谓若每一沤各自类相续，即延持义。众沤各各顿现，都无定实。非固定故，非实在故。焉有自类前后延持。然沤虽不实，非如空华无体。一一沤，皆揽全大海水为其体故。故不应为沤别寻根据。今所谓小一，虽复各别顿现，无一小一得有自类生灭相续，犹如幻化。虽复至此为句。然诸小一，亦非如空华无体。每一小一，其体即是真如妙性故。妙性，犹言妙体。基师常以真如妙体为词，言真如自体至微妙，非有相状或声臭等等可睹闻嗅尝故。故知小一，非无体法。无体法者，如空华或龟毛兔角，只有名言，而实无彼法。不应更诘有何根据。

答次难者。法则一词，可以包含规律、形式、条理、秩序、型范等等意义。这种法则，是与法相俱有故。法相一词，见中卷。相起，即有物有则。如方圆等等形式，是法则。必须有方的或圆的各类法相或事物，才有方圆等形式与之俱在。不可计法则为一空洞的格式，可以离一切法相而独存于另一世界。相泯，而法则并遣。故言则者，不离于相。我们应知，小一是刹那幻现，没有定相的。因此，说他小一是没有定则的，即其才起即灭，如此诡变，是无有定则可以管理他的，然亦不能说他无法则。前面说过，无形而有分。分者，分理。即是法则的意义。他是各别顿现，即不是无分理的。如何道他都无法则。尤复当知，我们说他才起即灭，无有定则，却不妨说这种无定则便是他具有的则。我们在经验界里，惯寻事物的定则。因欲推之于超越日常生活的境地，即所谓神化不测之妙亦冀其有定则可寻也。寻之不得，则以为无则焉耳。不知神化之妙乃天则自然，岂曰无则耶。老子曰："道法自然。"夫老氏所谓道，极至之称也。道者，万物所由之而成也，即万物之本体，故是理之极至。而曰道法自然，岂道之上别有自然耶？老氏盖谓道之发现，乃无所待而然。无待而然，谓之自然。自然者，乃道体天然自具之则也，故曰道法自然。岂谓别有高出于道之上者，为道所取则耶？夫无待而然者，殊诡奇谲，不可更诘所由然，而固已然矣。其然，即有则也。若何云无则耶。《易》曰："不可为典要，唯变所适。"典要者，常途所云定则是也。此等定则，只是吾人对于经验界的物事之一种解释。以此猜度大用，或神变不测之地，则成倒妄。故曰不可。大用之行，只是唯变所适而已。以俗语翻之，他变要怎生变，就怎生变去便是了。怎生一词，朱子集中常用之，盖当时通行白话。今俗言怎样，或如何样的者，近此。所以我人不可以意为之定则。然而他要怎生变，就怎生变去，这里正可见他的天则自然处。他无所待故，不受任何约束。但如欲以依据经验界的定则求之，便觉得他是无则了。据此，若计小一幻现，不可以定则求之，即谓为无则者，却是倒见。

如上已释二难。复有问言："一切小一，虽无自类相续，然由刹那刹那，各别顿现故，即前后刹那间，有相承义。前后小一，有相似义。后刹那继起小一，与前刹那已灭之小一，无所谓自类相续。

易言之，即不以后者为前者之自类耳。然后者于前，要非无相似相续义。公意云何？"答曰：如汝所言，虽于义不妨假说，要非称实之谈也。汝云前后相续者，仍是把刹那义作时间解。实则，刹那非时间义。详上卷《转变章》。只为言说方便而假设之。我们如理思维，思维所及，必恰如其理之真，不杂妄想，曰如理思维。小一只是各别顿现。但于其各别顿现，不必杂时间观念，以推其相续与否。如果要拟他小一是前后相续，那只是我们的一种解释，不必符合实际。因为我们搀入了时间观念，已把小一当做经验界的物事来推想。说至此，我联想到古代的《诗经》有句云："维天之命，于穆不已。"此诗我在《转变章》似曾引述一番。天者，本体之目。命者，流行义，即是用义。于穆，深远义。由本体显为大用，理极深远，不可测度。只叹其无有止息，故云不已。这个不已的意义，真乃恁地微妙，尽有千言万语道不出。恁地，犹言如斯或如此。夫小一者，用也。其才起即灭，才灭又即起，如是如是而无穷尽者，所谓不已是也。我们说刹那义，只显小一无有暂住，只是方便施设，不应于此作时间想。我们若实理会到大用之妙，断不可说他是常、是一的。常者，恒常。谓无有灭故创新，无有变异。一者，一合相。谓无有分化。如其是常是一，宇宙便成死物，宁有此理。我们说小一，便遮执一。小一是于浑一的全体中而有分化的，故遮执一的邪见。此中一字的意义，谓其只见为浑一而不悟分化也。与以绝待言一者异旨。本段上下文一字，皆应准知。说小一刹那顿现，无有暂住，便遮执常。思之可知。方其遮常、遮一，同时即表大用之行，生灭灭生无有穷尽。易言之，即总在灭故创新而不已。我因古诗的意思，得有印证，而深信此理不容夹杂时间观念来理解。只可说个新新不已。刹刹顿现，故恒是新新，而无暂时之故可守，所以不已。使其守故，则生理绝矣。何得不已？前后相续的观念，便有时间相，故是随情作解。

又汝所云相似，亦不应理。世间情见，执有一一实物，而言其相似与否。若依是等见，而猜度一切小一，便成倒妄。小一皆刹那幻现，不可定执为实物故。若复如理而思，大化之行，大化，犹言大用。其凝以成多者，谓一切小一。一一具足。每一小一的势用，都是万德具足的，都是含摄一切的。一一皆是生而不有。才生即灭，无暂住故，是乃至神无滞迹，故云不有。故知一切小一，本性是同。一切小一，言其本性，同是真如。无有一法可遗真如而得有故。岂可以相似言之耶。相似者，拟物之词。克就物相而言相似，俗谛可尔。小一者用也，即大用之分殊而为言也。于此，不可执为实物。故不应言相似与否。

　　上来答难已讫。犹复应知，一切小一，互相望为主属。此义已详中卷。第六章《功能下》。今复略申。如甲小一望乙小一，及余无量小一而为主故。乙与无量，皆为甲之属。同时，乙小一望甲小一，及余无量小一而亦为主。甲与无量，又皆为一之属。一切小一互相望，皆如是。华严家言：主伴重重，无穷无尽。主伴，犹言主属。伴即属义。法界之妙，如是不可思议。此中法界一词，谓本体，但言体，即摄用。《金刚经》言：如，非一合相。如者谓真如妙体。非一合相者谓于一一法而皆见为如。《易》曰："群龙无首"。既互为主，亦互为属，则无有为首者也。龙者，神变之物。以喻大用，亦以喻体，即用即体故。群者，非一合相，故置群言。皆可互相发明。夫互为主，则非顽然一物。譬如众耀齐明，百灵交遍。一一微尘，是一一佛。佛者，圆明极妙之称。此用为形容本体之词。岂若不平等因计，有超越万有而独为其宰者耶。宗教家计有超越万有而独尊之一神，是为不平等因计。又互为属，则非各各独立不为一体。则非至此为句。譬如五官百体，互为联属，实为浑全的一身。又如帝网重重，各各遍满，实为全网。帝网见上卷。佛书言天帝以珠结网，重复一重，无有穷尽。就每一重言之，似各成一网。通多重言之，乃各各遍满，而为全整的网。非同散沙，无量微粒，各各乖离，纵聚为一堆，究是散沙不成全体。非同，一气贯下读之。是故一切小一，互为主属，至一而显不一。至一谓体。其显为用，则不一也。不一故，皆为主。无可别立一尊。相对即是绝对。皆为主，疑于相对矣。然亦互相属。不可离异，法尔浑全。即相对是绝对。会万化而识玄同，奚其有待哉。

奇哉奇哉。谁有智者，悟斯妙趣，而不跃如。

或有难言："公所云小一者，只是大用之行，其势迅疾，则凝以成多。夫凝，虽未即成形，而已是物之始。然则小一不犹元子电子乎？"答曰：不然。言元子电子者基于质测，要是于俗所计物质宇宙，而姑作一种解释已尔，未能遣物相而理会万化之真也。夫谈元子电子者，或以为微粒也，或以为波动也，或以为波粒。谓亦波亦粒。其实，质测所及者，不过依大用流行之迹象，而加以解释。此等解释，决不能与实理相应。此中实理一词，即谓大用流行的真相。亦云万化之真。故非脱然离迹，廓然亡象，而直冥神于无物之地者，则不可证体。故非，至此为句。冥神无物之地者，情见息，妄识泯，炯然绝待，即本体呈露也。本体呈露时，即自明自证，谓之证体。非别有一心来证此体也。此义当详之《量论》。不证体故，即是不识大用。何以故？用之为言，即于体之显现，而名为用。非用异体而别为实有的物事故。故知即用即体，即体即用义者，则知不曾证体，即亦不识用。是事无疑。

夫唯证体，即知用。知用，便了大用之行，其凝以成多，即所谓小一者，是乃至神极妙，生而不有，才起即灭，刹刹皆尔，不暂住故。应而无物。应者，顺应。凝者，翕也。翕以为大用健辟之具，故望辟而为顺应。然其翕也，只是一种极凝的势用，刹刹诈现而已，本来无有实物。故不可以物测，岂复可以元子电子拟之耶？科学家所谓元子电子者，只是依大用流行之迹象，姑作如是解释。若谓彼已了达大用者，便无有是处。何以故？彼所谓元子电子者，只是图摹大用流行的迹象，不可证会用之本体故。

附识：有问："此中所说归极证体，诚如公说者，则穷究宇宙之真，直须反诸本心始得。恐滋人之惑。"答曰：汝于本论《明宗章》意思，领悟不真切，故有此疑。阳明子咏良知诗云："无声无臭独知时，此是乾坤万有基。"汝若参透此义，当无疑于吾说。须知，生天生地生人生物，只是一理。此理之存乎吾人者，便名为本心。阳明谓之良知。惜吾人不能保任之。心理学上所谓心，则克就其缘形而发，感物而动，成于习染者，以为心。此则每违其本心，不可无辨。诚能痛下一番静功，静之为义，深远难言。切近而谈，如收摄此心，不昏昧，不散乱，不麻木，有如《礼经》所云："清明在躬，志气如神。"此即静之相也。庶几本心呈露，此理便显。而生生化化，不滞、不息之妙，即所谓大用。壹皆自明自喻。岂可以推度得之乎。

或复问言："小一者，凝极而将兆乎有。公所尝言也。据此，则应成唯物，何名唯识？"答曰：汝不解我所说义。夫凝极而有成物的倾向者，此非其本体自性固然也。由体成用，将显其健进，健进者，辟义。不得不先有所凝，以为健进之资具。此中先字，只就义理上说，非时间义。故凝敛若将成物，乃从其本体显为用时，此处本无时间义。但因言说方便，而置时言。自然之幾，必至之势也。惟此凝势，似与其本体自性相反。然正以相反故，而健进的势用，得资之以为具，否则将无所凭藉以显其健也。由此应知，大用元是浑全的。但随凝势即所谓小一者，而见为分殊耳。覆看中卷第六章《功能下》。每一小一，皆有健进的势用涵运其间。涵者包涵，不相离异故。运者运转，挟以俱化故。决无有孤凝而不具健势之小一。健进的势用，省称健势。故就健势言之，虽本浑全，但随小一便成分殊。然健进乃大用之本然。周流遍运，无定在而无所不在。虽行乎凝以成多之方面，可以说为无量小一。但即此周流遍运而言，毕竟未尝随小一而有分畛。故仍不失为浑全，而可名为大一。惠施曰："其大无外，谓之大一。"今借用其词。此中大字，不与小对，乃绝待之称。绝待故无外。

是故每一小一，为凝与健即翕与辟相涵俱有的一单位。凝者，庄子所云形本。参考《十力语要》二，答意人问《老子》义中。形本者，谓其为一切形物之始也。实则凝者，未即成形，但有成形之倾向而已。唯然，故名此凝势以形向。亦得说为动圈。曰形向，曰动圈，则俨若独化。独化，犹俗言好像成为单个的物事。因复说为一单位，而名之以小一，其实，小一虽从凝得名。若无有凝，便只浑而不分，何小一可名耶。而凝者其幻象耳。象字，须活看。只是无象之象，非如俗计有形质也。其所以成乎此凝，而即以运于凝之中而为其主宰者，只是至健至神的力用而已。曰健进，曰辟，曰大用，皆其别名也。自至健至神的力用之为浑全或大一而言，则曰宇宙的心，亦曰大心。但此所谓宇宙的心或大心，以下省称大心。元非一合相。他大心是一不碍多，此心无待，故一。本一也，而显现为多。故云一不碍多。多即是一。虽显现为多，而多即是一，非于多之外别有所谓一故。故云多不碍一。全不碍分，分即是全。准一多可知。这个道理，并不希奇古怪。因为小一。即是大一之凝以成多。故大一含小一。而大一本来力用，周流遍运于其所内含的无量小一中者，本来力用者，对小一而说。小一亦大一之所凝。然大一本来力用自无损减，其凝为小一者，正为要显现自力，须得自造一资具出。此乃理势自尔，非有意也。虽随小一成多，即于全中有分。然大一自身毕竟无有封畛，无有限量。故全不碍分，而分即是全。一不碍多，而多即是一。譬如月印万川。月，喻大一。万川中之各月，喻无量小一。万川各具之月，元是一月。万川各具之月云云，以喻无量小一皆各具大一，元来即是浑一的全体，无有差别。凡喻，只取少分相似，不可刻求全肖。学者宜知。故说大一便含小一，说小一便于此识大一。即小即大，即大即小。故大一不是各小一相加之和。应如理思。其妙如此。

　　附识：哲学上二元论，固不应理。多元论，尤不见本根。如解释现象界，明一切物互相依而有。假说多元，似无妨。然为此论者，恒不悟本体。过误滋甚。一元论者，若只建立一法为万物所由始，则所谓一元者与本论的意思要自判以霄坏。本论亦不妨说为一元。然一即含多，多即是一。此义渊微，应如理思。吾先哲惠子，其大一与小一之说，见《庄子·天下篇》。其持说之内蕴，今不可考。《中庸》亦有"语大，天下莫能载；语小，天下莫能破"之语。大莫能载者，至大无外故。小莫能破者，至小无内故。词约而旨隐。要皆可与本论，参稽互证。

问曰："大一凝以成多，是谓小一。其凝也，有意耶？"答曰：造化有心而无意，吾已言之矣。健而不可挠名心，神而不可测名心，纯而不可染名心，纯者，粹善义。生生而不容已名心，勇悍而不可坠堕名心。广说乃至无量义，恐繁且止。意者，谓如人作动意欲，起筹度故，不任运故。任自然之运行，曰任运。有意则不如是。我们可以说用之本体名为心，却不能道他有意。大用之行，不能不先有所凝。先字，非时间义。注见前。此乃神化自然。非有意造作也。《易》曰："神也者，不疾而速，不行而至。"参考上卷《转变章》。夫行焉而始至，疾焉而始速者，意之所为也。至而未尝有行焉者，速而未尝有疾焉者，是无而有、无者，无形无意故名。虚而灵、不为而为，奚其有意耶？

综前所说，已明小一义。复次世间现见有万物，现见者，谓感官之所睹闻摄触，乃至意识之所觉察故。此何由成？当知，万物唯依一切小一而假施设。若离小一，实无万物可说。无量小一，相摩荡故。有迹象散著，命曰万物。摩者，两相近也，即是相比合的意思。荡者，交相激也，即是相乖违的意思。此中用摩荡二词与《易传》义异。所以者何？小一虽未成乎形，然每一小一，是一刹那顿起而极凝的势用。此等势用，既多至无量，则彼此之间，有以时与位之相值适当而互相亲比者，乃成为一系。此中时与位，原是假设。因为说到小一并起而相值，便不能不假说时位以形容之。若究其原，便无时位。亦自有不当其值而相乖违者。此所以不唯混成一系，而各得以其相亲比者互别而成众多系。凡摩荡之情，只生于彼此相值之当否，不必臆计其相摩之由于爱，相荡之出于憎，造化本无作意故。无量小一，有相摩以比合而成一系。有相荡以离异，因别有所合，得成多系。此玄化之秘也。凡系与系之间，亦有相摩相荡。如各小一间之有相摩荡者然。系与系合，说名系群。二个系以上相比合之系群，渐有迹象，而或不显著。迹象，亦省云象。积微而显，故成象。科学家所谓元子电子等等，不过图摹多数小一所比合而成的系群之迹象，实无从测定小一也。及大多数的系群相比合，则象乃粗显。如吾当前书案，即由许许多多的系群，互相摩而成象，乃名以书案也。日星大地，靡不如是。及吾形躯，亦复如是。故知万物，非离小一有别自体。夫小一，至微至微者也。积微乃成著。严又陵云："微分术，言数起于无穷小，乃积之可以成诸有。"《中庸》曰："夫微之显诚之不可掩"此言真体成用，其凝也至微。而积微，乃显为万有，一本于其至真至实之昭著不可掩。其旨深远矣哉。

无量小一，相摩相荡，形成万物，已如前说。设复问言："岂不已言小一刹那不住乎？今说相摩相荡，谁为是耶？"答曰：汝闻刹那不住，便起空见。谓作空无想。此大谬也。夫小一本刹那之异名。刹那义，见上卷。本假说极小的时分名刹那。其小至极，犹不足比于一瞬。然是假说究非时间义，所宜善会。小一顿现而不暂住，故得以小一为刹那之异名。克约一刹言，刹那，省言刹。恍惚不可把捉。恍惚，有无不定貌。以为无耶，而凝焉有生矣。以为有耶，才生即灭矣。通多刹言。前刹才灭，若有迹象，似未全消。迹象者，譬如音乐才止，尚有余音绕梁。若有之言，显不可执为实物故。似未之言，显非不消灭，但幻迹耳。后刹新生，与前俱有。后刹正生时，值前迹象未即灭时，是俱有也。准此而谈，前后刹间，未可沦空。虽前后都不住，却也不是空洞无物。譬如电光的一闪一闪，本经多刹，曾无一刹得住。但其前后之间，俨然是前刹之一闪，与后刹之一闪，分明俱有的，何可说空。以此类况，前刹后刹小一，其相邻者，可言俱有。此复须知，谈理至此，本无时间义。今言前后者，乃为言说上之方便计，不得不如是假说故。又复无量小一，同时现者，不妨假说彼此。注意假说二字。若计有实时间，及计小一为个别的实物可分彼此者，便大谬。由诸小一，可假说前后及彼此各各别有故，因此，可更进一步，而假说相摩相荡。汝闻刹那不住义,便起空见,以此妄难小一不得互相摩荡。此自汝失,不由吾过。

小一相摩荡,而成各个系。系与系相摩荡而成各个系群,于是显为万物。所以万物无自性,犹云无独立存在的自体。只是无量凝势,诈现种种迹象,因名万物而已。凝势者,小一之别名。以小一无形,只是凝敛的势用故,亦名凝势。或有问言:"诚如公说,则万物本来皆空,似违世间。世间现见有万物故。"答曰:称体而谈,万物本空。称者,契应,证真理故。体者,万物之本体。谈理至极,迥绝寻思。洞达本体,冥然契应。到此,只是一真绝待,亦云一理平铺。何有如俗所计之万物耶。随情安立,则以所谓凝势,元是本体流行。不是有实势用,别异本体而独行者,名凝势。乃即本体之流行,名凝势。即依此流行之迹象而成万物,于义无遮。随情云者,随顺世间情见也。流行本翕辟之通称。今约凝势言,即单就翕言。然言翕自不离辟,但从言异路耳。翕势流行,幻现迹象。即依此流行幻象,假说万物。此于义可成立,故无庸遮拨也。

或复问言:"若如公说,于流行而识其本体,则流即不流,行即不行。何则?流行者生生不息义也。然生生则刹刹不守其故,根本没有东西留积着,不同宗教家说上帝创造别一世界来。老子云'生而不有',妙符斯旨故云流即不流,行即不行。以生生者实未尝有生故。信乎一真湛寂,无物可云也。然既识本体已,则即于体之流行而假取其相,说名万物,于义得成。流行即有相幻现。相,亦云迹象。假取者,不于迹象而执为实物。但随情安立,名之以物耳。然则万物既假设为有,亦得许物有其则否?"答曰:有物有则,此吾古诗之明训也。则之为义,至极宽广。今此所欲略明者,只是物所具有的若干基则,为一切科学知识所发见之法则或律则之所待以成立。实即吾人对于物的知识之所由可能之客观基础。其在知识论或认识论,则谓之范畴。康德自知识论之观点言,范畴是主观的,是先验的,不待经验而成立,只为经验所以可能之条件,易言之,即知识所以可能之条件。康德此种主张,其立言之分位,固与吾异。然吾亦实

新唯识论

未敢苟同。即自知识言之，吾以为范畴，亦不能纯属主观，亦当兼属客观。此中客观，即俗所谓外界的事物。下仿此。与康德所用客观一词的意义，不必全符。如果范畴是纯主观的，即于客观方面全无依据。好似思惟方面预储有许多格式，范畴去应用在客观的事物上。此实不可通。如果说此等格式，不是预定的，则必是吾人认识的能力，或想像力，如康德之意，此种想像力，不只如常途所谓把一度发生的事实使之再现或再生而已，却是完全从自己能有所造生的这种想像力。于得到经验时，如已表现在直观中的东西，即是经验的。恰巧出生此等格式，来应用在事物上去，自然是有效的。这个有效一词，含有超越个人的意义。即是一般人皆可公认的。否则不名有效。若尔，则主观上的格式，于客观的事物上全无依据。即科学上求知的方法，根本用不着实测。科学知识如何可能，毕竟是一大问题。康德似未注意及此。吾欲待《量论》，再加评判，此姑不详。吾本主张范畴是主客兼属的。今克就物的方面言，则名为物则，亦云物所具有的基则。略举如后。

一曰空时。空间和时间，在哲学和科学上的解说，本极纷繁。我亦不获详征博考，只略说我个人的一点意思。我以为空相和时相，若克就物言，只是物的存在的形式。我们假设物是有的，即是存在的。如此，则凡物定有扩展相，否则此物根本不存在。由扩展相故，方乃说物是存在的。亦复由扩展相故，即显上下四方等空相。故知空间非实有，只是物的存在的形式。又凡物定有延续相，若延续义不成者，即此物根本不存在。由延续相故，方乃说物是存在的。亦复由延续相故，即显过现未等时相。故知时间非实有，只是物的存在的形式。

问曰："所言物者，实是许多小一系群之比合。小一本非物也，其所成之各系群，实亦非物。但因众凝势故，犹云众多小一。有相诈现，相亦云迹象。说名为物。夫诈现有相，假云扩展，于义无妨。若云延续，似不应理。何者？小一本无前后相续义，则由其系群所幻现之相，亦难许其有延续义。"答曰：小一本非物故，故不许有前后相续义。

然刹刹各别新生故,不常,亦不断故。刹刹灭故不常,刹刹新生故不断。从其所成系群之幻相言之,假说延续。随俗谛故,亦无乖反。

复次空时,因为是物的存在的形式,所以整个的空间,与不断之流的绝对时间,只是主观方面。因历物之久,乃依各别的空时相,而构成一抽象的概念已耳。又因空时只是物的存在的形式故,故知空时是不可分离的。又复应知,各事象相互间,复别形成各个空时系列。如于某日午前十时乘飞机由重庆上空飞赴昆明,中途若不遇障碍,当以几时到达。又如某时坐汽车由重庆开赴昆明,中途若不遇障碍,当以几时到达。我们试想,飞机速度与航程所经各地段之距离相组合而成之空时系列,较之汽车速度与所经各地段距离相组合而成之空时系列,两方迥然不同。准此,已可知空时系列之不一。然此犹就两事而言。谓飞行与车行。复有同一件事,自甲乙二处各相观待,而不同其空时系列。如在一时同处同者,谓不相隔远。有两光符发出。所谓同一件事。若自甲处假定甲在静止的场所。看来为同时出现者,自乙处假定乙在运动的场所看来不必为同时。由是可知,甲乙对同一事件,各因其观待不同而形成各别的空时系列。总之,每一小一系群小一系群,即所谓物者是,亦得云事情。与其他无量的小一系群,皆互相关联,互相反映。在千条万绪的各别不同的关联与反映中,就有千条万绪的各别不同的空时系列。所以,绝对的空时只是抽象的概念,事实上殊不如此。

复次空时,只是物的存在的形式故,故空时非离物别有,而亦不即是物。只是物上具有之形式故。此在吾人直观上说,此中直观一词,系据印度佛家眼等五识现量证境而言。依常途用语,即就纯粹感觉,不杂记忆与推想等作用者而言。然哲学家或不许感觉为知识。但佛家则说眼等识,亲证境物的自体。此时,心与物冥会为一。即心物浑融,能所不分,主客不分,内外不分。是为证会,而不起虚妄分别,乃真实的知识也。余于此处,与印度诸师,同其主张。是否得物即得空时耶?印度诸师,颇有两说。一云:"感识眼等五识,吾名以感识。称名稍异,所目则一。缘实不缘假。假实者,佛家于俗谛,说物是实法。物上所具之形式如空时等，则名假法。印度人分析诸法，严辨假实。缘假法者意识。"二云："感识亦缘假。以假依实有，得实则得假故。"吾谓二义，实无违反。感识得实即得假，于义虽应许，但感识毕竟是证会，而不起分别，即不起物相与空时等相。二家于此，仍无异惛。准此而谈，感觉唯是证会，都无分别，诸相俱泯。则感觉所得者，实无杂乱可说。俟量论再详。唯在意识中，乃行一切分别。今依意识而言，则空时相特别显著。此中所谓空时相，宛然是绝对的空间和绝对的时间了。唯然，故能利用空时，以规定一切物。易言之，即置一切物于空时两大格式中，于是明理辨物之功能以彰。此中功能，系寻常所用语。与他处用功能为体用之目者，绝不同义。故空时，本缘物上具有此形式。意识作用依之，得有空时相起。即构成空时的概念。然意识因有空时相故，乃反以规定感识中未经分别之各物，而条析之，综理之，使证会中之物，成为客观的。空时这种范畴，所以最要而居首列。

　　今总结上文，一者，谈空时虽是讲关于事物的认识，而不可谓这种范畴空时。于事物的本身上全无所据。如果克就物上言，根本无有此等形式，空时。则空时纯是主观上片面的构画。科学实测之术，复何所据。

　　二者，由空时不单从主观的一方现起故，故说诸小一系群，注见前。各具有此等形式。空时。而各个小一系群相互间又别自形成各个空时系列。

　　三者，感识冥证境物，无分别故。不起物相及空时相。

　　四者，意识继感识而起，忆持前物，前物者，谓前念感识中所得一切物。加以抉别，抉者抉择，别者拣别。遂于识上现似物相及空时相。感识冥证中，本不起相。意识何故能忆前物而现似其相，此中未及详。留待《量论》再谈。如此，惯习之久，遂构成抽象的概念。谓空时。这种概念，不自觉的推出去，把空时当做了客观的实有，就是绝对的空间，绝对的时间。反不自察其为只是自心所构之概念也。唯物论者不了物质只是他自心的一个概念，亦同此失。

此例不胜举。

五者，绝对的空时的观念，并非无用。在感识中于所冥证的一切事物，本不作外界想，不作固定的物来想。此种境界，难以形容。但以其泊然绝虑，无物为碍，或可以体神居灵四字拟议之。乃卒经过意识作用而成为客观的者，则正赖有绝对的空时观念，直将感识中亲证之有，感识所冥证者，只是有，而不曾作物想。箝入两大格式空时。之内，令其忽然固定化，而成为客观的事物了。科学知识于此始有可能。盖意识分别作用，将感识所冥证之有，令其固定化。此时，便从体神居灵的境界中坠落下来，于真理上是不相应，而于实际生活上未能免此。然以此归咎分别则不可，若于物但分别而不迷执者，则即物得理自不丧其神也。

六者，虽不遮绝对的空时的观念，要不可过任主观。何者？就主观方面言，空时观念元初自是由历物得来，历物，犹云经验于事物。并不是偏由主观一方面自构。其后，习之既久，习字，包括遗传或种族的经验而言。遂若不待经验，宛然现作绝对的空时，遂为外在世界成立之二大基柱。此固实际生活上不能避免之势。然实事求是，则空时不单从主观一方幻现，颇有其客观的依据。质言之，空时亦是事物上所具有之一种形式，如前说讫。若纯依主观而谈，毕竟是陷一偏。康德不以空时为范畴，其说吾所不取。

二曰有无。此中有无二词，取互相反为义。有者无之反，无亦有之反。故云互反。有无这种范畴，就物的方面而言，便是物所具有的一种型范，也兼含有征符的意义。凡物，具有某种相用等等，是名为有。相者，谓凡物各有自共相故。自相，如圆的桌子。共相，如圆，为圆桌与其他圆的物所共有之相。用者，谓物皆有作用故。又言等等者，以凡物所有，不可遍举故。既具有如是相用，同时不更具他相用。物各有其所有，即各无其所无。其所本无者，即不复能有之。故云无其所无。如地球具有椭圆形，则方形是其所本无。举此一例，余准可知。

三曰数量。数量者，谓一多或小大等数也。多数为大，反之为小。

在谈此种范畴中，元不必泛谈数理。但欲略明一切物何以具有数量，关于此一问题，我的解答就是一切物互相差别而又互相关联，因此才有数量。没有差别，固无数量可言。假如只是差别，完全没有关联，亦无所谓数量。须知，数量的意义，就是于差别中有综合，而综合却是与关联相对应的。如云八大行星，这个数量把诸行星综合在一起，不独显示诸行星的差别，而实重在显示诸行星的关联。又如说无量星体，则无量数的这个数量，便把太空中一切星体，都综合在一起，也是因他们相互间有一种普泛的关联。虽不似同一太阳系中八大行星的关联之密切，但非无普泛的关联。举此二例，可概其余。所以说数量是于差别中有综合，就因为一切物是互相差别而又互相关联的缘故。可是一层，把一切物数量化，才能驭繁以简。然若过于信任此种简单，却恐未能透入物的内蕴。

四曰同异。同异二法，以互相反得名。同者，异之反。异者，同之反。古代印度胜论师，以同异为实法，由此同异。能令一切物成同成异。实法，犹云独立存在的东西。这种谬想，不知从何得来。佛家因明诸师谈比量，比者，比度。含有质测与思考及推求或推证等等意义。量者，知义，犹言知识。由比度所得之知，曰比量。但如专就推证言，则三支论式，名比量。要在求同求异。详在因明诸论。彼佛家所谓同异，则是依事物而立之假法。假法者，谓同异二法，但是一切事物上所具有的规律，非离事物而别为独立实在的东西故。参考《佛家名相通释》部甲谈五蕴中不相应行法内，众同分及定异二条。假法，即相当于范畴，以视胜论师妄计为实法者，其短长不待论。今试即同异之存乎一切物者言之，夫万物繁然，一一自相，莫不互异。但举共相，又莫不齐同。然自共相，亦由互相观待，现差别故。由斯同异，因物付物。非是离物别有定法，理不容疑。

如依现前桌子说为自相。此桌子与椅子杯子等等，各各互异。然桌子与椅子杯子等等器具，并属人造物，则人造物是共相。即依共相，应说皆同。

[图：桌子 异/自相；人造物 同/共相]

然虽说桌子为自相，若更析此桌子为一一元子电子，则一一元子电子为自相，而桌子复为共相。如此，则前之以桌子与椅子杯子等等相待成异者，今对其所含一一元子电子，便复为同。

[图：电子元子一一 同/自相；桌子 同/共相]

又上说人造物为共相，然以人造物对自然物言，即人造物复为自相。但人造物与自然物并属于物，则物为共相。如此，则前之斥人造物名同者，今对自然物成异。

[图：人造物 异/自相；物 同/共相]

如上所说，同异，依自共相显。自共相又随其所观待如何而为推移。故自共相不固定，同异亦非死法。死法，犹俗云不是一种死板的法子。依上述各例，物之一共相，似属至高。然谈理至极，则遣除物相，以冥入本体。是物，犹不得为真共相也。佛家说为假法，足正胜论之谬。

以上于自共相上辨同异，只明一切物互相观待间，法尔而有同异这种规律。法尔，犹言自然。但读者切勿以辞害意，以为同异唯依一切物的自共相上施设。须知，同异是普遍于一切物或一切事情和一切义理上都存着的。义理上的同异，略言之，如分析众理，便是异。综众理而归诸一个普遍的原理，便是同。

复次同异之辨，于推寻因果时，所关至巨。因果自当别为一目。今此但取涉及同异者略言之。如曾见有如是因，从以是果。则后此，若见有与前同类果法时，便臆其出自与前同类之因法。出者，出生义。若见有与前同类因法时，便臆测其将生与前同类之果法。凡言同者，

· 239 ·

只是同类，非同一也。世俗计有同一事件得再现者，此实谬解。如今晨旭日东升，实非前日。因为日之自体，确是刹刹生灭不已。今晨之日，乃新生之日。人只见其似前日以为同一，而实非同一。但不妨假说今日与前日为同类耳。即此一例，可概其余。如此，每成巨谬。实则天下事固有果同而因异者。如昔见下流水浊，果。由上流大雨所致。因。而今兹下流浑浊，或由人工所为，因。不必上流有雨。此一例也。复有因同而果异者，如服毒药因。可以致死，果。然有或种病转以毒药得活。此等例，不可胜举。所以同异之辨，求之于因果关系间，则至为繁赜奥折，非精质测之术者未易免于眩乱。但此为本书所不必详。谈逻辑与言科学方法者，自当详究。本文所欲提示者，同异一范畴，其于因果间之相关至巨，真不可忽视耳。

总之，一切事物，无有异性，则莫由予以解析。无有同性，则莫由致其综会。此云同性异性之性字，即中译佛籍中自体一词。此词须随文取义，如云色性，即此自体是质碍法。今云同异本是假法，以何为自体耶？应知，由假施设故，如云同便知不异，故知同有自体。不尔，言同岂不与异混耶。言异便知不同，故知异有自体。不尔，言异岂不与同混耶。故同异性之性字，不可误解。言同性者，此性字即斥同而言之。异性准知。唯同中有异，异中有同，其辨至严。胜论颇注意及此。惜其以同异为实法，乃陷谬误耳。

五曰因果。大乘有宗立种子义，谓如种子为因法，决定能亲生果法。种子，即是一种能生的势力。此中决定与亲生二义，在彼宗为最要。亲生者，谓因法亲自创生果法也。可覆看上卷《唯识下章》谈因缘处。此不应理，吾已破讫。详在《佛家名相通释》部乙。小乘说因，相当于增上缘义。此云缘者，缘由义。亦与因义同。增上者，扶助义。若法犹云事物。此依彼有，即说彼为此因，此为彼果。依字注意。此法只依彼法而有，非从彼法亲生，如母生子也。由彼于此，作所依故，义说扶助。又复须知，一切事物，皆相依故有。以此待彼故，待者，藉待。说彼为此因；彼亦待此或余法故，余法，犹云其他事物。亦应说此或余法与彼作因。准此而谈，因果只就事物之互相关系而假立。每一事物在其极复杂的或无穷的关系之中，必有其相依最切近者。以故，吾人欲甄明某一事物之因，唯取其所依最切近的事物，假说为因。如砚池安放在桌子上，可以说他与地球及太阳系，并此太阳系以外之诸天都有关系。然而吾人求砚池所以得安住者，则直取与砚池最切近之桌子，能与彼砚池。作所依故，即假说为砚池安住的因。

下图表示因果，只是考核某事物时，须在其所有无量的关系中找出一段最切近的关系，而假立因果已耳。谈至此，关于小乘的意思，尚有须发明者。小乘所谓因，实际上本是增上缘。然彼小乘。增上缘一名，则取义甚狭，乃别于因，而另立此名。小乘已谈四缘。除次第缘与所缘缘各有专义外，其因缘与增上缘，不并为一谈。迹其用意，盖以一切事物本互相关联而有。由是义故，吾人如说明某一事物之因，不过从其最切近的关系，明其相互间之律则而已。如此而言因，故是增上缘义。与大乘有宗所谓因能亲造生果者，自是截然不同。小乘因义，只是讲明关系，不谓因有造生果义故。

夫小乘言因，既是增上缘义，然于因之外，又别立增上缘，何耶？大凡于一事物而求其因，只于其关系最切近处言之耳。然此一事物，在无穷无尽的关系中，今欲尽其繁赜与曲折隐微之致，则必于关系最切近处，即其直接为此一事物之因者而外。更进而从多方面的关联以测度之。此多方面的关联，必为说明此一事物之所决不容疏忽者。凡此，皆可谓之增上缘。缘亦因义，增上缘者，盖亦可谓之辅因。

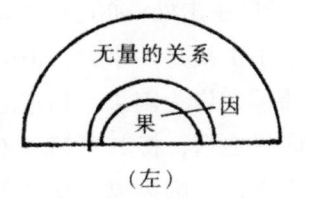

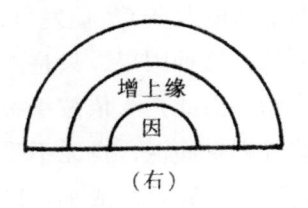

（左）　　　　　　　　（右）

右图。初层小弧形表示因，是于果法为最切近的关系。次层一较广之弧形，环于因之外，则表示尚有多方面的关系，皆于果法为增上缘者。三层一大弧形，则表示更有无量的关系。易言之，即此一果法，与全宇宙有关联。然说明此一果法却不必计及全宇宙或无量的关系。故最外一层，即第三层，一大弧形内所包含的无量关系，不在因与增上缘之列。易言之，即是于说明此一果法或一事物时，元来不必过问这些广漠无边的关系。

或有难曰："公之言因，略本小乘。不主张别有一种能生的势力叫做因，并不许因是决定能造生果的。如此，不几于取消因果乎？"答曰：不然。如大乘有宗所谓因，吾不能苟同。然吾非不许有因，但立义有异耳。吾前已云，若法，此依彼有。即说彼为此因，此为彼果。吾言因果，只从关系上说。设如一旦事物的关系有变更，即不能说有某因决定造生某果，将无往而不然。这种主张，是吾之因果说所不容允许的。然吾并非不许有因果，只是不许有固定的因果而已。如果建立有能生的势力为因，决定能造生果者，则一切事物悉是固定的，各立的，实在的。此说不应道理。一切事物，非实在，非各立，非固定，只是互相关系而有的。是故从其关系假说因果，于义无违。

复有难曰："公所谓最切近的关系云者，此切近一词，即表示是有时空上的相切近。如此，恐不足以究事物之内蕴。因果关系，至为复杂奥折。略言之，如举手击桌便生声响，手击桌为因，声响为果。从因的方面说，举手之时虽暂，而非不历时分。击在桌子上之某一点，是占有空间。从果的方面说，声浪因振动而发出，也是经历时空的。我们觉得一击便有声生，好像因果是同时同处。其实，击桌因与声果中间当有最小的时分，但不妨说为切近。声浪传播，所经的空间也大多了，但发自元来振动处即手击处，亦可说为切近。据此而谈，这种因果，只是两件事物，手击桌是一事物，声响生又是一事物。由此声生依彼手击桌紧相躔俱，说为因果。切近之说，若约此等因果而谈，自无不妥。然而因果之情，极其奥赜，不尽如上述。如轻与养合而成水。轻养之合为因，水则为果。此等因果，确是因法如轻养。自身起一种转化。乃成一新事物。如水。诸如此类，既不能不说为因果关系，但此等因果，是事物的内在的变化，自不可以两事物在时空上的切近来解释。公意如何？"答曰：汝之所难，不了我所谓切近的意义。我所谓切近，只明因果但依最切近的关系上假立。汝不必联想到时空来解释。须知，不一方言切，切者，两相切也。相即故谓近。若法果是一者，一即绝待，无关系可言。即无因果可言。若法不一，而不相即，则各各独立，不相影响。或诸法恒住自分，如其自体而恒住，名住自分。无有转化。如此，亦无关系可言，无因果可言。又如承认诸法是互相关系而有，然若求一事物之因，其关系太疏远者，则不相即而影响较微，不须计及。已如前说讫。是故不一而相即，乃名切近。汝若了此，何至杂人时空的观念以索解耶。至汝所举轻与养合而成水，此等例与吾之因果说，并无不合。轻养合，则转化而为水，分明是一种最切近的关系。水与轻养，彼此异故，本非一。而水与轻养又相即。从水言之，水即轻养之合。从轻养言之，轻养合，即已是水。故云相即。不一而相即，故名因果关系。由不一而相即义故，便隐示因之成果，大概是事物之内在的变化。至后当知。

果

水
―――――
一养二轻

因

或复难曰："公以不一而相即，释切近义。此于后之一例固可解释。然于前例，似难兼赅。"答曰：汝所疑者，相即义耳。汝意，轻养与水，实是相即。若手击桌，与声响生。此二事者，无有如轻养与水之相即义故，故兴难耳。应知，即字略有三义。非止此三，故致略言。一者，是一非二，言即。如云孔丘即孔仲尼。二者，由彼涵此。涵者，涵变。如轻养是彼，水则此也。轻养合，便转化而为水，是谓由彼转化为此。所以者何？以彼望此，涵有变化之可能故。说此依彼有，而不异彼。故置即言。异者离异。如水，非离异轻养而别有故。三者，两物常相蹑，或常相俱而有。谓如甲有故，便有乙。若甲乙相互间的关系，不因他故而变更者，则乙依甲有，是事恒信。此三义中，初之一义，本书多用之。但与此中谈相即义无关。次三两义，皆吾此中相即一

新唯识论

词之所含也。汝所举后例，轻养合而成水。适合次中相即义。前云由相即义故，便隐示事物之内在的变化者，于此可见。汝所举次例，手击桌则声响生。适合第三相即义。总之，切近义者，是不一而相即义。是义本无不赅，何须疑难。

  附识：有问："公所谓因，已是增上缘义。然复于因之外，别立增上缘，殊不解。"答曰：文中已说得明白，子犹不解，何耶？如前举例，手击桌，便有声响生。手击桌是因，声生是果。子当无疑。夫此中言因，正取手之一击。而桌则可说为增上缘也。桌之所依为地，则地亦增上缘。又即桌而析之为元子电子，亦皆增上缘。如此类推，便无穷尽，要皆可不计耳。击者体力强盛，故其手之出击，足以发生振动，此又一增上缘也。衰病之人，或不堪举手，故知体力是增上缘。又就轻养合而成水一例言之，此中以水为果，而正取轻养之合为因。但亦兼有增上缘。轻养不合，则不成水，故合之一事所关甚大，亦得另说合之一事为增上缘。又轻二养一，合乃成水，则数量关系，亦于果法为增上缘也。总之因有正辅之分，正者但名因，辅因则名增上缘。如此求之，则即一果，而究其繁复奥折之故。**故者，因义**。庶几可以实事求是。

如上所说，一切物所具有的基则或范畴，总列五个项目。

```
空  有  数  同  因
时  无  量  异  果
```

范畴论，莫详于康德。康德有十二范畴，并且与判断种类一致。又不以空时为范畴。吾所见关于介绍康德之文字，虽不完备，但大体可窥。本论的体系和根本主张，元来与康德异轨，故谈及范畴，亦不必有合于康德。

本论所谓范畴的五项目，第一空时。因为空时两范畴，是物的存在的形式，详前。所以居首。由物的存在，吾人方得有对于物的认识，故空时称首要。

其次有无。有无两范畴，包涵至广。无所不包，故置至言。凡物所具有之一切，均此有之一词所包。凡物所不具有之一切，均此无之一词所包。是以至广。但此二范畴的意义，只显一切物上具有此有和无的两种型范。至如某物所有的是些什么，如何种性质，或何种作用等等。及其所无的是些什么，当然不是谈范畴时所应过问的。有无两范畴所以为重要者，因为一切物，各各于其所有，能任持有性。如地球具有椭圆形，便能任持其所有，而不会失掉此有性。有性性字，解见前同异范畴中。有性者，即斥指有而言之也。下无性，仿此。于其所无，能任持无性。如地球无有方形，便能任持其无性。假若地球由本无方形而倏忽变为有方形，则是不任持其无性。然地球在其已然之关系中，如太阳系无特别变易中，决不会忽变其现有形状。故知其能任持无性。凡物各能任持其有和无。即上述一例，可概其余。因此，质测之术得所依据，科学知识乃有可能。故次空时，特谈有无。如果物上不具有无二范畴，即吾人可随意说有说无，科学知识不能成立。

又次数量者。由有无两范畴，我们可以于事物之复杂的散殊的方面，行其质测。由数量一范畴，我们可以把事物化繁为简。

又次同异者。由此二范畴，吾人对于一切物，得因其可别析也而别析之，因其可汇同也而汇同之。故次数量，而言同异。

又次因果者。因果一范畴，为科学知识所待以成立之重要条件。因为科学解释事物，只是甄明一切事物的因果法则故。有人主张谈范畴只须因果一种。此说虽不无理由，然未免一偏之见。如吾上说四项目，要皆与因果互相关涉。故以因果一范畴终结云。

余以为范畴，当兼属主客。客观谓物界，曾见前注。在主观方面，只是含有无穷分理，随宜发现之可能的裁制力，并不是豫储就若干有限的格式，在客观方面即事物上决定具有与主观的裁制相符应之法则。因此，主观的裁制，乃因物曲当。程子所谓"循物无违之谓信也"，循，率由也。率循物之则，而不以己意矫揉造作，乃无违物之真，故云信也。使物无自具之则，而只欲恃主观方面的立法，以期待事物之受吾约束。若尔，则一切科学知识，将仅由心造而无须征验于事物。虽三尺之童，亦知其不可矣！或复问言："吾人之认识事物也，只以吾之官能所感摄者为依据。因此而为比量。比量，见前注。然比量所得，究不能无限。宇宙广大，吾人之心知，依官能感摄以行推测者。其所获终无几何。合古今人类或诸学者知识之所及，虽云已博，然以比于宇宙之无穷，则所知究甚少。审此，则知一切事物，本无穷尽。其不曾呈现于吾人之官能感摄内与思唯中者，正不知凡几。由是可知，吾人之辨识一切事物也，既不可窥其全，则亦无从觅客观的标准。唯有恃内心之裁制，使事物不越吾范而已。若谓事物本身具有法则，一定而不可移者。吾既不能窥事物之全，又乌从知之耶？"答曰：事物之全不可窥，是诚然也。吾人于其所知之事物，实赖内心的裁制。此又不待辨而明也。然有不可忽者，心知之裁制事物也，必非全无所据。易言之，即事物本身必具有与此裁制相符应之法则，而后其裁制，乃不妄而可征。又复当知，法则，无所谓一定不移者也。所以者何？此中所谓法则，非超事物而言其大原，超之一词，是就义理上说。事实上一切事物之大原，决不是超脱于事物之上而独在的。乃即事物而言其呈现，随在皆有轨范或形式等等之谓也。盖事物云者，从其显现而言之。法则云者，从其显现有序而言之。此中序字，含义最广。法则或轨范形式等等，皆名为序。事物无定实，不固定，不实在。即属于事物之法则，亦无定实。事物唯变所适，即属于事物之法则，亦唯变所适。谁谓法则为一定不移者耶？汝意殆离法则于事物之外，以为事物依法则而构造，事物可变易，法则乃恒存，此实倒见，不究理道之真也。夫事物之成，必有其则。具云法则。吾固云然。但不可离法则与事物而二之，谓法则可独存于一空洞的世界也。果尔。则事物又何从取规法则而以之自成耶？唯法则不离事物而有，是以事物无恒，随其所呈现，而莫不有则。因此，吾人心知之裁制事物也，乃得有所依据，而非纯任主观的构画也。此中尚有许多意思，俟《量论》当详。

总之，范畴本兼属主客。在客观方面，名为范畴。在主观方面，亦名为裁制。亦之为言，意显在主观方面非不名范畴也。所以者何？物上具有种种轨范和形式或法则，是名范畴。此其属客观方面者也。心缘物时，缘者，攀缘及思虑等义。物之轨则，顿现于心。而心即立时予以制造，是名裁制。此裁制，即物上范畴经过心思的营造而出之者也。心之摄取物上范畴，并非如照相器之摄影而已。故范畴不唯属物或客观，而亦属心或主观。但在主观方面，范畴乃成为活活的、有用的、并且变为离事物而独立的东西。可以把感识中未经分别的事物呼唤出来，使之客观化，而予以控制。此知识所由可能。这里还有好多话，须详之《量论》。

上来谈范畴，本克就物上而言之。复有问曰："于一切物的本体上，亦许有范畴否？"答曰：一切物本非实有。但依本体之流行而权设。权设，亦云假设。故范畴亦是依物假立，不可执为定实。汝问本体上是否可许有范畴者，应知，随义差别，或有或无。差别者，不一之谓。由义不一故，故有无不定。云何义别？一由冥证义故。冥证者，即自己冥合本体。易言之，自己是本体的实现。此际真体呈露，独立无匹，却是炯然自知，谓之冥证。非以己知彼也。心行路绝，心之所游履，曰行。人心起思惟时，如有所游履然。故云心行。本体唯是自证，不可当作一种超越的境界而思唯之。才起思唯，早已离异本体，而成颠倒见矣。故心行之路，至此而绝也。语言道断在心名行，出口名语言。既心行路绝，即语言之道亦断。云何得有范畴可说。二由权宜施设故，权宜，犹云方便。本体不可当作物事来思议。但证知体时，却不妨以方便显示。但既曰方便，则学者不可缘名言而起执。要当于言外有悟耳。即依本体之流行假设言诠，亦得有范畴可说。但此中谈范畴，或只得三项目，空时和因果于本体上决不可说有的。今说如下：

一数量。吾国先哲谈数理，以为数立于无，无者虚无。但非无有之谓。不倚于物。故尝以一来表示道体。道体即本体。如《易》曰："天下之动，贞夫一者也。"言此一，为万变之所由起。故万变中自有贞固之德，而不忧夫变之或穷，以一故也。一者，本体也。此以一，为道体之目，亦含有范畴的意义。因为一之为言，表示是绝对的。此绝对义，即本体上所具有之轨范也。又如《易》及老氏，以一生二、二生三，说明本体之流行。本论《转变章》，谈翕辟处。颇加阐发，可以覆按。详在上卷。故知数量一畴范，于本体流行上，应说为有。

二同异。依本体流行而言，翕辟相反，故异之一范畴，是其所有。翕以显辟，辟以运翕，反而相成，归于和同。故同之一范畴，是其所有。参考上卷《转变章》。

三有无。绝待故，真实故，圆满故，成大用故，应说为有。清净湛然，湛然者，形容其冲寂及深远与无相等等义。远离妄识所计种种戏论相故，应说为无。故有无二范畴，是本体或本体之流行上所具有的。

是故克就本体而谈范畴随义差别，有无不定。如上，说范畴已讫。

复次在本章中，虽依大用之翕的方面，而假说物，其实，言翕即有辟。此在前文屡经说过。今更推明翕辟相互之旨，则翕之所以为物者，其义益见。吾将借用《易》之八卦，以申吾恉。

☰ 乾　　☵ 坎
☷ 坤　　☲ 离
☳ 震　　☶ 艮
☴ 巽　　☱ 兑

如上所列八卦，系分为两层排次之。这种排列法，谓两层。纯为篇幅之便，并不是有何意义。

现在先说《乾》《坤》二卦。我的意思，是拿《乾卦》☰ 来表不辟，拿《坤卦》☷ 来表示翕。在上中两卷，本已曾经提到。此处更加以申说者，特别着重在幽明的意义。明者，势用发现著明而易见。幽者，势用默运深潜而难知。翕辟元是本体之流形，故现作此两种动势，流行者，变也。变必有反，故云两种。动势亦云势用。故现云云之故字，谓若故意出此也，然实无意。并不是对立的两种东西。吾国易学家说阴阳，则谓之二气。此气字，很容易使人误会为实有的东西。因此便以为阴阳本如二物对立，但可以合同起用云。本书谈翕辟，实与彼等截，然异恉，学者宜知。然又不得不分言两势。具云两种动势。此两种势用之发现也，一以凝敛成翕，一以健进成辟。辟者，称体而呈现，寂寞无形，应说为幽。本体之流形也，即显为辟的势用。辟者，备具万德，而无形可睹。虽流行，而不舍失其体之本然。故云称体。翕者，有迹象昭著，虽是本体之流形，流行一词，本《易经》。本体之流形，必有其翕的方面。但翕即凝敛而将成形物。故云流形。而既肇乎形，即已乖其本体，故乃依成形义，假说为明。

夫幽以为蕴，蕴者，中藏之谓。幽者辟也。辟的势用，运于翕或一切物之中。无定在，而无所不在，是蕴义。明以为表。明者，翕也。翕成形物，此但是表象耳。其内蕴充实者则辟也。幽者谓神，神者，至灵不可测，至妙不可穷，然不可计为具有人格的，如宗教家所谓神也。明者为物。克就翕言，便成为物。神之德为施，施者，总万德而为称，随施皆当。故是万善具足。非可以一德称之而已。物之德为受。受者，顺受。明者物也。物但以顺受于辟为德，而别无德。夫物之本性，亦是辟也。故以顺辟为德。物若不顺，则失其性矣。是故幽以一表之，显其绝待。《乾卦》三画皆—。—者，绝待义。明以 -- 表之，见其有对。《坤卦》三画皆 --。-- 者，有对义。幽者，明之蕴。明者，幽之表。幽明本非截然二物。盖本体之流行，有其反而成形者，翕即成形，便失其体之本然。故云反。正所以显无形之运，盛大而不容已耳。辟无形，乃本体率然呈现也。率然云者，谓辟即是本体流行，而不失其体之本然。故冲寂无形也。然辟必待翕，乃有以自显。若无翕者，即空洞无物，则辟无所寄，又何以见其默运不息乎？不容已者，至刚至健，辟之盛德也。又复当知，幽唯无待，本具万德，运化无穷。明虽有对，而实与幽同体。故幽于明，潜移默转，即万物皆归神化。然物终滞于有象，原物之本，自是神化所为。然物象已成，即失其本。故云滞也。顺化而非自化。克就物言，则物不自化也。顺化者，顺从于辟也。故明之所呈，只如其所呈的迹象而已。不及幽之所可有。幽之所可有者，无复限量。精神之运，思惟之极，其奥无穷，其变无方。如生活之丰富，道德之崇高与日新，智虑之广远、幽深、繁赜，与夫发明制造，新器物日出而未有穷者。凡此，皆辟之所为。易言之，即是幽之所大有。而其为今时未形见之有，但为其内涵的潜德所无弗可有者。且未知所极也。此幽明之辨也。

夫万化之奇，莫奇于翕。于空寂海中，空寂海，喻本体。空者，无形无染之称。寂者，澄静不扰之目。但此静字，非与动为相反之谓，须善会。海者，况喻词，谓至大无外。森然昭著而成散殊，翕者，形之始，故云昭著。散殊者，翕便分化故。盖体之成用，必有一个翕。否则一味浮散，其用不显。故谓之明。万化之盛，莫盛于辟。备万德而如本，本，谓体。辟以用言也，而不失其体之本然，故言如本。肇群有而无形，备万德故，为群有所肇始。即翕之所以为翕者，究非异辟而别有体也。然辟终无形可睹，以如本故。故谓之幽。

翕以明而为辟之所资，资者资藉。辟必藉翕，始有以自显。否则浮游无寄，靡所集中，何以显其势用乎？故翕于辟为首。商《易》列《坤卦》居首，极有意思。坤，阴也，略当吾所云翕。辟以幽而为翕之主，则辟亦于翕为首。《周易》列《乾卦》居首。乾，阳也，健也，吾谓之辟。互为首故，实即无首。故冥应一极者，则翕辟皆幻化耳。一极，谓本体。翕辟者，依本体之流行而假为之名耳。故所谓翕，非别异本体而自为实物。所谓辟，亦非别异本体而自为实有。盖于流行而识体，即翕辟两者，都无自性。幻化者，状其活跃而复无有实事也。冥应者，知与理冥，无分别相。理谓本体。

或有问言："以 ☰ 表辟，☷ 表翕，意取阴阳与翕辟义相通耳。然《易》以三爻成卦，如 ☰ 即《乾卦》，☷ 即《坤卦》。准知。又以二卦合，而始名一卦。如《乾卦》，即合上下两《乾卦》而成。他卦仿此。其义云何？"答曰：此有通义，有专义。通义者，三爻成卦，明一生二、二生三义。吾既言之矣。详上卷《转变章》。复合二卦而名一卦者，恐有误计，以为变者，一生二二生三也，如是变已，更无有变。此乃大谬。须知，神变，不守故常。变而曰神者，本体之流行，灵妙谲怪，不可测度也。刹那刹那顿变，皆循一二三之则。如前刹那顷顿变，是一生二二生三。后刹那顷顿变，复是一生二二生三。故不居者变，而不易者变之则。故累卦以见义。合两卦，故言累。累之，即不尽于三爻而已，乃复有三爻。明继起之变，总不外一二三相生之则也。有问："不可累三卦为九爻乎？"曰：二卦既足以见义，故不可再增。再增之，将至无穷。如上已说通义。参考上卷《转变章》。但吾此说，与《乾凿度》等不同。专义者，凡卦，各六爻，《易》为卦六十有四。各卦皆由二卦合成，故各卦皆有六爻。变化叵测。欲求通则，须穷幽致。繁赜之情，隐而难析，谓之幽致。必依各卦而求其各有之义。故云专也。然复当知，吾于此中不欲深谈《易》也。但援引八卦，以明吾恉而已。

吾以☷☷表翕者，坤卦合上下两坤卦而成。其六爻皆偶数。--即偶数，有对义。如前已说。盖本体之流行，必于一方面有所翕聚。翕聚便散殊成多，故☷☷为偶数。夫物之得名，依于翕聚。翕聚必由轻微而之重浊。其始凝也，只是猛疾之动势而已。凝而不已，渐有成形的倾向。然非有实形也，故云轻微。但所云凝而不已者，非有故物延持至后，乃刹那刹那，灭故生新，相续而不已耳。夫凝矣，则必分化而成多。既凝为散殊的众势，则有互相比合，而幻现粗迹，世俗所谓物者是也。至此则重浊。故六爻自下而上，所以著其变之序也。凡卦，皆自下向上数之。起下卦初爻，造上卦最上爻，明其凝以渐，乃从轻至浊，自然之序也。

以☰☰表辟者，《乾卦》合上下两《乾卦》而成。其六爻皆奇数。奇者无对。《易纬》释乾曰："祖微据始。"是乃辟之象也。夫辟，则本体之流行，而恒不失其自性，是与翕之势相反。且复转翕以从己，而显其刚健者也。本书上卷曾以一二三相生，明变之则。即以一来表体之将现为用，将字，只为言说之方便而设，勿误会。用者，流行义。以二来表翕，以三来表辟。覆看上卷《转变章》。因为本体流行，不能不有所翕，而翕则不守自性。诚以翕便成物，故是本体不守其自性也，易言之，即自为矛盾也。然而与翕同时，有一种刚健与升进的势用运乎翕之中，包乎翕之外，无定在而无所不在，是能使翕和同顺化而消其滞碍者。这个势用，名之为辟。因此，可以说辟是"祖徽据始"。徽者徽妙，始者本始，皆本体之形容词。唯辟是依据本体而起的势用，依据二字，须善会不可谓以此依据彼，妄分对待。易言之，即是本体举其自身全现作辟。所以说辟是"祖徽据始"。夫辟，即是本体之流行，非与体为二也。祖者，自本自根之称。据者，自足而无所待于他之谓。故辟表以奇数者，显其无对故，以于辟而识体故。又彰以六爻者，恒积其刚德而不已故。六者多数，有积累义。辟之刚，所谓天德也。恒不舍其刚，故云积累。又明其非一合相故，绝对即涵相对故。一合相，详前。又不同造物主故。以即于相对见绝对故。六数是相对的。六皆奇数，则是于相对而见绝对。故彰之以六爻。

《乾》《坤》二卦，以表翕辟。自余六卦，则皆因翕辟错综之情不一，而著其不测之变。错者，相对义。一翕一辟，故是相对。综者，相融义。翕辟以反而相成，故是融和。

先谈《震》《巽》两卦。《震卦》，本合上下两《震卦》而成。如下所列：☳☳。其实上卦只是因而重之，故如了解下卦的意义，则上卦可以类推。

《巽卦》，合上下两《巽卦》而成。如下所列：☴☴。上卦系因下卦而重之，例同《震卦》。《震》《巽》两卦，恰恰相反。

☳《震》

☴《巽》

《震》《巽》二卦并列，此二卦，各只列下卦，上卦则因而重之，不待列故。比而观之，其相反可见。

凡卦凡之为言，即通《大易》六十四卦遍举之。但此中只谈八卦耳。阳爻，吾则皆以表辟。凡卦之奇画，皆阳爻。其阴爻，吾则皆以表翕。凡卦之偶画，皆阴爻。

《震》，一阳在下，其上二爻，皆阴也。

《巽》，一阴在下，其上二爻，皆阳也。《震》《巽》二卦，名相反而实相资，故并列之，以便说明。

在未释此二卦之前，有一义须先陈者。《易》之为书，妙于取象。前谈乾坤二卦，直抒其义，而未及象。凡卦，举象以示，而其意义昭然若揭矣。《震卦》取象于雷。雷出无形，震动乎幽蛰，其力盛大而不可称。《震卦》一阳潜动于下，故以雷象之也。又有帝象，帝者主宰义。《震卦》一阳居幽，而为动之主。居幽者，初爻居下，隐而未见也，故为幽象。故有帝象。

《巽卦》取象于风。此有二义：一、风者轻微，而无不入。《巽卦》一阴在下，卑顺以入阳，而从阳之运，故有风象。阴坤也，吾谓之翕。坤或翕，则唯顺从乎乾或辟，而不自为主也。故云卑顺。风之轻微可以象其卑顺。二、风之大者，磅礴六合。《巽卦》二阳在上，周通无碍。周者周遍，无亏欠故。通者通畅，无隔阂故。无碍者无滞也。故亦有风象。

如上已释卦象。今略陈大义者，由《震卦》言之。物质宇宙本依翕立，然而默运之，且主宰之者，则辟也。《震》之初爻，一阳潜动乎下，其上二爻皆阴，则翕象也。易言之，即万物粲著之象也。唯物论者只执有物而已，不知物非实有，而默运其中者乃是健进的势用，即所谓辟者是也。《震卦》之一阳潜而在下，即表辟之默运乎翕之中，而为翕之主也。震有帝象者此也。

或曰："公固尝言，翕只是一种动势，其现似形物者，特由其动势至猛至疾，故现迹象，假各形物耳。譬如闪电，其闪动至疾，故有相状现。据此而言，翕便是动，云何复待辟为之默运耶？"答曰，翕便是动，此推本之言耳。所谓翕者，元非异辟别有自体。盖即本体之流行，不得不有此收凝之一种势用而已。然此种势用，既成乎翕，即为形始。翕者，形之始。是则已趣物化，物化者，谓其转化而成为物质的，故云。他处凡言物化者，仿此。而全违其本体矣。譬如冰，假说以水为其本体，而冰之成也，则与其本体违异，成凝固相故。夫物化，即成为重浊。《易》纬言坤，谓其势不自举。坤，即吾所

· 253 ·

谓翕。故知翕者，当作物观。而失其健以动之本性。不能不有待于辟也。由翕随辟而转故，云势不自举。夫本体之流行，而反以成乎翕也，反者，翕则不循其本，故云。疑于不守自性。然此但为其自身表现之资具计，不得不故出于此。故者，谓若故意也。而本体毕竟不舍失其自性。名本体以真如者，以常如其性故。乃恒保其刚健，本体万德具足，此中但举刚健，非不兼余。恒者，无有放失之谓。升进而不已也。此升进之势用，即名为辟。辟固与翕反，而必资翕，以为运行之具。否则浮散而无寄矣。故辟者，恒默运乎翕之中，利其反而卒融释以归于太和。《震卦》一阳潜运，所以表辟之运翕，其力用至盛大而不可御、故以雷象之也。

《震》《巽》二卦，所以反而相资者，《震卦》则阴外见，二阴在一阳之上，名外见。而阳居幽以动之，初爻名居幽，见前。表辟之默运乎翕也。《巽卦》则阴入阳。一阴在下，以进入乎二阳，而为阳所含。明夫辟者，乃体之全显。本体，举其自身全现作辟。譬如大海水，举其自身全现作众沤。故云全显。无定在，无形，故无封畛。无封畛，故无亏欠。所以无定在。而无所不在。无定在故，乃无所不在。如其有所不在，则有亏欠。今此不可以形物推测之，故不尔也。故辟既运乎翕之中，亦包乎翕之外。翕便成形。凡有形者，即有限。故恒排斥其他众形，而不能包含之。唯辟无形，乃能包众形。而自翕言之，则是翕者顺以入乎辟之内，而为其所含也。《巽卦》阴自下以入阳，即斯义也。

震，阴在上。明翕，则有物象著明。而辟乃默运于其中耳。巽，阳在上。明辟虽居幽，辟无形，本幽也。震初爻之象以此。而实周遍含宏。至真不息曰周，圆满无亏曰遍，无所不包通曰含，其大无外曰宏。并包万物，而为之主也。万物者，依翕而为之名耳。

或复问言："翕辟本为一体之流行，翕辟之势，生灭灭生而不已，是曰流行。翕辟乃唯一的本体之显为如此者，元非截然两种实在的物事，故云一体。为用虽殊，翕辟相反，云用殊。相融则一。相融，则本非异体可知。此公持论本旨也。然说辟为主，夫云为主，则有

· 254 ·

作意乎，无作意乎？意者，意欲。作意，犹云有造作的意欲，宗教家之上帝，则有作意者。"答曰：造化有心而无意，吾前已言之矣，此不赘论。夫翕唯物化，而辟则恒不舍其健。有以转翕而伸其自由。辟是自由的，终不随翕转。故知辟主乎翕也。

已说《震》《巽》，次《坎》及《离》。

《坎卦》合上下两《坎卦》而成。如下所列：☵ ☵。《坎》是险陷之名。此卦一阳陷于两阴之中，如 ☵，即阳为阴所障碍而不得显发，故阳在险陷中也。《坎》之象为水，水之流也，度悬崖，入坑阱，泛滥乎渊广不测之洋海。此至险也。故《坎卦》象之。

《离卦》合上下两《离卦》而成。如下所列：☲ ☲。《离卦》爻象，恰恰与《坎》相反。

☵《坎》

☲《离》

《坎卦》一阳在中，为险象，以其受阴之锢蔽故也。《离卦》一阴在中，而阳则破阴暗以出。故为明象。明者暗之反。上下两《离卦》，故为重明也。其明继续不已，故为重明。又阴在二五，为居中得正之象。上下两卦合数之，从下卦初爻数起，阴居二爻及五爻。二者，下卦之中。五者，上卦之中。则以阴能顺畅，是履中正之道。非若《坎卦》，阴失其道而锢阳也。失道，谓阴不顺阳，即失其中正。

有据唯物论之见地，以难余者曰："公所谓翕者，即物之一名所依以立也。公所谓辟者，即心也，生命也，精神也，是诸名者所依以立也。本论所云心与生命、精神三名词，其名虽殊，而所目则一。以其为本来灵明净妙之体，是为吾身之主宰，则名曰心。但有时以习气或妄识名心者，则与此中心字异义，宜随文辨别。又以其为生生不息真几，则名曰生命。但与世俗习用生命一词的意义不必同。又以其迥超物外，神用不测，刚健不挠，是为万有之原，别名曰精神。故三名虽异，而实无别体。譬诸某甲以其慈爱而名仁人，以其武健而名勇士，仁勇虽异其名，而所目只是某甲一人也。此三名，在全书中散见，他处未及注，姑识于此。公固以翕辟为同行异情，翕辟流行，元非异体，故名同行。情者，情势。一翕一辟，动势则殊，故云异情。辟主乎翕，翕终顺辟，此心物所由不二。而以辟为主故，克成其唯心之论也。虽然，理论上尽可如是主张，但由世间极成之所诏，世间极成一词，见上卷《唯识章》。与科学质测之所及，则唯共许物为先有。而心或生命等精神一名不备举，故置等言。乃于物质宇宙经不可数计的长期发展之后，只倏然发现耳。何则？心或生命等唯著现于有机物，而有机物，固远在无机物发展之后，而仅乃有之。此事实之不容否认者。今不暇旁征博引，第就天文学言之，则物为先有，而心或生命等属后来倏见，其事甚明。斯亦言唯心者所可注意也，姑以三端略言。

一，物质宇宙，重重无尽。吾人所居地球，是八大行星之一。八大行星和太阳，乃组成太阳系。在此太阳系之外，还有许许多多的天体系列。天体，即星球之代词。其数目之多，远过恒河沙数。天文学者如琼斯。有云："天际星球之数，差不多和全世界各海岸的沙粒那样多。"此中全世界，犹云全地球上。汤姆生云："夫以太阳系之硕大广漠，宜无伦匹，而在众星云之大宇中，乃渺乎沧海之一粟耳。"由此可见，充塞太空只是无量物质宇宙。

二，具有心或生命的有机体，其所可存在之域，必与一团烈火似的热度最高之圈围，距离远近适中，而恰为温度合适之域。若不及此域，或距烈火圈过近，则生物必枯萎。或距烈火圈过远，则生物必冻毙。唯吾侪太阳系中之地球，偶具恰当的温度。但散布太空之无量星球，其类似地球之绕太阳而有适于生物发展的温度者，似乎极为难得。因为无量恒星中，其同于吾侪太阳一模一样地抛出行星来，此则确属稀有。

三，依天文时间计算，行星之年岁甚小。太阳系的造成，大概因两星云之相撞。而两星云相碰一次的机会，约须七兆兆年。据此，则太阳系的年岁，在星云中已甚幼稚。地球这一行星，是从太阳中分裂而出，其年龄较太阳更小。在地球形成之后，又不知经多少时劫的变迁，始有生物产生之可能。自生物中进化为人类，才有高等心灵发现，则又不知历时几许矣。

综上所说，一，充塞太空，只是物质宇宙。二，在无量的物质宇宙中，如吾侪地球这一小宇宙，其可以产生具有心灵或生命的生物者，确属罕有其匹。不能不谓之出于偶然。三，即就地球上之生物或人类而言，其产生的时代乃最晚。准此而谈，则所谓心者，既是后于物而有，且其产生甚为偶然。今如公说，依翕假名为物，依辟假名为心，而复以翕辟为同行异情。详前注。又谓翕为辟所待以显发之资具，辟运于翕之中而为其主。以此成立唯心之论，是与天文学所给予吾人之启示何其相违戾已甚耶？"

如上所述难者之说，其陷于迷谬之故，略说有三。一曰，彼所谓物质宇宙，亦省言物。但从迹象上执取，殊不知此等迹象之本身，只可说为流行不住的功用，而不当定执为实物。虽不妨依迹象假名为物，要不可执实。这种功用，元是具有健进和收凝之两方面的。无有收凝，不显健进。设想大化之行，只是虚浮莽荡，没有凝聚处，如何显得出健进的势用来？无有健进，只是一味闭塞，而生化熄，宇宙奚其如是。健进名辟，收凝名翕。一翕一辟，反而成化，是名功用。翕则幻呈迹象，辟则无象可睹，乃遍运乎翕或万象之中，而靡所不在。夫泯然无象，而实未尝无者，此宇宙之真也。其呈象者，非真相也。世俗依迹象，而执为实有如是物质宇宙，此大谬也。或曰："近之谈唯物者，其论亦有进矣，非必有实质而始谓之物也。即公所云功用流行，便不妨名之以物耳。"答曰：如是说者，则物之一名乃神化之称耳，已与世所云物之本义不符。神化者，至明而自在者也。无迷暗故，云至明。神用不测，无拘碍故，云自在。总之，如实而言，物者依翕之迹象，而假为之名，本不可执为定实。而翕与辟同体，故不应堕唯物之谬执。

二曰，难者只知心者为人人各具之心，故说心是后于物而有。实则人人各具之心，即是宇宙统体之心。此中宇宙，乃一切物或万有之都称。统体者，万有同体，无有差别，故云。此中即斥指本体名心也。不可以剖析之术，而妄相推求也。自其各具者言之，若向也本无，而后乃偶现焉。如有生物或人类时，才见有心。其以前则未之有也。难者之意盖如此。自统体言，则至无而妙有，无者，无形相，无作意，非空无也。其有特未定耳。非预定其所将有，不可说如彼上帝创造世界故。至寂而神变，其变唯所适耳。唯变所适，非有意安排。此心统体之心微妙，不可究诘。人类未生时，此心未尝不在。无量诸天，谓一切星球。无量世界，孰主张是，孰纲维是。此心遍为众星球或万有之实体，故可说为主张，为纲维，非谓其超然于万有之外而为其主张与纲维者。人类生时，此心因人而善贷，善贷，本老子语，贷犹予也。随人而贷予之，未尝吝于给。以其本来至足，而发用无穷也。自统体之心，望人而言，则曰贷予于人。自人而言，则此心是人所以生之理，非从他得也。语言异其方式，义无乖反。孰谓其本无有，而后乃偶现哉。

三曰，难者徒惊叹于空间之浩大，星辰之数量与容积之多且广，及天文时间之冗长，益复致慨于生物或人类之晚出而且偶然。此种意思，实因将自然界析成段段片片，而不悟自然确是一个不可分截的完整体。须知无量星球，互相关联，互相影响，而为一有组织的机体。正似一个人的身体，是许多互相关联的组织细胞结构而成。从吾侪具有心灵的人类或有机物，追溯到地球，及此太阳系，并所属之卫星，乃至星云、银河和银河以外的一切，恁地广漠的万有，纯是互相联属的一完整体。恁地，犹言如此。其呈著万象，实有秩序，而非混乱。其发展，自众星迄于人类心灵昭显，盖一本于穆然不容已之真，而非机遇。穆然，深远貌。不容已者，至真之极，德盛化神，如何可已。机遇者，偶然义。夫自无机物而至有机物与人类，始显心灵。乃不容已之真，所必至者。何可谓之偶然。因为大自然是一完整体，所以其间绝没有偶然，绝没有混乱。难者如果了解自然为一完整体，则知生物或人类本与自然为一，而不可分。又何至妄疑心灵非自然之本性，而以为偶尔发现耶？本性犹言本体。吾人之本心，即是自然之本性。非有二本也。

复次自然为一完整体故，其间各部分，互相通贯，而亦互为依持。持者能持，谓能任持其自相，即有对其他一切部分而为主的意思。依者，依属于能持之谓。此一部分，望彼彼部分而为能持，即彼彼皆为此作依属。彼彼者，不一义。凡此外之一切，通以彼彼言之。彼彼部分，亦复望此而为能持，即此通为彼彼作依属。彼彼相望，互为能持，互为依属。故一切即一，随举一部分为能持，其余一切部分皆依属于此一，而不相离异，故一切即一。一即一切。如上所说，一切即一。而此一复通与一切互为依持。故此一即是一切，非离一切而独在故。大中见小，一切为大，其一则小也。今以一为能持，而一切皆依于一。是以大从属于小，而不名为大矣。故云大中见小。摄无量世界于一微尘，世界不名大此何足诧。小中见大。一虽小，而以一切为其依属，则小而大矣。故云小中见大。一微尘摄无量世界，何大如之。夫小失其小，大失其大，是小大相空也。相空，而其真始显。万物互为依持，莫不为主，亦莫不相属。是以不齐而齐，玄同彼是。是，犹此也。纷乎至赜，而实冥然无对也。

夫物皆互相依持。人类之在万物中也，浑然与万物同体。而惑者不知，反妄生区别，而离一己于天地万物之外，顾自视渺乎沧海之一粟也。善乎杨慈湖之说曰："自生民以来，未有能识吾之全者，惟睹夫苍苍而清明而在上，始能言者名之曰天；又睹夫隤然而博厚而在下，又名之曰地。清明者吾之清明，博厚者吾之博厚，而人不自知也；人不自知而相与指名曰，彼天也，彼地也，如不自知其为我之手足，而曰彼手也，彼足也，如不自知其为己之耳目鼻口，而曰彼耳目也，彼鼻口也。是何惑乎自生民以来，面墙者比比耶？"又曰："不以天地万物万化万理为己，而惟执耳目鼻口四肢为己，是剖吾之全体而裂取分寸之肤也，是梏于血气而自私也，自小也，非吾之躯止于六尺七尺而已也。坐井而观天，不知天之大也；坐血气而观己，不知己之广也。"详此所云，甚有理致。然复须知，唯人类心灵特著。充其智，扩其量，毕竟足以官天地，府万物。官天地者，人与天地同体，而复为天地之宰，所谓范围天地之化而不过者是也。府万物者，孟子所谓"万物皆备于我"是也。其不幸迷惑而至自私自小者，非其本然也。故人类之在天地万物中也，殆犹大脑之在人体内，独为神明之司，感应无穷之总会焉。自然界之发展，至人类而益精粹，心灵于是乎昭现。斯盖真实之显，所不容掩遇者，真实，谓万物之本体。其不得谓之偶然也甚明。

　　复次据印度佛家说，凡无机物，皆谓无情，情者，情识。无情者，无有情识之谓。即无生命。而生物中如植物者，亦云无情、无生命。今俗云生命，大概就生机体具有生活的机能而言。本书生命一词，为本心之别名，则斥指生生不息之本体而名之，与通俗所云者不同。前注略而未详。印人以具有情识者，谓之有生命。但所云情识，并非克就本心言，与吾自不符。然其不以生命为物质的，则与吾之旨相近。当时外道有主张植物有生命者，颇反对佛家的说法。后来生物学家，亦多谓植物有极暧昧的心理状态，即非无生命。其言出于推测，盖非诬妄。是则外道于义为长。或复问言："无机物亦有心灵否？"。应答彼言：无机物非无心灵。何以故？物依翕得名，心依辟得名，此义前已成立，兹不复赘。夫翕辟同体，而显诸用则异者。唯翕无辟，无化可言。一名为变化，必是有待故。唯辟无翕，亦无化可言。故翕辟本一体之动，要以反而相成。夫物成形体，则翕之所为也。而其周遍包含一切形体，及潜躯默运乎众形之中者，则辟之所为也。无机物资于翕故，凝为形体。亦资于辟故，含有精英。此中精英一词，即谓心灵。然不直曰心灵者，盖在无机物中，心灵未得光显发皇，只是可说为一种微妙的力用，姑名以精英而已。故谓其无心灵者，甚不应理。然无机物之结构未免钝浊。极简单而无精微灵巧之组织，曰钝。粗笨而不足为心灵发抒之具，曰浊。故虽本具心灵，终亦不得显发，而疑于无。疑之为言，谓虽似无，要非本无。印度佛徒说器界为无情，无生命，非如理之谈也。器界者，一切无机物之都称。

　　综前所说，心非后于物而有，但物之结构，尚未能发展至有机物或人类的神经系之组织时，则心灵被障碍，而不得显发，要非本无。或言心，或言心灵，皆随文便。他处准知。颇复有难："诚如翕辟成变之说，则心非复起固也。然真体之动，几于完全物化，即只见其翕而成物。而彼至神默运，即所谓辟或心者，纵说为无定在而无所不在，然心之能用物而资之以显发其自己也，则唯在有机物或人体之构造臻于精密时，始有可能耳。前乎此者，心唯锢蔽于物，而不得显发。据此，则心之力用甚微，奚以见其能宰物，而于心言唯耶？"答曰：甚哉子之固也。夫一切物之本体，无思也，思者，犹言意计构画。无为也，为者，谓立意造作。是不可以宗教家所谓神帝者拟之亦明矣。无思无为，即非有预定计划。而其显为大用也，一本于其德盛化神而不容已。吾先哲于此，证会极深。此义广大渊微，难着言说。唯有智者冥悟焉可也。如其有预定计划，则是有所为而为之。是以人之私意测大化，而与其不容已之实，大相刺谬矣。夫唯不容已之动，故唯变所适，而亦不能无差忒。盖动，则不能不有所收凝。不有收凝，则浮泛而无据。此义前屡言之。动之至疾，而收凝益甚。收凝则有分化，而成物滋多。详前。列子云："天地，空中一细物耳。"无量星球，其广漠至不可思议。自凡情度之，一若本体完全物化，太空只是物质遍布耳。然则一极如如，寂兮寥兮，独立不改，周行而不殆之云，奚其然耶。一极，谓本体。绝待故名一，万物之本始故名极。如如者，谓此本体恒如其性也。寂寥者，无形相也。独立，无匹也。不改，犹如如也。周行，谓其显为大用也。不殆，谓不易其性，故无危殆，亦同如如义。今谓本体既物化，故疑上述诸义为不然也。明儒邓定宇有曰："毕竟天地也多动了一下。"此语甚有义蕴。吾所谓动则不能无差忒者，亦此义也。须知本体是无思为的，不可说为造物主。故无预定计划，唯一任其不容已之动，则难免差忒者，势也。《坎卦》，阳锢于阴。䷜之初爻及三爻皆阴。一阳居二，为阴所锢蔽。阳者，吾所云辟，即本体自性之显也。阴者，吾所云翕，是将成物，即本体之动而反其自性者也。夫动，则不能无反，此未可以差忒言之。反之而或近于物化，乃至以物而障碍自性，是乃差忒也。夫天化广大，天化，犹云本体流行。本非有意安排。即无预定计划之谓。故自然之运，有若失其贞常。坎卦之所示者，此而已矣。

新唯识论

夫天化不齐，天化，注见前。不齐者，谓其动而不能无差式也。翕而成物，既已滋多。有物则不能无累。谓本体将因此而障碍自性也。然而，本体毕竟不可物化，毕竟不舍自性。不舍者，不舍失也。犹云不变易。方其动而翕时，谈至此，本无时间义。但为言说之便，姑置时字。即有刚健、升进、纯净、虚寂、灵明及凡万德具备的一种势用，即所谓辟者，与翕俱显。俱者，不相离异义。谓辟与翕本一体之动而势用有殊，实非可截为二。又两势相俱，非次第起，故置俱词。于以默运乎翕之中，而包涵无外。翕则成众物，而皆在辟所包涵之中。故辟乃绝待而无外，以其为本体自性之显也。《易》于乾元言统天，亦此义也。乾元，阳也，即辟也。此所云天，即苍然之天，实指一切星球而目之也。辟之势用，实乃控御诸天体，故言统天。夫诸天体，则物之最大者，且为辟之所统御，则无有一物不为辟之所运者，盖可知矣。吾人七尺之形，心为其宰，又不待言矣。但辟之运翕，运即有统御义。必须经历相当的困难。翕既成物，则其势易以偏胜。何者？物成则浊重，辟之势用，未能骤转此浊重者而控御自如。易言之，即翕或物，足为辟或生命之障碍，而使生命堕于险陷。生命一词，注见前。此《坎卦》之所示也。生命之出乎险陷，有以物物，上物字，动词，谓能用物及主宰乎物也。而不物于物者，犹云不为物所障碍。必须有最大之努力，经长期之演进，始克奏肤功。《易》曰："阴疑于阳，必战。为其嫌于无阳也。"见《坤卦》。此中阴谓翕，阳谓辟。盖翕或物之势方盛，重浊难反。而辟或生命方被锢于重浊之物质，而不能显其统驭之力。故生命于物。若疑其侵蚀己也，则非奋战以破重浊之势，而控御之以从乎己，其有能自遂者乎。故曰"阴疑于阳必战也。"夫生命一息亡战，则物于物，犹云被侵蚀于物。而生命熄矣。故曰"为其嫌于无阳也"。生命以奋战故，始从无机物中，逐渐显发其力用。于是而能改造重浊之物质，以构成有机物，及从有机物渐次创进，至于人类，则其神经系特别发达。而生命乃凭之以益显其物物而不物于物之胜能。《坎卦》所为必次之以离者，其义于此可征。离 ☲ 之为卦，阳则破除阴暗险陷以出。《坎卦》阳陷阴中，离乃恰与之反。辟以运翕也，阴履中道，而不为阳之障。阴居二爻，名履中道。盖阴以顺从乎阳为中正，故以居中象之。翕不碍辟也，由坎而离，则知天化终不爽其贞常。而险陷乃生命之所必经，益以见生命固具刚健、升进等等盛德。毕竟能转物而不至物化，毕竟不舍自性，此所以成其贞常也。

或复问言："如公所说，本体流行，则以翕辟故反而成化。故反者，谓若故意出此也。然本无意，盖理之自然耳。翕则成物，疑于本体不守自性，而物化矣。然辟则自性之显也，终以战胜乎物，而消其滞碍。物本滞碍，然为辟所转化，则滞碍消。故本体毕竟常如其性。是说诚无可难。然本体流行，无预定计划，此固公所常言者。今谓辟或生命之战胜乎物也，固一步一步的创进，如自无机物，历有机物，以至人类心灵，渐从物质中解放，以至盛大，又似有计划预定者然。而公云无之，何耶？"答曰：天化者，自然耳。老氏所谓自然，犹印度佛家所云法尔道理。法尔亦自然义。盖理之极至，非有所待而然，是谓自然。又此理体，其显现或流行，只是德盛而不容已，非有意造作而然，是谓自然。故此云自然义，与印度自然外道之旨截然不同。自然外道主张一切物皆自然生，如乌自然黑，鹄自然白云云。此世俗无知之说，无学理上的价值。玄奘等诋老子为自然外道，由其于老子全无所知故也。岂尝有意造作哉。谓其预定计划，则是以人意测天化也，奚其可。夫自生命创进之迹而通观之，生命之表现，自无机物而有机物，以至人类，皆其创进之迹也。由一阶段进而为另一阶段，如在无机物为一阶段，进而为有机物，便为另一阶段。自植物以往，皆可准知。若有计划预定者然。抑知迹者幻象，而其所以迹者，固不可执迹以测之也。所以迹者，谓天化，或生命自身的活动。生命之创进本非盲目的冲动，可谓之有计划。而不可谓其计划出于预定。使其计划预定，则应为一成不变之型。何以其表现也，自无机物而有机物，乃至人类，有许多阶段的变异，曾无定型。何以至此为句。又在有机物未出现以前，生命犹被物质锢蔽，而难自显，是为险陷之象。如有预定计划，尤不应出此。或疑余为反对目的论者，然余于目的论，亦非完全反对。持目的论者，如果有预定的意义，则吾所不能苟同。如果讲得恰到好处，吾亦何反对之有。王船山解《易》，说"乾知大始"云："今观万物之生，其肢体、筋脉、府藏、官骸，与夫根茎、枝叶、华实，虽极于无痕，而曲尽其妙，皆天之聪明，从未有之先，分疏停匀，以用地之形质而成之。故曰'乾知大始'"云云。余按《易传》曰"乾知大始"，乾者阳也，相当吾所谓辟。辟者，本体自性之显也。故于用而显体，则辟可名为体矣。体非迷暗，本自圆明。圆明者，谓其至明，无倒妄也。故以知言。大始者，自本体言之，则此体显现而为万物。自万物言之，则万物皆资此真实之本体而始萌也。大始之大，赞词也。此中意云，本体具有灵明之知，而肇始万物。故云"乾知大始"。船山云用地之形质，实则地即形质，特以地为主词耳。此形质非别有本。盖即本体流行，不能无翕。翕便成形质。而本体或生命之显现，必用此形质以成物也，否则无所凭以显也。船山所说，吾大体赞同。唯其云"天之聪明，从未有之先，分疏停匀，以用地之形质而成之"，此则有计划预定之意，吾所不能印可。夫《易》言"乾知大始"者，乾，注见上。谓乾以灵知而肇始万物，知读智。不可妄计宇宙由迷暗的势力或盲目的意志而开发故。此处吃紧。《易》之义止于此，并不谓乾之始万物也有其预定的计划。而船山乃谓"从未有之先，分疏停匀"云云，是与《易》义既不合。而其义之不可持，则吾前已言之矣。然本体之显现而为万物也，虽无预定计划，而不妨谓其有计划，只非预定耳。但此计划二字，须善会，非如人之有意计度也，其相深微而不可测。唯于其因物付物，而物皆不失其正。即此，知其非盲目的冲动，而谓之有计划也。因物付物者，本体既显现而为万物，即是因物而付与之。如天也，地也，人也，乃至万有，凡一物，皆本体之显现，即是本体因其所现之各物，而一一皆举其自身以全付之。详玩上卷《明宗章》、大海水与众沤喻。夫因物付物，则一任自然之化，未尝有预定之的，立一型以期其必然。譬如大海水，现作众沤，乃自然耳。非以意为之型，而期众沤之必由乎一型也。然物之成也，则莫不得其正。诸天之运行有序,天之正也。山川之流凝,各成其德,山之德凝,川之德流。山川之正也。动植物之构造,纤悉毕尽其妙,于以全生而凝命,动植物之正也。人之泛应万感,而中恒有主,不随感迁,如众色杂陈,而视其所当视,不随众色以眩惑也,是不随感迁。举此一例,可概其余。人生之正也。夫物之不齐,而莫不各葆其正。故知生命的本身是明智的,而非迷暗的。其创进也,则自其潜运于无机物中,以至表现于有机物,迄人类,其所以控御物质而显其力用者,当然不是一种盲冲乱撞,而确是有幽深的计划的。如船山所说,动植物的机体,分疏停匀,曲尽其妙,生机体,由简单而趋复杂,故云分疏。然各部分必互相均和调协,故云停匀。其有计划,显然可见。至其潜运于无机物中,则其计划隐而难知,而固非无也。《大易·随卦》,颇著其义,是可玩已。《随卦》为《震兑》二卦之合,下三爻、《震卦》也;上三爻,《兑卦》也。

　　䷐ 此卦,震阳在下,以从二阴。兑阳渐长,而犹从一阴,故名《随》。夫阴从阳,化之常也,道之正也。今阳从阴,何耶?盖生命之显发也,不能不构成物,而用之以自显。此中生命即谓辟。辟者,本体自性之显,故可说为本体。而生命既是斥指辟而名之,则亦即是斥指本体而名之也。故此生命一词,不同俗解。他处言生命者仿此。本体之流行,不能无翕。易言之,即生命不能不构成物也。物成而重浊,生命不能遽尔控制自如,姑自潜以随乎物。震之一阳在下,以从二阴。凡阳皆表生命或本体,凡阴皆表翕或物。他处言阴阳者仿此。兑阳渐长,而犹不能已于随。阳虽长,而阴之重浊,必制之以渐故也。如植物出现时,阳固稍长,而犹随阴,未能盛显阳之力用。必至动植物分化以后,阳乃以渐而制阴也。王船山说《随卦》有曰:"阳虽随阴,而初阳资始。震之一阳,潜而在下名初。为万物所资始。以司帝之出。《震卦》取象于帝,见前谈《震卦》中。谓震阳潜动,以出生万物,是为帝象。虽顺阴以升,若不能自主。顺者随义。生命之显也,必构成物,而始资之以自显。然物既成,则乃自有其权能。故生命始以物为工具,而终感工具之不易制,故必随顺之，而后乃渐转工具为己用。阳之顺阴以升，即此故也。而阳刚不损其健行，可以无咎。"船山此说，大义粗著。然吾于随，而窃叹生命之运用物质，非无计划。其随也，正其计划也。生命在无机物的阶段中，并非完全被物质障碍。虽亦受其障碍。而物方成重浊之势，生命于此不得不姑随之，而徐图转化。其计划亦只合如此耳。

问曰："公固曾言，天化之行也，无预定的计划。而公云天者，乃本体之名，本体亦说为生命。今乃复云，生命创进非无计划，但不预定。夫焉有计划而非预定者乎？计划之为言，所以筹策将来也。如何非预定耶？"答曰：汝不了我所谓计划一词之意义。吾前已说，计划者，非如人之有意计度也。其相深隐而不可测云云，夫未尝有意，未尝计度将来而定其趣。曷为而言计划哉？言计划者，明其非盲目的冲动也，无将也，无迎也。有意规度未来曰将，有意奔趣未来曰迎。此人之所为也。天化本无意，何将迎之有。健动而明，健以动，而大明内蕴，非迷乱驰流也。成物而用之，不失其正。夫物者，生命所自成也，非物别有本也。用物则有物化之患。而能保其自性，以免于患，故物成，而终必实现生命的力用，非果物化也，故不失其正。以此征知，虽非有意计度筹虑，而由生命恒能战胜物化之势，以显自力用故。自者自己，设为生命之自谓。知其本非盲目的冲动，故谓之有计划也。此计划一词，但显生命创进，绝非迷乱。并不谓为由筹度而始决定其行动，非拟天以人也。人有意，而天无意也。

复次生命是全体的。而必翕而成物以自表现，则于全体之中有分化焉。自其为全体言之，只是德盛而不容已。注见前。故唯变所适，并非于变之开端。而预计将如何以构造物，以为其所欲达之鹄。此中变之开端一语，系顺俗计而言。实则变本无端。前云无预定计划者，以此。或问："唯变所适，则是前之于后，无所规定；后之于前，不必依准。如此则神变不可测，可谓绝对自由矣。"答曰：变也者，言乎生命之生生而不已也。此生生不已者，前无所预期于后，后起续前，而不用其故。是以变无定准，唯随所之而已。然必要说个自由，亦是以情计去猜卜天化。须知，自由，待不自由而后见。今谈到宇宙的大生命，本无所谓不自由，亦无所谓自由。此处不容以情见拟议。又自其分化而言之，则浑全的生命，凭物以显，凭者凭藉。若成为各个体。若之为言似也。生命毕竟是浑全的，谓成为各个体者，特缘物形而拟似之耳，非实然也。生命用此个体为工具，以表现自己，必非迷暗的冲动，而有其随缘作主的明智。此可于其不肯物化而征之也，所谓有计划者此也。前云目的论，如讲到恰好处，则无可反对。意亦在此。

总之，生命的创进，从其为全体的，可说唯变所适，决没有预计如何去构造物而用之。如船山所说，动植物之机体，其构造极妙，皆天之聪明，从未有之先便已预先计划妥当，此亦是一种目的论，却甚错误。船山此段话，见《周易稗疏》卷三。很容易被人误会他的言天，同于宗教家之上帝。其实，船山绝非宗教家。船山所谓天，盖指刚健不息之神而言。此神的意义，却不是具有人格的。以其灵明微妙，而无所不在，无物非其所发现。故谓之神。但船山说《易》，颇有二元论的意思。船山说《大易》乾坤并建，乾表神明，坤表形质。本论所云体用之旨，盖非船山所及悟，故非真知变者也。夫唯变所适，即其于物也，非有如何构造之预计。易言之，即未尝悬一型，以为其造物之鹄的。然而生命之表现，自不期而成物。不期者，非有意造作万物故。其所为不期而成者，盖德盛化神，不容已之几。故非意欲所存也。使其有意，则累于所欲，而生命且熄矣。故唯变所适，无有预立之鹄的以成物，而物无不成者，此自然之符也。老氏言自然，意正在此。然物成，而生命用之以自显，则其用物也，必有随缘作主之明智。因此，如船山所云，机体构造精妙，乃使物质不为碍，而终随己转，于以显其生生之盛。此中己者，设为生命之自谓。所谓计划或目的者，只合于此言之。以上就生命用物言，则有计划或目的。随缘作主一语，即是有计划或目的之义。如是盲冲瞎撞，则随缘不得作主矣。然曰随缘作主，则又非如船山所谓从未有之先云云。盖随缘，则非预计或预悬一的也。机体构造精妙云云，正是其随缘

新唯识论

作主处。是故谈生命者，自其为全体言之。只是唯变所适，决没有如何去构造物的预计。自其为全体而有分化言之，则生命表现于其所不期而成之物质中，即成为各个独立的生物时，乃用物而能随缘作主，因以见其有计划或目的。前面所谓无预定计划，而又未始无计划者。至此，则其义蕴已竭尽无余。《大易》《坎》《离》二卦，明示生命跳出物质障锢之险陷，而得自遂。其仗以出险者，非计划或目的之谓欤。

附识：或问："公所谓生命，本依辟而名之也，然亦以为本体之名。夫辟与本体，义犹有辨。而生命一词，乃兼目之，何耶？"答曰：寂然无相是谓体。即此寂然无相者而现起有为，是谓用。全体成用，非体在用外。譬如大海水，全成为众沤，非大海水在沤外。用则有翕有辟。而翕便现为形物，其运乎翕而为之主者，乃辟也。故严格言用，唯辟是用。辟具刚健、升进、虚寂、清净、灵明或生化不息及诸万德。此本体自性之显也。故于用而识体，即可于辟说为体。虽翕亦是体之呈现，但此中取义自别。故生命一词，虽以名辟，亦即为本体之名。体用本不妨分说，而实际上究不可分为二片。达此旨者，则知本论生命一词，或依用受称者，乃即用而显体也。或斥体为目者，举体即摄用也。何尝有歧义乎？夫生命云者，恒创恒新之谓生，恒者，无间断义。恒时是创造的，恒时是新新而不守其故的。自本自根之谓命。自本自根，用庄生语，自为本根，非从他生也。岂若宗教家别觅上帝或灵魂哉。二义互通，生即是命，命亦即是生故，故生命非一空泛的名词。吾人识得自家生命即是宇宙本体，举体即摄用，如前已说。此中宇宙一词，乃万物之都称。故不得内吾身而外宇宙。吾与宇宙，同一大生命故。此一大生命非可剖分，故无内外。内外者，因吾人妄执七尺之形为己为内，而遂以天地万物为外耳。

卷下之一

已说《坎》《离》。次谈《艮》《兑》二卦。

《艮卦》合上下两《艮卦》而成。如下所列：☶☶。艮之义为止。此卦阴爻并隐伏于阳爻之下。阴有静止之象。《易》之取象，不拘一格。宜随各卦之情而玩味之。阳，乾也，取象于天。此中天者，空界之名。非谓星球。故可以表本体。空界清虚，故可以譬喻本体。凡象，犹譬喻也。此卦即明本体固具许多潜能。潜能者，潜言潜在，能谓可能性。以其隐而未现，假说为静止之象，故此卦以《艮》立名。

《兑卦》合上下两《兑卦》而成。如下所列：☱☱《兑卦》爻象，恰恰与《艮》相反。

☶《艮》

☱《兑》

《兑卦》阴爻居上，象其发现于外也。阳以象本体，复如前说。此卦明本体所固具的许多可能性，于潜隐中自当乘幾而发现于外。幾者，自动之幾，非外有可乘之幾也。由潜而显，化幾通畅，故有欣悦之象。《兑卦》取象于泽，《说卦》云："说万物者，莫大乎泽。"以泽润生万物，故万物皆说。故《兑卦》象泽者，即表欣说的意义。此《兑卦》所由立名。《正义》曰：兑，说也。

夫所谓本体固具许多潜能者，何耶？能者，犹言可能性。因为本体是万理赅备之全体，而无有一毫亏乏的。如其有所亏乏，便不成为本体。须知本体是圆满至极，德无不全，理无不备。所以目为化原，崇为物始。始字须善会。由此本体遍为万物之实体，故云物始。非谓其超脱于万物之上，如宗教家所云上帝也。然复应知，本体是必现为大用，是即体即用，而不可分体用为二的。但是，我们为讲说的方便计，姑且把体别离开用来说，即是把万理赅备的本体界，当做无穷尽的可能的世界。这无穷尽的可能，正是隐而未现，恰好像是一个静止的世界。所谓本体固具许多潜能者，其义如此。《艮卦》之所示者，只此而已。

然而本体是即静即动的，此言动者，变义，非如俗所计物件移

269

动之动。即止即行的。湛然寂止,故浩然流行。浮乱则未有能行者也。善体天化者,体之于己而可知。易言之,即体必现为用。夫体现为用,其化也神。神化则新新而起,不留其故。前用才起即灭,后用即生,是通前后而皆新,焉有故化可留。积顿以成渐矣。用之生,或化之起,只是顿起耳。然每起皆顿,积不已之顿而成渐。前面曾说,本体是万理赅备之全体,此语宜善会。体之为体,不是兀然顽钝的物事。他只是万理赅备的全体。但不可妄计本体别为一物事而为能有万理者。若作是计便大谬。体之为体即是众理赅备故。亦即是具有无穷尽的可能的世界。这些可能,自必以渐而发现。有时甲种的可能发现,而乙丙等等的可能。或暂隐而不现。如低等的心作用发现时,而高等的心灵尚未显发,是其例也。久之隐伏的可能,终当发现,至此则化机通畅,即是本体现为大用,渐近完成时。渐近云者,则以事实上无所谓完成。《大易》终篇,才示《既济》,而即继以《未济》,其旨深哉。一真之体,现为大用,行至健而无止息也。使有完成,则化幾且息。本体不将为死体乎。《中庸》曰"至诚无息",与《大易·未济》之旨,互相发明。至哉斯义,焉得解人而与之默于无言。夫化幾畅而及于遂,遂者,上文所谓完成。及于之言,犹渐近也。故有欣悦象焉。此《兑卦》之所示也。欣悦,只是表示一种畅达的意义。化幾之运,如自无机物以至人类的心灵昭显,可谓畅达,而幾于完成矣。故以欣悦象之。

如上所说,本体是含藏万理,不妨假说他本体。是具有无量的可能的世界。此中含藏二字,须善会,非有能藏所藏可分。若分能所,则是二之也。后凡有类此之词者,皆准知。故体现为用,则用之著也有渐。夫用不孤起,故有一翕一辟可言。翕而成物,物则始于简单,终于复杂。如星球之形成,如生物之发展,及其他事物,莫不由简趋繁。辟则心之名所依以立。泰初有物,而心灵未现。未现者,非无有也,特居幽而至微耳。及有机物出现以后,而心灵发展,日益殊胜。故即翕辟二方面征之,皆见用之著也有渐。夫用者固理之所为,无有一用之生而非其本体所含或种理之所发现者。无有二字,一气贯下。问曰:"言或种理者,则是理有种类可分。夫理者本体之目,曷为可分种类?"答曰:《金刚经》言:"真如非一合相。"真如即本体之名,一合相者谓混然积聚相,泯其分理也。本体岂是如此顽钝的物事,故非之。当知本体是万理赅备的。易言之,万理交容交摄,而为一全体,是名本体。由体非一合相,故言万理,故可假说种类,却非如分别事物之种类者然。切忌谬执。夫理唯至足,无所不备,而为潜在的无量的可能的世界。故用相之或未现者,用相者,用之相故,斯云用相。以用起必有相状故。用者翕辟也,翕则物相生。辟无物相,而非无相,但其相不可以感官接耳。或未现者,如高等心灵作用在人类未生之前,即未现此相也。而其理固具于本体,特未显发耳。程子所谓"冲漠无朕,万象森然已具",正谓此也。冲漠无朕,形容本体空寂。无障染名寂,无形相无意欲名空。泊然无迹兆可得,云无朕。万象森然即理。理体成为大用,理体者,以本体是万理赅备,故名。是不容已的向前开展。正如老子所云:"虚而不屈,不可穷竭,云不屈。动而愈出。"有人说,宇宙是层复一层的创化不已,如物质始凝,而后有生命,有心灵,渐次出现,以此证老氏不屈与愈出之义。此说吾不谓然。生命与心灵不容分为二,离心灵无别生命可说故。可覆看前谈《坎》《离》二卦中。此义明儒已多言及,但辞略耳。又物质始凝时,非无生命或心灵。本论随在发挥斯义。余以为欲明不屈与愈出,不必如说者所云。如物理世界由流之凝,由浑之画,由单纯而之复杂。心灵则自其当无机物时,隐而不显,迄至人类,乃特别发达。如哲学家极渊微的神解,科学家极奇特的创见,及凡文化上一切伟大制作的慧力,都是一层一层的创化不已。此正老氏所谓不屈与愈出之义。其所以不屈与愈出者,正以含藏万理,故能如此耳。理体世界的可能,恒是无尽藏。大用流行的世界,只是变动不居,而终不能尽其理体之所有,完全实现。理体是圆满的,用相有对而无恒。不能无缺憾。此大化所由不容已,而人生终不绝其希望也夫。人生唯向上,而反诸自性,方得圆满。自性谓本体也。若不悟此,而沦溺于流行的世界中,不能于流行而

新唯识论

识真体，则将逐物不反，唯长苦缺憾而已。

夫理无不备，而用待以成。故用相之现也，乃即相即理。相者用相，后仿此。用相即理之所成，故云即相即理。用相有所未现，未现见前注。而理体元无不备，则不可妄臆相方未生，即无有此理也。异哉王船山之说曰："天下唯器而已矣。道者，器之道也。无其道则无其器，人皆能言之。虽然，苟有其器矣，岂患无道哉。无其器则无其道，人鲜能言之。而固其诚然者也。洪荒无揖让之道，唐虞无吊伐之道，汉唐无今日之道，则今日无他年之道者多矣。未有弓矢而无射道，未有车马而无御道，未有牢醴璧币钟磬管弦，而无礼乐之道。则未有子而无父道，未有弟而无兄道，道之可有而且无者多矣。故无其器则无其道，诚然之言也。而人特未之察耳。"《周易外传》卷五。详船山所谓道，相当吾所谓理。船山所谓器，相当吾所谓相。相者，具云用相。注见前。由船山之说，则理体非固有，非大备，非圆满无亏之全体。直须有如是相，而后有如是理。相方未现，即固无此理也。然则用固无体，凭空突起乎？如观海者，不悟众沤以大海水为体而始起，乃直谓其凭空突起，则人无不笑其倒妄者。船山之见，又何以异是。夫用则屡迁，迁者，不守故常。而理唯法尔完具。完者完全，谓理无所不备。具者，谓理乃本来具有，不由后起。人类未生时，而为父为兄之理，固已先在。慈爱之理，自是本体固有的，故云先在。后仿此。牢醴璧币钟磬管弦，此等事物未出现时，而为礼为乐之理，要皆先在。推之未有弓矢车马，而射御之理先在。及凡古今异宜之事，当其未现，而理自不无。夫理备而数立，理极备，故有数。而数亦无不备。相则理之乘乎数以动而始显。理数者，无假于相而固存，而相则依理数以显。依字须善会。非以此依彼也。相成于理，而相即是理。相因乎数，故不异数。但理之成乎相也，以其圆满大备之全体，深远无穷极，浩浩如渊泉而时出之。出者，出流义。渊泉极深极博，故其出，非可一泻而尽，故言时出，犹曰时时不已于出耳。夫出者，渊泉之实现也。时时不已于出，则渊泉终不能举其自所固有者而完全实现之。有余故不竭也。理体现为用相，亦同此况。故相不即是理之全现，而理恒极备矣。

如上所述，理体为潜在的无量的可能的世界，故以《艮卦》表之。理体现为大用，化幾畅矣，故以《兑卦》表之。今复略为疏抉，以绝疑误。

一曰，理者是实法，实法者，谓其有实自体也。虽其自体不是具有形质的。要是实有，而非空洞的形式之谓。非假法。假法者，谓其只是空洞的形式，而无有实自体也。或以为理字具有条理与法式、轨范等义，故是共相。此等共相，乃离开现实界之特殊物事而自存于真际界云云。此说本之西洋谈逻辑者。如其说，则真际界与现实界显划鸿沟，不可融会。此已难通。而其所谓理，又只是空洞的形式，例如方等。彼计方的桌子等之方，是一切方的桌子等之共相，亦说为理。夫方的桌子等，在俗谛说为实有的物事，而方的共相，则只是空洞的形式而已。今若仅在逻辑上，以共相为特殊物事的型范，而不与形而上学中所谓理者相混，似犹可说。兹乃以共相，应用到形而上学里来，以为是现实界中特殊物事之所依据以成者。而此共相既是空洞的形式，又谓其离开现实界而独存于真际界。则二界如何发生关系，既难说明，且此空洞的形式，无实自体，又如何说为真际，且得为特殊物事所依据以成者乎？果尔，则是无能生有，殊不应理。详彼所说，与本论所谓理的意义，极端相悖，不容相滥。本论乃直指本体而名之以理，本体是实有，不可视同假法。说共相为理者，只以理为空洞的形式，如方等，则理便属假法，何得为一切物之实体。此其不得不相简别也。然本论所云理，亦不妨假名共相。因为理是有实自体的。但其自体，既非如现实界物事之可破析为断片。却亦不是顽然而一，无有条理和轨范的呆板的物事。却亦至此为句。譬如一颗种子，通常看做是顽然而一的物事。实则不然。他已是具有萌芽及根干、枝叶、花实种种的可能，便见得他是具有许许多多的条理和轨范了。理的自体上具有条理和轨范，也可由此譬而得其解。但譬喻只取少分相似，不可因譬而转生执著，将理体当做现实界的物事去推测也。从理体之具有条理与轨范的方面来说，亦得假名共

新唯识论

相。但此共相，既是依本体或实体上假说之，则非克就假法上立名，世所言共相，只是假法。与常途所用共相一词的意义自不同。

二曰，理之现为相，相者具云用相。见前。不待别立材质而与之合。如果把理说为一种空洞的形式或法式，则必需于理之外，更建立一种气为材质，而理乃与之搭合以成物。如此，似未免戏论。宋儒言理气，已有未尽善处。后人遂有以气为材质，而理别为法式，遂成种种支离之论。余于此不欲详或别为笔扎。今在本论所谓理者，既是实体，所以不须别找材质。理体渊然空寂，渊然，深远藐。无障染名空，非空无也。无昏扰名寂。空故神，神者，灵妙之极。体离障染故。寂故化。化者，生生之盛。唯湛然真寂。故生化不穷也。神化者，翕辟相互而呈材。翕为辟而起，辟资翕以行，故云相互。实则一体之流行，现作翕辟二势也。材者，具云材质。但此材质字，须活看，不可作质碍解。翕才起而材质现。庶物万象，于此而立。生灭流行不已，而造化之情可见。翕辟势用，才生即灭，无暂时停滞。如此新新而生，流行无已。所以谓之神化。造化即谓神化。情者，动发之幾。非机械性，故以情言之。此情字义深，须善会。情者用也，但用字义宽，大用流行，若有神幾，说为情故。是故材质者，理之流行所必有之势也，其情之至盛而不匱故也。材呈，故谓之相。相者，用之相。见前。故曰理之现相，不待别立材质而与之合。以其为至实而非无故也。世之以共相言理者，只是空洞的形式，即等于无。

三曰，理体与用相，不可分为二界。天理流行，即名为用。用则有相诈现，故云用相。名理体以天理者，至真绝待，不可更诘所从来，故云天也。理之流行，即予以用名。用则有相状现，而相状无实，不暂住故，遂云诈现。全体成用，全用即体，何可判以二界。譬如水成为冰，水以喻理体，冰以喻用相。水本含有坚凝、流润及蒸汽种种可能。今成冰，即坚凝之可能已实现。自余许多可能，暂隐而不现，非消失也。然水与冰不一不异。不一者，水与冰有别故。不异者，冰之实体即是水故。理体与用相，亦复如是。有体用可以别诠，即不一。体者，用之本体，云何可说为异。

附识：宋儒说理不离乎气，亦不杂乎气，是直以理气为两物，但以不离不杂，明其关系耳。此说已甚误。明儒则或以气为实在的物事，而以理为气之条理，则理且无实，益成谬论。后之谈理气者，其支离又不可究诘。余以为理者，斥体立名，体者，本体。至真至实。理之流行，斯名为用，亦可云气。气者，非形气或空气等气字，乃即流行的势用，而形容之以气也。此气字，即谓有势用现起，而非固定的物事也。中卷有一段言及此。故气者，理之显现。而理者，气之本体也。焉得判之为二乎。复次欲所谓现实界，则依用相或气，而妄执为实物有。实物有者，吾人因实际生活，而执有一切实在的东西。遂不悟用相之神变不居，而只计有实物。故云实物有。此则纯为情见所执耳。其实，非离用相或气而别有如是现实界也。

综前所说，以八卦表示体用，与翕辟诸大义，靡不包举无遗。物理世界所由成立，于此已悉发其蕴矣。

本章首刊定旧师印度佛家唯识论师建立物种以说明物界，实为妄计。物种旧云相分种子。次依本体流行有其翕的方面，翕则分化，于是成立小一系群，由此施设物界。夫有物有则，故范畴非纯属主观，而申论及此。终之以八卦，则大义无不毕举。是故穷极物理，本无有如俗所计之物。但依真实流行，则不妨随俗施设物。真实谓本体。流行则有翕之方面。依此而假说物界。俗情于此，庶几无怖也欤。俗情执物，闻无物则起惊怖。

复次物理世界，或无量星球，虽复幻相宛然，物理世界实依翕的势用，诈现迹象，而假为之名耳。迹象者，幻相也，本非固定的物事，而现似实物，故云宛然。要有一期成毁。一期者，如地球自其初凝，迄至毁时，说为一期。凡物有成必有毁，无有一成而恒住不毁灭者。昔邵尧夫说天地当坏灭，学者或疑其怪诞。然近世科学家，并不否认现在的星球是在消蚀与放射，则尧夫不为臆说矣。但科学家或计远空某处，得因是处放射，又凝成物质。因此，如是处的宇宙不幸濒于死亡，而别一新天地却正在创造中。此新天地的构成，并非以旧天地的余烬为原料，而是旧天地燃烧时所发的放射，又凝成新天地。这种轮回宇宙说，虽若有可持之理由，而仍有许多科学家，据热力学第二定律，承认宇宙间死热一定继续增加。因判定轮回宇宙的观念，是一种荒谬的思想。上来主张与反对之二方面，吾侪诚难为左右袒。然吾终相信，无量宇宙或一切星球，决定要遇到坏灭之神降临，无法避免。但是，我亦决非持断见论者。断见者，谓如宇宙灭已，更不复生，是谓断灭见。我相信宇宙的本体总是至诚无息的，是要现为大用，流行不已的。因此，可以设想宇宙整个坏灭之后，也许要经过相当时期的混沌境界，混沌，无物貌。然后又从新形成无量的宇宙。设问："何故须经一混沌时期？"我的答案是，凡物之极其大者，其成也不能不以渐。印度佛家把诸星球或天地，总名为大，以其相状极大故。如前已说，本体流行有其翕的方面。此翕的势用，虽复刹那生灭，而恒相续流故，即此无间的势用，刹那刹那，都是前前灭尽，后后续生。故云无间。渐渐转故，现似大物。非可不由积渐，瞥然骤现一新天地也。瞥然，形容其时之暂。夫物者，世间相也。曰天地、曰宇宙或诸星球，皆物之别名耳。世间相者，谓此物相，乃世间情计执著，以为有如是物耳。其本相，则前所谓翕的势用是也。翕势，前刹那才起即灭，而有余势，相状宛然。余势者，譬如香灭已，而有余臭宛然。后刹那似前势续起，虽起已即灭，复有余势，相状宛然。刹那刹那，生灭灭生，递积余势，其相状以渐增盛，是名大物。故物相之成也必以渐。新天地之生，可信为理所必有。但非必当旧天地灭时，即代之以起，若与之紧相接续也。

问曰："天地不能无成毁。虽毁已，当复成。而值其毁时，则人类之一切努力，一切创造，毕竟归空无。然则吾人既知其必毁，而何以为安心立命之地耶？"答曰：有心求安，是心则妄，而非其真。有命自天，命字、有多义。略言之，一、流行谓命，如云本体之流行是也。二、缘会或遭遇谓之命，如俗云命运是也。三、物所受为命。夫人物所以生之理，不由后起。因假说为天之所赋予，而人物受之以为命也。此中命字，属第三义，实即斥指人与万物所同具之本体而名之也。万仞壁立。形容其至高无上。《易》云以至，《易》曰："穷理尽性以至于命。"理性命三名虽异，而所目则一。绝对真实，物禀之以成形，人禀之以有生，故谓之命。克就其在人而言，则谓之性。以其散著而为万物万事，悉有理则，复说为理。穷者，博通而约守之，即散著以会归大本。尽者，全其在己之性，而无以后起之私染障害之也。至字义深，与命为一，方是至。老则云复。老子曰："归根复命。"人自有生以后，囿于形，缚于染污之习，渐以梏亡其本命，故须复也。《大易·复卦》即此意。上归根二字，与复命义同。命之在人，即人生之根源。人必归宿乎此，而后人生离于虚妄。佛亦有言：证大法身。法身者，佛说万物之本体，名为真如，亦名法身。身者自体义。以是一切法实体故，名法身。诸佛即以法身为自体故。更有余义，此姑不详。证者，证得。诸佛证得此法身故。夫佛所谓证得法身，与儒老所云复命、至命，无异旨也。盖体合至真，即超越物表矣。诣乎此者，是立人极。离常无常及有无相，离字一气贯下读之。以为常耶而万变无穷，是离常相。以为无常耶而真浮刚健，其德不易，其性不改，是离无常相。以为有耶而寂然无象，是离有相。以为无耶而万物由之以成，是离无相。离去来今及自他相。真体超时空，故离去来今相，举时，则空相亦离可知。证悟真体，便无物我可分，故离自他相。染污不得为碍，自性清净故。戏论于兹永熄。非戏论安足处所故，非思议所行境界故。是盛德之至也。何以名之？吾将名之曰"无寄真人"，亦名"大自在者"。自在略有二义。一、离一切缚义。二、神用不可测义。夫无寄则至矣，何天地成毁之足论。

上来施设物界，今次当详心法。

第八章　明心上

夫心者，恒转之动而辟也。依用显体，故名本体曰恒转。说见中卷。盖恒转者，至静而动，此中静者，非与动反之谓。而动者，亦非与静反之谓。盖就日常经验的物事言，则方其静止也，即不曾动转。而方其动转也，亦即不曾静止。今就本体上言，则不可以物之动静相而相拟测。本体是即静即动的。动者，言其妙用不测也。静者，言其冲微湛寂，无昏扰相也。至神而无，神者，虚灵不滞之称。无者，无形相、无障染、无有起意造作也。本未始有物也。物者，有形质与方所之谓。本体不可以物测之。然其神完而动以不匮，完者，无亏欠也。不匮者，无穷竭也。斯法尔有所摄聚。法尔，犹言自然。非有意为之，故云法尔。摄者，收摄。聚者，凝聚。不摄聚，则一味浮散，其力用无所集中，唯是莽荡空虚而已。莽荡，无物貌。空虚，无物之谓。大化流行，岂其如是。故摄聚者，真实之动，自然不容已之势也。真实，谓本体。摄聚乃名翕，翕便有物幻成，物非实故，云幻成。所以现似物质宇宙。而恒转至是乃若不守自性也。恒转，寂然无相，本非物也。今其动而翕也，则幻成乎物。是恒转已物化，而疑于舍失其自性也。乃若者，疑词。实则恒转者，真实而不可渝，纯白而无染，纯白者，清净之形容词。刚健而不挠。不可折挠。岂果化于物而不守自性者乎。其动而翕也，因以成物。而即凭之，以显发其自性力。《明宗章》说，本体是遍现为一切物，而遂凭物以显。详在上卷。此非深于观化者，则信解不及也。夫本体若不现为用，则直是空无而已，岂得名为体耶？体现为用，则不可浮游无据。故其动而翕也，则盛用其力以成物。而本体毕竟恒如其性，决定不物化者，乃自成其物，而凭之，以显发其自性力已耳。故物者，本体所以显发其自性力之资具也。而本体岂物化而不守自性者哉。夫本体之动也，此中动者，变化义，谓其现为大用也。此动字义深，不可作物件动转之动解去。其翕而成物，若与自性反。然同时即显发其清刚浩大之力，此中力者，即谓辟。恐人误计先翕而后乃辟，故以同时一词防之。清刚者，清谓清净，无障碍故，无惑染故。刚谓刚健，不屈挠故，恒自在故，不可随物改转故。浩大者，至大无外故。此大字，非与小对之词。有以潜移默运乎一切物之中，而使物随己转。己者，设为上所云清刚浩大之力之自谓。毕竟融翕之反，而归于冲和。是力也，盖即本体自性之显发。易言之，即本体举其自身而全现为此力也。喻如大海水，全现为众沤。此力对翕而言，则谓之辟。辟者，开发义，升进义，生生不息义。翕成物则闭塞，此力运于物之中而通畅无碍，故有开发义。翕成物则重坠，此力运于物之中，而实超出物表，能转物而不为物转，故有升进义。翕成物则违其本，物之本体，元非物故。此力运于物之中，则用其反，而卒归融和，益遂生生之盛。造化之大德曰仁，仁，只是生生义。矛盾要非其本然，世之言黑格尔辩证法者，殊不识仁。故有生生不息义。如上略说三义，非止此三，故置略言。则辟之得名，已可概见。

综前所说，翕与辟同属恒转之显现，恒转者，本体之名。恒转显现为翕辟。譬如大海水，现为众沤。详上卷《明宗章》首段案语。虽既现而势异，翕，凝敛之势也。辟，则健以开发之势也。故二势殊异。但翕终从辟。健顺合而咸其浑全。翕之方面，敛而成物。则辟之方面，乃得凭物以显其开发之功。否则浮游无据，而辟之力无所集中，即无以成其为辟矣。故翕之成物也，乃为辟之资具，而其德恒顺。辟则用物而不为物役，其德恒健。健以统顺，即翕辟叶合为一，而无异致。故曰浑全。本既不二，翕辟同一本体故。用乃故反，而实冲和。翕辟用也，一翕一辟殆故为相反。而实以是成其冲和。故翕辟不可作两片物事看去。详上卷《转变章》。又翕则分化成多，详《成物章》。而由辟运乎一切翕之中，无所不包通故，包者包含，通者贯通。翕以分化，而成一一个别的物事。辟的势用，则贯通乎一一个别的物事之中，而复包含于其外。盖辟者，圆满浑全，无定在而无所不在。故多即是一。翕成为个别的，是众多也。然辟运于其间，无不包通，则翕不异辟，而多即是一。辟则恒是浑一，浑者，不可分割义。一者，绝待义，全整义，非算数之一。而以行乎翕或分殊之中故，即一亦为多。辟行乎一一翕之中，即随翕而各显其用。如月印万川，即一一川中各有一月在。参考《功能章》下及《成物章》。知此者，可与穷神。

上来谈翕辟大义，只将已前说过的话，在此总括一番，为向后详述心法的张本。心法一词，本佛典。法字，见吾著《佛家名相通释》。但此处须插入一段话，即关于心之类别，不可不加辨析。晚周道家有道心、人心之分。见《荀子》。印度佛家有法性心、依他心之分。见《杂集论》等。然法性依他二心，各有多种别名，此姑不详。道家以宇宙本体名之为道。道者由义，万物由之而成，故以道名。即道即心，故名道心。人心者，则形而后有者也。形者，形气或形骸。凡血气之伦，以其一身，交乎万物，而有心知出焉。此其心知，则以听役乎身，而逐物以与物化者也，故谓之人心。人心者，言其非天然本有也，非真性也，故谓形而后有。道心则吾人之真性，天然本有，不由后起。二者之异，宜深切体究。然使道心得恒时为主于中，则人心亦皆转化，而成为道心之发用，则亦无有二心矣。佛家法性心，则相当于道心。法性，犹云一切物之本体。佛与中法字与中文物字略相当。见《通释》部甲及《语要》卷一。佛书性字，多用为体字之异语。此中性字，即谓万法实体。以法性名之为心，是与道心义相当。依他心，则相当于人心。依他，具云依他起。他者缘义，依众缘而起，曰依他起。本书上卷《唯识章》下说心识依四缘而生，即此心识，是依他心也。此依他心，虽待本心的力用为因缘，而必由前念对于后念为次第缘，及境界为所缘缘，与六根并习气等等为增上缘，方乃得生此心。又增上缘义最宽，所缘缘与次第缘皆兼属增上缘。次第缘，若就习心言之，则前念习心亦望后念而为此缘。四缘中，以增上缘势力最大。增上缘中，又以习气或习心势力最大，足以障蔽其固具因缘，而自成为一种力用，即依他心是也。但此中所说因缘，系据本论所立义，不同旧师种子说。详上卷《唯识章》下。夫依他心既是缘生法，而诸缘中，又以增上缘如习气及根、境之势力为最盛大。则此心，明明是形而后有。与人心义相当，无可疑者。

本论融通佛道二家意思，分别本心与习心。本心，具云本来的心。习心，则习气之现起者也。其潜伏而不现起时，但名习气。本心亦云性智，从人生论与心理学的观点而言，则名以本心。从量论的观点而言，则名为性智。是吾人与万物所同具之本性。本性犹云本体。以其为人物所以生之理，故说为性。性者，生生义。所谓真净圆觉，虚彻灵通，卓然而独存者也。非虚妄曰真，无惑染曰净，统众德而大备、烁群昏而独照曰圆觉，至实而无相曰虚，至健而无不遍曰彻，神妙不测曰灵，应感无穷曰通，绝待曰独存。道家之道心，佛氏之法性心，乃至王阳明之良知，皆本心之异名耳。习心亦云量智，此心虽依本心的力用故有，习心非本心，而依本心之作用故有，譬如浮云非太空，要依太空故有。而不即是本心，毕竟自成为一种东西。原夫此心虽以固有的灵明为自动因，固有的灵明，犹言本心的力用。参考上卷《唯识章》谈因缘处。但因依根取境，而易乖其本。根者，即佛家所谓眼等五根是也。此根乃心所凭以发现之具，而不即是心，亦不即是顽钝的物质。今推演其旨，盖即有机物所特有之最微妙的生活机能。其发现于眼处，谓之眼根；发现于耳处，谓之耳根；乃至发现于身处，谓之身根。身处，略当今云神经系。故根者，非即是眼等官体或神经系，但为运于眼等官体或神经系中最微妙的机能而已。此种机能，科学家无可质测。然以理推之，应说为有。此心必凭藉乎根而始发现，故云依根。取者，追求与构画等义。境者，具云境界。凡为心之所追求与所思构，通名为境。原夫本心之发现，既不能不依藉乎根，则根便自有其权能，即假心之力用，而自逞以迷逐于物。故本心之流行乎根门，每失其本然之明。是心藉根为资具，乃反为资具所用也。而吾人亦因此不易反识自心，或且以心灵为物理的作用而已。心理学家每从生理的基础如神经系等来说明心，或径以心理作物理观，亦自有故。夫根既假本心力用为己有，而迷以逐物。此中己者，设为根之自谓。即此逐物之心，习久日深，已成为根之用，确与其固有灵明不相似。而人顾皆认此为心，实则此非本心，乃已物化者也。此心既成为一物，而其所交接之一切境，又莫非物也。故孟子有物交物之言，是其反观深澈至极，非大乘菩萨不堪了此。夫心已物化，而失其本。孟子既名之以物，而不谓之心。然是物也，势用特殊。虽才起即灭，而有余势流转，如暴流然，不常亦不断。不常不断者，谓其为物，是个生灭灭生相续不绝的。如前刹那方灭，后刹那即紧相接续而生。刹那刹那，前前灭尽故不常，后后相续生故不断。此不常不断的物事，实为潜在于吾人生活的内部之千条万绪互相结合之丛聚体，是故喻如暴流。此纷纭复杂，各不相乱，而又交相涉入，以形成浩大势用的暴流，当其潜伏于吾人内在的深渊里，如千波万涛鼓涌冥壑者，则谓之习气。覆看中卷《功能章》下谈习气处。即此无量习气有乘机现起者，乃名习心。前谓其自成为一种东西者以此。道家所谓人心，实即习心。佛家依他心，亦指习心而言。其说为依他者，正欲显其不实在及非本有故耳。唯本心是本有的，是实在的。习心既异本心，因此其在生活方面，常有追逐外物而不得餍足之苦。其在缘虑方面，缘虑一词，赅认识及思唯等等作用而言。则辨物析理，有其所长。然即物而究其本性，犹云本体。穷理而要归一极，一者，绝待义。犹易云太极也。则荡然无相，寂然离系。谈至此，本来无一物，何系之有。不可分内外，无物我故，无对待故。不可说有无，谓之有，则无相。谓之无，而实不空。寻思路绝，寻者寻求，思者思考，皆杂以习心，所谓量智是也。今此无相之地，则寻思之路，至此而绝。此处非寻思所及故，语言道断，语言之道，至此而断。非口说或理论所可表示得到故。此唯是神明昭彻，冥冥内证之极诣。而从来哲学家，游意幽玄，辄以向外推度之智，恣其戏论。则以习心未及廓清，无缘自识真性故也。故习心与本心之异，不可以不辨。习心行相，此中行相者，谓习心行于所取境之相状。如后另详。第九章《明心下》。本章所注意者，则将于本心益加提示而已。

或有问言："《新论》本以恒转之动而辟，说明为心。此所谓心，即是本心，非习心也。然心既只是恒转之动，应不即是恒转。本心，亦省云心，后皆仿此。易言之，心不即是本体。恒转者，本体之名。既云心不即是恒转，换言之，心不即是本体。而《新论》却又说心即本体，其义云何？"答曰：言心即本体者，即用而显其体也。夫曰恒转之动而辟者，此动即是举体成用，举字吃紧。直是本体将他自身完全现作大用了。问曰："动而辟者固是用，若其动而翕也，则疑于物化，而不成为用矣。"答曰：翕随辟转，非果物化也。翕辟毕竟不二，只是大用昭然。非体在用外也。离用不可觅体，体者用之体。若离用而觅体，岂别有一兀然枯寂的世界耶？故乃即用而识体。譬如，于沤相而知其是大海水。夫于本体之动，而名为用。此中动字，义至深妙，非与静反之谓。动者，言体之显现也。即此显现是至神极妙的功用，故名为用。用之成也，恒如其本体，而无改于固有之德性。易言之，即体既成用，而恒不变易其真实、刚健、清净、空寂之本然也。恒字吃紧。真实乃至空寂，皆本体之德也。空非空无，以不受障碍故名。寂非枯寂，以无昏扰故名。故曰即体即用，举体成用故。即用即体，全用即体故。不可析而二之也。夫心者，以宰物为功，心者，神明义。以其主乎吾人之一身，而控御万物，不爽其则，故谓之心。此固是用。用者，言乎本体之动也。说见上。夫所谓心者，只是依本体之动而得名。所以云心即是用。而即于用识体，以离用不可得体故，是故克就吾人而显示其浑然与宇宙万有同具之本体，则确然直指本心。人人可以反求自识，而无事乎向外追索矣。

自昔佛法东来，宗门禅学。独辟于吾国。其道在自识本心，直澈真源真源，谓宇宙本体。识得自心与万物同体，真源岂待外求。唐世有大珠慧海者，初参马祖。祖曰："来此拟须何事？"曰："来求佛法。"祖曰："自家宝藏不顾，宝藏，喻本心。此是万化之原。万物之本，故以宝藏喻之。抛家散走作什么？戒其专恃量智或知识向外追求探索也。古今哲学家，多是抛家散走。我这里一物也无，本体不可当做外在的物事来推度。求什么佛法。"迷者以为实有佛法可求。实则佛者觉也，只此心是。法者轨范或真理，亦只是此心。若离自心，便无佛可得，亦无法可得。又复应知，此心元无形相，不可当做物事去推求。才起求之一念，便已迷失此心，而成为妄想矣。珠复问曰："阿那个是慧海自家宝藏？"祖曰："即今问我者，是汝自家宝藏。此时兴问之一，清净虚明，不夹杂一毫染污或妄念杂虑，故此心即是自家宝藏。一切具足，更无欠少。备具万德或万善。参看上卷《明宗章》谈性智处。使用自在，这个宝藏。是吾人所以生之理，亦即是天地万物所以成形之理。因吾人与天地万物同一本源，不可分割故。由此应知，此大宝藏具有无穷神化，无边妙用，故云使用自在。又克就吾人日常生活言之，此大实藏，随触即应，无感不通，亦见其使用自在。何假向外求觅。"王阳明有诗戒学者云："抛却自家无尽藏，沿门托钵效贫儿。"与祖意正同。马祖这段话，所以示慧海者，至为亲切。如前已说，心有本习之殊。本者本心，习者习心。实则只有本心，可正名曰心。而习心直不应名为心也。当名之以心所。详在下章。然而一般人大抵都为无量无边的习气所缠缚固结，而习气直成为吾人的生命。覆玩中卷《功能章》下谈习气处。易言之，即纯任习心趣境，趣者，向往义，竞逐义。习心总是向外追求。即是有所向往与竞逐也。境者，不独实物名境，凡为心之所向往与竞逐者，皆境也。而不自识何者为其自家宝藏或本来的心。佛说众生无始时来，常在颠倒中，犹如长夜。只是自己不认识自己耳。慧海初见马祖问佛法，意中以为有佛法可求。此求之之一念，直将佛法当做物事来追逐耳。直缘其一向习心用事，所以于平平常常，无可起执追求处，而亦计为有物可求。平平常常云云者，吾人与天地万物同体的大宝藏，本崇高无上，孟子所尊为天爵者此也。然复须知，此崇高无上的，正是平平常常的。若悟得这个，才是我的真实生命。易言之，这个才是真的自己。岂不平平常常。又复当知，若认识了真的自己，便无物我，无对待，乃至无取舍等等。于此何容起一毫执著想，何容作一毫追求想哉。而迷者终不悟，其可奈何。马祖鉴其妄习未除，于是呵其外逐，令反悟自家宝藏，又示以无物可求。而慧海乃一旦廓然空其胸中伏莽，伏莽，谓一切染污习气或习心。始跃然兴问，谁是自家宝藏。马祖则直令其反悟当下之心，即此时兴问之心，光明纯净，无有颠倒计度，故谓光明。无有些子杂染，故云纯净。如赤日当空，不容纤毫翳障，此非自家宝藏而何。若时时在在，恒保任得如此时之心，便是药山所谓皮肤脱落尽，唯有一真实也。皮肤，喻染污习气或习心。谓染习克治尽净也。一者，绝待义。真实者，无虚妄义。此谓本体呈现。

上述一公案，直令慧海当下自识本心，可谓易简直捷。当下即是，故云易简。不待他求，故云直捷。然学者如不知所持循，则乍尔之明，正未可恃。持者，保任之而勿失也。循者，由之而勿违也。若识自本心，便须持循而勿失之。孟子所云收放心是也。或问："本心何曾有放失？"答曰：克就本心而言，他是恒存的，本无放失。若就吾人生活上言之，如妄念憧扰时，即本心被障而不显，便是放失了。言匪一端，须善会。问："放心如何收？"答曰：知放之知，勿令私欲起而间断之，便是收。不是别用一心来收此心也。如慧海被马祖提撕，习心偶歇，而本心之明，乍尔呈现。却恐妄习潜存，还障本明。

吾平生最服膺马祖挡百丈鼻孔一公案。其揭示独体及护持工夫，至为亲切。独体即本体之别名。以其至明无滞，至大无外，无物与匹，故云独体。百丈怀海大师者，马祖门人也。师侍马祖行次，见一群野鸭飞过。祖曰："是甚么？"师曰："野鸭子。"祖曰："甚处去也。"师曰："飞过去也。"祖遂回头，将师鼻一挡，负痛失声。祖曰："又道飞过去也。"师于言下有省，却归侍者寮。哀哀大哭。同事问曰："汝忆父母耶？"师曰无。曰："被人骂耶？"师曰无。曰："哭作甚么？"师曰："我鼻孔被大师扫得痛不澈。大师，百丈称马祖也。同事曰："有甚因缘不契？"师曰："汝问和尚去。"

新唯识论

和尚，谓马祖。同事问祖曰："海侍者有何因缘不契，在寮中哭告。"和尚为某甲说。祖曰："是伊会也，汝自问取他。"同事归寮曰"和尚道汝会也，令我自问汝。"师乃呵呵大笑。同事曰："适来哭，如今为甚却笑。"师曰："适来哭，如今笑。"同事罔然。次日，马祖升堂。众才集，师出，卷却席。祖便下座，师随至方丈。祖曰："我适来未曾说话，汝为甚便卷却席？"师曰："昨日被和尚扭得鼻头痛。"祖曰："汝昨日向甚处留心"师曰："鼻头今日又不痛也。"祖曰："汝深明昨日事。"师作礼而退。这一公案，其意义至渊广。略言之，一、示此心是超脱万物而独立的。此中超脱云云者，非谓其离万物而独在也。但以其遍为万物实体，故云超脱。心者，虚寂神妙，不可穷竭之称。是为万物实体，而不即是物。譬如说水为冰之实体，而水不即是冰。又以其既现为物，而即运于物之中，以主宰乎物，毕竟不物化故，故云超脱。他处凡有此类词语者，皆准知。夫众生一向是习心用事，习心只向外逐境，故妄执境物，而不可反识自己。自己，谓吾与天地万物同体之本性。以其为吾身之主宰而言，则谓之本心。习心是物化者也，是与一切物相待者也。本心则超越物表，独立无匹者也。既习心乘权，则本心恒蔽锢而不显。是以吾人一切见闻觉知，只是于境物上生解，终不获见自本性。夫本性，体物者也。体物者，谓吾自己本性，亦即是天地万物之实体。而无有一物得遗之以成其为物者也。故见自性，则遍法界为一真显现，原无性外之物矣。此中法界，犹言宇宙，乃万有之都称。而迷执有外在境物者，亦终不获自识其体物之本性矣。怀海于向上事，透悟本性的工夫，名向上事。用力已深，而未及彻。如天将明，而暗且甚，破暗即明矣。马祖知其然，故于行次，见野鸭飞过，即试诘之曰"是甚么"。怀海果答以野鸭子，盖习心发露于不觉也。作野鸭子解时，此心只是习心。若除去习心的虚妄所执，便无有所谓野鸭子这个物事。祖再诘曰"甚处去"，怀师犹不了祖意，复答曰"飞过去也"。其为习心所使如故。祖至是乃扭其鼻孔，更警之曰："又道飞过去也。"怀师始于言下有省。盖其旷劫以来染污习气，刹那顿息。由此，豁然识得自己，其后上堂示众云：

灵光独耀，谓心也。人人有个内在的灵光独耀的主人公，而不自识何耶。主人公一词，本之宗门。然切不可误会为宗教家所谓灵魂。先哲名心曰天君，以其主宰乎身故也。主人公义同。迥脱根尘。根者根身，尘谓物界。言此心超脱乎一身与万物之表，而为其真宰也。超脱义见上。体露真常，体，即斥心之自体而目之也。露者，呈现义。真者，不虚妄义。常者，不变易义。此心自体虽无形相，而有无相之相，灼然呈现，不空无也。其德真实无妄，恒常而不可改易。所以说为吾人之本性，万物之实体也。不拘文字。俗学拘守经籍，欲由文字以见道，而不悟道非离心而外在者。今不反之自心，徒欲因文字悟道。是犹守筌蹄以为即鱼兔也。心性无染，此中性者，自体义。谓心自体上本无一毫染污，乃纯净至善者也。本自圆成。万善具足，万化不穷，是圆满义。法尔现成，不待造作，复说成义。但离妄缘，即如如佛。所谓私意、私欲、感障、染污等等，皆习气之异名耳。习气者，妄缘也。妄缘之言，显其不实在，非本性故。如如者，不变义。佛者觉义，即谓心性。心性无染，圆明虚寂，故说为佛。妄缘虽障碍心性，而心性恒自如故，不可变易，即是不随妄缘迁改，所谓无染是也。譬如客尘，障于明镜，而明镜自体，恒自如故，不受客尘污玷。故拂拭客尘，还复朗鉴。心性亦尔。但舍离妄缘，即还复本来明觉。

怀师这番话，直综括十二部经旨要，富哉言乎！当其被马祖扭鼻孔而有省，始伏除染习，顿悟自心是超物独立的。所谓"灵光独耀，迥脱根尘"是也。怀师从此一悟，即豁然见自本性，乃深悔从前逐物生解而迷其真。今始省悟，所为哀哭而继之以笑也。厥后所造益深远，却自此番省悟扩充去。

二、示存持之要。存者存养，持者保任。夫马祖指野鸭子问怀师，而师即以野鸭子对。问甚处去，复答飞过去。师两番酬对，自俗谛言之，绝无错乱。而祖乃挡其鼻孔，至负痛失声。此何故耶？祖果不承认有野鸭子，亦不承认有野鸭子飞过一事实乎？而挡怀师鼻孔胡为者。此一公案，实值得玩味。一般人所以放失其心者，只以习心用事，向外逐境。习与物化，障碍本性。积劫痴迷，无由解悟。怀师反己工夫，反己者，息其逐物之妄，而反诸己所固有之本心，始信万化之原，不可向外觅取，不可以物推观。大概近熟。近者，未至乎熟而近之也。祖于行次，共见野鸭飞过时，因乘机故诘，故者故意。将诱而进之耳。怀师若果见性，则遇祖之诘，决不同于未见性人，直任习心冲口而出，以野鸭子答也。怀师若果至此为句。或问："应如何答？"余曰：此无须代拟答词。唯可断言，彻悟人决不如是作答耳。从来禅师多尚机锋，只是当机妙应。若后人代拟之，便无谓。见性，即证一真无待，一真之一，无对义。岂复有物可说。故彻悟人彻悟者，以见性故名。睹山河大地，不作山河大地相想。相者相状，下仿此。睹男女，不作男女相想。则其睹野鸭子也，宁作野鸭子相想耶。虽复随顺俗谛，并不遮山河大地乃至野鸭子相，而遇诘者意存启示本分事，无物可说时，本分事，谓本性或本心，此宗门语。若见自本性，即物我等相俱遣，故于此无物可说。必能鉴机立应，妙符至理。怀师滞于习心，未臻斯诣。祖故再诘，而师犹不悟，乃以飞过去答。夫计有野鸭子之物，则必随计野鸭子飞过。此皆习心逐境作解故也。于是而祖挡其鼻孔，至负痛失声，且戒之曰："又道飞过去也。"而师至是始有省。夫祖所以申警之者，既令其自识独体。独体谓本心，是乃吾与天地万物所同具之本体。绝待故云独。但以其主乎吾身而言，乃云本心。则由此勿舍存持，人人具此本心，而常为习心所障碍者，则以无存持之功故耳。勤加涵养，只存持不懈，便是涵养。亦不能外是而别有进修之要道也。何者？存持之功，唯在息其向外逐境之心，此心乃习心，非本心也。常令胸怀空虚，染习尽故。无取无著。取者，追求义，计度义。著者执著。习尽，则无取著。此际，则独体炯然，所谓空不空如来藏是也。如来一名，有多义。举要而言，无所从来，曰如来。藏者，含摄义，含摄万有故。此中如来藏，即本体或本心之别名。空者，空一切染污习气也。不空者，此如来藏心，是圆成实故。圆成实一词，详在中卷《功能章》。如来藏心，具有空与不空二义。谓习心空，而此圆成实自体不空故。怀海犹未空其逐境之习，即于存持工夫，未得其要。马祖当机善诱，意深远矣。

今世谈禅学者，皆熟闻作用见性一语。然何谓作用，何谓性，云何于作用见性，则谈者鲜不茫然。夫性者，吾人与天地万物所同具之本体。但以其为吾人所以生之理而言，则谓之性。以其主乎吾身而言，亦谓之心。作用者，即凡见闻觉知等等，通名作用。曰见，曰闻，曰觉，曰知，皆作用之名，复言等等者，作用相状复杂，列举不尽故。故举见闻觉知，即摄一切作用在内。

云何而言作用见性，则非于作用加以解析不可。若于作用加以解析，则非先说明所谓根或根身者不可。

印度佛家，自小乘以来，说有五根。曰眼根、耳根、鼻根、舌根、身根。此五根者，亦总名根身。身者，自体义。即根为吾人自体。故名根身。

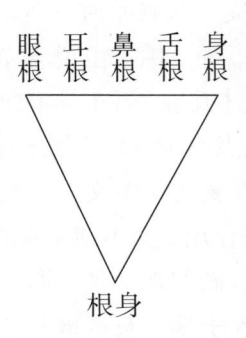

```
眼  耳  鼻  舌  身
根  根  根  根  根
         根身
```

世或误解根义，以为即肉眼等名根，此中等者，谓内耳乃至肉体。及以肉眼等互相联系的全体即物质的七尺之躯，计为根身。此实大谬。佛家说根为清净色，此中色言，是相用义，非质碍义。虽不同于物之有质碍，而有相用可言，非空无故，亦名之为色。清净者，显其相用微妙，故云清净。云何微妙？微者精微，非目所见故。妙者神妙，其力用不可测故。安慧菩萨说根者，最胜自在义。见《广五蕴论》。自在者，显其力用无滞碍故，非机械性故。此本非心，亦复非物，却是介乎心和物之间的一种东西。自此以下，为余所引申之义。如果把他根作宽泛的解释，就说为生活机能，自无不可。但不如说他是生命力之健进所构成的一种机括。古者弓箭有机括，以司发动者也。今所谓根者，乃生命力所自构之资具，而藉之以发现自力。故根可以机括喻之。也可说生命力健进，隐然具有目的。因为欲达其目的，遂形成了这种机括。根的意义，约略说来，只如此。凡有机物之所以异于无机物者，就因为具有根的缘故。根力具云根的力用。潜运眼处，能发视识，说为眼根。眼谓肉眼，发者发现。见色之识，名为视识。此识只依根发现，而非根之副产物。勿误会。根与识，须辨清，下皆准知。根力潜运耳处，能发闻识，说为耳根。耳谓肉耳。闻声之识，名为闻识。自余准上可知。乃至潜运身处，能发触识，说为身根。身，谓肉体和神经系。言乃至者，中间略而不举故。自余准上可知。故根者，不即是肉眼等。而所谓根身者，亦非仅目物质的七尺之躯，肉眼等互相联系的全体，叫做七尺之躯。这个东西，只是物质的，是无机世界的一部分。此乃诸根之所附着处，而不即是诸根。此不容不辨。佛家虽说有净色根，而未详其义。吾著《佛家名相通释》曾叙述其说。吾于佛家建立根的意思，极所赞同。但关于根的说法，颇以己意引申，不必悉符旧义也。他日容当深论之。

　　如上略谈根义，现在要还入本文。夫见闻觉知等等作用，常途即名之为心。其实，此等作用，元不即是本心。后文本心亦省云心。只是根门假借心之力用，而幻现一种灵明，以趣境云尔。根门者，门以出入为义。万感来入乎根，而根出其灵明以立应之，故名根以门。幻现者，由根假心之力用，而现起灵明。此灵明，非根之本身所固有，故云幻现。趣境者，凡来感之物，皆境也。根则藉心之力用，而有灵明现起焉。足以发趣乎境，而应之不爽。故云趣境。夫心之在人，本无时或息。然其流行于一身之中，此克就一人身上而言之耳。实则一人之心，即是宇宙之心，元是无所不在的，非限于一身也。随感而应，要不能不藉乎根。若无有根为此心发现作机括者，又何从见得心。夫根者，只是生命力健以进，所形成的一种资具而已。如在无机物中，生命力犹未显发，即所谓根者，尚未形成。这时便难见心了。但克就根言，则根自有其权能。而心之力用之发乎根也，根即假之，以自成—其灵明。譬如笛，假人之声气，以自成为笛声。这种灵明，恒与其无待之本然，不必相似。无待，谓心也。此心即吾人之真性，万物之本体，故无待。本然者，形容词，谓此心固有的德性，本来是如此的。今根假心之力用，以逞其灵明，而趣境。则此灵明，每与心之德性不必相似也。不必二字吃紧。非决定不相似，但易至不相似。故云不必。而每习与物化，盖根之灵明，恒逐物，以殉没于物，故云物化。习者，犹云常常如此为之，谓其惯习于物化而不知反也。由此，遂有习气等流。言等流者，根之灵明，现起趣境，以习与物化时，即此刹那顷，便造成了一种惯性。此云惯性，并不是泛泛的说法，而是谓此刹那顷之习便成功一种势力叫做习气。这个习气，不会无端消灭，但也不是恒常坚住的支持下去，却是习气的自身刹那刹那前灭后生，相续流转下去。因此说为等流。等者，相似义，谓后起续前决定似前。相似而流，故名等流。即此习气随逐根身，根身见上文。习气恒随逐根身而不相舍离。还复乘机跃现。故根趣境时，虽假心之力用，而自逞其灵明，以追攀前境。追者追求，攀者攀援。前境者，具云常前之境。凡言境者，不限于有形质的物事，只为心之所追攀者，通得境名。他处仿此。然于其时必有染习突跃，以与根之灵明相挟同流，叶合若一。习分染净，参看中卷《功能章》下。挟者逼附义。染习依根明起，根明，具云根之灵明。后仿此。是根明之类故。于是而心之力用不得显，乃孟子所谓放心之候也。夫根明，实假心之力用而现起，虽可以不似其本，本谓心。而此明之所假藉者即心之力用，此心毕竟不改其性。盖所谓根明者，从根之一方面而畜，是根假于心之力用，而自成其明。但如从心之一方面而言，却是心之力用，发现于根门。此心之力用行乎根门，虽缘根之假藉以成其明，驯至物化，但此心之力用，毕竟不缘根之假以成明，而改其性。譬如明镜，为客尘所锢，而镜本性即所谓鉴照者，终不随客尘迁改。故释迦教诸学者，唯以守护根门为要。参考《杂阿含》等经。守护根门者，即是恒持正智、正念。此中正智、正念，即是心之力用，发现于根门者。必须敬以持之，而不令丝毫走作。走作系谚语，谓如不能持之，将使心作用为根所假藉之，以成为根之明。即动念乃失其正，是谓走作。昔朱子持心之功甚密，尝以走作为耻。吾人必保任此心，使其恒为主于中，不使根得假之以成为根之明。如是，则根者只为心力所凭以发现之资具，而不得役心从己以殉物。己者，设为根之自谓。天君恒时炯然在中，心力，具云心之力用。天君，犹宗门云主人公，谓心也。所谓照体独立是也。照体者，谓此心自体是即寂即照，即照即寂的。《易》谓之大明。大者，形容其圆满而无亏欠也。虽只言明或照，而湛寂义自在其中。独立者，无对义。

综前所说，约有四个要点，须加提示。

一、作用者，即克就见闻觉知等等而名之也。详前。

二、此见闻觉知等等作用，实即心之力用，发现于根门者。故此作用。不即是心体。心体是独立无对的，冲寂无朕的，故不可说见闻觉知即是心体。但心体亦非离见闻觉知而独在。心体亦是流行不息的。若于其力用发现者如见闻觉知之外，而欲别觅心体，则心体又安在耶。

三、见闻觉知等等，通名作用，固如上说。但如严格言之，则见闻觉知等等，固有不得名为作用者。夫作用之云，乃言夫本体之流行也。故心之力用心即本体。依根门而发现，为见为闻为觉为知，而非根所障，非习所锢者，即此见闻觉知，名为作用。须知，心之力用，流行乎根门。而根假之以自逞其灵明，即根乃乘权。而心之力用始受障碍，且根乘权，则染污习气与之俱行，益以锢蔽此心。唯有守护根门而不放逸者，方不为根所障、习所锢耳。若乃根假心力以自逞，而挟习俱行，由此而发为见闻觉知，虽在通途亦名作用，实则此等见闻觉知，已不是本体流行，但是根与习用事故，即不成为作用也。故谈作用，应当简别。

四、作用义，既经刊定如上，则作用见性义，亦不待深谈而可知已。夫作用者，即本体之流行而言之也。流行则未即是体之固然。何者？流行是用，体者用之体。夫体无差别，而用有分殊。故自用言之，不即是体之固然也。然体要不离流行而独在，以举体成用故，不可离用觅体故。是故于流行识体。

如前举马祖答慧海一公案，即就慧海见闻觉知处指点，缘慧海与马祖酬对时，他内部发生了一组见闻觉知。据常途的说法，慧海这时内发的见闻觉知，就叫做心。不过，此所谓心，是以作用名心，非就本体而目之也。有难："见闻似非内发。"答曰：凡引生见闻的，如人和语言，或其他物事，则属外缘。而见和闻，却是内发的，非见闻在外也。见闻不只是感摄，而是具有明解的，此不可不知。马祖答慧海，只令他反躬体认，当下虚明纯净，不杂一毫倒妄的见闻觉知。就在这里认识他固有性体，即所谓自家宝藏。可谓易简真切之极。盖见闻觉知，固是当下发生的作用。而此作用不是没有内在的根源，可以凭空发现的。不是二字，一气贯下。譬如众沤，他有内在的根源，即大海水是。须知，此作用，即是性体之流行，故于作用而见性也。犹之于众沤而见大海水。马祖挡怀海鼻孔一公案，则可与答慧海者反以相明。怀海于野鸭子飞过时，而起野鸭子的见。这个见，正是逐物生解。此解只是根与习用事，而不是本体之流行，即不成为作用。故于此不可见性。吾举这一公案，却从反面说来，以显正义。

总之，性体浑然至真，寂然无相。不可说见闻觉知等等作用，即是性体。不可，至此为句。故但曰作用见性，非谓作用即是性。然非离作用外，别有性体。故必于作用见性。犹之非离众沤外，别有大海水。故必于众沤而识大海水。明代阳明派下，多有只在发用处说良知者，是直以作用为性体。其谬误不待言。及聂双江罗念庵救之以归寂，而于作用见性意思，似亦不无稍阂。夫归寂，诚是也。

而寂然真体，毕竟不离发用。如或屏用而求寂，其不为沦空之学者鲜矣，尚得谓之见性乎？

问曰："如上所说，心之一名，通体及用。有克就本体而名之为心者，有克就作用而名之为心者。是则心之名虽同，而其所目则异实，不可以无辨也。"答曰：同名异实之云，似将体用截成两片，却成过误。夫义理自有分际，辨析不可不精。而察其分际，尤贵观其会通。夫说作用名心者，当知用不离体。才说作用，便于作用见性。性谓本体。如说众沤，便于沤见大海水。说本体名心者，当知即体而言，用在体。如说大海水，便知大海水不离众沤独在。体用毕竟不可截成二片，是义宜知。在宇宙论上与心理学上，均不可将体用分成二片。

问曰："所谓作用者，将纯为本心之流行，而无习与俱乎？"答曰：心之力用，流行于根门，而不为根所障，习所锢者，方名作用。此前所已言也。夫习与根，恒相随逐。习之得以锢其心者，以其为染习，而与根相俱以乘权故也。锢者锢蔽，如云蔽日。习分染净，见中卷《功能章》下。此明锢心者，只是染习。相俱者，同行义，叶合义。若乃保任此心，使其不至见役于根，即根乃不为心之障，而染习亦不得起以乘权，即心不被锢也。然复须知，染习必须伏除，伏者，押之使不现起。除则断灭之也。净习毕竟不可断。不断故，恒与根同行，与心相应。相应者，叶合如一也。故未有心得孤起而无习与俱者也。参看下章谈心所处。夫净习依本心而起，即心之类，其相应于心也，固已和同而化，浑然无应合之迹。而习亦莫非真几之动矣。真几之动，犹云本心之流行。此言净习随心转化，故不异本心也。马祖云："只如行住坐卧，应机接物，尽是道。吾国儒道诸家，皆以宇宙真源、人生本性说名为道。道者由义。以其为人之所共由，故名。体道之人，其日用云为，皆从本性上发出，而不杂以一毫后起之私，故云尽是道。道即是法界，法界，犹云宇宙本体。但以其在人而言，则谓之心。马祖以此土先哲所云道，与印度佛家所云法界，同为本体之目。乃至河沙妙用，不出法界。"河沙，喻数量无穷尽也。吾人日常生活中，一切皆从真体流行。孟子曰："君子深造之以道，言深造之功，将以至于道，非如俗学只务知识而已。欲其自得之也。自得者，实有诸己之谓，非徒尚解悟也。解悟则以心测道，其去道也远矣。自得则心即是道，道即是心，而已与道为一。自得之，则居之安。居其所自得，处乎至足，夐然无待，如何不安。居之安，则资之深。所资者即其所居。故唯内资。而非有资于外也。夫外资者，无源而易竭。内资者不竭。存乎内者，源深而无极故也。资之深，则取之左右逢其原。"孟子此言，深得理要。夫资乎内者，深远不可竭。故随其取给，或左或右，靡不逢原。原者，万有之本，万德之基，万行之宗。资者，资此者也。居者，居此者也。自得者，得此者也。深造者，造此者也。是乃所谓道也。日用之间，随所取给，左之右之，莫不逢此真实本原。起想动念，举足下足，随在皆是道体发现，焉往而不逢之哉。马祖所云恒沙妙用，不出法界，与孟子左右逢原之旨，盖有互相发明处也。

夫佛家之学，无论小宗、大乘，要皆归趣证体，证见本体曰证体。证见者，谓本体呈露时，炯然自见耳，非别有一心来见此体也。略小谈大。空宗形容本体空寂，无相故名空，离昏扰故名寂。甚深微妙，穷于赞叹。有宗形容本体真净，离倒妄故名真实。离诸戏论相故名清净。甚深微妙，穷于赞叹。有宗将体用分截，故成谬误。然其形容真净德相，亦自有契应处。然诸大乘师谈本体，通空有二宗，故置诸言。颇表现一种超越感。即对于至高无上的至善的真理，此中真理，即本体之别名，下仿此。举善，即摄真与美。而有无限的庄严之感。同时起一种极殷重的欣求。如是故谓超越感。这种感固极可贵，吾人所以破现实生活之桎梏者，全赖乎此。然复须知，若学者由诸大乘师之所启示而发生此种超越感，便谓已至究竟，此则大谬。夫诸大乘师，以言说方便，引令学者发生超越感，固非以此为究竟。而在学者当发生超越感时，其自身犹未能与真理为一，盖未免心外有境。超越的本体世界，却是其心外之境。庄子所为呵列御寇犹有所待者也，必自居超越，而漠然亡感，漠然者，浑然无对貌。始立乎无待。是故禅家兴，而直指本心。心即是理，真理省云理。

理即是心，于是心外无境。吾人自身虽复随俗说为在现实世界中，而实乃夐然超越。以在己之心，与遍为万法实体的理，既是一而非二，万法，犹云万物或万有。则称真而谈，真谓真理，称者契应。当体超越。当体，谓吾人自身，才识真理在己，即自身便是超越的也。岂于自身外，别有一超越之境为所感者哉。夫超越在己，即超越不是感。宗门直指本心，其视大乘空有二轮，又进而益亲切者也。《华严》为有宗六经之一，其"三界唯心，万法唯识"之旨，宗门实与之密契。空宗《般若》，荡然破一切执，而其智始显也。智，本心也。宗门通空有二轮，但其人处乃较亲切，学者宜知。

夫神明冲寂，神明，谓本心。而惑染每为之障。惑染本无根，而足以障碍本心。如浮云无根，而能障目。真宰无为，真宰，谓本心。而显发恒资保任。严矣哉保任也。真宰不为惑染所障而得以显发者，则以吾人自有保任一段工夫故耳。保者保持，任者任持。保任约有三义：一、保任此本心，而不使惑染得障之也。二、保任的工夫，只是随顺本心而存养之。即日常生活，一切任本心作主，却非别用一心来保任此本心也。三、保任的工夫，既是随顺本心，即任此心自然之运，不可更起意来把捉此心。程子所谓未尝致纤毫之力是也。若起意，则是妄念或习心窃发，而本心已放失矣。善夫阳明学派之言曰："即工夫即本体。"一言而抉天人之蕴。东土诸哲，如儒与佛及老聃派传心之要皆不外此旨也。工夫则万行之都称。行者，修行，亦云进修。吾人日常生活中，不论闲静时，或动作万端时，总期念念之间，恒由本心为主，毋任惑染起而间之。然欲致此者，要当有不断的努力，非废然纵任而可至也。此云不断的努力者，即修行或进修之谓。行而曰万者，修行非一端而已。人各因其所偏失而期以自克焉。故修行不泥于一轨也。如佛家有六度，乃至十地等无量行。儒者于人伦日用之地，或以居敬为要，或以主忠信为先，乃至种种，亦非孤尚一行以为法程也。工夫诚至，即本体呈显。若日用间工夫全不得力，则染习炽，邪妄作，斯以障碍本体而丧其真矣。真谓本体。故曰"即工夫即本体"，此尽人合天之极则也。工夫只是保任，无量的工夫,无非保任此本心而已。原非于本体有所增益。但勿为染习所缚,勿顺躯壳起念,人只为染习所缚,即顺躯壳起念,而本心乃梏亡矣。王阳明教学者,每于此处提醒。而使本心恒为主于中,恒字吃紧。有不恒时,即本心放失,便无主人公也。则大明朗乎无极,本心不倚于物,故非知识的。而炯然至明,为一切知识之原,故非无知。无穷尽故云无极。性海渊兮绝待。本心即是吾人与万物同具的本体,故说为性海。性者,生生义。海则喻其至大无外也。斯以静涵万理,静谓泯绝外感时。动应万变。动谓事物纷然交感时。动应则神不可测,静涵则虚而不屈。不屈谓无穷竭。是为动静一原。吾人日用间,不论静时动时,通是本体浑然流行。故静涵万理者,静时是本体实现故。动应万变者,动时是本体实现故。此缘一向工夫没有松懈,所以本体呈露,有动静一原之妙。若工夫不得力,即染习乘机而起,静时便昏沉,无从发现涵万理的本体;动时便浮乱,无从发现应万变的本体。王学末流,或高谈本体,而忽略工夫,却成巨谬。

明儒有杨天游者,于工夫即本体之旨,颇不契。其言曰:"本体光明,犹镜也。工夫,刮磨此镜者也。若工夫即本体,是谓刮磨之物即镜也,可乎?"黄梨洲驳之曰:"此言似是而非。夫镜也,刮磨之物也,二物也。故不可说刮磨之物即镜。若工夫本体同是一心非有二物,如欲歧而二之,则是有二心矣。其说之不通也"云云。余尝考杨氏说,盖谓工夫有积累之渐,本体无积累之渐。工夫有纯驳偏全不同,本体无偏全,无纯驳。以此,不许工夫即本体,实倒见也。夫保任此本体,方名工夫。但保任实由本体之自明自觉,易言之,即工夫实自本体出。非是离本体别有一心来用工夫。杨氏于此盖未省也。工夫既非离本体别有物,只是本体之发现而已。在工夫上说积累,说纯驳,说偏全,此是从发现之迹上比拟。今说工夫即本体者,是将一一工夫,会归本体,自是探原之论,未可以常途滞迹之见相衡量也。杨氏歧本体与工夫为二,故以积累等之有无两相比较。梨洲虽知其误,而驳词未足以解其蔽也。

无工夫而言本体,只是想像卜度而已,非可实证本体也。唯真切下过工夫者，方实证得本体即自本心，无待外索。无工夫，则于此终不自见，不自承当，唯以一向逐物的知见去猜测本体，是直以本体为外在的物事，如何得实证。实证乃本体之自明自了。故本体如被障而不显，即无实证可言。若知工夫切要，而未知工夫即本体，是工夫皆外铄，而昧其真性，此之谓冥行。又且如无源之水，求免于涸也不得矣。

夫求识本心，在佛家盖自宗门兴起，而后盛趣此一路向，固夫人而知之也。儒家则远自孔子已揭求仁之旨。仁者本心也，即吾人与天地万物所同具之本体也。至孟子提出四端，恻隐之心，仁之端也。羞恶之心，义之端也。辞让之心，礼之端也。是非之心，智之端也。只就本心发用处而分说之耳。实则四端统是一个仁体。仁体即本心之别名。儒家仁智等名，须随文取义。如仁之一名，有时克目本体，则非与义礼智信等德时待立名也。有时与义礼智信等德相对为言者，则此仁字，系就发用处说。如随事而发之为恻隐则名仁，随事而发之为羞恶则名义是也。余可类推。智之一名亦然，有时为本体之目，有时就发用处说。准上谈仁可知。后来程伯子《识仁篇》云："仁者浑然与物同体。此言仁，只是吾人与万物统同的本体。义礼智信，皆仁也。"此则直演孔子《太易》"元者善之长也"意思。《易》以乾元为万物之本体，坤元仍是乾元，非坤别有元也。杨慈湖深得此旨。元在人而名为仁，即是本心。万善自此发现，故曰"善之长"。逮王阳明作《大学问》，直令人反诸其内在的渊然而寂，恻然而感之仁，而天地万物一体之实，灼然可见。罗念庵又申师门之旨，盖自孔孟以迄宋明诸师，无不直指本心之仁，实则，仁即本心。而曰本心之仁者，为措词方便故。以为万化之原，万有之基，即此仁体。无可以知解向外求索也。明儒徐鲁源鲁源师事钱绪山，阳明再传也。曰："惟仁者性之灵。而心之真力按仁即本心，亦即是性。凝于冲漠无朕，而生意盎然，洋溢宇宙。力按冲漠无朕者，空寂也。佛家只体会到空寂，而不知空寂之中，正是生意凝聚，盎然不容已也。本体元是如此。以此言性，非枯寂断灭之性也。力按佛家小乘颇近

· 298 ·

枯灭。大乘不住生死，亦不住涅槃，视小乘已一变，然仍以度尽一切众生为薪向，终与儒家人生观不同。由儒者之道，以衡大乘，则彼犹未离乎枯灭也。达于人伦庶物，而真体湛然，迥出尘累。以此言心，非知觉运动之心也。力按知觉运动之心，习心也。仁则本心也。然仁体作得主时，则知觉运动之心，亦成为仁体之发用。此义宜知。故孔子专言仁。传之无弊。"鲁源此说，可谓得儒家之旨。

或有难言："孔门之学，教人即实事上致力，曷尝谈本心、说仁体耶？《论语》一书，可考见也。"答曰：《论语》载门下问仁者甚多，汝乃不考。何哉？孔子寿至七十以上，门下三千，通六艺与闻至道者七十二人。其平生讲说极繁富可知。《论语》仅一小册耳，其所不载者何限。然即此小册，所载问仁诸条，已于全书中，甚占地位。夫门下径直问仁，则必孔子平生专以求仁为学，可知也。后儒如王阳明，以致良知为学，亦与孔子言仁相类。夫良知即本心，凡为阳明之学者皆知之。仁即本心。而治《论语》者顾不悟，何耶？孔子答门下问仁者，只令在实事上致力。易言之，即唯与之谈工夫，令其由工夫而自悟仁体，即本心或本体。却不曾克就仁体上形容是如何如何。一则此非言说所及，二则强形容之，亦恐人作光景玩弄。孔子苦心处，后人固不识也。昔有一友，亦尝谓《论语》言仁，非即本心。吾语之曰：《论语》云，"君子无终食之间违仁，造次必于是，颠沛必于是。"此所谓仁，非本心耶，非本体耶，岂可将此仁体说向外去，而只作为行事上之一种规范或德目看耶？岂可，至此为句。其友闻之，悚然有省。印度泰戈尔氏来吾华时。自云："曾读《论语》，只觉是一部法典然。"孔子果如此，则学无本源，何足云圣。泰氏读《论语》而未通，亦足惜也。夫孔子岂未达本源者耶。彼自云"十五志学"，学者觉义，见《白虎通》。于觉而识仁体焉。学之究竟在是也。究竟一词，简异一切知识的学问。不仁谓之麻木。麻木者，不觉也。不觉即仁体梏亡。上蔡以觉言仁，甚是。朱子非之，误矣。志乎仁，乃为志学。"三十而立"，此志已立定也。"四十不惑"，自识仁体也。"五十知天命"，既自识仁体，涵养益深，至此乃实证仁体即天命也。夫天命者，以其无声无臭，而为吾人与万物所同具之本体，则谓之天。以其流行不息，则谓之命。故天命非超脱吾人而外在者也。王船山不了孔子意思，其《读四书大全说》，直以天道为超脱吾人而外在者，迷谬殊甚。墨翟之言天，盖视为外界独存，以此矫异于儒，而适成其惑。船山反阳明，而卒陷于墨。唯自识仁体，寂然无相之谓天，渊然不已之谓命，流行不息，古诗所谓"于穆不已"是也。于穆者，深远义。无可舍自本心以索之于外。是故其志学之始，内有存主，而非外铄。志者，存主义。存主即不违仁之谓。由是而立，而不惑，终乃灼然知天命之非外。知者证知，非知解之知。《阿含经》云："身作证，是此知义。"此理于吾身实现之故也。到此境地，只是仁体流行，绝无阂蔽，故曰"六十耳顺"。耳顺者，形容其无阂蔽也。又进则"七十而从心所欲不逾矩"。此义甚深微妙，学者切忌粗心作解。至此，则神用不测，乃仁体自然之妙。孔子"十五志学"一章，须融会《论语》全部意思，及《易》《春秋》大旨，而潜心玩索，切忌断章截句作解。夫《易》之乾元，即是仁体，万物所资始也。《春秋》以元统天，与《易》同旨。成形之大者为诸天，皆乾元仁体之凝成也，举天则赅万有可知。《易》《春秋》并言乾元统天，以皆孔氏之传故。证之《论语》，弟子纷纷问仁。则孔子平生之学，不外反求本心，洞识仁体。尽己性而即尽物性，本无内外可分也。《论语》曰："天何言哉？四时行焉。百物生焉，天何言哉？"时行物生，形容仁体，活泼泼地，世之谈哲学者，唯任知见去逐物起解，如何得领悟这般境界。认得此意，则知《论语》所记孔子言行，一一皆从仁体流出。唯其中有主故，渊然而恒寂，灵然而恒感，故发无不当。无不当，即是不逾矩。夫岂不见本源，而规规然于应事接物之间，拟立规范，若遵行法典之为耶。以世俗之智而测圣人，其陷于巨谬也宜矣。

《论语》记子所罕言仁居一焉，仁即本体。然则夫子并非绝口不言仁体，只罕言耳。非上根利器，不可与言仁体。只随机感所触，而示以求仁的工夫。《论语》所记，皆谈工夫，无启示仁体处，诚哉其罕言也。孔子盖谓真理当由人伦日用中实践而证得。此中真理即谓仁体。证得者，前引《阿含》云身作证是也。实践不力，而逞解悟。其解悟必不实，终与真理为二也。此等精神，实为治哲学者所不容忽视。容当别论。明儒吕泾野，为学壹意践履。践履亦云实践，谓人伦日用中实修的工夫。其教学者有曰："诸君求仁，须要见得天地万物皆与我同体。一草一木，不得其所，此心亦不安始得。须看伊尹谓'一夫不获，不获，犹云不得其所。若已推而纳之沟中'，是甚么样心。力按：于此识本心，于此见仁体。王言曰：此气象亦难。今日于父母兄弟间，或能尽得。若见外人，如何得有是心。曰：只是此心用不熟，工夫只在积累。如今在旅次，处得主人停当，唯恐伤了主人。接朋友，务尽恭敬，唯恐伤了朋友。处家不消说，随事皆存此心。此语吃紧。数年后自觉得有天地万物为一体气象。"力按：人人能如此为学，则世界可大同，人道成至治矣。泾野此段话极老实，极切近。学者求识仁体，却须如此下工夫。工夫做到一分，即是仁体呈露一分。工夫做到十分，即是仁体呈露十分。若全不下工夫，则将一任迷妄狂驰，迷妄者，染习也，计执形骸之私也。而仁体乃梏亡殆尽矣。尽者，灭尽。仁体本无亡灭，然自吾人生活上言之，既完全违逆仁体，令其不得显发，则等于亡灭之也。

还有史玉池明东林派之学者。谈求仁的工夫，亦极真切。其言曰："今时讲学者，率以当下指点学人，力按：当下一词，本之禅宗。如前引马祖答慧海一则公案，即是就慧海当下的心，而指点他令悟本体。宋儒中已多用禅机，明儒尤然。此是最亲切语。及叩其所以，却说饥来吃饭困来眠。都是很自然的，全不费工夫。力按：饥来吃饭困来眠，本禅师语。只是形容不昏沉及不起若何贪著的意思。当初随机指点，本无病。后来不悟者，妄附此语，遂成狂惑。见学者用工夫，便说本体原不如此，却一味任其自然，纵情纵欲去了。是当下反是陷人的深坑。力按：阳明学派末流，确有至此者。不知本体、工夫是分不开的。力按：此语的当。有本体，自有工夫。无工夫即无本体。力按：本体，儒者亦名仁体。试看樊迟问仁，是未识自家仁体而兴问。夫子却教他做工夫，曰'居处恭，执事敬，与人忠。'参考《论语》。凡是人，于日用间总不外居处、执事、与人这些生活情况。居处时便恭，执事时便敬，与人时便忠。此本体即工夫。力按：恭与敬及忠的心，是本体发用，故云本体即工夫。学者求仁，居处而恭，仁就在居处。执事而敬，仁就在执事。与人而忠，仁就在与人。此工夫即本体。仁体与恭、敬、忠，分析不开。力按：恭也敬也忠也，皆工夫之名。实则此工夫即仁体，如何分得开。此方是真当下，方是真自然。若饥食、困眠，禽兽都是这等的，以此为当下，便同于禽兽，岂不是陷人的深坑。力按：禅家末流之弊，须得有此简别。且当下全要在关头上得力。今人当居常处顺时，也能恭敬自持，也能推诚相与。及到利害的关头，荣辱的关头，毁誉的关头，生死的关头，便都差了。则平常恭、敬、忠，都不是真工夫。不用真工夫，却没有真本体。故夫子指点不处不去的仁体，却从富贵贫贱关头。力按：贫贱如去之不以正道，则终不去也。富贵如处之不以正道，则终不处也。此不去不处之心，即是仁体。详见《论语》。孟子指点不受不屑的本心，却从得生失死关头。力按：如乞者遇食，得之则生，失之则死。但如与之者极无礼，则宁死不受而不屑偷生。此不受不屑之心即是本心，亦即仁体。参考《孟子》。故富贵不淫，贫贱不移，威武不屈，造次颠沛必于是，舍生取义，杀身成仁，都是关头时的当下。此时能不走作，才是真工夫，力按：此云不走作者，即本心不放失之谓。如本心认为当死时，忽私意起而间之，遂苟且偷生，此即走作。不走作者反是。才是真本体，才是真自然，力按：违逆本心而徇私欲者，为染习所驱使，确是不自然，非自省密者不知也。才是真当下。"力按：以上须参考《论语》《孟子》。如极贫贱乃至生死等关头时，一毫不走作，此其念念的当下，都是真的。易言之，纯是仁体显发。玉池这段话，确极真切，当与前所引泾野语参看，皆不失孔孟精神也。玉池谓有本体自有工夫，工夫毕竟是本体发用，非别有一心夹用工夫，故云有本体自有工夫。无工夫即无本体，黄梨洲《明儒学案》序云："心无本体也，工夫所至，即其本体。"此其晚年注重工夫，可谓进境。而世或以为黎洲不承认有本体，则误解也。其首曰心无本体者，盖为纵夺之词。极言之，以起下文工夫即本体耳。若不用工夫，则本体已梏亡矣。此是的然见道语。

禅家作用见性，儒者即工夫即本体，于此可见二家旨意有相通处。如前所举居处恭云云，这时恭的心是工夫，而实即本心之发用，是名作用。禅于此见性，儒则于此识本体。故云相通。然儒者于人伦日用、万物酬酢处致力。虽云随处体认天理，此中天理，谓本心发用，自然有则也。如居处恭，执事敬，与人忠。何故不恭、不敬、不忠便不可？此只是本心自然之则，必顺此乃安，否则不安，无可更诘理由。所以说为天理。居处必恭，执事必敬，与人必忠，就是随处体认天理，而不敢违之。儒者用工夫只如此。而精神发散易，收摄较难，如非上等根器，又深于涵养者，则日用践履处，幸免差忒。而大本透脱殊不易。大本谓本体。透脱者，谓吾人证得本体，恒保任之而无或违失。如是，即心即真宰，便超越万物之表，独立无匹，故云透脱。颜子三月不违仁，仁，本体也，三月，久词也。虽能保任仁体，久而不违，然未能恒常不违，则本体犹未能卓尔呈露，非真透脱也。颜子且然，况其凡乎。佛家遗伦物，独处清闲，《阿含经》语。壹意收摄精神，趣入本真，本真谓本体。反求自性。此承上语，重复言之耳。自性即本真，以其为吾人所以生之理故曰自性。高材故易证真，证得本体曰证真。纯根犹难朝彻。庄子云："朝彻而后能见独。"见独，证见本体也，朝旦也，明也。朝彻，谓洞然明彻也。其道出世，而反人生，不可为常。非恒常不易之道也。孔子曰："道不远人。"人之为道而远人，不可以为道。此是儒家法印，不可易也。佛家于本体生生不已之德，却要逆遏住，中卷《功能章》亦言及此。是乃人类思想之最畸异者，要非常道。自释迦没后，小乘支分流别，而趣寂本旨，犹所共承。趣寂者，趣向寂灭，出离生死海也。小乘无余涅槃是也。独至大乘出，特标无住涅槃，不住生死，亦不住涅槃，是名无住涅槃。于是不染世间，犹云不沦溺于世阅，即不住生死之指。亦不舍世间，不舍离世间，即不住涅槃之旨。尤复勤求世智。世智，谓世间一切知识的学问。如大乘菩萨勤学五明，谓因明、声明等等。此已渐近儒家。然所为主无住涅槃者，则以众生不可度尽故，乃誓愿不舍众生。《经》云："由有众生故有大悲是也。"大乘于佛家一贯相承趣寂本旨，固未根本改易。故大乘的人生观，毕竟与儒家不类。只可从其不舍世间，而谓为有接近儒家的倾向耳。覆看中卷《功能章》。然此接近之点，关系极大。本论析儒佛之违，而会其通，以契应至理为归，而于佛家别传之旨，禅宗为佛家教外别传。尤觉其与儒者直彻心源处特有吻合。心源，谓本心或本体。是故会寂与仁，而后见天德之全。天者，本体之代词，非谓神帝也。佛家谈本体，毕竟于寂静的方面，提揭独重。此各宗皆然，禅师亦尔。儒家自孔孟，其谈本体，毕竟于仁或生化的方面提揭独重。《大易》《论语》，可以参证。会通佛之寂与孔之仁，而后本体之全德可见。中卷《功能章》上可参看。夫寂者，真实之极也，清净之极也，幽深之极也，微妙之极也。无形无相，无杂染，无滞碍，非戏论安足处所。默然无可形容，而强命之曰寂也。仁者，生生不容已也，神化不可测也，太和而无所违逆也，至柔而无不包通也。本体具备万德，难以称举。唯仁与寂，可赅万德。偏言寂，则有耽空之患。偏言仁，却恐末流之弊只见到生机，而不知生生无息的真体，本自冲寂也。夫真实、清净，生生所以不容已也；幽深、微妙，神化所以不可测也。无方相乃至无滞碍，而实不空无者，唯其仁也。故寂与仁，皆以言乎本体之德。寂故仁，仁亦无不寂。则本体不可执一德以言之也明矣。大本立定，前云透脱，方是立定。而征之人伦日用之际，其斯为体用不二之学。伊川说体用一原，似欠妥。以体与用对举，而更云一原，岂别有为体用之原者耶？实则体即用之原，但体不在用外。如大海水与众沤喻，可玩。本论意思。只是体用不二。

附识一：文中趣寂下注云："寂者寂灭。"寂灭，谓烦恼断尽也。烦恼亦云惑，详下章。惑尽故，始契寂然真体，故云寂灭。又佛家哲学思想，与宗教思想混合。彼本主张个人的生命不断绝,其入无余涅槃时,以惑尽故,得出离人间世或生死海。而个体的生命,乃与寂然真体冥合为一,是谓不住生死。此亦寂灭义也。

附识二:文中佛家谈本体,于寂静方面,提揭独重云云。此言寂静,则克就本体而言之也,非若常途以静与动为相待之词。常途以动静相对为言者,则以此心泯绝外缘时名静,遇物感交至时名动。今云本体寂静,**本体亦名心体**。则寂静一词,乃即心体所具之德而名之。易言之,即以目心体。故此静字,非与动对。此静,只是无累、无扰、无倒妄、无系缚等义,非谓其如实物之静止然。寂静二字,亦省言寂。宋明儒主静之静字,亦非与动相对之静。俗学诋之,不了其义故也。

附识三:文中谈仁,有"太和而无所违逆也,至柔而无不包通也"二语。仁只是太和。太者赞词也,太和故流行无碍,焉有违逆。世俗不识仁,只以矛盾言化,其实矛盾非化理之本然,所以成其仁也。至柔一词,形容太和真体,没有刚硬的意义。刚硬一词,与言刚健者绝不同义。刚硬即俗云狠戾的意思,刚健则有纯净与不可屈挠及升进等义。本体之德盛化神,无可形容,而强目之以刚健也。刚健与和义相通。故此言柔,非与刚为相对之词。言柔者,状仁之德相。其体本刚健,故无滞碍,而免于刚硬也。无不包含,无不流通者,遍与万物为其体故。**万物之本体,即仁也**。

附识四:或有问言:"公以禅学会通于孔,宋明儒固已为之,而不免拘碍,公所尝言也,而又衍其绪耶?"答曰:宋明诸师,于大乘学都不研究,若惧其洗我然。即晚周诸子亦无弗摈斥,其思想已狭隘矣。虽稍参禅理,而亦未能虚怀以究其旨。诸师皆谓禅家以作用为性,不知作用见性一见字,甚不可忽。前文已辨正,若如诸师所诋,则禅家为无本之学矣。**作用为性,即不曾识性,故云无本**。诸师所得之禅，正是其意见耳，实非禅也。以是而言融通，恶乎可。虽然诸师学在反己，其精神上继孔门，于大本大源处，确有体认，不可薄也，他日容当别论。阳明透彻，不可忽。

学者一向驰骋知见，犹云知识或情见。而无守静与体认之功，直无从自识本心。静者，不为染习或私欲所扰乱，而澄然静定也。体认者，敛敛精神，不令驰散。即本心呈露，炯然自明自见也。吾平生最喜永嘉大师语录。永嘉由修止观而入禅，止观为佛家入道方法，止者，寂定义。观者，照察义。此粗略为释，广如天台宗说。故其发明心地，最极亲切。其略曰：

恰恰用心时，恰恰无心用，力按：此中心字谓本心，后仿此。夫本心冲寂，无有作意，是谓无心。无心恰恰用，力按：虽复无心，而鉴照昭然，非真无也。常用恰恰无。力按：鉴照无息，是常用。湛然渊寂，不随境转，离一到相，故虽常用，而实常无。

夫念非忘尘而不息，尘非息念而不忘。力按：念者妄念，亦云妄识，虚妄分别故。亦云习心，染习现起，名习心故。尘者，妄念所执物界，乃至凡所趣逐之境，皆说为尘。夫妄念，以逐尘故起。非忘尘，则念不可息。而妄尘亦缘妄念始现，非息念而尘岂能忘。

尘忘则息念而忘，念息则忘尘而息。

忘尘而息。息无能息。力按：妄念本无自性。但缘尘幻有，故忘尘斯息。不可计念为能知之体，今方得息。若作是计者，即念本不空，如何而息。息念而忘，忘无所忘。力按：妄尘本非实有，但缘妄念追求，而诈现有所趣尘相，故息念即尘乃都忘。实亦无有所对而说为忘。如实有所对，即尘非本无，如何可忘。忘无所忘，尘遗非对。力按：息念即尘忘，故知俗情执有外在世界者，特依虚妄分别之所趣逐而然耳。夫忘无所忘，则遗却尘相，而实无有外境为所对。此中外境，谓俗情所执外在世界，与凡为妄情所攀援追逐者，通名外境。息无能息。念灭非知。**力按**：念无自性，但缘尘幻有。故尘忘，则念与俱灭，足证念本非能，故曰息无能息。夫如是，则尘既非所，念亦非能。所相空故，能相亦空。而世俗不悟，或以妄念为能知之体，陷大迷谬。今以念随尘灭，足证念本非知，而世但以非知为知耳。

知灭对遗，一向冥寂。**力按**：夫世人皆以非知为知，故乃无对而有对。何者？一真法界，冥然空寂，是本无对。今以非知为知，而虚妄分别，遂横计有外境为所对。于是狂惑炽然，自背其本有冥寂性海，众生可悲，以此也。是故念息而非知之知已灭。尘忘，即不见有外而对遗。乃恍然顿悟其一向冥寂之本体，譬如浮云无实，何碍太虚。人患不反求耳。此中一真之一，是绝待义。真者，不虚妄义。法界，犹云宇宙本体，但以其在人而言，则曰本心。冥然，幽深貌。空寂之空，是无相义，及清净等义，非空无也。

阒尔无寄，妙性天然。**力按**：独立无匹，故云无寄。谓此真性，具备万德万善，故说为妙。无生无灭，湛若虚空，清净本然，恒无变易。虽遇染习为障，自性毕竟不减。虽假净习显发，自性毕竟不增。故谓天然。

详此所云，必空妄识，方证冥寂。妄识如何空，要在析观能所。说念妄识。为能，说尘妄识所趣逐。为所。观所依能，尘依念故现，是所依能方有。所无自性，所非自有，依能方有，故所无自性。无自性即是空。不成所对。尘本空故。观能依所，念缘尘故起，是能依所方有。能无自性，非是能知。准上谈所可解。是故析观能所，妄识都空。而本有冥寂真体，脱然呈露，永嘉善巧如是，实融《瑜伽》《般若》之长。《瑜伽》为法相唯识根本大典，谈妄识相状较详。但其立说不免支离，此不暇论。永嘉直空妄识，而悟入空寂真性，

· 307 ·

故深符《般若》。而无《瑜伽》支离之病，亦不舍其长。世之持唯心论者，于本心、妄识，漫无抉择。吾则期期以为不可。

若乃本心自性，微妙难知。虽无形无相，而有无形之形，无相之相，为其自性。如后所云寂寂、历历是也。永嘉形容之曰：

忘缘之后寂寂，力按：缘者妄缘，即妄识是。妄识昏扰，障碍真寂本心。故必遗绝妄缘，而后寂寂真体始显。忘者，遗义，绝义。灵知之性历历。力按：灵知简异非知之知，即简异妄念或妄识也。历历者，分明貌，《易》云大明是也。灵知是无知无不知。参看上卷《明宗章》谈性智处。

无记昏昧昭昭，契本真空的的。力按：无记一词，记者记别，非善非恶，名为无记，谓于善恶两无可记别故。妄识之起，有时或不成乎善，亦不成乎恶者、是名无记。学者不了本心，或以无记当之，此乃大谬。永嘉故以忘缘寂寂、灵知历历二义，显示本心之自性是如此的。学者深契及此，则无记之为昏昧、昭昭可见也。无记毕竟是妄识。非忘缘寂寂，故言昏。非灵知历历，故言昧。亦复应知，必证得忘缘寂寂、灵知历历，而真有见乎无记之为昏昧者，方是的的契本真空也。但此云真空之空，非空无义。覆看前注。

惺惺寂寂是，无记寂寂非。力按：惺惺，不蒙昧也。这个炯然不昧的，恰是冥然而寂、不昏不扰。此才是本心。若只善恶不形，而灵知真体未曾透露，虽不蒙昧，而是无记，仍属妄识。但以筹度不显著，有似寂寂。其实此是无记中之寂，本非真寂。故非本心。

寂寂惺惺是，乱想惺惺非。力按：澄然至寂的，恰是炯然不昧的，此才是本心。乱想，摄论所云乱识。乱者杂乱，《易》云"憧憧往来，朋从尔思"，是其相也。当乱想时，并非蒙昧。然乱想中之惺惺，非真惺惺，故非本心。

如上所引，亦惺惺、亦寂寂，才是本心，此永嘉洞见心体语也。但于此有极宜注意者。学者一向为习心纷扰，习心谓染习。及其稍知用功，渐渐克伏染习，忽然识得惺惺寂寂本体。此固向上初幾，证见本体才是向上然涵养未深却恐自此便贪寂默，以为止境。盖一溺乎寂，则屏动而遗物，废此心之大用。心谓本心。无渊泉时出之妙，本心冲寂如渊泉，而动用不息，则亦如渊泉之时出无已止也。参考《中庸》三十一章。遏时行物生之幾。《论语》："天何言哉？四时行焉，百物生焉。"天者，本体之目。不言，形容其寂也。时行物生，喻其发用无穷竭也。故寂非枯寂。而生生真幾，寂之蕴也。若溺寂者，则过绝其生幾矣。此其流极、将反人生而灭天理。佛氏之道，所以见摈于宋明诸儒，亦有以也。虽然学未证见寂寂真体，而谈生生真幾，恶知其非以惑取势力为生命耶？此中惑字含义甚深。佛云无明、数论所云暗是也。哲学家所谓盲目的意志，亦略当于此。取者，犹云追求。义极深微。本论会佛之寂与孔之仁，以言本体，覆看中卷《功能章》。盖屏情见而契真极，然后分观二家，而各有印证。学贵自得，尤赖博求往哲，观其会通。顾可恃私智以为学哉。

儒者无有舍工夫而谈本体，此等精神，在孔子《论语》中甚可见。孟子实承之，以启宋明诸师。《孟子》书中有一段话最亲切，其言曰："万物皆备于我矣。反身而诚，乐莫大焉。强恕而行，求仁莫近焉。"此章之旨，学者每忽而不察，故稍疏通之，待有志者反而自求焉。"万物皆备于我者"，就形骸言，则我与万物若相待也。相待，即我与物对峙，而不能备物。言若者，显非本相待，但妄情分别耳。就本体言，则万物与我同体，非别有所本。是故即于我而见万物皆备。仰视天，天不离我而独在。俯察地，地不离我而独在。中观人与一切有生之物，则皆我之情思所流通贯注。故我备万物，我乃无待也。"反身而诚，乐莫大焉者"，皆备之实体，我所固有，不从外得。此中实体一词，亦云仁体。唯其非外，故万物所以然之理，所以然者，谓物之本性，即物所由生成之理。不劳我之逐物推测，直须反身而自尽其诚。则尽己性，而物性即尽，灼然无疑矣。尽者，率性而行。不使吾所固有者有一毫障蔽而不得显发，是之谓尽。己性即物性，非有二也。故尽性无分于己与物。夫皆备者，仁体也。反身而诚，则本吾所固有皆备之仁体而克尽之谓也。诚斯乐，不诚即无乐。何以故？诚即摄万物为一己而无所不足。至足以居无朕，无朕，不与万有对。虽复森罗万有，而其本体元无朕迹。而神明之德备。夫至足之体，无方无相。极灵极妙，故谓之神明也。德无不全，故云备。至足以应万感，而万物之情通。通者畅遂。万物不在我外，我之情通畅，则万物皆畅。而万物畅。实即我之畅。由会物归己故，非万物与我对峙故。不诚，则我乃自亏其所固有皆备者。克就皆备之仁体而言，此理自无亏损。但就吾人生活方面言之，若不克尽此理，便是亏损。即我乃自画，而限于小，以与物对。限于小则不足，与物对则将追求于物。攻取生而寇害炽于中，何乐之有，追求于物，则有攻有取。求所欲，是取义。违所欲，便如遇敌而忿情生，是攻义也。攻，固以寇害自性。取，亦殉物而亏自性，尤为寇害之甚者。故诚，则有乐俱。俱者，同体不相离异之谓。此诚字不与妄对，乐字不与苦对。诚与乐，正是仁体故。此中诚与乐，皆就工夫上说。然工夫即本体，故此诚与乐，是绝待义也。故云诚与乐正是仁体。如此境地，乃上智事。未至于此者，却须有强恕工夫始得。强者，勉强。恕者，推己及人。我之所欲，当念人亦欲之，毋专欲以妨人。我所不欲，当念人亦不欲，而益求所以利人。行此既久，则人我对峙之见，可以遣除。而吾所固有皆备之仁体，于是实现焉。儒者于人伦日用工夫中，涵养得本体透露，此乃圣学至当而不可移易处。《论语》记孔子曰："参乎！吾道一以贯之。"曾子曰："唯。"子出，门人问曰："何谓也？"曰："夫子之道，忠恕而已矣。"世儒每不识曾子意思，证以《孟子》此章，若见到万物皆备于我，即是识得仁体，此乃夫子所云一贯。一者，仁体。识得此体，即万物之所以然，一齐俱彻，故云一贯。而下手工夫，少不得强恕二字。孟子犹承曾氏也。此等道理，如何可只向见闻知解上会去。

吾以返本为学，求识本心或本体，是谓返本。历稽儒释先哲，皆有同揆。儒释之学，虽云互异，然不恃知解以向外寻觅本体。此乃其大同处。释家禅学，尤与儒者接近。而或有疑之者曰："佛家谈一真法界，似是悬一至高无上、圆满无亏之理境以为的，而勇悍追求之。夫鹄悬法界，穷际追求，而一转捩间，无住生涯，无穷开展。庶几位育，匪托空谈。若云反本，恐起自足于己之心，便已毕生陷身惰性。明季诸子驳阳明学派谈本体者，已有此说。公意云何？"答曰：法界即自心，亦即自性。自性清净，离诸障染。自性明觉，离诸迷暗。自性真实，离诸虚妄。广说乃至具足万德，无可称量。然反之即是无待外索。岂谓自心与法界为二，而以法界为自心所追求之鹄哉！夫悬鹄追求，趋向无上甚深妙境，进而不止，前而不退，如所谓一转捩间，无住生涯，无穷开展。此说甚有意思。但此中吃紧处，却在追求不已。一息而歇追求，生涯尽矣。追求不已，又必于其所悬之的，信望殷切。信者信仰，望者希望。情感弱者，不足语此。然虽穷际追求，要是拚命向外，终不返本，此之流害，未可胜言。真性无外，而虚构一外境，乖真自误，其害一。追求之勇，生于外羡，无可讳言。外羡之情，犹存功利。恶根潜伏，乌知所及，其害二。反本则会物归己，位育功宏。外羡则对待情生。祸几且伏，如何位育，情存彼此，即是祸几。其害三。外羡者内不足，全恃追求之勇为其生命，彼所谓无住生涯，无穷开展。虽说得好听，要知所谓开展者，只恃外羡之情，以鼓其追求而已。毕竟虚其内，而自绝真源，非真开展，其害四。总之，穷际追求云云，只是一直向外求索，而自无可据之本。譬如鹿迷阳焰，狂驰不已，中间实无转捩处。夫自性清净，诸佛所言；烦恼并是客尘，亦诸佛所言。烦恼亦云惑。儒者所云恶或私意私欲等者，相当于此。客尘之言，显非本有。去客尘而复自性，是乃转捩间事。古德所谓"一念迥机，便同本得"是也。本得，谓自性清净、不从他得故。夫唯锢于客尘而迷失自性者，一旦乘性觉而返识本来，性觉者，自性清净，元是觉照圆明的，故云性觉。虽客尘障于自性，而性觉要未尝泯。如积阴之际，非无日光，但不甚显耳。则恒保任此觉，恒字吃紧。俾得日益显发，方可刮去客尘。日益显发，即孟子所谓扩充。性觉显发一分，则客尘可去一分。显发十分，则客尘可去十分。乃至全体显发，则纤尘尽净矣。若不有性觉在，凭谁照察客尘而涤去之？学者若于自身识得此事，方许读如来十二部经。否则读遍三藏，未许知佛。岂唯佛学，儒者言克己，若不反求天理之心，天理之心即是本心或本体。将仗谁去克得己来。《论语》记颜渊问仁，子曰："克己复礼。"从来注家多未得圣意，王船山却善会。船山以为必先复礼，才克得己。先字非时间义。礼即天理。礼与理古通用。通常说礼，盖就节文或仪则而言。此中之礼，决非节文仪则之谓。注家于此每不辨，如何识圣意。没有天理为主于中，凭谁去察识己私？凭谁去克？大本不立，而能克去己私巨敌，无是事也。克字甚重，如克敌之克。船山平生极诋阳明，于此却归阳明而不自觉。阳明良知，即天理之心也，即先立大本也。参考船山《读四书大全说》。总之，我云转捩，即是返本一幾。若斥绝返本，即不识自性，而徒悬鹄于外，穷际追求。则所说转捩，不知转向何处去也。

又如疑者所云，以其返本，才起自足于己之心，便已毕生陷身惰性。吾以为讲返本之学，而不免陷身惰性者，此必其未能证得本体者也。吾平生谈本体，原主体用不二。但既立体用二词，即其义不能无辨。夫本体，具足万德，含藏万化，本无所不足者也，故复然绝待。然体虽无待，而成为用，则有分殊。分殊即是相待。故体之成用，是由无待而现为相待。于此相待，便唤作一切物。人亦物也。此一切物，随举其一，皆具有大全的本体。自甲物言，甲物得此个大全的本体。自乙物言，乙物亦是同得此个大全的本体。余可例知。参看上卷《明宗章》大海水与众沤喻。但本体举其自身现为相待的一切物以后，而从每个物或个人分上来说，每个物或个人一词，此下省言个人。则个人虽是具有全体，大全的本体，省云全体。后仿此。虽性分上无所不足，然约个人成形言，毕竟为有限的。凡相待的，即是有限的。由此，而形有障性之可能。易言之，吾人很容易为形躯所使，而动念即乖，以障碍其自性。乖者，阳明所云顺躯壳起念，而违其自性之本然也。有生之伦，由顺形而起染习。染习即形之流类，所谓障碍，即此为之。由障碍故，本性虽至足，却是潜伏不显。由此，吾人生活方面，则以拘于形。而陷于相待之中，遂常常感得不足，并且不足之感极迫切。因此便有一个极大的危机，就是要向外追求。追求略判以二：曰向下，即物欲的追求是；曰向上，如蕲依神帝，宗教。注想真极，哲学家向外觅本体者。及所谓鹄悬法界皆是也。上下虽殊，向外则一。外则离本，虽存乎上，而浮虚无实，与下同归。故吾平生独持返本之学，唯求见自性。即本心或本体。须知吾人自性，虽一向被障，毕竟无有减损，却常在障碍中流露至诚无息真幾。此真幾即觉照是也。亦云性觉。吾人保任此真幾，不断的保任，即是真幾无穷的显发。孟子所云扩充，其义在此。才仗着他来破除障碍。因为他是自觉的，故可破障碍。而把自性中潜伏的圆满充周，无所不足的德用，此中用字，即指上文自性含藏万化而言。用字，即万化之代词。后仿此。源源的显发出来。这种显发，就个人生活上言，他是破除障碍，而不断的创新。其实正是返本。因为个人的生活日益创新而愈丰富者，都是其自性的德用，不匮的发展。非若无源之水，骤形竭涸。所以有本才得创新，创新亦是返本。这个道理，真是妙极。夫本体至神而无相，若不现为物，则无资具以自显。及其现为物也，则物自有权。而至神无相之体，所以成乎物而即运行与主宰乎物者，便有受拘于物的形躯之势。故必待己之能健以胜物而消其拘碍，此中己者，设为本体之自谓。乃得以自显发。工夫即本体之义，须于此参悟。否则物乘其权以自逞，而锢其神，神谓本体。则本体终不得自显。佛家所云真如在缠，亦此义也。《论语》"人能弘道，非道弘人"，其义蕴盖在此。苟深见此义，则知至神无相者，虽主乎吾之一身，而吾不能曰反求而得其至足者，更无所事事也。识得本体已，不可便安于寂。前已说过。要须恒不违真，恒字吃紧。真谓本心或本体。勇悍精进，如箭射空，箭箭相承，上达穹霄，终无殒退，如是精进不已，是谓创新不已。如是创新不已，实即本体呈露，其德用流出，无有穷极。故修为进进，进而不已，曰进进，即精进义。即是本体显发无穷。妙用自然，不涉为作，又乌有不寂者乎。是故返本之学，初则以人顺天而自强，人，谓修为的工夫。天者，本体之代词。工夫实即本体德用之显发。自强，谓吾人精进不息也。吾人不息的工夫，实即本体德用显发无穷。人能皆本天性故。久则即人而天，纯亦不已。初时工夫犹未纯，久则纯熟，天理全显，斯时即人即天。纯亦不已者，天德至纯、无杂染故。不已者，天之德用，无穷尽故，无止境故。不已者，彰其刚健。纯者，显其寂寂。然则吾人以知本而创新，创新而返本。到得返本，亦刚健，亦寂寂。何至有陷身惰性之事乎！其陷于惰，必未真证本体者也。许多哲学家将本体说向外去，悬之为的，而追求焉。其中无所本，而唯外羡，以鼓追求之勇，则吾已陈其害如前，不复深论也。

　　上来断断致辨者，一则向外追求之学，与吾学全异其恉，不容不辨；二则恐学者或以悟入冥寂自性，即本体。便安于寂，而为止境。孔子五十知天命以后，《中庸》首言天命之谓性，天命即是吾人与万物所同具之本体。无待故名天，流行不已故言命，其在于人则谓之性。《中庸》末章以无声无臭言天，即显本体冥然寂寂也。据此，则孔子自述其年五十，乃证冥寂自性。又十年而耳顺。耳顺者，声入心通，全无阂蔽之象也。六十以前，虽证见寂体，然契真则有遗俗之患。老氏之栖于无，似于真俗圆融之道犹有隔在。孔子知天命而不遗人伦，盖融真入俗，即俗皆真，所以洞达无碍。取象于耳顺，以形容其妙。若高言证真，而未能融俗，则于至理未畅，适增阂蔽。又十年，而后从心所欲不逾矩。夫随心所欲，莫非天则自然，此是大自在境地。盖胜用无穷，浑是一真之体，其妙如此。佛家初地证真，地之一词，若泛释，则修行位次也。工夫有浅深，故分位次。初地见真如，即证体。从此历二地乃至十地之终，而后入佛地。孰谓一旦悟入自性，便可安享现成，无所事事哉！明季王学末流之弊，甚可戒也。一旦有悟，便安享现成，流入猖狂一路。晚明王学，全失阳明本旨，为世诟病。夫阳明自龙场悟后，用功日益严密，擒宸濠时，兵事危急，绝不动心。此是何等本领。然及其临殁，犹曰："吾学问才做得数分。"后学空谈本体，非阳明之罪人哉！

  附识：孔子五十知天命之知，是证知义，其境地极高，非学人悟解之谓。佛家证真之境，又不待言。夫悟解，则船山所谓傥来之一悟，本非实得。而学者妄以之自信，则自安暴弃而已。

  上来提示本心，大义略备。今将取佛家唯识之论，加以勘定。佛家直指本心，自宗门始，已如前说。若夫自昔号为传承释迦经典以张其教义者，宗门则目之以教，教者声教。凡经典所载，皆释尊声教故。而自居教外别传。夫宗之所以自别于教者，非徒不立语言文字而已。教中谈识，宗门则主自见本心。此其根本异处，未堪忽视。然宗门旨趣，既在前陈，则教中所谈之识，兹宜略论。

  夫教中唯识之论，自无著《瑜伽》而后，迄世亲《三十颂》，以及护法诸师，而后其理论渐臻完密。世亲及其后学护法诸师所相继阐明之唯识论，其根据皆在《瑜伽》。唐贤号《瑜伽》为一本。本书中卷曾经提控其理论之体系，而予以评判。可覆看《功能章》。今于此中，但欲略述瑜伽宗即大乘有宗建立八识旨趣，并予以疏决而已。疏者，疏通其滞碍，而在某种意义上，可承认其有是处。决者，判决其谬误。

  昔在小乘只说六识。及大乘兴，乃承前六而益以末那、赖耶，是为八识。六识者，随根立名。曰眼识，依眼根故。曰耳识，依耳根故。曰鼻识，依鼻根故。曰舌识，依舌根故。曰身识，依身根故。曰意识，依意根故。眼等五识所依根，称清净色根。固不谓肉眼等为根也，肉眼等但与根为扶助故。至于意根，则小弃如上座部等，亦立色根。所谓胸中色物，即心脏者是。而余部更不许立色根，乃以六识前念已灭识为意根。及至大乘，建立八识，始说第七末那识为意根。详在《佛家名相通释》部乙。或许从境立名，即眼识亦名色识，唯了别色故。

新唯识论

唯者，止此而不及其他之谓，后准知。色有多义，或通目质碍法，则为物质之异名。今专言眼识所了，则为颜色之色，如青黄赤白等是也。耳识亦名声识，唯了别声故。鼻识亦名香识，唯了别香故。香与臭、通名香。舌识亦名味识，唯了别味故。身识亦名触识，唯了别触故。于前四识所了，直举色声香味四境。而于身识所了，乃虚言触，而不直举何等境者，则以身识所了境最宽广。列举不尽，故以触言之。意识亦名法识，了别一切法故。有形无形的一切事物，乃至一切义理，通名之为法。他处言法者，准知。如上六识，大小乘师共所建立。

然大乘于前六外，又建立第七及第八识者。彼计五识眼识乃至身识。唯外门转，转者起义，五识皆以向外追取境界故起。必有依故。第六意识内外门转，意识一方面追取外境，一方面内自缘虑，虽无外境亦自起故。行相粗动，行相者，心于境起解之相。粗者粗猛，动者嚣动。此非根本，粗动故非根本。亦必有依故。意识自身既非根本，故必有所依。例同五识。由斯建立第八阿赖耶识，含藏万有，为根本依。依字注意。彼计前七识各各有自种，不从赖耶亲生、只是依托赖耶而生，故说赖鄂为根本依。赖耶深细，藏密而不显。前六眼识乃至意识。则粗显极矣。疑于表里隔绝，赖耶是里，前六是表。故应建立第七末那，以介于其间。第七介于第八与前六识之间。《大论》五十一说，由有本识，赖耶亦名本识，是前七识之根本依故。故有末那，其义可玩已。寻彼所立八识，约分三重。初重为六识，眼识乃至意识。通缘内外，粗动而有为作。次重为末那识，第七恒内缘赖耶，执为自我，恒者无间断故。似静而不静。唯内执赖耶为我，而不外驰，故似静也然恒思量我相。此乃嚣动之极，实不静也。三重为赖耶，第八受熏持种，持种者，赖耶自家底本有种及新熏种，并前七识各各底本有种及新熏种，均由赖耶摄持，所以为万有基。受熏者，谓前七识各各有习气熏发，以投入赖耶自体。赖耶则一切受而藏之，遂成新熏种子也。动而无为。经论皆说赖耶恒转如暴流，是动也。然惟受惟持而已，是无所为作也。大乘说八识行相，其略如此。

又复应知，大乘以一身所具之识，分为八个。《章氏丛书》中，似有一篇文字，说阿赖耶识为众生所共有，此太炎误解。据诸论，每一人身中有八个识，即赖耶非一切人所共有，只是一切人各各皆有赖耶识而已。即此八识，将为各各独立之体欤。然每一识又非单纯，乃为心心所组合而成。心亦名王，是主故。心所者，具云心所有法，以其为心上所有之法故。心所亦名助伴，是心之眷属故。心则为一，而心所乃多云。如眼识似独立也。实则为心与多数心所之复合体，绝不单纯，特对耳识等等说为独立而已。眼识如是，耳识乃至第八赖耶，复莫不然。每一识，皆为心与多数心所之复合体故。故知八识云者，但据八聚而谈，聚者类义。非谓八识便是八个单纯体故。尚考大乘建立种子，为识因缘。种子，为能生识之因缘。识，即是种子所生之果。无著初造《瑜伽》，后依《瑜伽》造《摄论》，授世亲，明种子有六义，第四曰决定，第六曰引自果。《瑜伽》言种子七义，《摄论》约为六义。世亲释云：言决定者，谓此种子各别决定。不从一切，一切得生。意云非一切种子各各皆能遍生一切法也。从此物种，还生此物。此物种子，还生此物，而不生彼物，所以成决定。引自果者，谓自种子，但引自果。引者引生。如阿赖耶识种子，唯能引生阿赖耶识云云。余识种子，均可类推。又凡言识，亦摄心所。隐示诸心所，亦各各有自种子。据此，则八聚心心所，各各从自种而生。种子省言种，他处准知。如眼识一聚，其心从自种生，其多数心所亦各从自种生。眼识如是，耳识乃至赖耶，亦复如是。故知八聚心心所，为各各独立之体，各各二字，注意。如眼识一聚中，其心有自种故，故是独立之体。其多数心所，亦各有自种故，即各是独立之体。眼识一聚如是，耳识乃至赖耶，均可类推。而实非以八个单纯体，说为八识。所谓八个识，却都是复合体。此自无著世亲兄弟迄于护法玄奘窥基诸师，皆同此主张，而莫之或易者。斯亦异已。

迹小乘谈六识，犹与晚世心理学家之见解略近。如五识，实与所谓感觉者相当，以其不杂记忆与推想等作用故。但心理学家或不许感觉即是识，此当别论。至第六意识，则亦与心理学上所云意识为近。大乘自无著以后，盛宣第八赖耶识，谓其含藏一切种子，为万有基。又析赖耶为相、见二分。虽亦析为四分，而内二分，可摄入见分，则只相、见二分也。见分是能缘，即为能了别相分者。相分是所缘，即对于见分而为其所了别者，亦云境界。此所缘相分，复析为三部分。一种子。赖耶所含藏之一切种，为赖耶见分之所缘，即亦名为相分。二根身。即清净色根，谓眼根乃至身根，此非即肉体。据佛家义，则人死时虽肉体毁，而根身不亡也。三器界。相当于俗所目之自然界。此三通是赖耶相分。而见分，则是能了别此相分者。设问："赖耶见分，何由知有？"而大乘师则以为此非凡夫所可知，唯佛知之而已。第七末那识，亦有二分。因末那内缘赖耶，以为自我。此时，末那识必仗托赖耶见分，而变似一自我之相分。依此相而起我执者，即末那见分。第六识亦有二分。意识缘或种法时，法字注见前。必变似所缘法之相分。如思兰花时，必变似兰花之相。设问："此相必有所托，即有实兰花故。"答：实兰花者，属色等尘，即五俱意识之相分。设问："俱意相分亦必有所托而始起，其所托为何？"答：所托即器界，是第八识相分。意识见分，则为了别相分者。五识皆有二分。如眼识相分即青黄等色是，而了别青黄等色者，即眼识见分。乃至身识相分即所触境是，而别了所触者，即身识见分。综上所述，八识各各由二分合成。如眼识，由相、见二分合成。耳识乃至赖耶皆然。又复应知，诸识各分心、心所，每一心及每一心所，实各各有相、见二分，而文中只总略为说。又诸识相分详细分别，当参考《佛家名相通释》。据无著等义，则诸识相、见，皆从各自种子而生。是诸种子，皆藏伏赖耶识中。设问："赖耶见分及其根器相分，均从各自种子而生。总略言之，即是赖耶从其自种而生。今乃说赖耶含藏一切种，则是能生之种，亦藏在所生之赖耶内。理如何通？"答曰：大乘主张能生因与所生果，乃同时而有，无先后故。因此，赖耶得含藏种子。因赖耶含藏一切种，故种子非是离识而外在。得完成唯识之论，如不建立赖耶以含藏一切种，则当成唯种之论矣。

复次赖耶所藏种子，应分有漏无漏性。性者德性。有漏者，染污义。无漏者，清净义。覆看中卷。据大乘义，众生无始以来，只是赖耶为主人公。易言之，只是赖耶中有漏种子发现，而无漏种子从来不得现起。必至成佛，方断尽有漏种，始舍赖耶。其时无漏种发现，即生第八净识，是名无垢。第八识分染净，众生无始以来，只是从有漏种，生起有漏的第八识，名为赖耶。此赖耶是染污性。染污者，清净之反，即坏的意思。及经修行，而至成佛，则染种断灭尽净，第八染识不复生，即赖耶已舍弃也。此时之第八识。则从无漏种而生，遂名无垢识。赖耶未舍以前，其前七识五识乃至第七末那悉从有漏种生自不待言。十地中有别义，姑略之。设问："众生无始时来，纯是有漏流行，如何而修，如何成佛？"答曰：据无著等义，唯依圣教，多闻熏习，生长净种而已。详在《解深密》等经，《瑜伽》《摄大乘》等论。

无著诸师谈八识，其旨趣略说如上。较以小乘六识之谈，迥不相同者，则第八识之建立，显然成为宇宙论方面之一种说法。而第八识中种子，又成多元论。种子染净杂居，亦是善恶二元。且诸识相、见，劈裂得极零碎，如将物质裂成碎片然。凡此，皆不餍人意。若其谈缘生，复成机械论，尤无取尔。覆看中卷《功能章》，此中不赘。《佛家名相通释》部乙亦可参考。其极悖谬无理者，众生无始时来，只是赖耶为主人公，自性涅槃与自性菩提，于众生分上，不可说有。涅槃者，寂义。菩提者，觉义。自性是亦寂亦觉的，本来无昏扰故，本来无迷暗故。而专恃后起与外铄之闻熏，以生长净种。此非无本之学哉。《论语》："夫子许颜氏三月不违仁。"三月，久词也。仁体，即冲寂明觉之自性也。自性本无可增减，故学者无限功修，只是不违二字尽之，要须识得仁体，而后不违之功有所施。否则茫然无主于中，从何说不违？闻熏，吾亦不谓其可废，要知闻熏但为不违仁的工夫作一种参验而已。若如无著一派之学，众生从无始来，唯是有漏流行，根本无有寂觉自性可说。乃教之专靠闻熏以造命，毁生人之性，莫此为甚，吾何忍无辨耶！又本文以寂与觉言仁体者，夫子固曰"仁者静"。此静,非与动对之词,乃寂义也。《易》于乾言仁而曰大明,故仁有觉义也。

核实而谈,教中所云识,此言教者,赅大小乘。即吾所云习心是。习心,即染污习气之现起者是。染习所由生,则因本心之力用,流行于根门,而根假之以成为根之灵明,乃逐物以化于物,由此有染习生。覆看前谈宗门作用见性诸段文中谈五根义处。此中生字,乃无端而幻现之义。后仿此。故染习者,形物之流类也。形物谓根。吾言根义,与佛零本叉有别。盖根非可离肉体而存在,只是肉体中最精粹的一种生活机能而已。根虽不同于具有拘碍性的物质,然究属形物。不径言根者,形物义宽故,亦赅肉体而言之故。流类之流,亦类义。或复问言:何故说心为形役?前云根得假本心之力用,以成为根之灵明,是心为形所役也。何故说染习缘形物而生?"答曰:本体之显现其自己,不得不凝成为各各独立之形物,以为显现之资具。而形物既成,便自有权能,即有不顺其本体之趋势。易言之,即得假其本性力用,以成为形物之灵明。本性谓本体,亦云本心,亦云自性。以上答心为形役之问。形物之灵明,其运用皆从形骸上打算,即妄执有小己而计为内。同时亦妄见有外,而不息其追求。此其虚妄分别,孰明所以。而相状复杂,尤难究诘。要不妨总名为惑。违其本性,故以惑名。惑之起也无根,吾人自性清净,非有惑根。一刹那才起,即此刹那顿灭。虽复灭已,而实不断。方其灭时,即有余势,相续而起,等流不绝,等流者,谓此余势亦非坚住之体,乃生灭相续而流转下去。譬如一身,并非坚住,乃新陈代谢、前后相等而流,仍名一身,是名等流。潜伏内在的深渊。内在的深渊一词,系为语言之方面而设,不可执定有如所谓深渊一类的物事。须知吾人生活的内容,毕竟不可当做现实界的物事来刻画。此意难言。此诸惑余势、潜伏而不绝者,即名染污习气。夫染习既是惑之余势,而惑非自性固有,乃缘形物而生,生字义见前。今以由惑成染习故,即说染习缘形物生。是义何疑。以上答染习缘形物生之问。中卷《功能章》、谈染习由来,实因殉形骸之私而起。须与此参看。染习千条万绪,潜伏深渊。深渊,只形容其潜伏耳。其乘机而现起者，则与根之灵明，即本心之力用，流行于根门，而为根所假以自成其明者。叶合为一，是称心所，如下所举无明与贪瞋等等。亦得泛言习心。故习心者，形物之流类，显非本有。本有谓本心。此不可不知也。

大小乘说六识内外门转，前五皆向外追求，第六亦外逐，亦内自作种种构画。此皆习心虚妄分别之相。大乘说末那依赖耶起我执，实则形物之灵，妄分内外，而谬计有自我耳。形物之灵，即前所谓根假本心之力用，以自成其明者。此习心所由始。不必立一赖耶，以为我相之所托也。大乘赖耶，本为含藏种子。吾谓习气，亦不妨假名种子。但此习种，习种作复词。千条万绪，实交参互涉，而为不可分离之整体，亦可说为一团势力，不必更为之觅一所藏处。大乘说种子为能藏，赖耶是所藏。夫赖耶实等于外道之神我。果如其说，则众生无始以来，有一染性之神我。有漏性亦名染性。而自性菩提，果安在耶？言菩提，即摄涅槃，自性亦觉亦寂故。宗门崛起，直指本心，而后斯人得以自识真性。染习究是客尘，除之自易。譬如旭日当空，讵容纤障。故知教中谈识及种，种者具云种子。实以习气或习心，说为众生之本命。经宗门扫荡廓清，而后吾人有真自我的认识，其为功也岂不大哉。黄檗云："此心是本源清净佛，人皆有之。蠢动含灵，与诸佛菩萨，一体不异。"又曰："深信含生同一真性，心性不异，即心即性"云云。如教中谈赖耶，则众生分上，直无真性可说，是恶得为正见乎？但教中如《楞伽》等经谈如来藏，容当别论。

夫本心即性，性者，即吾人与万物所同具之本体。识则是习。性乃本有之真，习属后起之妄。从妄，即自为缚锢。如蚕作茧自缚。证真，便立地超脱。难言哉超脱也！必识自本心，即证得真性，便破缚锢，而获超脱，得大自在矣。学者或谓动物只靠本能生活，故受锢甚重，唯人则理智发达，足以解缚，而生命始获超脱。夫本能者，吾所谓染习也。动物以此自锢不待言，理智是否不杂染习，却是难说。吾人若自识本心，而涵养得力，使本心恒为主于中，则日用感通之际，一切明理辨物的作用，固名理智，而实即本心之发用也。是则即理智即本心。自然无缚，不待说解缚。本来超脱，何须更说超脱。若乃未识本心，则所谓理智者，虽非不依本心而起，但一向从日常实用中熏染太深，恒与习心相俱。即此理智亦成乎习心，而不得说为本心之发用矣。夫理智作用，既成为习心作用，纵有时超越乎维护小己的一切问题之范围以外，而有遐思或旷观之余裕，但以其本心未呈露故，即未能转习心，而终为习心转。所以理智总是向外索解，而无由返识自性也。如是，则何解缚之有，又何超脱之有。颇欲于《量论》中详论理智，老来精力乏，未知能否执笔耳。上达下达，皆由自致。《易》曰："君子惧以终始。"人生无一息而可自放逸也。此云惧者，即《中庸》所谓戒惧，戒惧即是本心。

　　本心是绝待的全体。然依其发现，有差别义故，差别者，不一之谓。不得不多为之名。一名为心。心者主宰义，谓其遍为万物实体，而不即是物。虽复凝成众物，要为表现其自己之资具，却非舍其自性而遂物化也。不物化故，谓之恒如其性。以恒如其性故，对物而名主宰。恒如其性，即不至堕没而为颓然之物，故乃对物而名主宰。二曰意。意者有定向义。夫心之一名，通万物而言其统体，万物统共的实体，曰统体。非只就其主乎吾身而目之也。主宰省言主，后仿此。然吾身固万物中之一部分，而遍为万物之主者，即主乎吾身者也。物相分殊，而主之者一也。今反求其主乎吾身者，则渊然恒有定向。渊然，深隐貌。恒字吃紧。这个定向，是恒常如此，而无有改易的。于此言之，斯谓之意矣。定向云何？谓恒顺其生生不息之本性以发展，而不肯物化者是也。生生者，至寂至净也。不寂不净即成滞碍，而恶得生。不息者，至刚至健也。刚健故，恒新新而生，无有已止。以此见生命之永恒性。故此有定向者，即生命也，即独体也。刘蕺山所谓独体，只是这个有定向的意。依此而立自我，此非妄情所执之我。虽万变而贞于一，有主宰之谓也。文言本以《大学》诚意之意释此中意字，实误。明儒王栋刘蕺山解诚意，并反阳明，亦好异之过。今此中意字，非常途所谓意识，乃与心字同为主宰义。但心约统体而言，意则就个人分上言之耳。三曰识。谓感识及意识。夫心、意二名，皆即体而目之。复言识者，则言乎体之发用也。此中识字意义，与佛教中所谈识，绝不相同。彼所云识，实吾所谓习也。此则以本体之发用说为识。渊寂之体，感而遂通，资乎官能以了境者，是名感识。亦可依官能而分别名之以眼识、耳识、乃至身识云。动而愈出，愈出者，无穷竭义。不倚官能，独起筹度者，是名意识。眼所不见，耳所不闻，乃至身所不触，而意识得独起思维筹度。即云思维筹度，亦依据过去感识经验的材料，然过去感识既已灭，而意识所再现起者，便非过去材料之旧，只是似前而续起，故名再现耳。且意识固常有极广远、幽深、玄妙之创发，如逻辑之精严，及凡科学上之发明，哲学之超悟等等。其为自明而不必有待于经验者，可胜道耶。故心、意、识三名，各有取义。心之一名，统体义胜。言心者，以其为吾与万物所共同的实体故。然非谓后二名，不具此义。特心之一名，乃偏约此义而立，故说为胜。意之一名，各具义胜。言意者，就此心之在乎个人者而言也。然非识之一名上无此义。特意名偏约此义而立，故独胜。识之一名，了境故立。感识、意识，同以了别境相而得识名。感识唯了外境，意识了内外境。内境者，思构所成境。本无异体，而名差别，随义异故，学者宜知。此心、意、识三名，各有涵义，自是一种特殊规定。实则，三名亦可以互代。如心亦得云识或意，而识亦得云心或意也。又可复合成词，如意识，亦得云心意或心识也。

如上所说，感识、意识，通名为识，亦得泛说为心。即依此心之上。而说有其相应心所。谓有与此心相叶合之心所故。夫心所法者，本佛家教中谈识者所共许有。所之为言，心所亦省云所，下准知。非即是心。而心所有，心所法者，不即是心，而是心上所有之法。系属心故，恒时系属于心，而不相离。得心所名。叙得名之由。惟所于心助成、相应，具斯二义，势用殊胜。云何助成？心不孤起，必得所助，方成事故。成事者，谓心起而了境，如事成就。此必待所为之助也。旧说心所亦名助伴者以此。云何相应？所依心起，叶合如一，俱缘一境故。然所与心，行相有别。行相者，心于境起解之相，名行相。心所于境起解之相，亦名行相。《三十论》言："心于所缘，唯取总相。心所于彼，所缘亦取别相。"亦者，隐示亦取总相。《瑜伽》等论，为说皆同。唯取总者，如缘青时，即唯了青。青是总相。不于青上更起差别解故。差别解者，即下所谓顺违等相是也。亦取别者，不唯了青，而于青上更着顺违等相故。如了青时，有可意相生。名之为顺。有不可意相生，是之谓违。此顺违相，即受心所之相也。顺即乐受，违即苦受故。等者，谓其他心所。如了青时，或生爱染相，即是贪心所之相也。或生警觉相，即是作意心所之相也。或生希求相，即是欲心所之相也。自余心所。皆应准知。旧说心唯取总，如画师作模，所取总别，犹弟子于模填彩。如缘青时，心则唯了青的总相是为模，而心所则于了青的总相上，更着顺违等相，便是于模填彩。可谓能近取譬已。然二法心及心所。根本区别云何，此在印度佛家未尝是究。大乘师说，心心所各有自种。虽不共一种而生。然种则同类，心种与心所种，虽非一体，要是同类。即无根本区别可得，如我所说心乃即性。此中心者，即前所云意识及感识，以其为本心或本体之发用，故云即性。可覆玩前文。若佛教中谈识，则谓每一识中有一心，乃对心所而名为心王。实则彼所谓心及心所，只是依习心而妄作分析耳，与吾所言心，绝不同义。心所则是习气现起，此中习气通染净，非单言染习。所唯习故，唯字注意。纯属后起人伪。伪者为义。习气无论染净，皆属人为。心即性故，其发现壹本固有。其感通莫匪天明，覆征前例。了青总相，不取顺违，纯白不杂，故是天明，唯心则然。若乃了青，而更着顺违等相，熏习所成，足征人伪，是则心所。顺违之情，自是熏习，深体之自见。故以性、习判心、心所，根本区别剨然不紊。心即性故，隐而唯微。人之生也，形气限之，其天性常受障而难显。所即习故，粗而乘势。习与形气俱始，故粗。其发也如机括，故云乘势。心得所助，而同行有力。心本微也，得所之助而同行，则微者显。所应其心，而毋或夺主。则心固即性，而所亦莫非性也。反是而一任染心所猖狂以逞，染心所，如下所举无明贪嗔等等。心乃受其障蔽而不得显发，是即习之伐其性也。习伐其性，即心不可见，而唯以心所为心。所谓妄心者此也。

　　夫习气千条万绪，储积而不散，繁赜而不乱。其现起则名以心所，其潜藏亦可谓之种子。旧以种子为功能之异名，吾所不许。详《功能章》。然习气潜伏而为吾人所恒不自觉者，则亦不妨假说为种子也。即此无量种子，各有恒性，染种不遇对治，即不断绝。故有恒性。各有缘用，缘者，思量义。种子就是个有思量的东西，不同无思虑的物质。但思量的相貌极微细耳。又各以气类相从，如染净异类。详《功能章》谈习气处。以功用相需，而形成许多不同之联系。即此许多不同之联系，更互相依持，自不期而具有统一之形式。既具有统一之形式，便知是全体的。古大乘师所谓赖耶、末那，或即缘此假立。小乘有所谓细识者，细者深细。亦与此相当。今心理学有所谓下意识者，傥亦略窥种子之深渊而遂以云尔耶。习气潜伏，是名种子。及其现起，便为心所。潜之与现，只分位殊，无能所异。旧说心所从种子生，即是潜伏之种子，为能生因。而现起之心所，为所生果。因果二法，条然别异。如谷粒生禾，真倒见也。故知种子非无缘虑，但行相暧昧耳。前谓种子各有缘用，以种子即习气，元是虚妄分别法等流不绝故。旧说种子为赖耶相分，即无缘虑，必其所生识，方有缘虑。此盖妄分能所，故有此谬说耳。然种子现起而为心所之部分，与其未现起而仍潜伏为种子之部分，只有隐现之殊，自无层级之隔。无量习心行相，此中习心，为习气之代语。恒自平铺。一切习气互无隔碍，故云平铺。其现起之部分，心所。则因实际生活需要，与偏于或种趋向之故，而此部分特别增盛，与心俱转。谓与意识及感识相应。自余部分种子。则沉隐而不显发。故非察识精严，罕有能自知其生活内容果为何等也。察识犹云观照。若返照不力，则染污种子，潜滋暗长，而不自知，丧其固有生理。危哉危哉！

卷下之二

第九章 明心下

　　上来以习气言心所，但明总相。前云心所即是习气，却只说明心所总相。今当一一彰示别相。原夫无量种界，势用诡异，习气潜伏，即名为种，已如前说。种无量故，名无量界。诸种势用，至不齐故，说为诡异。隐现倏忽，其变多端。每一念心起，俱时必有多数种之同一联系者，从潜伏中倏尔现起，而与心相应，以显发其种种势用。诸种元有许多互不相同的系，而同一联系者，其现起必相俱。即依如是种种势用，析其名状，说为一一心所法。诸数别相，数者心所之别名，后仿此。《三十论》略析五十一法，盖亦承用小乘以来古说，大小谈心所有异义及多少不同处，此不及详。取其足为观行之引导而止，观行二字，为方法论中名词。行者进修，略当宋明儒所谓工夫之意。观者反躬察识。观即行故，名以观行。然颇病繁复。今仍其旧名，而颇有省并为若干数，理董之如次。吾人理会心所法时，须把他当作自家生活底内容的描写。反观愈力，愈觉真切。若徒从文字上粗率了解过去，便不觉得有甚意义。或问："旧谈心所，类以六分。若以今日心理学的眼光衡之，果有当否？"余曰：此中大体是描写生活底内容，虽对放心理学有所贡献，却不是讲心理学。须辨之。诸数旧汇以六分，元名六位。今约为四。惟通善染，恒与心俱，曰恒行数。性通善染之性字，乃德性之性。谓此恒行心所，其性有善有染，故置通言。若与善数俱起者，必是善性。若与染数俱起者，必是染性。旧说于善与染之外，更立无记性，此不应理。

新唯识论

诸心所，其性非善即染，非染即善，无有善染两非者。此义当别论。恒与心俱者，此恒行数，恒与意识感识相应故。未有识起时而无此六数相应者，故名恒行。性通善染，缘别别境而得起故，曰别境数。通善染者，如恒行中说。别别境者，所缘义境多不同故。此中诸数，既是缘别境方起，故非恒与心俱者。性唯是染，违碍善数令不并起，曰染数。旧云烦恼。性唯是善，对治染法能令伏断，曰善数。对治者，如药对病症而治之也，亦与儒者言克治义近。善数，对治诸染，能令染法伏而不起，乃至断灭。如是四分，以次略述。旧本六分，今多省并。

恒行数，旧说唯五。今并入别境中欲，即为六数。曰触、作意、受、欲、想、思。

触数者，于境趣逐故，故名为触。趣者，趣取，逐者追求。境义有二，一物界名境，如感识所取色等是；二义理名境，如意识独起思构时，即以所缘义理名境故。后凡言境者，仿此。如眼识方取青等境。同时，即有追求于境之势用，与识俱起故。乃至意识独行思构时，亦有一种势用对于所缘义境，而专趣奔逐以赴之者。如是势用，是名触数，而非即心。这个趣逐的作用，正是习气现起而与心相应者，故名触数，元非即是心。心者任运而转，任运者，任自然而动，非有所为作也。转者，起义。心所则有为作，心所，即是习气现起，而与心相挟附以俱行者。其起也如机括，而心亦资之以为工具。故心所必有为作。如此中触数，依趣逐得名。趣逐即是一种为作。此其大较也。心恒是任运，心所总是有所为作。后述诸数，皆可准知。

作意数者，警觉于心，及余数故，故名作意。余数者，作意以外之诸心所，而与作意同起者。心于所缘，任运转故，元无筹度。由作意力与心同行，而警于心，令增明故。心既被警，则虽无筹度，而于所缘，亦必增其明了。又于余数同转者，警令有力，同助成心，了所缘故。如远见汽车，预知避路，即由作意警觉念数，忆念此物曾伤人故。又如缘虑或种义理时，设有待推求伺察而后得者，而作

· 330 ·

意力即于寻伺二数，特别警觉。盖推求伺察之际，恒有作动兴奋之感相伴。此即作意也。又如理作意，有大势用。顺性而起的作意，名如理。如惑炽时，惑谓无明，及贪等心所。瞿然警觉，明解即生。明解即无痴心所。故染污法毕竟不足障此心者，赖有作意也。提醒之功，即是作意。

受数者，于境领纳顺违相故，故名为受。领纳即是一种为作。心恒任运，即不作苦乐等领纳。领顺益相，即是乐受。领违损相，即是苦受。旧说于苦乐二受外，更立舍受，谓于境取俱非相故，舍受者，非苦非乐故。俱非者，非顺非违故。此不应理。夫所谓非顺非违者，实即顺相降至低度。取顺较久，便不觉顺。然既无违相，即当名顺，不得说为俱非。故彼舍受，义非能立。

欲数者，于所缘境，怀希望故，故说为欲。随境欣厌，而起希求。于可欣事上，未得希合，已得愿不离。于可厌事上未得希不合，已得愿离，故皆有欲。旧说于中容境，一向无欲，故欲非恒行，此不应理。彼云中容境者，谓非欣非厌故。彼立舍受，故有此境。不知单就境言，无所谓可欣可厌。受领于境，欣厌乃生。领欣境久，欣相渐低，疑于非欣。然既无厌，仍属可欣，不得说为俱非。彼云中容，即是欣厌俱非之境。夫领欣境久，则欣相低微，而欲归平淡，要非全无欲者。故不应说欲非恒行。或复有难："人情于可厌事，经历长时，求离不得，其希望以渐减，而之于绝。"由此言之，欲非恒有，不知历可厌事，欲离不得，如是久之，则求离之欲，渐即消沮，终不全无。且其欲必别有所寄，人心一念中，固不必止缘唯一事境，如郑子尹避难农家，与牛同厩而居，读书甚乐。现前牛粪为可厌境，求离不得，无复望离。然同时读书别有义理之境，为其欲之所寄，非一切无希望也。人生与希望长俱，若有一息绝望，则不生矣。故欲是恒行，义无可驳。

相数者，于境取像故，施设种种名言故，故名为想。云何取像？想极明利，能于境取分齐相故，如计此是青、非非青等。非青者，谓青以外之一切色。等，谓色以外之其他物事。云何施设名言？由取分齐相故，得起种种名言。若不取分齐相，即于境无分别，名言亦不得起。想形于内，必依声气之动，以达于外。故想者，实即未出诸口之名言。

思数者，造作胜故，于善恶事能役心故，故名为思。云何造作胜？心者任运而转，妙于应感，而无造作之迹。思数则是一种造作的势用，由惯习故，其力特胜。于善恶事能役心者，谓由善性思数力能造作善故，而心亦资之以显。心即性也，本至善，得善性思数为助，而心之至善始显发。故说思数于善事之造作，能役使其心以相与有成也。由染性思数力，能造作恶故。而心乃被障而不显，故说思数于恶事之造作，亦能役使其心，而果于自用也。染性思数之役其心，譬如豪奴夺主，而自用其威。

如上六数，恒与心俱，同行而不相离异曰俱。故名恒行。若以此六配属于心理学上之知、情、意，则想属知的方面，受属情的方面，触、作意、欲、思乃皆属意的方面。至于别境等数，亦均可依知情意三方面分属之。然曾见人作一文，谓触数即感觉，想数即意象或概念者，此未尽符。盖六数是恒行，感觉中全具之，岂止以触数名感觉耶？但此六数之行相，复分粗细。其与眼等识相应者，则行相极细微，乃若全无分别然。故佛家说为现量。

别境数，旧说为五，今有移并，移欲入恒行，移定入善，而并入不定中寻、伺二数，及本惑中疑数。定为六法。曰慧、寻、伺、疑、胜解、念。

慧数者，于所观境有简择故，故名为慧。慧者，由历练于观物析理而日益发展。然必与想数俱。以于境取分齐相故，若不取分齐相者，即不能作共相观，简择如何得起。亦必俱寻伺。以于境浅深推度故，浅推度名寻，深推度名伺。由推度已，方得决定。如决定知声是无常，乍缘声境未知是常无常。必起推度瓶等所作皆是无常，虚空非所作而唯是常，于是决知声亦所作，故是无常。爰自推度，迄于决定，总名简择。故一念心中，简择完成，实资比量之术。此中一念者，实摄多念。简择初起，只是推度。又必经多念续起推度，始得决定，方号完成。乃综其自创起推度，以迄完成，凡经无量念，而名一念。但以其术操之至熟，故曰常缘境，常若当机立决，不由比度者，而实乃不尔。又慧唯向外求理，故恃慧者，恒外驰而迷失其固有之智，即无由证知真理。此中真理，即谓吾人与万物同具之本体。若能反求诸自性智而勿失之，此云自性智者，与《明宗章》言自性觉义同。则贞明遍照，不由拟议。虽复顺俗差别，而封畛不存。称性玄同，而万物咸序。此真智之境，非小慧之所行矣。

慧非恒行何耶？若无明与贪瞋等惑炽盛时，即无有简择。夫于理之诚妄，事之是非，有所简别与抉择，而不迷谬者，此则是慧。《明宗章》所云量智或理智者即此。无明等或炽然时，则简择不起，故慧数非恒行也。

寻数者，慧之分故，即就慧初位，浅推度相，检出别说，故云慧之分。于意言境粗转故，故说为寻。意言境者，意即意识，意能起言，故名意言。意所取境，名意言境。粗转者，浅推度故云。

伺数者，亦慧之分故。于意言境细转故。细转者，深推度故云。

寻伺通相，唯是推度。推度必由浅入深。浅者，粗具全体计画，犹如作模。深者，于全体计画中，又复探赜索隐，亲切有味。如依模填采，令媚好出。盖后念慧续前念慧而起。历位异故，浅深遂分。浅推度位，目之为寻。深推度位，名之以伺。世以为推度之用，先观于分，后综其全。此未审也。实则慧数与心相应取境，才起推度，即具全体计画。然推度创起，此全计画固在模糊与变动之中，实有渐趋分畛之势。分畛者，谓作部分的密察。及夫继续前展，则分畛以渐而至明确。即全计画，亦由分畛明确而始得决定。然当求详于分畛之际，固仍不离于全计画，唯因全计画待分畛明确而后可定。故疑于先观其分，后综其全耳。又乃由寻入伺，从浅之深，即由全计画降为分畛伺察时，则慧之为用，益以猛利。常与触数相俱，奔赴甚力，如猎人之有所逐追者然。旧说寻伺能令身心不安住者，就染慧言之确如此。若性智显发时，慧依智起，即称净慧。其时亦不废寻伺，但任运自然，无急迫之患。而明睿所照，亦自无蔽矣。寻伺二数，并依慧数，别出言之。慧非恒行，已如前说。

疑数者，于境犹豫故，故说为疑。旧说以疑属本惑之一，本惑后详。此亦稍过。夫疑者，善用之则悟之幾也，不善用之则愚之始也。理道无穷，行而不著，习焉不察，则不知其无穷也。然著察之用，往往资疑以导其先。盖必于其所常行所惯习者，初时漫不加意，冥冥然遇事不求解。又或狃于传说，如佛教徒以圣言量为依据，而不务反求诸己。安于浅见，不能博求之以会其通，不能深体之以造其微。故于所行所习之当然与所以然者，未尝明知而精识也。知之不明是不著，识之不精是不察。忽焉而疑虑于其所行所习之为何。向所不经意者，至此盛费筹度。疑问起时，必作种种筹度。向所信之传说，至此根本摇动，向所执之浅见，至此顿觉一无所知。于是自视欿然，思求其故，疑端既起，欲罢不能。思虑以浚而日通，结滞将涣而自释。然后群疑可亡，著察可期矣。故曰善疑则悟之始也。夫疑之可贵者，谓可由此而启悟耳。若徒以怀疑为能事，一切不肯审决，则终自绝于真理之门。须知疑虑滋多，百端推度，只增迷惘。而穷理所困，即事求征，则难以语上。持科学万能之见者，一切必欲依据经验以求之。而形上之理，岂可以物推征。刻意游玄，则虑将蹈空。知玄想与空想之辨者，可与穷理。但使知此过患，勿轻置断。疑情既久，思力转精。不陷葛藤，则胶执自化。真理元自昭著，患不能虚怀体之耳。若怀疑太过者，便时时有一碍膺之物，触涂成滞，何由得入正理。周子曰："明不至则疑生。明无疑也，谓能疑为能明，何啻千里？"此为过疑者言，则诚为良药。故曰不善疑则愚之始也。夫疑虽有其太过，而人生日用，不必念念生疑。故疑非恒行摄。疑之过者，可说为惑，然善疑亦所以启悟。旧说疑属本惑，亦所未安。故今以疑入别境。

胜解数者，于决定境深印持故，印者印可，持者执持。不可引转故，故名胜解。由胜解数，相应于心。便于所缘境，审择决定而起印持，此事如是，非不如是。于决定境才有印持，但印持与决定却是同时。非先决定了，后方印持。即此正印持顷，更有异缘，不能引转，令此念中别生疑惑。异缘不可引转云云，系约当念说，非约前后念相望而言。尽有前念于境审决而印持之，于此念顷固是异缘不可引转。及至后念，乃忽觉前非，而更起审决印持者矣。故胜解者，唯于决定境乃得有此。决定境者，从能量而名决定，不唯现比量所得是决定境，即非量所得亦名决定境。如见绳谓蛇，此乃似现即非量所得之境，此境本不称实。然尔时能量方面，确于境决定为蛇。非于境不审决故，非有疑故。故此境应从能量而名决定。又如由浊流而比知上流雨，实则浊流亦有他因，上流未尝有雨。是所谓雨者，乃似比即非量所得之境，元不称实。但尔时能量方面，确于境决定为雨，非于境不胜决故，非有疑故。故此境亦从能量而名决定。犹豫心中，全无解起。非审决心，胜解亦无。非审决心者，谓心于境不起审决故名。此心亦即非量。世言非量，或唯举似现似比。实则似现似比者，非于境不起量度，但不称实，乃云非量耳。更有纯为非量者，即散乱时心，于汎所缘。实不曾量度者，即此中所言非审决心。以故胜解非恒行摄。

　　念数者，于曾习境，令心明记不忘故，故名为念。念资于前念想，想数见前。由想相应于心，而于境取像故，虽复当念迁灭，而有习气潜伏等流。等流者，想之余势，名为习气。此习气非坚住之体，乃是刹那刹那，生灭灭生，相续流转，而不断绝。故名等流。由想习潜存故，想的习气省云想习。后仿此。今时忆念，遂乃再现。若非想习潜存者，则过去已灭之境像，何能再现于忆念中那。然念起亦由作意力于所曾更警令不失故，故有忆持。由念能忆曾更，故能数往知来，而无蒙昧之患也。若无忆念，则不能据已知以推其所未知，人生直是蒙蒙昧昧焉耳。

　　念何故非恒行耶？于非曾更事，不起念故。又虽曾更，而不能明记者，即念不生。故念非恒行摄。或有难言："若于曾更不明记时，但于曾更某事忘失，说名无念，而此时心非无余念。余者，犹言其他。如我忆念旧读《汉书》，苦不得忆。此于《汉书》，名为失念。然此时心于现前椅席等等，任运了知，不起异觉，即由椅席等等曾所更故。今此任运生念，故不觉其异也。是于曾更虽有不忆，如于《汉书》。而此时心仍非无念。如于几席等等。详此所难,实由不了念义,故乃妄相责诘。须知,念者本由明记得名。于曾更事警令不失,遂有念起,分明记忆。即此明记,非任运生。必由警觉特别与力,始得分明记取故。若汝所云任运生念者,实非是念,乃过去想习适应日常生活需要之部分,想习见上。任运潜行,不俱意识同取境故。任运者,因任自然而起,不由警觉故。潜行者,以此想习,尚属潜伏的部分故。虽云于现前几席等等任运了知,然既云任运,则无计度分别可知。而所谓了知,亦甚暧昧。前云习气潜伏即名种子,而现起方名心所。此等想习,亦属种子状态,或亦可说为种子底半现,要不得说为心所也。大抵吾人日常生活中,其应境多由种子潜伏的力用,即所谓不自觉的力用。此等力用,本不与明了的意识相俱取境,故不名心所也。此与明记截然异相,何可并为一谈。故汝所云于椅席等等任运了知者,此犹属种子潜行相状。必忆《汉书》而果得分明记取者,方是念故。然则方忆《汉书》不得,即此时明了的意识中,实无有念。故念非恒行,彰彰明矣。

如上六法,缘别别境而得起故,故名别境。

染数,旧分本惑及随惑。惑亦名烦恼。烦,扰义,恼,乱义。凡惑,皆是扰乱相故。本惑者,以其为一切惑之根本故名。随惑者,以随本惑而起故名。今略其随,而唯谈本。本惑,旧析以六,今出疑入别境,存其五法,曰无明、贪、嗔、慢、恶见。

无明亦名痴数。于诸理事迷暗故,故说为无明。旧分迷理、迷事,今此不取。迷事亦只是不明那事的理而已,非可于迷理外别说个迷事也。故此言理事,取复词便称,实只一个理字的意义。然理赅真俗,俗谛中理,假施设有,曲尽物则。真谛中理,一道齐平,唯证相应。迷者,于俗妄计,于真不求证故。夫痴相无量,或总名之,或专言之。总名之者,一切染法皆属痴故。全部染数,通名为惑。惑、亦痴之异名。专言之者,迷暗势用,实为一切染数之导首。即此势用,名为无明,亦云痴故。人之生也,无端而有一团迷暗,与形俱始。无端一字注意。这个元不是本性上固有的,只是成形之始,便忽然有此迷暗,以渐增盛。触处设问，总归无答。反问诸己，生于何来，死于何往，莫能解答。即在宗教、哲学，多有作答者，然彼一答案，此一答案，已难刊定。矧复任取一家答案，寻其究竟，终于无答。远观诸物，疑问万端。随举一案，问此云何，即有科学家以分子、元子、乃至电子种种作答。复问电子何因而有，仍归无答。更有哲学家出而作答者，终亦等于不答，又无待言。以此类推，何在不如是耶，而仍不已于问，不已于答。岂知俗谛，问答都是假名，胜义谛中，问答泊尔俱寂。岂知二字，一气贯至此读。胜义谛者，真谛之代语。若使循俗假诠，问答随宜如量，固亦无过。如量者，称境而知。盖在俗谛，本假设一切物事为有，而甄明其所具之则。故得夫物则者，即为称境而知，谓之如量。然所谓如量，亦假设如是而已。寻其究竟，便非真解。故以随宜言之，尔乃任情作解，逞臆卜度，既已非量，而不知虚中以契理。此不如量，即迷俗谛理者。矧复于答问不行之境，此谓真谛。犹且嚣嚣驰问，昏昏恣答。如渴鹿趁焰，演若迷头。遗贫子之衣珠，攫空潭之月影。迷真碲理者譬于是。此非至愚而何。总结迷俗、迷真。至若颠倒冥行，无知故作，故作恶业也。虽或自为诡释，适乃长迷不反。作恶者，恒自欺。自欺者，即对于自己良知之谴责而为诡谲之解释，以为所作亦有理道也。自欺正是无明，良知则本心也。无明起，而本心乃被障碍。夫无明一词，不可作虚词解。如谓由明无故名无明，便作虚词解，即大误。实有此迷暗习气，无始传来，导诸惑而居首，详《缘起经》十二支。负有情以长躯。有情者，人有情识故名。其势用之猛，虽转岳旋岚，犹未足喻也。

贪数者，于境起爱故，此爱是贪爱义，即劣义，非仁爱之爱。深染著故，深染著于境也，语云贪夫殉财，烈士殉名。深玩殉字的意义，便知此云起爱及深染著的意义。故名为贪。贪相不可胜穷，随在发现，故难穷也。略谈其要，别以八种。一曰自体贪，此云自体，相当于身的意义。谓于自体，亲昵藏护故。此贪极难形容。强状其情，曰亲昵藏护。人情唯于自体亲昵至极，无可自解。亦唯于自体，藏护周密，莫肯稍疏。不独人也，下生动物于兹尤甚。吾昔在北京万寿山园中，见大树上有长约二寸许之厚皮,移动甚疾。余猝尔惊曰:"树皮既脱,胡能附树疾走而不坠耶?"徐取观之,明明一粗块之树皮,及剖视之,则其中固一虫也。此虫不知何名,乃深叹此虫于自体亲昵藏护之切也。此等事,生物学上所发见不少。二后有贪,谓求续生不断故。此从自体贪中,别出言之。或有问言:"世人持断见者,自知死后即便断灭,宜若无后有贪可言。"曰:不,不。爱力非断见可移,爱润生故,故有生。人之有生,由爱力滋润之故生。《楞严经》谈此义极透。如汝明知当来断灭,而犹厚爱其生,则爱力非断见所移,审矣。汝后有贪,岂随断见而舍耶?汝昨日之生已逝,今日之生已有;今日之生方尽,明日之生方有。故后有贪为有生类所与生俱有者,何足疑耶?三嗣续贪,谓求传种不绝故。自植物至人类,随在可征。四男女贪,谓乐著淫欲故。征之小说诗歌,几无往而不表现男女之欲。忧国情深,亦托美人芳草。即寄怀世外,犹复侈言仙女。五资具贪,谓乐著一切资具故。凡日用饮食、田宅、财货、仆隶、党与、权势、名誉乃至一切便利己私事,通称资具。人类之资具贪,亦从兽性传来,每见禽兽巢穴多集聚刍粮等资具。六贪贪,谓若所贪未及得者,贪心自现境相而贪故。如好色者,心中或悬想一美人。七盖贪,谓于前所乐受事,已过去者,犹生恋着,即有盖藏义故。盖藏者,言其不肯放舍故。八见贪,谓于所知、所见,虽浅陋邪谬,亦乐著不舍故。见贪重者,便难与语。如上八种,贪相略明。《瑜珈》五十五说有十贪,但列名目,而无解说。《缘起经》说有四种爱,以明贪相。今并有采撮,说为八种。学者以是而反躬察识,毋自蔽焉可也。

瞋数者,于诸有情,起憎恚故,故名为瞋。《伦记》五十九说瞋略有三。一有情瞋,于有情而起瞋故。二境界瞋,于不可意境,即生瞋故。三见瞋,于他见生瞋故。有情瞋者,由有我见故,即有人见生。人见与我见同时生。由有人我二见故,即有瞋生。瞋与人我二见同时生。瞋相无量,略分粗细。粗者,因利害毁誉等等冲突所引发,其相粗动,或转为忿恨等。细者,其相深微。虽无利害毁誉等等冲突,亦常有与人落落难合意故。隐士孤高,正是瞋惑。夫群生怀瞋而好杀，世间历史大抵为相斫书。前世小说诗歌，亦多以雄武敢斗为上德，皆瞋之著也。或曰："瞋为习心固也。征以达尔文生存竞争之论，则瞋者当亦出于生存之需，而不必訾之以惑软。"余曰：互助论者所发见之事实，明与达氏反。伊川释《易》之《比》亦云："万物莫不相比助而后得生。"其言皆有证验。故知生存所需者，乃比助而非竞争。然则谓瞋非惑而为应于生存之需可乎。境界瞋者，亦有情瞋之变态。由于有情怀瞋故，境界随之而转，遂觉邱陵坎窞，并是险巇。暑雨祈寒，俱成嗟怨。怼人则器物皆罪，伐国则城邑为潴。忮心每及于飘瓦，诛锄亦远于草木。此皆有情瞋盛，故无涉而非乖戾之境也。见瞋者，复于有情瞋中别出言之。此与前贪数中所举见瞋实相因。夫唯贪著己见，故不能容纳他见。遂乃恶直而丑正，是丹而非素。从来朋党之祸，门户之争，皆由此起。凡人不能舍其见贪、见瞋，故一任己见以为是非，可说为感情的逻辑。而不暇求理道之真，此物论之所以难齐也。

慢数者，依于我见而高举故，故名为慢。旧说慢有七种。今述其略而稍有省易。一者，私其形骸而计为我，自恃高举，名为我慢。二者，视材智劣于己者，即谓我胜彼。视材智等于己者，即谓我与彼相等。此皆令心高举，总说为慢。或问："于等己者，即谓我与之等。似不为慢。"答曰：由计等故，自心高举，岂若澄怀了无计量。三者，于他人远胜我者，我顾自谓少分不及，此名卑慢。虽自知卑劣，犹起慢故，故名卑慢。四者，于彼胜己，顾反计己胜，斯名过慢。五者，己实不德，而乃自谓有德，恃恶高举，名为邪慢。若无知而自谓有知，少得而自谓已足，皆邪慢摄。夫慢多者，胸量极狭，不能求贤自益，纳善自广。咎始于居满，心怀高举，即是满相。其流极于无惭无愧，儒者谓之无耻，至不比于人，故学者宜先伏慢。

恶见数者，于境颠倒推度故，慧与痴俱故，别境中慧数，与染数中痴数，相俱而成恶见。痴即无明。故名恶见。见不正故名恶。恶见相状复杂，不可究诘。抉其重者，略谈三见，曰我见、边见、邪见。

我见亦云身见，梵言萨迦耶由不了自性故，遂私其形躯而计我我所，是名我见。言我者，亦摄我所。由计我故，同时即计我所。云何我所？我所有者，名我所故，如于形躯，计为自我。同时亦计为我所，云是我之身故。若身外诸法，则但计为我所。如妻子、田宅、财货、权位、名誉乃至一切为我所有者，皆是我所故。故有我见，即有我所。此是自私根源，万恶都由此起。盖人心隐微中，缘形躯而起自我之见，念念坚执，曾无暂舍。是乃与生俱生而不自觉其如是者，此所谓俱生我执。不独在人为然，动物亦执形躯为自体，即是我执。植物护其形干为自体，亦隐有我见，但甚暧昧耳。大抵有生之类，限于形气而昧其本来，不了自性上元无物我种种差别，乃计其形骸为独立的自体而私之为我，其实非我，特妄计耳。

边见者，亦云边执见，执一边故，名边执见。略说有二，曰常边、断边。常边者，由我见增上力故，常边见之起，亦由我见加上之力。计有现前诸物。攀援不舍，谓当常住。不了诸物元是刹那生灭，曾无实法，但假说为物。不了至此为句。变化密移，今已非昔，而迷者视之若旧，计此相续之相，谓是常恒。此则堕常边过。断边者，由我见增上力故，于物怙常不得，转计为断。由见世间风动云飞、山崩川竭、倏忽无迹，根身器界悉从变灭。如经言"劫火洞然、大千俱坏"，遂谓诸法昔有今无，今有后无。此则堕断边过。若悟物本无实，依何云断。故知断见，亦缘取物。然常、断二边，元是迷堕，是所当知。迷堕者有时离常，即便堕断。有时离断，还复堕常故。

邪见亦云不正见，略说以二，曰增益见、损减见。增益见者，于本无事，妄构为有。如于色等法上，增益瓶等相，眼识所取唯色，乃至身识所取唯坚，本无瓶等。故瓶等相，纯是增益于色等之上的。转增益瓶等无常相，只是重重增益。乃至于形躯不如实知故，妄增益我相。一切物皆刹那生灭，本非实有。形躯非离一切物而独立者，故亦不实。今乃缘形躯而妄计为自我，即是无端增益我相于形躯之上也。于自性不返证故，妄增益外在实体相。哲学家谈本体者，都是看做离自心而外在的东西。此由不了自性故，向外杜撰一重实体，即是增益也。故增益见，幻构宇宙。犹如幻术家，幻现象马种种形物。损减见者，于本有事，妄计为无。治故籍者，任情取舍，将于古人确实之纪事，不肯置信。故籍诚有可疑者，然亦不可谓全是作伪。如大禹治水，古书所载，今或不肯信有禹其人者，非损减见而何。生长僻陋者，涉历既狭。闻殊方异物则拟之齐谐志怪。浅见者流，不悟深远，则诋玄言为空诞。大抵凭有限之经验，以推测事理。则不得事理之真，而自陷于损减见者，此不善学者之通患也。若乃沦溺物欲，不见自性，宇宙人生，等同机械，是于自家本分事损减之而不惜，愚益甚矣。凡增益见，以无为有。凡损减见，以有为无。然增与损，必恒相依，无孤起故。如昔人说地静者，于地上增益静相，同时即于动相为损减故。增益见无孤起之理，既增妄相，必损真相故。然而人生知识，无往不是增益妄相，则睹真者其谁耶！或言，综事辨物，务得其理，即不为增益者。不知约真谛言，一切事物皆假设故有，元非实在，云何非增益欤。

综上三见，邪见最宽，一切谬解，皆邪见摄。

本惑五数，各分粗细。粗者猛利，动损自他。其发动，必扰乱于心，以损自己，又必不利于物，即损他人。细者微劣，任运随心，于他无损。随心者，言其受节制于心而不自恣。然粗者必严对治，令不现起。细者与恒行数，常与心俱。谓其与恒行数同行、而与感识意识相俱以取境也。当严对治，令其伏断，具在善数中。

善数，旧说有十一法，今省并为七法，曰定、信、无痴、无贪、无瞋、精进、不放逸。省去惭等五法，并入别境中定。

定数者，令心收摄凝聚故，正对治沉掉故，沉者惛沉，掉者掉举，亦云浮散。沉与掉皆不定相。故名为定。由如理作意力故，有定数生。作意数见前。如理者，作意若与惑俱者，即是染性法。今此作意，乃背惑而顺正理。深自警策，以引发其本心，此即善性法，故名如理作意。定数必由如理作意引生。定者，收摄凝聚，并力内注，助心反缘，注者，专注。助者，相应义。定数以其收摄凝聚的力，应合叶助于心，而深自反观故。不循诸惑滑熟路故。诸惑从无始来，与生俱有，与形相昵，未曾断舍。故其现起，如率循他滑熟的路子走一般。所以惑起如机械而不自觉。今此收摄凝聚力者，即是自己新创的一种定力，却要背惑而行，不肯率循他的滑熟路子走了，是能引发内自本心，使诸惑染无可乘故。内者，谓此本心不由外铄故。自者，即此本心是自性故，不从他得故。诸惑无可乘者，本心既藉定显发，得为主宰。故惑不容生。夫本心者，元是寂静圆明，毫无欠缺。寂静者，澄湛之极，其应恒止。圆明者，虚灵之极，其照恒遍。但惑起障之，则心不得自显而等于亡失。此昔人所以有放心之说也。然心虽受障，毕竟未尝不在。即惑染流行，而此心法尔自运，亦未堪全蔽。如浮云蔽日而言无日，实则日亦未尝不在，虽复积阴重闭，要非绝无微阳呈露其间者。但势用微劣，而说为无阳耳。无阳犹云无日。定数者，即以其收摄凝聚势用，乘乎本心之运，不容全蔽，如所谓微阳者。乃令其保聚益大，而无亡失之忧，使本心浸显而极盛，则诸惑亦渐伏而终尽。故定力者，实能对治诸惑。诸惑者，即综全部染数而言之。而云正对治沉掉者，则以定相与沉掉相，正相翻故，故乃举胜而谈。然既置正言，即显不独对治沉掉可知。定数如是，余对治力，余云云者，犹言其他善数底对治力。可例观也。

　　信数者，令心清净故，正对治无惭无愧故，故名为信。由如理作意力故，引生清净势用。即此净势，叶合于心，而共趣所缘者，是名信故。清净势用，省言净势。此与如理作意乃同时而起者。叶合即相应义。此信所缘义境，略说以二。一者，于真理有愿欲故，此中假说真理为信之所缘义境。真理者，隐目自性而言之。吾人为惑所蔽，不见自性，而又不甘同于草木鸟兽之无知，必欲洞明宇宙人生之蕴。易言之，即欲自识本来。此即求真理之愿欲。能见真故，故起信。见自性故，名见真理。见真而起信者，是惟反求实证者乃能尔。二者，于自力起信，即依自性，发起胜行，深信自力，能得能成故。行者，造作义。自思虑之微，至身语之著，所有创造，所有作为，总说名行。胜行者，以此行是依自性而起，纯善无染故，故名胜行。此行既顺性而发，故可深信自力，能得而无失，能成而无亏也。如印度哲人甘地，抵抗强暴侵略之行，绝无己私惑染，乃顺循乎其自性所不容已，故深信其自力，于所行能得能成也。孔子曰："我欲仁，斯仁至矣。"亦此旨也。故信之为义极严格。信者清净相，与无惭无愧浑浊相，正相翻故。浑浊至于无惭无愧而极。故说信于无惭无愧为正对治。

无痴数者，正对治无明故，于诸理事明解不迷故，故名无痴。无痴依何而起，由定力故。于本心微明，保聚增长，微明者，心为惑所障蔽而不得显发，但于障蔽中微有呈露故云。由信力故。引发本净，本净，谓心本来清净故云。于是有性智生。性智即本心。见《明宗章》。依性智而起明解，亦云始发智。由前被障，今始显发，故云始发。前述别境中慧数，舍染性而纯为净慧者，即此中明解是也。性智全泯外缘，亲冥自性。亲冥者，谓性智反观自体，而自了自见，所谓内证离言是也。盖此能证即是所证，而实无能所可分。故是照体独立，迥超物表。明解始发智。缘虑事物，明征定保，必止于符。言其解析众理，必举征验而有符应。先难后获，必戒于偷。智周万物，而未尝逐物。不逐物，故非痴。世疑圣人但务内照而遗物弃知，是乃妄测。设谓圣人之知，亦犹夫未见性人之凿以为知也，则夏虫不可与语冰矣。凿者穿凿。刻意求入，而不顺物之理，又乃矜其私智，求通乎物，而未免殉于物也。

无贪数者，正对治贪故，无染著故，故名无贪。由定及信，相应心故。有无贪势用俱转。无贪者，谓于贪习察识精严，而深禁绝之，是名无贪。无者，禁绝之词。身非私有，元与天地万物通为一体，即置身于天地万物公共之地，而同焉皆得。各得其所。何为拘碍形体，妄生贪著，梏亡自性。形虽分物我，而性上元无差别。人若私其形而拘之，则必梏亡其性，自丧本真，故深可哀愍。故自体贪，应如是绝。非绝自体，只是绝自体贪。盖私其自体为己，而染著不舍，此即是贪，故须绝也。万物诱焉皆生，而实无生相可得。生生者不住故，刹那灭故。不住故无物。无物谓无独立存在的物事。无物矣，则生者实未尝有生也。既生即无生，则寄之无生，而寓诸无竟，奚其不乐？何不悟生之幻化，而欲怙之，妄执有一己之生，冀其后有耶。"何不"至此为句。幻化一词，不含劣义。所谓生者，元来是顿起顿灭，没有暂住的东西，故谓幻化也。义详《转变章》。妄执云云者，生者大化周流，本无所谓一己。而人之后有贪，则妄执有一己之生，故惑也。故后有贪应如是绝。非绝后有，只是绝后有贪。盖于其生而妄计自体，即私为一己之生，而怙留不舍者，此即是贪，故应绝也。嗣续者，大生之流。大生者，万物同体而生故名，如吾有嗣续，亦大生之流行不息故也。物则拘形，私其种息。动植传种，各私其类。人乃率性，胡容私怙我嗣我续。列子曰："汝身非汝有，是天地之委和也。孙子非汝有，是天地之委蜕也。"以嗣续为我之私有者，执形气而昧于性体，故是大惑。故嗣续贪应如是绝。非绝嗣续，只是绝嗣续贪。私嗣续为己有，此即是贪，故应绝也。匹偶之合，用遂其生。爱而有敬，所以率性。敬爱之爱，非贪。狗于形者，爱恋成溺，或同人道于禽兽。中土礼教，于夫妇之伦，义主相敬。故燕私之情，不形于动静，此相合以天也。西人则言恋爱。爱而曰恋，正是染著。则溺于形，而失其性矣。故男女贪，应如是绝。非绝男女，只是绝男女贪。男女合不以理，交不由义。居室恒渎亵而无敬，此即贪之表现，故应绝也。本性具足，无待外求。人的本性上，那有缺憾。只因向外追求，才起了缺憾。养形之需，元属有限。随分自适，不亏吾性。狂贪无厌，本实先拨。逐物而失其性，是本拨也。故资具贪，应如是绝。非资具可绝，只是绝资具贪耳。并心外驰，殉物丧己，此贪过重，故应绝也。庄生《逍遥》，所谓"窅然丧其天下"。《论语》曰："巍巍乎舜禹之有天下也，而不与焉。"是能绝资具贪者。贪贪、盖贪，参看贪数。作茧自缚，心与物化，生机泯灭。故此二贪，应如是绝。真见性者，无己见可执。己本不立，何执己见。其有若无，其实若虚。循物无违之谓智，匪用其私。循物云云者，谓率循乎物理之实然。而非以己见臆度，与之相违也。庄生曰："道未始有封，言未始有常。惟自私用知，读智分畛始立。是非之涂，樊然淆乱。"故见贪者，应如是绝。如上粗析八种对治，说无贪略竟。

无瞋数者，正对治瞋故，无憎恚故，故名无瞋。由定及信，相应心故，有无瞋势用俱转。无瞋者，谓于瞋习察识精严而深禁绝之，是名无瞋。于诸有情，以利害等因，引生憎恶。此念萌时，反诸本心，恻然如伤，不忍复校。校者，计较。心体物而无不在，其视天下无一物非我故也。本心即性。性者，物我之同体，故云"心体物而无不在。"然瞋势盛者，犹欲瞒心而逞其惑。此在常途，故云理欲交战。当此顷间，必赖无瞋势用助叶于心，方能胜惑。心即性也。性难自显，必藉净习以行。无瞋数者，则是净习，乃顺性而起者。故心得藉之以显。人能率性，不因利害瞋物而失慈柔。体物所以立诚，此言体物者，视万物与吾为一体故。故无瞋而尽其诚也。备物所以存仁。无瞋故备物，瞋则损害乎物，而不能备之，故伤吾仁。故人极立，而远于禽兽也。禽兽因气昏惑重，故天性全汨没，本心全障蔽了。所以只知利害而不知其他。如其善于逐食，及厉爪牙以防患，皆动于利害之私，寻不出他有起脱利害的优点。至人则不然，却能发展他底天性、本心，而有无瞋、无贪、无痴等善心数之著见，此其所以异于禽兽。设有难言："于暴恶者，亦起瞋否？"应答彼言：于彼暴恶，随顺起瞋，而实非瞋。瞋因于彼，而不以私。瞋因于彼云云者，彼为暴恶，不利群生，公理所不容。因而瞋之，非以私利私害而起瞋故。廓然顺应，未尝有瞋之一念累于中也。故虽诛杀暴恶，而不为瞋，因彼故也。因彼之当诛而诛之，吾无私也，故不为瞋。世儒或云嫉恶不可太严者，则是乡愿语。恶既可嫉，焉得不严。不严则必自家好善恶恶之诚未至，而姑容宽假之私。须知严嫉者，亦因乎彼之恶耳。非可以私意宽严于其间也。自乡愿之说行，而暴恶者每逞志，此可戒也。然瞋之为私与否，此最难辨。非私与无私之难辨也，人情恒以其私，托于无私而自诡，故难辨也。如矫托革命者，当其在野则瞋在位之暴恶，而为群众呼吁，固俨然不为私瞋也。然其实绝无矜全群众之心，特欲肆一己之贪残，而苦于不得逞。故托于群众。以诡示革命之谋不为私瞋己耳。彼既自诡如是，浸久亦不自觉为私。及一旦取而代之。其暴恶益厉于前，而后群众乃察见其前此之隐衷，而彼犹不自承为私也。果其瞋不以私，则当憎恚因物而起时，其中必有哀痛惨切之隐。

新唯识论

曾子所谓听讼得情，哀矜勿喜者，称心之谈也。是其发于本心体物之诚，而不容已也。若瞋发于私，则惑起而本心已失。心为惑所障故。即物我隔绝，乃唯见有物之可憎，而何有于哀痛惨切耶。此段吃紧。于彼暴恶，以瞋相报。便已随转，而弗自知，可惧孰甚。故有情瞋，毕竟应断。安土敦仁，本《易传》。土者境义，言随境能安。乃所以敦笃吾之仁。无入不得。《中庸》云："君子无入而不自得焉。"心为境缚，则天地虽大，诗人犹嗟靡骋。境随心转，则陋巷不堪，贤者自有乐在。故境界瞋，毕竟应断。是非之执，每囿于情识。守其一曲，斯不能观其会通。取舍两端，必有偏倚。彼其明之所立，正其蔽之所成。庄子曰："是非之彰也，道之所以亏也。道之所以亏，爱之所以成。"此云爱者，属所知障，当此文所谓蔽。明与蔽相因，斯执碍横生，净论竞起，诋諆瑕衅，互为主敌。故天竺外道，至以斩首相要；此土异家，亦有操戈之喻。此见瞋之害也。惟见性者，不为情识所封。故能因是因非，玄同彼我，息言忘照，休乎天钧。知辨者之劳，犹虻蚉之于天地。虽不得已而有言，始乎无取，终乎无得。故智与理冥，而喜怒不用，岂复有斷斷之患乎。故见瞋者，毕竟应断。

　　精进数者，对治诸惑故，令心勇悍故，故名精进。由如理作意力故，有勇悍势用俱起，而叶合于心同所行转。凡人不精进者，即役于形，锢于惑，而无所堪任。是放其心以亡其生理者也。无所堪任者，无所堪能，无所任受，如草木鸟兽然也。放者放失，不自存养其心故。心者生理，放心即亡其生理故。精进者，自强不息。体至刚而涵万有，此言体者，合也。人性本来刚大，而役于形，锢于惑者，则失其性。故必发起精进，以体合乎本来刚大之性。夫性惟刚大，故为万化之原。唯率性者，为能尽其知能。故云涵万有。立至诚以宰百为。诚者，真实无妄，亦言平性也。立诚即尽性也。百为一主乎诚，即所为无不顺性，一切真实而无虚伪。故是精进。日新而不用其故，《易》曰："日新之谓盛德。"唯其刚健诚实，故恒创新而不守故。进进而无所于止。故在心为勇悍之相焉。精进起而叶合于心，即成为心上之一种

· 346 ·

势用，故言在心。旧说精进为五种：一被甲精进。最初发起猛利乐欲，如着甲入阵，有大威势故。二加行精进。继起坚固策勤方便故。即以坚固策勤为方便，乃得精进不已也。坚固二字吃紧。三无下精进。有所证得，不自轻蔑，益勤上达故。四无退精进。忍受诸苦，猛利而前，虽逢生死苦，亦不退转故。虽云无下，逢苦或休，故应次以无退。五无足精进。规模广远，不为少得，便生餍足故。孔子曰："我学不厌而诲不倦也。"又曰："发愤忘食，乐以忘忧，不知老之将至"云尔。又曰："忘身之老也，不知年数之不足也。俛焉日有孳孳，毙而后已。"此皆自道其精进之概。总之人生唯于精进见生命，一息不精进，即成乎死物。故精进终无足也。精进即身心调畅。古师别立轻安，今故不立。精进与常途言勤者异义，如勤作诸恶者，常途亦谓之勤。此实堕没，非是精进。

不放逸者，对治诸惑故，恒持戒故，恒字吃紧。名不放逸。由如理作意力故，有戒惧势用俱起。叶合于心，同所行转，令心常惺，惑不得起，为定所依。佛氏三学，以戒为本，由戒生定。故戒是定依。不放逸即摄戒。儒家旧有主静主敬之说，学者或疑有二。不知敬而无失，始能息诸憧扰。主一无适，内欲不萌，即是静也。此中说定，即该主静。说不放逸是定依，即该主敬。夫微妙而难见者心也，猛利而乘权者惑也。心无主宰则惑乘之陵夺其位，心即放失。喻如寇盗相侵，主人被逐。《记》曰："斯须不庄不敬，则暴慢之心入之。斯须不和不乐，则鄙诈之心入之。"敬则自然虚静，敬则自然和乐，故不和乐即是不敬。故必斋明俨恪，收摄止畜。卦名有取于畜者，畜止即存在之义，与放失相翻。人心不止畜则流荡。凡虚妄攀援，皆流荡也。然后此心微妙不可睹闻之体，始得显发于隐微幽独之地，而力用常昭。默存于变化云为之间，而不随物靡。《易》谓显诸仁、藏诸用者，即此义。识得此体，须勤保任。故朝乾夕惕，唯恐或失。见宾承祭，同其严畏。造次颠沛，亦莫之违。防检不忽于微渐，涵养无间于瞬息，绝悔吝于未萌，慎枢机于将发，斯能正位居体，不为诸惑之所侵矣。故儒者言闲邪则诚自存，又言不敬则肆；禅家谓蹔时不在，即同死人；此皆不放逸之教，其言至为精切。《诗》谓文王无然歆羡，无然畔援。此即不放逸相，学者当知。始自凡夫，至于大觉，戒惧之功，不容或已。故曰惧以终始，无可纵任。纵任有作自在解者，即是胜义。有作放肆解者，即是劣义。此中是劣义也。安不忘忧，治不忘乱。有不断惑之众生，即如来无可忘其戒惧。自本心言之，众生与如来，本是一体。众生惑相，即是佛自心中疵累，何得不戒惧耶？经云有一众生未成佛，终不于此取泥洹，亦此义也。唯知幾其神，斯自强不息。故敬也者，所以成始而成终也。今以不放逸为诸善心数之殿，此义甚深，学者其善思之。或疑常存戒惧，有似拘迫，而碍于心。不知拘迫由惑起，戒惧则惑不得乘。而不失此心坦荡之本然，即当下受用。故戒惧恒与和乐相依，何有拘迫之患耶？又戒惧之保任此心，犹知舵工持舵，不敢稍疏。初时似劳照应，久之功力纯熟，则亦即身即舵。如庖丁解牛，游刃有余。象山有言："得力处即省力。"故以戒惧为拘迫者，无有是处。

　　如上七法是清净性故，对治染故，故名善数。夫染数，即染习之现起，而染习缘形物故生，已如前说。善数即净习之现起，而净习由循理方起，如《功能章》说。《功能章》有云：如自作意，至动发诸业，壹是皆循理而动，未尝拘于形骸之私者，凡此所作，必皆有余势潜存，名无漏习。云云。故净习者，实以本心发用，而有余势故名。净习属心，染习属物。染习现起，为染性心所，即障自性。净习现起，为善性心所，此即工夫，亦即于此识自性。旧言心所，但具名数，无甚说明。又以染净一一相翻，似如头痛医头，脚痛医脚，全无立本之道，如何对治得去。大抵世亲以来言唯识者，全走入辨析名相一途，颇少深造自得之功。奘基介绍此学于中土，虽盛行一时，而终不可久。宗门迅起代之，亦有以耳。

　　综前所说，心者即性，是本来故。心所即习，是后起故。净习虽依本心之发用故有，然发现以后，成为余势，等流不绝，方名净习，则净习亦是后起。本来任运，任自然而行。后起有为。本来纯净无染，后起便通善染。本来是主，只此本来的性，是人底生命。

故对于后起的习，而说为主。后起染法障之，则主反为客。无据曰客：本心障而不显，虽存若亡。故说为客。后起是客，染胜而障其本来，则客反为主。吾人生命，只此本来者是。然吾人不见自性故，常以染习为生命。一切所思所学所为所作，莫非滋长染习，而恃之以为其生命，而真生命乃日戕贼于无形。此亦愚之至也。如斯义趣，上来略明，今更申言欲了本心，当重修学。盖人生本来之性，必资后起净法，始得显现。虽处染中，以此自性力故，常起净法不断。起者创义，依据自性力故，而得创起净习不断。即自性常显现而不至物化故。依此净法。说名为学。创起净习，即是认识了自家底生命，而创新不已。这个自识自创的功用，总说名觉。只此觉、才是真学问。若向外驰求，取着于物，只成染法，不了自性，非此所谓学。此语料简世间一切俗学。故学之为言觉也。学以穷理为本，尽性为归。彻法源底之谓穷，无欠无余之谓尽。性即本来清净之心，理即自心具足之理，不由外铄，不假他求。此在学者深体明辨。今略举二义，以明修学之要。一者，从微至显。形不碍性故，性之所以全也，本心唯微，必藉引发而后显。微有二义，一者微隐义，以不可睹闻言之。二者微少义，以所存者几希言之，此兼具二义。原夫性之行也，不得不自成乎形以为具。既凝成形气，则化于物者多。而其守自性而不物化者，遂为至少。如《易》消息，从《姤》至《剥》，仅存在上之一阳。此段道理极难说，参看《转变章》《成物章》《明心上章》首段。须深心体究翕辟之故才得。上云心是本来。本来者，性之代语。性者，言其为吾人所以生之理也。若赅万有而言之，则亦假名恒转。形气者，谓身躯，此即恒转之动而翕所凝成者。易言之，即此形气亦是本来的性底发现。但形气既起，则幻成顽钝的物事，忽与本来的性不相似。所以，性至此几乎完全物质化了。然尚能守其自性而不至全化为物者，此即所谓辟或心。但就其存乎吾身者言之，此辟或心，实可谓至少的一点。如《易·剥卦》中所剩下底一阳而已。这点真阳，是生命底本身。宗门所谓本来面目，他确是形气底主宰。王弼《易略例》所谓"寡能制众"者此也。然此只

新唯识论

就原理上说，未可执一曲以衡之。盖此点真阳若不得显发，即未能主宰形气而为物役者，又随在可征。故不可持一曲之见，以疑此原理为妄立也。此仅存之真阳，即性。虽遍运乎形气之内，而隐为主宰，然其运而不息者，固法尔自然，未有为作。法尔犹言自然。不直言自然者，以法尔义深故。下言自然者，显无作意。与常途言自然者，义亦稍别。而形气既生，即自有权能。形气底权能，本是随顺乎性的。而亦可以不顺乎性。则性之运于形气中者，既因任无为，因任者，因而任之故。形乃可役性以从己，而宛尔成乎形气之动。形气简言形，乃可者未尽之词。形之役性，非其固然也。故云乃可。己者，设为形气之自谓。故性若失其主宰力矣，所谓本心唯微者此也。然则形为性之害乎？曰：否，否。若无形气，则性亦不可见。且形者性之凝，即形莫非性也。故孟子曰："形色，天性也。"形何碍于性乎？形之役夫性者，本非其固然，特变态耳。如水不就下，而使之过颡或在山者，此岂水之固然哉。染习与形俱始，随逐增长，以与形相守，而益障其本来。染习与形相守，故学者难于变化气质也。遂使固有之性，无所引发，而不得显。如金在矿，不见光采。反之，性之主乎形者，则以善习力用增长，与性相应，引发不穷，故全体顿现。如《易》消息，从《复》之一阳，渐而至于纯《乾》。如练矿成金，不重为矿。然性之为主，亦行乎形气之中。故先儒有"践形尽性"之说，使视极其明，听极其聪，斯无往而非全体之昭著矣。二者，天人合德。性修不二故，学之所以成也。《易》曰："继之者善，成之者性。"全性起修名继，性是全体流行不息的，是万善具足的，故依之起修，而万善无不成办。是谓全性起修，即继义。全修在性名成。修之全功，依性而起。只以扩充其性故，非是增益本性所无。故云全修在性，即成义。本来性净为天，后起净习为人。故曰人不天不因，性者天也，人若不有其天然具足之性，则将何所因而为善乎？天不人不成。后起净习，则人力也。虽有天性，而不尽人力，则天性不得显发，而何以成其为天耶。此上二语，本扬子云《法言》。故吾人必以精进力创起净习，以随顺乎固有之性，而引令显发。在《易》乾为天道，坤为人道。坤以顺承天故，为善继乾健之德。《坤卦》表示后起底物事，吾人自创净习，以引发天性，即坤法天之象。是故学者继善之事，及其成也性焉。《论语》曰："人能弘道，非道弘人。"《论语》言道，当此所谓性。人能自创净习，以显发天性，是人能弘大其道也。人不知尽性，即化于物，而性有不存者矣。故云非道弘人。弘道之目，约言之，在儒家为率循五德，在佛氏为勤行六度。五德本性具之德，其用必待充而始完。六度乃顺性而修，其事亦遇缘而方显。佛氏言六度，多明事相，不及儒家言五德，克指本体，于义为精。故曰无不从此法界流，无不还归此法界。法界即性之异名耳。此谓天人合德，性修不二。学者于此知所持循，则精义之神以致用，利用安身以崇德，皆在其中矣。或曰："染缚重者，恶乎学。"曰：染净相资，变染成净，只在一念转移间耳，何谓不能学耶？夫染虽障本，本者，具云本来。染法障蔽本来。而亦是引发本来之因。由有染故，觉不自在。不自在故，希欲改造，自己改造自己。遂有净习创生。由净力故，得以引发本来而克成性。性虽固有，若障蔽不显即不成乎性矣。故人能自创净力以复性者，即此固有之性无异自人新成之也。古德云：一念回机，便同本得。明夫自心净用，未尝有间。诸惑元妄，照之即空。苟不安于昏愚，夫何忧乎弱丧。故学者首贵立志，终于成能。《易》曰："圣人成能。"人能自创净习，以显发其性，即是成能也。皆此智用为主。智体本净，不受诸惑。辨惑断惑，皆是此智。净习之生，即此本体之明流行不息者是。引而不竭，用而弥出，自是明强之力，绝彼柔道之牵。《中庸》云："虽愚必明，虽柔必强。"此言其力用也。《易》曰："困于金柅"，柔道牵也。柔道即指惑染。以诸染法，皆以柔暗为相。阳德刚明，自不入于柔暗，故智者不惑。如杲日当空，全消阴翳，乃知惑染毕竟可断，自性毕竟能成。斯称性之诚言，学术之宗极也。故曰：欲了本心，当重修学。

附　录

　　余初服膺无著世亲之学，尝据其义以造论。潜思既久，渐启疑端。民国十一年，讲世亲唯识之论于北庠。国立北京大学。忽不自安，遂辍讲。翌年，改造《新论》。《新唯识论》，省称《新论》。仍以未定稿讲于北庠，自是历十年，稿亦屡易。壬申民国二十一年。始删定成书，自印行世，是为《新论》原本。戊寅以后，复依原本而改用语体文重述之，详初印上中两卷序言。于是《新论》别有语体本。

　　《新论》之旨，本出入儒佛，而会其有极。极谓理之至极而不二也。观众与之极而会其通，则不二。然原其所由作，则以不慊意于无著一派之学，而不容已于言，故书中评及有宗者特多。上中两卷印行时，每闻读者于中卷评有宗大义处，辄以未易了解为苦。实则，《新论》叙述有宗，本提控纲要，极其详明，读者若肯细心往复寻索，则脉络分明而义蕴昭揭矣。前后文义，相为钩锁。故有前所陈义，待后方显；后所述义。承前以彰。通前后往复数番，即众义毕见。然有宗之学，自昔以来，号为难治，则亦有故。其持论尚剖析，而析得太零碎；既破碎已，而又为之拚合排比，极穿凿之能事。故欲究其说者，非耐心以索之，则不可详其条绪。条绪未详，则莫由察其所以立说之意，无足怪者。夫不得其意矣，而可辨其为说之短长乎？是以论正古学，贵乎好学深思，心知其意也。

　　或问："佛家大乘学向分空有两宗。龙树提婆，实启空宗；提婆乃龙树弟子。无著世亲,是为有宗。世亲乃无著异母弟,而传无著之学。有宗亦曰法相宗,空宗亦曰法性宗。参看《佛家名相通释》。近日欧阳大师复以无著世亲之学互有不同,因区别法相、唯识二宗。世亲成立唯识,是唯识宗;无著以方便解析一切法相,是法相宗。参考大师所著《瑜珈师地论》序及诸论序。章太炎盛赞其说,称为'独步千祀'。据此而谈,则《新论》评正有宗处,其内容多属唯识宗,未可以概有宗也。"

答曰:宗者,宗主义。凡学之异宗者,必彼此主张有特别不同处,非只理论上疏密之异而已。无著之学,根柢在《大论》。《大论》取材甚博,自是汇集众说而成书。然无著贯穿诸义,自有宗旨,故成其一家之学。世亲成立唯识,其中根本大义,如八识及种子与缘生义、三性义,并据《瑜珈》。《大论》本名《瑜珈师地论》,省云《瑜珈》。其以转依为宗趣,"转依"有二义:曰转舍,曰转得。转舍杂染,转得清净故。宗趣者、宗谓宗主,趣者归趣。亦同禀《瑜伽》。自昔以来,未尝拔唯识于法相之外而别号一宗者,要非无故。夫法相宗立言,其始详于分析,犹未有严密之体系。及世亲秉无著之旨,盛张唯识,无著作《摄大乘论》,成立第八阿赖耶识,以授世亲。于是作《百法论》,首以识统一切法,色法即物质,是识之所变,故不离识。乃至无为法即真如,是识之实性,亦不离识。故一切法皆统于识。又作《二十论》《三十颂》,而后体系宏整,完成唯识之论。故法相宗自世亲唯识论出,其理论始严密,而面目一变。要其根本大义悉据《瑜伽》。无著析薪,世亲克荷,精神始终一贯,似不必以一家之学强判为二宗也。然大师弘阐久绝之唯识,其功要不可没。夫有宗谈境,境谓所知,法相、法性、是所知故,说之为境。法相即指宇宙万象而言,法性犹云宇宙本体。莫备于唯识。《新论》评有宗,特详唯识,亦有以哉。

学者研唯识,每苦不易了解,此或弗思之过耳。夫振衣者,揭其领而全章理;举网者,提其纲而众目彰。《新论·转变章》末后,叙述有宗唯识论,总其纲领而说以三:曰现界,一切现行,总称现界。

曰种界，一切种子，总称种界。曰真如法界。法界犹云万有之实体，真如即法界之名。此以真如法界连用为复辞。循此三纲领而析求之，则有宗谈境处，宜无不可晓者。《转变章》绝以此段文字，正为后二章《功能》上、下。评正有义发其凡耳。有义、具云有宗之义。

现行即识之别名。现者显现义，行者迁流义。识从种子而生，不同种子潜伏未现故，说为显现。识之生也，不暂住故，念念之间、前灭后生，复说迁流。所言识者，义分广狭。狭义则识以对境或物而得名，即能缘名识，所缘名境或物；广义则识之一名实赅全宇宙而举之。盖一切境或物，皆摄属于一切识，故一言乎识，便已包含境或物在内，非但为与境物对待之名而已。此中则约广义。

有宗谈唯识，不许有离识而独在的世界。故欲知其宇宙论，则八识之谈宜详玩也。八识者：

每一众生身中皆具有八个识。此八个识，前五皆是向外追求，其所追求之境物，乃是五识各各自所变现。如眼识变似色境，耳识变似声境，鼻识变似香境，香与恶臭，通名为香。舌识变似味境，身识变似所触境是也。变似之言，简异世俗执有离心独在之境，谓诸识所缘境，皆识自变似之，非是离心别有实境也。第六意识，能与五识同时变似色声香味触境，复能独起思构，五识不起时，意识独起。变似独影境。独影境者，谓所变境非如色声香味触等有实质故。如思唯一切义理时，意中亦变似所思之相，此相无质，名独影境。第七末那识，唯内缘赖耶为自我，阿赖耶识，省云赖耶。不外缘故。五识及意识变似色声等境时，即视为外物而追求之不已，故云外缘。末那唯内执有自我，非外缘也。第八赖耶识，其所缘境则有三：曰"种子"，此非赖耶之所变，但是其所藏而已；曰"根身"，眼耳鼻舌身五根，总名根身，赖耶即执持此以为自体；曰"器界"，相当于俗云自然界或物质宇宙。根与器，皆赖耶之所变现，非离识而独在也。根器不离第八识故。

卷下之二

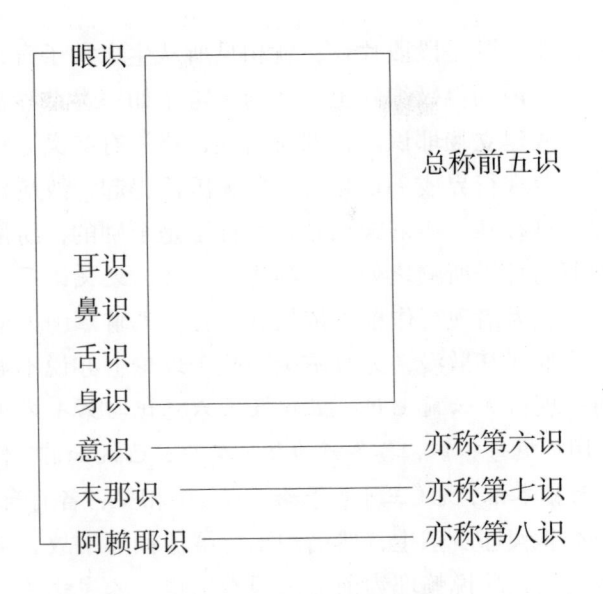

```
┌─ 眼识 ┐
│       │
│       │
│       ├─── 总称前五识
│  耳识 │
│  鼻识 │
│  舌识 │
│  身识 │
├─ 意识 ─────── 亦称第六识
├─ 末那识 ───── 亦称第七识
└─ 阿赖耶识 ─── 亦称第八识
```

如上八识，亦各各析为二分，曰"相分"及"见分"。如眼识所缘色境，是名相分；而了别此色境者，是名见分。即此二分，合而名识。乃至第八赖耶所缘种子、根身、器界，是名相分；而了别此根、器、种者，是名见分。二分名识，复如前说。乃至者，中间略而不举故。赖耶了别之相甚深细，《三十论》说为不可知。其更析每一识为三分或四分者，取义别故，详《佛家名相通释》。此略不举。

又复应知，凡言识者，义摄心所。详《成唯识论》。如说眼识，此非单一体，乃由一心心、亦名心王。与多数心所心上所有的各种作用，非即是心，而实各有自体，但与心相应舍以取境，是名心所。复合而名为一眼识。眼识如是，耳识乃至第八赖耶皆可例知。

每一识各各析为心及诸心所。此中每一及各各等字，须注意，心所有多，故置诸言。而每一心析以相见二分；每一心所亦复析以相见二分。故前言八识各各析为二分者，当知言识皆摄心所。

据上所述，一切心及一切心所，总括而谈，只是千条万绪的相分见分而已。据此看来，有宗唯识论竟将完整的宇宙剖得极细碎，盖其所谓千条万绪的相分见分，各各从自种子而生。种子，后详。

· 355 ·

新唯识论

就相见言，相见既是段段片片；就相见所从生之种子言，种子亦是纷然众粒，故谓剖得极细碎也。然则宇宙殆如一盘散沙乎？有宗亦知其不妥，故建立赖耶识。赖耶所由立，略说有二义：一、含藏一切种子故。盖现行界或一切相见，非无因而得起，故应建立种子为现界之因。现行界、亦省云现界。然种子是个别的，纷散如众粒，故建立赖耶为种子所藏之处。赖耶者，藏义，处义，是一切种子所藏处故。二、为诸现行作根本依故。现行、见前注。夫诸现行或一切相见，若唯任其散漫，无有统摄，此于理论上亦说不通，故建立赖耶为前七现行亦云前七识。五识及第六意识与第七末那识总称前七。或一切相见每一识，各各析为相见二分，已说如前。作根本依。赖耶亦名为根本依，见《三十》等论。前七诸相见各各有自种子为因，故得生。本非赖耶所亲生，然诸种子皆藏伏赖耶中故。又必赖耶生前七方得生故，故说赖耶为前七之根本依也。依字吃紧。前七各有自种，但依赖耶而生，非由赖耶亲生故。

赖耶与前七并名现行，亦通名为识，但为前七之所依，已如前说。然赖耶行相极深细，行相者，行谓行解，相者相状。赖耶非冥昧无解，但其解相极深细，细者细微，深者深沉。难可穷测。赖耶亦析为相见二分，前文说一切心及一切心所各各析为相见二分，可知赖耶亦尔。亦从其自种子而生，一切心及心所各各有自种子故。却与种子互为能所。云何互为能所？赖耶之自种子为能生，而赖耶为其自种子之所生；但从另一方面言，赖耶自种子及前七种子、并为能藏，而赖耶则为一切种子之所藏，故赖耶与种子互为能所。因果同时，种子能生，是名因，赖耶是种子之所生，即望因而名果。同时者，非因先果后故。故赖耶得含藏种子。如种子先在，赖耶后生，即因果不同时，便不可说赖耶能含藏种子也。今说因果同时，故无过。

有宗既立种子为现界之因，而种子之性复分有漏无漏两类。有漏性，亦云染污性，非清净故，取喻漏器常下坠，故云有漏。无漏者，有漏之反，清净故，纯善故。故所生现行，性从其种。谓有漏种子，其所生现行必是有漏性；无漏种子，其所生现行必是无漏性。赖耶识者，唯从有漏种子而生，故赖耶是有漏性也。

赖耶含藏一切染净种子，染谓有漏性，净谓无漏性。而赖耶自身却是染性，虽含有净种，而不得发现。无漏种子省言净种，有漏种子省言染种。据有宗义，吾人的生命只是染种所生之赖耶。佛家虽斥破外道之神我，但有宗所立赖耶，实有神我的意义。持说虽有不同，其以为吾人自有法尔固具的个体的生命，超脱形骸、无始无终者，则一也。或谓之神我，或谓之神识，赖耶一名神识。奚有异哉？夫佛家立第八识，而分染净，众生自无始有生以来，其第八识唯从染种而生，即此第八识唯是染性，而名之曰赖耶。此赖耶非可宝贵之物，乃沦溺生死海而大苦不可拔者也。众生以是故，应发心求无上菩提，菩提者，觉义。积劫修行，渐断赖耶中染种，久之染种断尽，即赖耶亦俱断。其所从生之染种已断故。然非第八识可断，注意。盖染种断尽时，赖耶即舍，舍亦断义。斯时，第八识中净种发现，易言之，即是净种生第八现行。现行、即识之别名，已见前。由此而第八识乃不可复名之以赖耶，但名无垢识而已。此无垢识则永无可断也。故染种与赖耶断时，只是第八识舍染得净，所谓转依是也。转舍染第八识，而转得净第八识，前后第八识虽相续，而后之净第八识与前之染第八识确非一体，前后种子染净异故。然则佛家本非无我论，其言无我者，谓不当于我而起执耳。执之义甚深，贪、瞋、痴等惑皆依执我而起。执即增长赖耶，而真净之我终不得发现矣。

问曰："赖耶自种与赖耶并断时，其前七染种与前七染识前七识从染种生者，即是染性，故云染识。亦皆同时断耶？"

答曰：皆先时或同时断。但前七净种生前七净识，如《三十论》等说。

问曰："有宗建立染种与赖耶，则与荀卿'性恶'之论相通矣。"

答曰：荀卿不见本体，其所谓性，非真性也，乃后儒所谓气质之性耳。气质不能无恶，有宗染种与赖耶之说，其不悟真性与荀卿同，而任猜想以构成一套理论，则荀卿无是也。有宗成立种子与赖耶，理论甚繁密，其实只是戏论。

新唯识论

　　有宗八识之谈，以赖耶、末那为恒行。"恒行"谓无断绝时。如人虽死，而此二识不随形骸俱亡。前六识眼识乃至意识。则有不行时，如极重睡眠及死亡时，六识皆不行，但六识种子自藏伏赖耶中。赖耶是前七识之根本依，宇宙人生以此建立。由有赖耶，根身器界方得有故，故赖耶无断绝。第七末那恒内缘赖耶以为自我，即托赖耶见分，变似其相，而执之为自我故。

　　问："末那缘赖耶，何不亲缘之，而必变似其相乎？"

　　答：如有宗说：八识各各独立，故每一识之所缘，皆其自变之相，末那缘赖耶，亦须变相。末那恒与赖耶相依，无有断绝，由有赖耶，故有末那。赖耶为染识，至成佛时，虽舍去赖耶，而舍染得净，即无垢识亘古不断。

　　有宗以赖耶或第八识变现根身器界。器界，如山河大地及诸天体皆是，相当于俗云宇宙。根身，略当于俗云身体，略之为言，显非全合。盖佛家所云根身之为物，极微妙，非指肉体为根身也。肉体只是器界之一部分，为根身之扶助，而不即是根身，亦名为扶根尘云。前七一切相见，又皆依赖耶而有。前七之一切种子皆藏伏赖耶中。赖耶非众生所共有，乃每一人或动物，各各有一赖耶。据此，则有宗关于宇宙论方面之见地，直以为众生各一宇宙，同处各遍，互不相碍。宇宙者，一切相分见分之都称耳。一切相见，各各从自种子而生，而含藏一切种子之赖耶又是各别的，故云众生各一宇宙。同处云云者，如某甲的宇宙与某乙的宇宙同在一处，譬若千灯，各各遍满于一室，互不相碍。此亦可谓多元论欤。

　　上来略说现界，次谈种界。种子者，以其具有能生的势用故名。种子，省言种。象物种为能生故，象，犹取譬也。物种，如稻等种。是为生生不已之大力，此中说种子是生生不已之大力，却与《新论》言"生生不已"者异其旨趣。《新论》所谓"生生不已"，乃即本体之显为大用而言之，是刚健纯善者也。有宗谈种子，则不见本体而出于妄构。且其所谓种子，本通染净而言，其染性种子与后起之习气，亦皆说为生生不已的，故与《新论》判若天渊。故亦字以"功能"，

· 358 ·

功者功力，能者能力，功能即势力义。更有许多异名，此姑不述。

有宗建立种子，所以说明现界。八识或一切相见，通名"现界"，说见前。盖一切相见之生也，是名现行。而此现行必非无因而生，故乃建立种子，以为现行生起之因。今叙述种子，略以七义：

一、种子是个别的，不可说为浑一的完整体，此在《瑜珈》种子七义及《摄论》种子六义中，其为个别的意义已甚明白。轻意菩萨《意业论》云："无量诸种子，其数如雨滴"是也。因种子差别故，不一之谓差别，纷然如众多粒子故。而其所生现行或一切相见，则亦千条万绪，各各独立，所谓"法相鳌然不乱"是也。

二、种子是有实自体的，故说藏在赖耶中，而为赖耶的相分。但其自体非兀然常住法，却是刹那生灭法，每一个种子，其自体均是刹那刹那、前灭后生、相续不绝的。譬如一人之身，是一个前后相似相续、刹刹生灭的物事，否则是常住法，云何能生？

三、种子与现行是一能一所互相对待的。吾尝言，如种与现只作为隐显的说法，其潜藏则谓之种，其呈显则谓之现，如此说法似较有意义。而有宗种现之谈确不如是，盖有宗以种子为能生，现行为所生，其一能一所，乃相对峙。藏伏赖耶中的一切种，是隐于现界之后，而为现界作根源，现界虽从种而生，但既生则有自体，即别为显著的物事，所以种现二界成为对峙。

种（能生）……现（所生）

四、种生自现，各各不乱。谓眼识种，亲生自类现行，即眼识。决不生他现，他现，谓耳识乃至赖耶。如世豆种不生麻。眼识种如是，耳识种乃至赖耶识种，皆可例知。此中言识，皆通括之词，如析言之，当云眼识心种生自现，及眼识心所种生自现；若更析言之，当云眼识心相分种生自现，及眼识心见分种生自现。眼识心所相见二分种，各生自现可知。眼识种如是，耳识种乃至赖耶识种，各各生自现，皆应类推。

五、种子分本始，本者，具云本有种，亦云法尔种；始者，具云始起种，亦云新熏种。无著在《瑜珈》及《摄论》等，建立种子以为现界之因，尚未讨论种子所由来，及世亲以后诸师始兴诤论。有主种子唯是法尔本有，不由后起者。法尔，犹言自然，法尔本有，即不可更诘其所由来，易言之，即不可谓种子更有因也。又由本有故，即非后起可知。有主种子竟是始起者，由非本有，今始起故，谓之始起。其说以为前七皆为能熏，熏者，熏发。如眼识只是相见二分，此二分从自种生起时便能熏发一种势力，而投入第八赖耶之中，是谓能熏。眼识如是，耳识乃至第七末那识，皆可例知。参考吾著《佛家名相通释》。第八赖耶识则是所熏，由第八为前七所熏故，即前七一切熏发，而第八皆受持之也。前七一切相见各各从自种起时，皆有余势续生，是名习气，以熏入赖耶中而潜藏之，遂成为一种新的势力，复能为因，生起后念一切相见。此潜伏赖耶中之新势力，即名始起种，又名新熏种。如上二说，互相乖竞，及至护法师始起而折衷之。乃谓种子所由来，有是法尔本有，亦有由新熏始起者，于是种子有本新二类。若无本有种，则无始创生之现，现者、具云现行。便成无因；若无新熏种，则现行起时无复有习气续流，亦不应理。故本新并建，护法固以为折衷至当。

又复应知：由新熏义成立故，于是说现行识现行乃识之别名，今与识连用为复词。能熏生新种，此新种者，实即现行识之余势不绝者，所谓习气是也。余势一词，详《新论·功能章》下。通常所云习气，实即现行识起时，便有一种余势续流决不断绝，即此谓之习气。而现行识熏生新种时，即对彼藏伏赖耶中一切本有种之同类者，亦同时熏发而使之增长。同类者，如染性现行与本有种染性者，即为同类。故本有种亦受现行识所生习气之影响，因此，而一切种无论为本、为新，得通名之以习气。有宗诸师谈种子义至此，虽持论愈密，而其支离究不可掩，夫既建立本有种矣，而又以现行识之习气亦名为种，遂使习气与法尔种混同不分，谓非矫乱论得乎？

六、种子分相见，无著最初立说，只谓八聚心、心所各各有自种而已。八聚者，聚者类聚，八识只是八聚，并非八个单纯体。如眼识，乃由一心及多数心所合为一聚，而名以眼识。耳识乃至赖耶，皆可例知。故云八聚。若乃于每一心析为相见二分，因此讨论二分之种为同为别，同者谓二分同一个种子而生，别者谓二分各别有种，即相分有自种子，非与见分同种故。下言同别者，仿此。于每一心所析为相见二分，其种同别，复成疑问。此自世亲以后诸师颇多聚讼，及至护法始折衷众说。谓心与心所各各二分种有同有别，如意识相分，有与自识见分同种生者，但约独影境言。如意识思量一切义理时，见分心上必变似所思之相，此相分无实质，即与见分同种，是为相见同种。如五识等相分，即色声香味触，有实质故，此相皆有自种，不与见同种。乃至第八根器相分，并为实有或具实质故，亦有自种，不与见同种。是为相见各别有种。护法兼融同别之论，颇近似二元论之主张。相见别种，犹心物二元论。

有问："护法诸师既主相分别有自种，如何而说相由识变？"

答曰：彼计见种挟带相种而起故，见分种为主动，而相分种只是从属的。又因随果摄故，相见种各望相见二分而为因，二分各望其自种而名果。举果即已赅因，故依果上说相分境，是见分识之所变，相分境、复词，见分识、亦复词。非谓相依识变，即相无自种。非字、一气贯下读之。此中识字义狭，即谓见分。须知：说相由识变者，即显相分从其自种生时，此相分种实仗托见分种而与之俱起，易言之，即见分种挟带相分种而起也。故云举果赅因，从果上言之，而其因可知也。护法等之义如是。

七、一切种子，性通染净。性者、德性，德者、得也，言种子之所以得成其为此物也。一切二字及通字、须注意，无量数的种子，有是染性、有是净性，非一切种同一性也，故置"通"言。净性亦云无漏，是清净义；染性亦云有漏，是染污义。亦云杂染。有漏性中，复分以三：曰善，有漏之善，非纯善也，非真善也；曰恶；曰无记，非善非恶名无记。记者记别，不可记别其是善是恶，故云"无记"。无漏性，唯纯乎善，唯字吃紧。"恶"与"无记"皆非所有，此善真实，与有漏善截然不同。有漏性者，不惟恶是染。即善与无记亦同属染性，非清净故。

一切种子，有是染性，有是净性，净性种子名为净种，染性种子名为染种。染种所生现行，即是染法；染法犹云染污的物事，切勿将"法"字误解为规律。盖现行从染种生者，自是染法，下言净法者准知。净种所生现行，即是净法。然则凡圣迥别，众生国土是秽，国土犹云宇宙或世界，非谓国家壤地。菩萨犹言圣者。国土是净，则以菩萨能伏除本识中染种，伏者伏灭，本识即第八识之别名。乃令净种发现，发现、谓净种生现行。而众生不尔故也。众生不能断除染种，即一向是染种发现，而净种恒隐，直等于无。

上来略说种子义，今当简述缘生义。缘生者，谓依种现，分别安立诸缘。以说明现界由众缘会合而得生起。略举四缘如下。缘亦得名为因，而因缘之"因"则以其能亲生自果故名，义至严格。自余三缘便非能亲生果，但于果有相扶助之关系而已。

- 因　　缘　种子为现行之因缘，是能亲生现行故。
- 次第缘　前念现行对后念为因，是能引生后念现行故。
- 所缘缘　现行相分境对现行见分识为因，以境能引生识故。
- 增上缘　例若第八现行相分，如根身则为五识发现之增上缘。现行意识等，亦皆为五识作增上缘，各识增上缘多少，可考《佛家名相通释》。

每一现行识生时，必具四缘，如上所述。初因缘，依种子立，余三缘，皆依现行立。有宗虽建立种子为现界或一切相见之因，然非仅恃孤因，不待众缘可以生果。然非、一气贯下读之。孤因者，若只立种子为因，更无余缘，即此因是孤独的。果谓现行，对因而名果故。无著说种子六义中，有待众缘一义可玩，众缘者，谓次第、所缘、增上诸缘。惟其建立四缘，故缘生义得以成立，孤因则无缘生义也。夫孤因，则是不平等因计之绪余耳。不平等因者，如建立一神为万有之因，即此因体超出于万有之上，故云不平等，作是计者，名不平等因计。若数论外道立自性为因，而不待众缘，则是从不平等因计演变得来，昭然可见。缘生义成，斯与不平等因计异以天渊，又遮自然外道之论，此其卓绝处。一切物由众缘会合乃生，非自然生。自然生者，即不待缘。但印度自然外道，似无深解，如云乌自然黑、鹄自然白，其持论一本俗情，盖与中土老庄之旨绝不相侔。老庄言"自然"，与佛家所云"法尔道理"者为近，法尔犹云自然。如言万物之本体，佛曰"真如"，老庄曰"道"，有能进而诘"真如"或"道"之所以然者乎？不可致诘，自然而已，穷玄至此，斯为极则。而从来佛者之徒，猥以老庄与天竺自然外道一例同讥，玄奘亦同此见，可谓无识甚矣。然缘生之论本始自释迦，逮小乘以迄空宗，龙树提婆学。其说屡变，及至无著世亲，则其言缘生也，又成为构造论，而无复存龙树遮诠之旨，学者宜知。参考吾著《破破新唯识论》，又《新论》中卷谈及有宗缘生义处亦说得极明白。

有宗以种子为现界之因，而其所谓种子却是个别的，是多至无量数的，故是多元论。至其言种子自体，则分相见两类。又有二元论的意义。又言种子性通染净，复成善恶二元论。

有宗以有漏种所生之赖耶为众生之本命，虽云赖耶中亦含藏净种，然就众生分上说，则无始以来唯是有漏流行，而净种从来不曾发现，是与世儒性恶之论无甚悬殊。

上来略说种现二界，今次当及真如法界。真如者、普光唐玄奘弟子。释云："法性犹云一切物之本体。本来常自寂灭，此中寂灭之灭，谓法性上恒无感染，幽微湛寂，故云寂灭，切勿误作断灭解。不迁动义，无方所、无形相、无感染、故不迁动。名为真如。"窥基云："理非倒妄，故名真如。真简于妄，简者简别。如简于倒。"如者，其德性恒无变易之谓，故离颠倒。又曰："真如者，显实常义，实者、真实，常者、恒常。真即是如，古译真如，只一如字，亦或作如如。如、本形容词，盖理之极至，非言说与思想所可及，他是那模样的，就还他那模样，不可妄猜他，此如义也。又克就法性自身言，他的德性是不可改易的，故曰恒如其性，此亦'如'义。又法性是不可致诘其所由然的，是谓法尔道理，庄生云'恶乎然、然于然'，此皆如义。如即无为。"真如亦名无为法。无为者，法性湛然常住，无所造作，故曰无为。总光基二师之释，真如义趣可知。

有宗既立本有种为现界之因，即本有种已是诸行实体，诸行谓一切相见，亦即现界。而又承诸佛菩萨相传之旨，说法性即真如。此真如者，既不是种子，又不可说本有种即真如之显现，然则本有种与真如、究是如何关系？有宗于此既无所说明，此实其在理论上之最不可通者。学者稽考有宗诸经论，其谈种子义则与真如无融会处，其在三性中谈圆成实性即真如，又与依他性中种子无融会处，由有宗学说之体系衡之，种子既是现界根源，而又于种界外别说真如法界，则不得不谓之有二重本体，可谓支离极矣。

有宗盛张三性义，谓遍计、依他、圆成三性，详《新论》中卷，读者如字字留心，并不难了解。极须玩索。有宗整个的意思，可以说三性义包括得尽，学者研究有宗，须有此个大纲领在胸中，方不至茫无头绪，否则必炫惑于其纷杂的名相、繁琐的辨析、而莫知其所谓。有宗学说，根本只是一个对待的观念。其言种与现，则曰能藏所藏，种子为能藏，第八现行识是种子之所藏。能生所生，一切种子，皆为能生；一切现行识或相见，皆为所生。能熏所熏；立新熏种者，则以前七现行识皆为能熏，第八现行识则是所熏。其言识与境，则曰能缘所缘，此中识字义狭，乃就见分言，境即相分。见为能缘，相为所缘，此据相见二分义立论。若别开四分，则见分等等，互为能所，详《佛家名相通释》。凡此一能一所，均是互相对待。至其以种与现并为有为法，亦名生灭法，以其是生灭灭生相续流故名。真如为无为法，此有为、无为，亦是截成二片，对峙而不可融通。诸经论中虽有时说无为法是有为法之实体，然绝不许说无为法是无为而无不为，绝不许说有为法即是无为法之显现，三藏十二部经具在可按。然则其所谓无为法或真如者，似只是有为法所依托的一个世界，这个世界是无形无象、无障无染、清净湛寂、真实恒常、离诸倒妄，有为法只是于此无为的世界中显现，如种种色相在虚空中显现。经论中每举虚空喻真如，以此为最切合之喻，其旨可见。所以说此无为世界是有为法的实体，并不谓有为法是此无为世界自身的呈现，只是有为法依托于此无为世界而显现其中，故说此无为世界为有为法的实体耳。但有宗确不许说这个无为世界是逻辑上的概念或意想中追求的一种境界，他却以为是绝对的真实的存在的，吾人修行到成佛时，是可以实证的。所以这个无为世界毕竟是与有为法相对的，非可说即有为即无为。故其谈证量也，量者、犹言知，但非常途所云知识之知。证者、亲知之谓，盖能知入所知，即所相亡，而能相亦泯，能所亲冥为一，故谓亲知也。以正智为能证，真如为所证，虽欲拂能所之迹，而实际上究是能所对待。总之，有宗唯识之论虽极其繁密，而骨子里究是一个对待的观念。夫对待的观念，本从经验界而起。经验界的事物都是对待的。凡哲学家立说，以经验界之知识为依据者，若注重质测之术，以矫空想之弊，则虽不足以深究万化之原，而于物理世界必多所发明，即可由此以发展科学，西洋哲学大概有此长。中国之学，超物而达于神化，非知识的。若其不务质测而好逞空想，则将本经验界之见地，而应用到玄学上去，悬空构画，以组成一套严密的理论，而说宇宙人生如是如是。若有宗说八聚现行各各独立，各各有自种，而复以第八现行藏一切种，且为前七现行之根本依，又以根身、器界并为第八现行相分，更说有真如无为世界为种与现之所依托以显现，如此说来，却是由他意想构画宇宙人生，好似工匠构画一具机械者然。此等空想，乃王船山诗所谓"如鸟画虚空，漫尔惊文章"是也，上不足以穷神，下无当于格物，故佛家至大乘有宗，而弊亦甚矣。虽然，所病乎有宗者，末能远于空想也，若其剖柝之详密、系统之宏整，吾于有宗不能不殷重叹服。哲学家者，不可不养成其解析与组织的能力，则有宗之学，固为凡治哲学者之所必需探讨而不容或忽者乎！

以上略谈有宗唯识论大意，自此以下，检札记中有关《新论》之答辩者择录之。

问曰："《新论》遮拨赖耶，何哉？"
答曰：有宗不见本体，直妄构一染性之神我当做自家生命，此中神我者，佛家虽遮拨外道神我，而其赖耶说实不异神我，故此直以神我目彼赖耶。此其大谬。若证见本体，即知我所以生之理与天地万物所以生之理，元来无二无别。易言之，我之生命即是宇宙之大生命，非可横计有个体的生命以为我所独具者也。如果执有个体的生命，则生命界应有一定之数量，远从无始以至尽未来际，未来本无尽无际，而此曰"尽"曰"际"者，强为之名耳。其数恒尔，无增无减，如此，则造化将一守其故，而无创新可言矣。此神我或神识之说所以难通也。

或曰："公固尝言，习气聚集，成为一团势力，人身虽亡，而此一团势力不必散失，俗所谓灵魂者或即此。然则以此而成立个体的生命，其可乎？"

答曰：吾所谓生命者，指吾人与天地万物所共有之性海而言也。此中性海。用为本体之别名，以其为人物所以生之理则曰性，此性具万善，妙用无穷，故喻如海。习气本后起之虚幻物，纵许其可由甲而传之乙，终不得谓之生命。习气，佛家亦云业力。业者，造作义。明儒黄梨洲谓："圣贤之死而不亡者，其精爽存也。"彼云精爽，亦即习气。但圣贤精爽，即净习而非染习。人生一切造作，或好或坏，凡一好或坏的造作都是内心的一种势力发动，凡所造作都有一种余势潜存，是名习气。余势二字，宜玩。造作的势力发动时名为业，其余势潜存者方名习气。无量习气相与丛集，成为一团势力，人身虽死，而此一团势力不遽散失，此于事难征，却于理可信。若赖耶之说，仅如此宽泛言之，勿如有宗用许多猜想构成一套严密的体系的说法，如蛛造网然，勿如二字，一气贯下读之。则吾亦无所遮拨矣。有宗却未免戏论。

客曰："《新论》之言性也，即斥指本体而目之。真实无妄之理，为万物所资始，则曰宇宙本体，但克就其在人而言，亦谓之性。本体则真实、刚健、清净、空寂、空者、无形相故名，非空无之谓。至善者也。公故反对有宗建立染性之赖耶，然孔子《论语》'性相近也'章，似谓人性无善无恶，故言相近耳，《新论》主张毕竟与孔子异乎？"

答曰：汝不得孔门意，又不辨性字有异义。夫性字之义不一，有以"材性言者，材性即就气质言。"如人与动物，灵蠢不齐，则以人之躯体，其神经系发达，足以显发其天性之善与美，动物躯体之构造远不如人类，即不足以显发其天性之美善，人与动物成形之异，是谓气质不同，气质亦云材性。若夫言性，而就人生本原处目之者，则不可与材性相混，如性相近也之性字，即材性之性，相近之言，即据中材立论，凡属中材，其材性皆相去不远，故云相近。但视其所习，习于上，则成上智矣；习于下，则流为下愚矣，故云"习相远也"。唯上智之人，其材性生来即是上，不会习向坏处；下愚之人，其材性生来即下，难得习向好处，故曰："上智与下愚不移。"此章性字，明是材性。从来注家胡乱不清，极可惜。至如《中庸》"天命之谓性"，此性字便克就人生本原处而言。此章朱子注欠妥，今按天命性三名，所指目者是一。一者何？曰：本体是已，本体绝待，随义而异其名。"无声无臭"曰天。《中庸》末章"上天之载，无声无臭至矣"，上者，绝对义。天者，宇宙本体之目，非谓神帝也。载者，言其备万理、含万化也。无声无臭者，言其寂然无象也。"于穆不已"曰命。诗云："维天之命，于穆不已"。命者、流行义。维天之命者，言乎本体之流行也。于穆，深远义。不已者，真体之流行，无有止息也。"民之秉彝"曰性。彝，美也，此美绝待，非与恶对。天命者，本体之目，本体具万善，至美者也。民犹言人，夫人皆秉天命以有生，即秉至美之理以成为人，故克就此至美之理之在人而言，则曰性。然则性即天命，玩之谓二字可见，岂可外自性而别寻天命乎？此性字，即目本体，与《新论》所言性者同义。材性之性，实非此之所谓性也，子比而同之可乎？从来言性者，不辨天性"天命之谓性"省言天性。与材性，故成胡乱。朱子注《论语》"性相近也"章，似欠分晓。荀卿董仲舒诸儒之言性，都只说得材性。孟子灼然见到天性，故直道一善字。

客曰："人之天性本是至善，如何材性得有不善？"

答曰：天性是本体，本体之流行，那有一毫杂染？但其流行也，不能不翕而成物，否则无所凭藉以自显。然翕也者，造化之无有作意而一任其自然之幾，非有定准、可为之齐一也，故人物之气质有通塞不齐。通者，如大脑发达者是。塞者，通之反。虽云物之自致，而物所得为，要非不本于其在大化中之所受与所遇，受之有量，遇之有适不适，而气质之成，通塞以殊。夫通者，足以显发其天性，即全乎固有之善；塞者，难以显发其天性，斯成乎不善。而不善者，特气质之偏，因不齐之化而偶成其如是，要非天性之本然也。君子之学，贵乎率性以变化气质，固不以材性之或偏而累其天性矣。

周通旦问："先生所言材性，亦云气质，气质者，实就生机体之构造而言也。气质有通塞，通者、能显发其天性之善，塞者则否，通塞如何分？则必以神经系或大脑之发达与否为衡。然脑筋发达者，或有知能过人而不必优于德慧者，德慧一词见《孟子》，其意义极深远。德慧之'慧'便非常途所谓知能，此乃本体呈露，故以德慧言之。慧者，明智义；德者，纯净离染、至善之谓。其义云何？"

答曰：气质通塞，以神经系或大脑之发达与否为判，此亦略言其大较耳。生理微妙，孰能一切穷其所以？尼父生而将圣，商臣生而蜂目豺声，非商臣天性异于尼父也，直以气质上之缺憾，易以习成乎恶而难以显发天性，故卒成弑父之逆耳。夫气质有通塞不齐，此可从其大较而声之者也，若气质不美者，如所谓塞。其缺憾果何所以？欲测知之，固有所不能悉也。然复当知，同为人类之气质，其相差也不必甚远，虽下愚之资倘能从事尽性之学，保任本心，而无以感染间之，即天性显发，是谓尽性。以慎其所习，则气质可以转化，而不至障碍其天性，是在庄敬日强，毋自暴弃而已。然则孔子"下愚不移"之言，非欤？曰：言匪一端，义各有当，孔云"不移"，责之之辞也，所谓不屑之教也。人皆有天性，不当受限于气质，故困知困行，皆有成功，实孔门相传教法也。

问曰："大乘谈真如，似是悬拟一无上甚深微妙之理境而追求之，《新论》意思，却不如此。"

答曰：般若家言："智及智处，'智处'谓真如，以是智所缘处故名。并名般若，般若即心。"般若系译音，义即智慧。是则亦以真如名之为心矣。但玩其辞义，只是摄境从心，真如名智处，即对智而名境，非如即是智，今摄境从心，故真如亦名般若。实则智为能而如为所，究非一体。非谓智即是如也。佛家谈真如，似有悬拟为崇高的绝对的妙境而竭诚趣向的意义，《新论》却破除能所对待观念，乃即吾人与天地万物所共有之性海而言，则曰真如；克就其在己而言，亦曰自性；更就其主乎己之身而言，复曰本心。即此本心，元是圆明昭澈、无有倒妄，又曰性智。故其谈证量也，直是性智自明自识，谓之内证。亦云自证。故智即是如，如即是智，非可以智为能、如为所，而判之为二也。此是《新论》根本大义所在，确从反己体认得来，非意之也。

问曰："《新论》既破除对待观念，则在《新论》中之真如，当非以为万法之所依托故，说名实体。当非二字，一气贯下。万法，犹云万有或万物。却是以为万法条然宛然，条然者，千差万别貌。宛然者，相状灿著貌。而实均是真如妙体之自身显现，真如妙体四字，复词。故说真如是遍为万法实体。""却是以为"，至此为句。

答曰：善哉！汝已得解。譬如大海水，遍现为众沤，大海水喻真如，众沤喻万法，每一沤皆以大海水为体，覆看上卷《明宗章》。真如遍为万法实体，义亦如是，所以体用不二。

体用本不可分。不可剖分为二重世界。但既说体用二词，则体用毕竟有辨。体则举其自身而全成为用，故说为用之体，譬如大海水全成为众沤：用则是体之显现，故非别异本体而有其自体，譬如众沤非别异大海水而有其自体。读《新论》者，须识得此个根本意思。佛家以虚空喻真如，真如，即体之名。于此可见其差失。虚空是无为无作，万象虽于虚空中显现，而不可说万象是虚空自身之显现，虚空非能变故，能变一词，说见上卷《转变章》，须覆玩。万象不由虚空成，但依虚空显，依字吃紧。如此，则体用分为二片。

问曰："如《新论》中本体之意义，亦可说为万法之因否？"法字、注见前。

答曰：此看如何说法。因者，因由义，万法由其本体显现，不妨假说体望用有因义。此中体望用云云，似当云体望万法，今不曰万法而言用者，以万法皆依用上假立故，非离用而别有万法故。但此因字的意义极宽泛，只显由有体故，才有用，以用非凭空得起故，然如是言"因"，只是言说上之方便。并非对果而名因。以本体绝待故，非有果法与之为对故，又用即体故，非用与体有能所义故，以是，虽不妨假说因，而实非对果名因。不可以常途因果观念应用于玄学中故。

问曰："体用，云何不一不异？"

答曰：体无形相，其现为用，即宛尔有相；宛尔、不实而似有之貌，下仿此。乃至体无差别，其现为用，即宛尔差别，故不一。譬如水非坚凝，其现为冰，即成坚凝，故水与冰非一。由此譬喻可悟体用不一也，体，即用之体故，如假说水即冰之体，以喻体成用，而非超脱于用之外。用，即体之显故，显者显现，如云冰即水之显，非异水而别有冰之自性，以喻用非异其本体而别有自性，故不异。由不异义故，即于相对见绝对。而从来哲学家有于形上、形下不能融会者，其误可知矣。由不一义故，当即相以会性，相者、法相，犹云宇宙万象，性谓本体。不可取相而迷其真也。此中取者、执着义，真谓本体。取着乎相，则不可于相而识其真体。《新论》全部，可说只是发挥体用不一不异意思。

本体是无对的，而克就一一用相上言，却是有对的。但于一一用相丽透悟其本体，即一一用相都是无对的，所以说"一华一法界，一叶一如来"。法界与如来，皆用为本体之代词，一华一叶，皆用之相也。一华，本是相对的世界里极小的物事，但于一华而透悟其本体，即一华已是全法界，何小之有？下一叶云云准知。有问："庄子云'秋毫非小'，亦是此意否？"曰：自是此意。复问："庄子云'泰山非大'，何耶？"曰：此言大者，以对小得名，泰山虽较秋毫为大，若于泰山而透悟其本体，即泰山相与一切物相俱遣，将何所对而名大耶？故曰"泰山非大"。所谓"不坏假名而说实相"，即此旨。

假名者，如泰山、如秋毫、乃至一切名言所表，都无实物，只是假名耳。然名应真极者，并不毁坏一切假名，却一一假名而显示实相，如泰山，假名也，此假名所表诠之山相，本是空无，但山相空，而有不空者存，不空者何？谓实相也。即假名而说实相，是谓"即俗诠真"。

有人问："《新论》上卷《明宗章》云：'今造此论，为欲悟诸究玄学者，令知一切物的本体非是离自心外在境界'等语，然则石头的本体亦不离吾心否？"

答曰：此是开宗明义语，向下细读去，容有悟期。石头与汝何尝是各自独立的？汝细读《唯识》《转变》，乃至《成物》《明心》诸章，当知汝所以生之理与石头所以成形之理，只是一理，此云一者，绝待义，非算数之一。没有两个。难道石头的本体竟是汝心外之境耶？汝只误将自己与天地万物分离开，所以不信汝之本心即是石头的本体，其实克就石头而言其所以成形之理，则曰本体；克就吾人而言其所以生与主乎吾身之理，则曰本心。这个本心，也就是吾人与石头或天地万物所共有的本体，如何分割得？既分割不得，如何说石头的本体在汝心外呢？老夫不嫌辞费，终未知汝得解否？

问："《新论》翕辟义，即是用义。但此二词似本于《大易》，按《易·系传》云：'夫乾，其静也专，其动也直；夫坤，其静也翕，其动也辟'，翕辟二词始见于此，殆为《新论》之所本乎？"

答：《新论》言翕辟，实与《系传》言坤静翕动辟之文无关。《新论》辟字之义甚渊深广远，与《系传》言坤"其动也辟"自不相同。《新论》说一翕字，与《系传》言坤"其静也翕"义亦自别。按《系传》此处说乾坤，实取象于天地。乾为天，坤为地。宋衷注曰："乾、静不用事，则清净专一，含养万物矣；动而用事，则直道而行，导出万物矣。一专一直，动静有时，而物无夭瘁，是以大生也。翕犹闭也。坤、静不用事，闭藏微伏，应育万物矣；动而用事，则开辟群蛰，敬导沉滞矣。一翕一辟，动静不失时，而物无灾害，是以广生也。"详此，皆就天地生物之功用言。天之静专动直，地之静翕动辟，皆其生物之功用也。但乾坤动静皆以时言，即动静不能合一，

· 371 ·

因其取象于天地，即在物上着眼，天地，皆物也。故动静不相融耳。凡物动静异时，即是动静不能融为一片。此非在本原上立论也。《新论》谈翕辟，却是超出物表而冥会真体之流行，流行即是一翕一辟，一一者，言其势用以相反相成，非有二体也。否则绝待而不成为流行矣。故流行者，言乎体之成为用也，用故不能无翕，所以为辟之具也，具者，工具。辟以翕而显，此流行之妙不可言。故《新论》谈翕辟，乃探原之论，与《系传》之取象于地道以言翕辟者，其根底绝殊，要不可并为一谈。《新论》所云翕辟即是本体之流行，夫本体流行则动而未尝不静，以其非如物之动故也。物滞于形则不神，故其动时，只是一味发散而无渊含潜蓄之妙。即动即静，是谓动静合一，而动静亦无时之可言矣。且动静合一，则无可专于动言辟，其辟也、固未尝不静也；亦无可专于静言翕，其翕也、又何尝非动耶？动静不可分，翕辟本无异体，但势用有殊，以成其流行之妙耳。唯夫翕而现似有物，则世俗随情施设，遂以为苍苍在上者天，有其静专动直之功用，块然博厚者地，有其静翕动辟之功用，此则在化迹上立论，而非所以言化之原也。

问："翕辟与《大易》乾坤之义颇相当否？"

答：大概说来，辟与乾之义为近，翕与坤之义为近。然从来《易》家讲乾坤者，多不能无病，无论汉宋各家派，其言乾，则曰阳气也，言坤，则曰阴气也，其所谓二气之气字，含义究如何？亦无明白之训释。《新论》说翕辟是用，则气之为义，可以说只是用义，用相不实，故说为气。这个气字，自不是常途所云空气或形气等气字的意思，只形容其有势用显现，而不实在、不固定的意思。《新论·功能》《成物》两章，谈理气问题时均曾说过。用者，体之显，即非别异于本体而有其自体，譬如众沤是大海水之显现，即非别异于大海水而有其自体。用之本身元非实在的东西，其势用只是一翕一辟、顿起顿灭、生生不息，如电光之一闪一闪、活跃无匹。无物可以比拟之。所以说有势用显现，而不实在、不固定者，意正如此。气字之意义，亦只形容其如此。

《易》家谈阴阳二气，有近二元论者，如王船山《易》内外传极多精义，然其言"乾坤并建"，颇近二元，根本处却未透。《新论》说翕辟，虽云两种势用，而实只是一个势用，有此两方面以相反而成其用，乃假说为两种势用耳。详《转变》《功能》《成物》诸章。体之现为用，本唯是辟，刚健、升进、生生、清净，乃至万德，皆辟也，而不能不先有一个翕，此中先字，非时间义，只是在义理上说一先字，勿误会。否则只是虚无莽荡，将无所据以自显。此中虚无者，非谓空无，以其不能构成形物故云。故翕之反乎本体而将成乎物者，本体是无形的，是不物化的，翕故与之反。特妙用之不得不然，实则，翕亦是辟，非其本性与辟有异也。故《新论》说翕辟，与《易》家误解乾坤为二元者，自不可同年而语。

或曰："汉儒荀氏言升降，以为阳常升而不降，阴常降而不升，复推乾坤之本，合于一元，世儒以为得《易》之大义，《新论》翕辟之旨与荀氏义亦有合否？"

答曰："阳常升而不降"与《新论》辟义有合，"阴常降而不升"则稍违《新论》翕义矣。翕而成物，固有降之趋势，然翕之本性究不异辟，故翕终随辟转，则非常降而不升也。使一升一降为二者之恒性。二者，谓乾阳坤阴。则阴阳何可融和？荀氏亦难自圆其说矣。至谓"推乾坤之本。合于一元"，恐非洞达本体，要为推测之论耳。使其证体，则常降而不升之阴，果何所本？何至有此计哉？《易》学自汉以来，纠纷难理，百家之书虽各有所明，而真得宣圣旨归者其谁耶？《系传》本孔子传受，确然无疑。然战国及西汉儒者容略有窜入，兹不及论。

问曰："由翕辟之论，则物质、生命、心灵三者，虽其发展有层级，但决不可说泰初物质世界成就时，尚无生命与心灵也，只是物质这方面显著，而生命与心灵诸方面尚潜伏未现，却非无有。"

答曰：汝已得《新论》意。《成物章》说得极分明，《大易·屯》卦意思深可玩。屯、难也，其卦☳☵《震》下、《坎》上，故《象》曰"动乎险中"。《震》卦初之一爻初爻，阳。为阳动于下之象，《坎》

卦二阴锢一阳于中，为阳陷于险之象。夫阴者，所以表物质，阳者，所以表生命或心灵，万物初生，则生命心灵潜而未显，为震阳初动之象，此时物质重锢生命心灵，令其不得显发，故云"动乎险中"，此其所以为屯难也。

问曰："《新论》说功能非一合相，故于全而有分，全者、全体，分者、部分。克就其分言，即每一功能互为主属，详《新论·功能章》。是义云何？"

答曰：如就汝与万物或众人言，当知汝自为主，而一切物或人对汝则为属，如五官百骸之属于一体然。是汝乃通天地万物为一体也。但其间自有主属之别，此中天地万物包括人类在内不待言。又于天地万物中，随举某物或某人为主，亦皆以汝及其他一切人物为属，是某物或某人亦与汝及天地万物通为一体，而互为主属可知。由互为主言之，万物莫非主，一微尘却是三千大千世界之主体；由互为属言之，万物莫非属，故不可得一超物之真宰。宗教家计有超出万物之上的大神，究是迷妄。汝若体认得此理，当知功能非一合相，其一一部分皆互为主属，此谓法尔道理，不可致诘。

问曰："《新论》说每一功能具翕辟两极，详中卷《功能章》下。辟极即是心的方面，翕极即是物的方面，心物只是同一功能之两方面，本无异体。据此原理，草木土石之类，其所具功能，既非唯翕而无辟，即不得说草木土石为无生命或心灵也。而印度佛家却说草木土石为无情何耶？"情者、情识，无情者、谓其无有生命、无有心识也。

答曰：佛家说草木土石之类为无情，此实无理。有宗《唯识论》主张相见别种，吾谓其为二元论。实则，有宗此等主张远有端绪，自释迦创教时，首立五蕴，五蕴总括言之，只是色心二法，《新论》中卷《功能章》上，曾释五蕴。色法居首，次及心法四蕴，当时解析色心，只是平列而谈，并未以色摄属于心，其骨子里已近二元论。由二元论之见地，则承认有无情世间，亦不足希奇。佛家以具有心识之众生说明有情世间，若草木土石或山河大地等，则为无情世间，亦云器世间。但此等思想，殊嫌粗，依《新论》翕辟义，则无机物亦非无情，只其情识不显著耳。人之百骸五脏、植物之枝干花实、矿物之形体，皆生命或心灵之所凝成与著现，但生命心灵将利用乎形以自显，而即不免有锢于形之险，而昧者遂谓宇宙间有无生命心灵之死物，岂其然哉？若夫依报之说，则宗教家之情怀存而不论可矣。佛家说有正报、依报，如人生而得此身，是正报，生在如此之自然环境，则名依报。报之为言，则先世所作善恶之感应也。如此，则草木土石等等，悉为依报？不可承认其有生命心灵也。

《新论》根本意思，在遮遣法相而证会实体，履看中卷《功能章》上。超出知解而深穷神化，知解所以测物，故不足以穷神化。伏除情识而透悟本心。情识者、情谓虚妄，情识犹云妄识，俗所谓思想或知识与理智，及宗门所斥之知见或情见与意计等等，大概属情识。儒者亦谓之人心。既悟本真，本真，犹云本心。而后依真起妄，情识亦现。但悟后之识，识者，具云情识，下仿此。依真起故，用能称境而知，称字吃紧，于所缘境无有谬解，谓之称。离于倒妄，斯与未悟之识截然异性，故知妄法亦真。此中妄法，即谓情识。

《新论》要义有三：一、克就法相而谈，心物俱在。心起即物与俱起；心寂，即物亦俱寂。二、摄相归体，相者，具云法相，下准知。则一真绝待，物相本空，心相亦泯。所谓"遮法相而证实体"者，即此旨。三、即相而显体，则说本心是体，虽复谈心未始遗物，然心御物故，即物从心，融为一体，岂有与心对峙之物耶？《大易》以乾为体，却是即用而显体。坤元即乾元，扬慈湖最说得透。《新论·明心章》直指本心为体，正是即用显体。与《易》义通。如上三义，学者了然于胸中，则《新论》不难读，而亦有庄生"六通四辟，小大精粗，其运无乎不在"与阳明"横说竖说皆是"之乐矣。适与李圣三谈此意。

夫体之为名，待用而彰，无用即体不立，无体即用不成。体者，一真绝待之称；用者，万变无穷之目。夫万变无穷元是一真绝待，即用即体。一真绝待元是万变无穷。即体即用。《新论》全部，只是发明此意，中卷《功能章》上下平章空有，在在引归此意。古今学术思想，或从万变中追寻绝对，绝对即上云一真无待。自宗教以至哲学正统派皆是也；哲学中谈本体者，毕竟是正统派。或依万变之迹而行观测，注意之迹二字。则科学自此兴。

科学于万变处不能谓之无所得，但其所得终不离迹，无缘理会万变之原，其所仗者量智或知识，又当守其领域故也。

宗教与哲学虽分途，而哲学家中颇有与宗教相通处者，即同具有超越感是也。例如黑格尔氏之"绝对精神"与宗教家上帝虽精粗异致，其为兴起超越感则同。由此超越感，不知不觉而将本体世界与万变的世界划鸿沟，于是体用不得融成一片。许多谈本体论者是如此，黑格尔似较好，但与吾《大易》之旨究不类。《新论》直是不得已而有作，乌容掉以轻心。

《新论》谈体用，辄举麻与绳或水与冰喻，此正对治用外觅体之病。至理，言说不及，强以喻显。因明有言：凡喻，只取少分相似，不可求其与所喻之理全肖，吾书中亦屡加注明。乃读者不察，竟有来函谓吾所举喻是以因果言体用。亦怪事也。

问："《新论》谈佛，不及中土诸宗何耶？"

答：《新论》改革印度佛家思想，只从根本旨趣上立论。不可枝枝节节为彼各宗派作论文也，此点须认清。佛家自小迄大，只分空有两轮，小空不及大空，小有不及大有，故吾只扼住大乘而谈也。虽中土自创之宗如天台、华严等，其渊源所自，能外于大有大空乎？凡著书者，如评判其所从出或所欲改造之学派，则必综览该学派之全体而抉其本根，撮其要最加以衡断，始抒己见，至其支流可勿具论。吾书乃自成一家言，自有体系，非为佛家作概论或历史也，焉得一一取而论定之乎？

昔者梁任公尝疑小宗或优于大乘，此盖揣测之谈耳。任公固未之学也，吾于小乘虽未暇致力，但就涉猎所及，当以大乘为长。般若家解空可谓深远极矣，小乘无此境界。《大般若经》《大智度》与《中观》等论，广大幽远已极，凡夫何能攀援此等境界。小知读此等经论，厌其重复，难以终卷；智者会心于文言之外，而后穷于赞叹也。夫言之重复而后使人之印入也深，善读者其敢忽诸。无著一派谈境，境，谓法相及法性。唯识之论拆得极零碎，而后排比拚合，甚不餍人意，当有不及小乘处，然摄一切法归唯识，比小宗较有统系。小宗虽多精到处，究是繁琐哲学。末那、赖耶如活讲，亦甚有意义。张德钧问："如何活讲？"曰：《礼经》所云"知气"，即人之精爽不随七尺之形俱灭者也，明儒黄宗羲颇信有此理。末那、赖耶却可以知气或精爽言之。

问："大乘说末那，以其恒内执有自我，故建立此识，如何与赖耶并说为精爽耶？"

曰：《瑜珈》言"由有赖耶，故有末那。"大乘说末那与赖耶恒相俱而有，人死时，此二识不灭，故并言之。又赖耶含藏一切种子之义，今若勿以种子说为现行或一切相见之因，亦勿立本有种，更勿以赖耶为现界之根本依，勿以根身、器界说为赖耶所变现，总之不虚构一大套严密的理论来建立赖耶以为宇宙人生根本。如此，乃免除其在玄学上之妄构，而只将赖耶作下意识讲，岂不极有意义？门人邓永龄云："赖耶含藏一切种，若就心理学之观点来讲，正是下意识。可惜旧唯识师种子义讲得太糟，遂成为悬空妄构之玄学耳。"

有问："《新论》评及空有二宗大义处，有'据本体论的观点'云云，及'据宇宙论的观点'云云，窃谓本体论宇宙论只是西欧学人作此分别，佛法中似无此等意义。"

答曰：异哉子之言！不审如何读佛家书也。佛典并用三分法叙述法义，曰境、曰行、曰果。境之为言，是所知义，其间分别谈法相、法性；法相省云法，相当俗云现象界或万有。法性之性作体字解，犹云万法实体，亦名真如。次行，谓功修；犹云修习的工夫。次果，谓所证得。功修是因，所得是其果故。今试问境中法相一词，与哲学中宇宙论一词，其意义颇有相通处否？境中法性一词，与哲学中本体论一词，其意义复有相通处否？而吾子乃云佛法中无本体论宇宙论等意义何耶？若云"当用法相法性二词，不应采时行术语"者，则吾固尝筹度及此：凡古今流传之伟大学派，必皆于至道有所证见，其给人频以光明而资益吾人生命者，功亦巨矣。讲古学者，当发明其要义，使有智者得解，可以取长舍短，与道消息，不应以陈言僻语而述古学，使人不可揣思也。昔人论文，多不喜用奇字僻典，而故作艰深；无实义者，尤恶之，顾亭林先生即持此主张之一人。即征之佛说，如《楞伽经》中以执着种种美妙言词为妄计所由。宗门语录，盖遵经旨。《楞伽》为宗门所本。昔在旧京，冯芝生教授尝谓佛书难读，宜取重要经论而以时下语言疏释之，使其意了然可解。因聘王生，助教清华哲系，欲其准备此业，其意甚美，王生旋赴英，而此愿成子虚矣。后生不学，每谓孔佛无有本体论宇宙论，而吾子亦惑之。试问佛家浩浩三藏，是归趣证见圆成实性否？如何漫道佛家无本体论。佛家自《阿含》以迄小宗、大乘，其五蕴之谈首以色蕴，即将内而根身、外而物质宇宙，析别相状、平列叙述，而总归色蕴。不谓之有宇宙论的意义也得乎？至大乘空宗，遮拨一切，其不成立宇宙论，正是表现其关于宇宙论方面的一种见地。有宗八识与种子及缘生之论，分明是有组织精严的宇宙论。《新论》叙述详明，中卷尤详。虽具广长舌，又何可辨？强辨，亦难诬事实。孔子之学，具在《大易》《春秋》亦从是出也。《论语》与《易》《春秋》相印证也。在旧京时，张孟劬先生尝曰：世界有三部奇书，曰《大易》《论语》《老子》。欲吾为作新疏，吾忽忽已衰暮，无能为役。《易》为义海，六十四卦显无量义，要归"易有太极"一语，谓《易》无本体论可乎？"乾道变化""品物流行"，二语系节录《乾卦》。画为卦爻而表之以数理，神哉神哉！巧不可阶，妙不可言，而谓《易》无宇宙论可乎？川上之叹，见《论语》。于变而显常也，与《易》义可互证也。

有问："外间颇议《新论》中卷谈空，不免以清辨邪宗，上逆般若者。"清辨为空宗后劲，有宗如护法窥基诸师力诋之，谓其为"恶取空"，恶者、毁责词，取者、取着，以其耽空，呵为恶取。

答曰：《新论》叙空宗义，特引《心经》，依文训释，彼义既明，乃伸吾意，此亦矜慎之极矣。夫空宗随说随扫，不似有宗持论，有所建立，条件分明，易以核举。不似、至此为句。吾初欲依《般若》、达其神旨，继念世人虚怀者少，将谓吾未读经，但凭臆说，于是思得一法，即引据《心经》以彰幽旨。盖《心经》为《大般若》之撮要，以少文而摄无量义，自昔相传于是也。基师尊重此经，厥有幽赞，然以《瑜伽》之学《瑜伽师地论》为有宗所据。妄附《般若》之意，甚失其真。余择举经文加以疏解，辞略义备，归于至当。夫探衡圣意，既如其分理，而发抒创获要无所偏私，平情以精义者将自知之，奈何以"清辨邪宗"妄相诬诋。以此推知，古人论著之苦心为并时与后人之所不肯体察者，岂少也哉？有宗起于空宗之后，而亦称大乘，又有矫异空宗之处，而唱有教。虽复承宣空义，而骨子里究与空宗本旨不同，故有宗虽诋清辨以恶取空，要未可据为定评，而疑清辨不得空宗本旨也。韩裕文有志斯学，吾望其有所究明。

有难："《新论》以《心经》解《般若》，巧取捷径，亦失玄宗。夫《毗昙》结小说之终，《般若》启大乘之始，息息相关，学历如此。《经》言'五蕴自性空'者，色空变碍性，受空领纳性等，皆于《毗昙》见其真诠，岂常人耳目体肤之所感觉能尽其意耶？《般若》正宗，在'不离一切智智，而以无所得为方便，故遍历染净百八句以为观行。此岂五蕴皆空得限之耶？五蕴不摄无为也。《新论》于此等处一无所知，乃谓能由《心经》以彰《般若》幽旨，吾不敢信。"

答曰：君之所论，均属肤谈。夫所言色者，唯是变碍性，色者，是可变坏与有质碍的东西，诸论定色之内界，皆如此。非离变碍性可有色之名。今言"色空变碍性"者易言之，即色空也。受空领纳性，例色可知。小宗只空我执，不执有实自我。未空法执，法执意义，深广无边，非可咬文嚼字而解。此等名词直须透悟《般若》整个的意思于文言之外，方许解得。今云《般若》空五蕴性，"于《毗昙》见其真诠"，此成何说？"《毗昙》结小说之终"，既足为空蕴性之真诠，则《般若》何须出？此吾所不解也。至云"岂常人耳目体肤之所感觉能尽其意耶？"《新论》何曾有此说？真乃无的而放矢矣。《新论》云："经言五蕴皆空者，谓一切法相都无实自性故，即是皆空。如以色蕴言，此色法无有独立的实在的自体故，即色法本来是空"云云。《新论》下语极质实，而意义极深广，君等掉以轻心，宜莫能喻。夫《般若》谈空，岂是茫无归着，盖破相以显性也。佛家当初说个五蕴，元是总括一切法相或宇宙万象而为言，宇宙万象不外心物两方面，色蕴即物，受等四蕴即心。如果法相是独立的、实在的，便无从谈法性。忆昔在旧京，与友人数辈聚西直门外某寺中，专为讨论西洋哲学上现象与实体一大问题。大家的意思皆以为，如本体是潜在现象界之背后而为现象作依托，则有现象与本体两界对峙之嫌，且现象界何须要个依托，亦无从说明。如果说本体是发生现象的根源，则现象既是实有的，何必为他现象。另找根源；既另有根源，仍是两界对峙。当初有主张只承认现象界，不谈本体，但又觉得现象界分明是变动不居的，宇宙人生不应如此虚幻无实际。当时大家反覆论难，终付之阙疑，不可得一结论。自后，余常念念不忘此问题。久之，稍涉《中论》《大智度论》，渐及《大般若经》，恍然有悟，以为空宗荡除一切法相，即是遮拨现象以显实体。实体不是超脱现象界而独存之一世界，唯空诸法相，方乃于一一法相而透悟其本有真性。此中真性即谓本体。譬如于绳，而不作绳相想，即绳相空，方乃于绳而见其本是麻也。积年疑滞，始得豁如。《心经》言。"五蕴皆空"，盖即于色蕴而见一一色法都不是独立的实在的东西，是色变碍性空。此中"见一一色法"云云，"见"字义深，《心经》云"照见之见，乃定中智照也"，凡夫所有见闻思考等，非此境界。近世新物理学亦不谓元子电子有实质，即色法是空，然与大乘菩萨定中智照所了者，其境界浅深之判，奚止天壤。科学虽不谓有实质，要未能廓然亡相，以其未除情识故也。菩萨定中智照，冥证真体，离一切相，如此境界深妙难测，故谓此中见字义深也。下文见字，仿此。乃至于识蕴，而见一一心法，都不是独立的实在的东西，是识了别性空，诸论说识，以了别为自性。由诸法相皆空故。而其本有不空真性，不可作色变碍性想，不可作受领纳性想，乃至不可作识了别性想者，斯乃可得而悟矣。《心经》弘阐《般若》究竟了义，《新论》以空相显性空法相而显法性。释《心经》，如何轻诋"巧取捷径，有失玄宗"？君谓"五蕴不摄无为"，此正《心经》妙处，而君未得解耳。《般若》说无为空，正恐人于无为法上着相耳。着者取着，亦云执著。无为法者，本法性之目，不可说为空，但如将无为法当做实在的物事想，便是着相，《经》故说空，以破其所执相。然一往施破，易滋流弊，设有误计法性亦空，则为空见外道矣。《心经》空五蕴，即空一切法相尽，而不空无为，所以存性，此《心经》善宏《般若》也。君又云："般若正宗，在不离一切智智，而以无所得为方便。故遍历染净百八句，以为观行""《新论》于此等处，一无所知"云云。夫《新论》中卷所谈，若用佛家术语，只是谈境而已。法相、法性，通名为境，曾说见前。其引用《心经》以彰幽旨者，自亦取其有关境论之部分。《新论》自有体要，不可为《般若》作通论也，何得以其有所不谈，遂谓"一无所知"耶？君谓"般若正宗，在不离一切智智，而以无所得为方便"，吾犹有疑于君者，不卜果于此语有真解否。从来尊宿皆喜谈一切智智，而此词究作何解，窃恐不茫然者无几。夫一切智智，将谓横尽虚空、贤穷永劫、一切事理、无所不知耶？以此言一切智智，虽三尺之童将知其不可矣。若云超越俗谛一切知能，法执尽净，冥应真极，法执尽，则我执尽不待言。真极者，法性或真如之代语，应字义深，智即是性，非二，故言应。世谛正知必依此而始发者，是则名为一切智智，斯固吾之所许。佛家喜弄名词，即以智言，其名数之多几不胜数。其于各种智所示之分际与境界，时有令人起治丝益纷之感，而或不必有甚意义。此等繁琐哲学，非经一番改造不可也。更有言者，一切智智为是修所显，修谓功修，亦云修行。抑是熏习始起。"修所显者"，即智即性，非智与法性为二也；"熏习始起"，则此智由外铄也。君或不以前义为然耶？天下固有无根之木，无源之水耶？"无所得"三字，尤忌在字面上作解，须先在生心动念处，察识如何是有所得心，心才生，念才动，便如向外有所追求与有所构划者然，便不能亡相，便不与真理相应，此即有所得，非无所得也。句中须先二字吃紧，察识工夫只是初步。若只熟诵许多经文，有甚相干。却非不要诵经。

君谓"遍历染净百八句以为观行"，吾谓百八句，昔人自是聊示方隅，后学不可死于句下。人心染净之相，略举染净两字亦无不赅；欲详究之，十万八千句也说不尽。观行下手处，只在当人切著己，恶可守古人一定句子耶？且以观行言，《心经》空五蕴，是彻下彻上工夫，色蕴空是所缘空也，受等四蕴空是能缘空也，能所双亡，即染妄尽而真体显，故曰"彻下彻上工夫"也。玄奘大师宣译之业，以《大般若经》为最慎重，殆舍身命以从事，其契入之深可以想见。然临殁诵持，犹是《心经》之旨，则知善发《般若》者，莫如《心经》，孰谓《心经》犹不切于观行耶？

有难："《新论》中卷批评无著三性说，引据《大般若经》，以为'三性始于空宗，无著更张原意'云云，此解无稽，真出意外。盖所引《般若》为《慈氏问品》，原系《瑜伽》所宗，晚出之书，取以自成其三性说者，此与空宗何关？罗什大品不载此文，梵本与藏译旧本《般若》亦无此品，乃至奘译《无性摄论》引用经文者，西藏译本亦不见有，可证其流行之晚也。西藏《大藏经》目录，亦谓龙树于龙宫所得《般若》大本并无此品，又可证其非龙树学之所宗也。今存藏译二分《般若》有此品，乃晚世补订加之，题名《般若》之经，非空宗所专有。如《般若理趣分》为密宗所依，与空宗亦无关。岂可一见《般若》，即目为空宗之说？"

答曰：《新论》所引《般若》说三性文，君据梵本与藏译旧本《般若》都无《慈氏问品》，断为"《瑜珈》所宗，晚出之书"，吾意，谓之晚出则或然也，谓为《瑜珈》所宗与空宗无关，则期期以为不可。夫大小诸经，多由释尊后学依据圣言广为推演，其卷帙极繁重者，如《大般若经》之类，原非一人所制。盖自释尊殁后，诸大弟子之言论，空有分途，隐有端绪，逮小乘繁兴，其异遂著。空派文籍前后流传当摄繁富，及龙树菩萨出，以雄才睿智搜罗谈空一派之众说，而运以精思，抉择贯穿其间，辑成巨典，此《大般若经》所由传。而龙树集谈空之大成，遂为大乘之开山，犹孔子集群圣之大成，乃为儒宗之开山也。旧谓龙树于龙宫所得《般若》大本龙宫不过自神其说，只是深山崛宅储藏文献之地。无《慈氏问品》，吾则以为，欲推论《慈氏问品》之早于龙树或晚于龙树，二者皆有可能。龙树仅为空教之集大成者，小乘早有空教之思想已可证，《大般若》非一手之为，观其书之体势而可知。各宗所传承之巨大典籍，皆非一人所为，不独《般若》也。龙树搜集空派文献时，或未得见《慈氏问品》，其所辑《般若》大本因缺此品，此固事理之所可有者。如此推论而确，则《慈氏问品》为早于龙树之般若家言，不得以其未见收于龙树，遂判为《瑜珈》所宗也。即令推许为晚于龙树，要是承龙树之思想而开演之，不得判为瑜珈宗说。君谓"题名《般若》之经，非空宗所专有，如《般若理趣分》为密宗所依，与空宗亦无关"云云，吾则谓"《般若理趣分》为密宗所依"，此言甚是；"与空宗无关"，此言甚误。密宗本依据《般若》，而得云无关耶？君又谓：此经已有三性名称。则《阿毗达磨经》亦不必费大周折，以幻等异门为《般若》说三性之证；又清辨《般若灯论》亦无由破斥《瑜珈》建立依他之非。殊不知三性名称是一事，建立依他性与否又是一事，经文于依他性明明说唯有名想施设言说，何曾建立耶？此经既不曾建立依他，则《阿毗达磨》之曲说与清辨《般若灯》之破斥，皆有由矣。又君据瑜珈宗，以色等三法配合三性，杂揉空有，矫乱实甚，颇厌繁文，姑置不答。

有难："性相之称，原同考老转注，三自性即三自相，而在《新论》乃以附会于本体与宇宙，甚不可也。"

答曰：佛书中凡言相者，有二义：一者相状，二者体相。凡言性者性字多与体字互训。有二义：一者自性，亦云自体。二者实性。亦云实体，犹云本体。实性者，具云诸法实性，省云法性。即是真如，亦云圆成实等等。名字甚多。自性，则随举一法，皆有自性可言，如说青，则有青之自性，以其不同于黄赤白等等故；乃至说真如，即真如有自性，真如不即是诸法而是诸法之实性，故说真如有自性；甚至如刚才说这一句话，即应知这句话也有他的自性，以其与前一句话及后一句话都不同故。由此可知，自性与实性二名大有区别，即自性一名，随所指目，全不固定；而实性一名却是专目万法本体。

佛书中性字，有自性与实性，两种用法不同，此不可无辨。性字既已辨清，而后性相二字非一概可以互训，乃不待辨而明。试举二例如下：甲、如云："识，以了别为自性故。"此中性字亦可改用相字，因为佛书中凡言相者，有处须作相状之相解，有处须作体相之相解，依后解而用之相字，应训为性字。或体字。如本例中自性之性字与作体相解之相字，可互训也。自性或自体。一名本不固定，随所指目，今克就识言，即识有自性，或自体。不同色等法故。此中相字与作体相解之相字，可以互训；而与相状之相，要不可互训也。乙如云："真如是识之实性。"此中性字与作体相解之相字，本可互训。真如亦名为万法之实相，犹云实体。经论皆有明文，但决不可与相状之相字互训。又实性一名，克目万法本体，与自性一名之全不固定者截然不容混视，此则前已说明。

　　如上略举二例，可见"性相之称原同考老转注"之说，谬误太甚。至于三自性亦云三自相，诸本译文，随所用之，吾岂不知？但吾欲问君者：此中自性一名，究作何解？夫三自性者，谈者每简称三性，为省便故，实则应云三自性。一遍计所执自性，二依他起自性，三圆成实自性。三性，见《新论》中卷，学者平日纵未读佛书，然《新论》却说得明白，只须字字留意，无难解者。夫遍计所执，全无物事。意识周遍计度，名为遍计。而此计度不称实故，陷迷妄故，由此妄有所执之相，是名所执。如依眼识等所见坚白等相，而妄计度有整个的瓶子，其实眼等识只各得坚或白等，都不可得整个的瓶子，瓶子只是迷妄所执，故云全无物事。而于此用自性一名何耶？盖此遍计一词所表之意义，与后二词依他起及圆成实。所显不者，互不相同，故说到遍计所执，即此一词有自性也。后二依他起及圆成实。本与初之遍计所执虚实不同，据有宗义；依他起法于真谛中说为幻有，幻有即非无；于俗谛中且说为实有矣。圆成实是真实有，而亦说为非有非无者，谓于此圆成实之上本无遍计所执相，故说非有；而圆成实亦名真如，是万法实体，故说非无。非有非无是实义，并非玄谈，更非矛盾之论，故后二皆实，不同初之所执全是虚无。而各置"自性"之词者，二中依他法不同于初之全无，亦不同于第三之为绝对真实，故应置自性言，明此依他起自性不同初与第三两种自性也。三中圆成实亦置自性之言，准初及第二，可以例知。佛书中修辞极谨严，凡立一名词，即此所诠义，必有其自体可言，自体犹言自性，体字与性字通用，此意前已说过。否则只是淆乱不清，所谓名不正、言不顺也。故凡一名词下，而置自性之言者，即显此名词之特殊性，并无他种深解，读佛书者，于其辞例，不可不知。凡此极平常之名言，而君弄得如斯纹乱，以狂诬《新论》，诚不可解。夫圆成实即真如之异名，圆者，本来圆满，无亏欠故，成者，亘古现成，非所造故；实者，绝对的真实，无倒妄故。真如若非万法本体，万法犹云万有。则真如一名所目者是什么？愿君平怀澄虑而体究之。君以吾谈本体，遂嫉厌本体一词，乃欲曲解真如及法性等词，谓佛家无本体之义，佛家岂空见外道或断见外道耶？或者佛法只承认生灭流行为实在耶？此皆异乎吾所闻。夫法相之相，是相状义，与俗云现象，义亦相通。佛书中凡谈蕴界处蕴，即五蕴，《新论》中卷引《心经》处已有解释。又有十八界及十二处之说，则只将色心五蕴另变一种排列耳，详在《佛家名相通释》。或八识等，佛书中凡言等者，有内等外等。内等略当助词，无别所指；外等则指所余列举不尽之同类法而言。此中等字，即外等也。通属法相。今哲学上现象界一词，实即一切法相之都称。凡稍有哲学头脑，能读佛书者，当知法相一词之所目者，有其一定之范围。易言之，即真如法性不在法相一词所目之内。真如亦名为法性，经论有明文，此中以真如法性合用为复词。谓真如法性是一切法相之实性，则是；谓真如法性亦名法相，则大悖。而曰"性相之称原同考老转注"可乎？至于三自性中依他起自性，吾只谓其属宇宙论方面的说法，何曾以依他性省称。一词径训为宇宙二字乎？而曰以之"附会宇宙"，极不成话。夫依他之他，是缘义，依他起者，明色心诸相此相字，即法相之相。皆依托众缘而生，所谓缘生论是也。缘生，亦名缘起。虽此二词，唐贤有稍加分别者，却无关要义。佛家缘生论屡有变迁，释迦首唱十二缘生，只在人生论方面讲；及小乘说四缘，便变为宇宙论方面的说法；大乘有宗始建立种子为因缘，虽与小乘同为宇宙论方面的说法，而实际则与小乘截然异旨。小乘不立种子，其谈缘生与晚世哲学家谈关系论者，义趣颇堪和会。至无著世亲兄弟立种子为因缘，其后学一脉相承，始说因缘为作者，余增上等缘为作具，详见《新论》中卷自是而缘生论乃复变成构造论，此则其不及小乘处也。然大有大乘有宗之省称。既立种子，则其谈缘生不变成构造论不得也，依据种子论者之思考与理论，必推演至此而后已，此固无足怪者。三自性中依他性，即据缘生论而立名。实则，大有种子论出，已变缘生论而为构造论，《新论》中卷言之已详。依他性中，本是说明一切法相谓色心诸法。有待而起，待者，谓待众缘。或宇宙所由构成，宇宙，即一切法相之都称，"依他性中"，至此为句。义据分明，而君必谓佛家无宇宙论，以君之明，岂见不及此？或由轻视西洋哲学太甚，并其名词而唾弃之；或自是太过，视迂陋所言必相矫异，此皆有所未可也。

有难："《新论》强分空有，殊欠妥。龙树无著之学，后先融贯，两家皆对一切有而明空，乃从清辨立说，谓'空有异轮'，此为唐贤章疏所误也"云云。

答曰：君所谓"唐贤章疏"者，即指窥基圆测二师之疏，测基著述太多，于枝节处容有疏漏。若空有分宗，自小乘二十部已显然异帜，《异部宗轮论》略见其概。龙树无著二宗之学，皆前有所承，都非突起。无著出龙树后亦自标大乘，虽复承宣空义，要其骨子里确是继小乘以来谈有一派之精神，而缘饰以龙树之空，自鸣中道，此征之《解深密经》与《大论》，其用心所在历历可考见也。龙树之学不建立依他。《中论》破四缘。而无著一派所宗经论无不盛张三自性，极成种子，以坚固依他性之壁垒，此其精神与面貌根本不同。而君乃谓"后先融贯"何哉？乃以诬诋测基章疏，岂不冤哉！夫奘师之在天竺也，有大乘天之称，其学之精博，天竺尊宿未能或之先也。测基在奘师门下，亲承音旨，何至于空有宗派尚茫昧无知，任意传讹，遗讥后世，如君所诋者乎？吾国近来治古学者，好逞臆见，而轻翻前人成案，异乎宣圣好古之风。夫义理无穷，前人亦有见不到处，后人尽可补救与发明；至于古人学问渊源脉络，自有庐山真面，治古学者不可以己意为之曲解也。君本博学多通，若恐空有二宗之学不相融会，而欲如郑康成揉通今古，陈兰甫调和汉宋之为，此意未尝不佳；但当知王辅嗣所云："异而知其类，睽而知其通"，却不可将其本异本睽之真精神消失尽净也。

有难："公于大乘空有二宗之学，夙依旧说：空宗所宗经则《大般若》，所宗论则《中》《百》《十二门》；有宗所宗经则有六经，所宗论则有一本十支。此乃相沿之误。龙树兼主《华严》，罗什传习亦以《十住婆沙》与《智论》并宏，而谓空宗单宗《般若》可乎？无著通宗《般若宝积》《瑜伽》决择解整部《迦叶品》，以见大乘宗要，《中边》亦有遵依《般若》《宝积》明文，乃以为专主六经，亦大误。六经自是《成唯识论》所依，且《如来出现》即是《华严》一品，何得并称为六？"

答曰：《华严》相传龙树得自龙宫，是否依托之词，殊难断定；即令果自龙树得之，而是否奉为宗主，又别为一问题。龙树精神命脉不能不谓其全在《中论》《智论》是释经。殊难见有兼主《华严》之征。有宗所主六经，君却谓之是《成唯识论》一书所依，此其致误之由，则以将无著世亲兄弟授受之学而强分为二宗，此其说虽始自宜黄大师，然吾未之敢信。世亲唯识之论，其根本大义一切依据无著，只持说之体系较诸其兄之诸作为更完密，非主旨有异，故不必以一家之学判为两宗也。整个有宗之学既不可分，则不得以六经为世亲唯识所专主，而谓无著未尝有是也。夫无著所宗《解深密》等经，《瑜伽》等论，明明以《般若》为不了义教，而谓无著宗《般若》可乎？君谓"《瑜伽》抉择解整部《迦叶品》"、"《中边》亦有遵依《般若》《宝积》明文"，以此证"无著通宗《般若》《宝积》"，此等论证法太不合理。古今哲人为学，莫不有所宗主，亦莫不汲纳众流，旁参博证，焉得以其采择所及便是其宗主所在乎？郑玄释经杂谶纬，谓其有取

· 387 ·

于是则可，谓其所宗在是则不可。基师曾云：清辨有言，应当修学。将谓基师亦宗《掌珍》等论乎？且无著诸作，出入群经，岂止《般若》《宝积》，将谓其无所不宗耶？君以罗什传习《十住婆沙》，证空宗亦主《华严》，论证不成，毋须复辨。又凡佛家巨册大典，本由搜集众说而成，岂是一人之作。《如来出现》虽是《华严》一品，或者《华严》未总辑时，此品早已单行；或是《华严》总辑以后，无著等特尊此品，故抽出单行，与总经并列，以示提倡。如《大学》《中庸》本属《礼经》中二篇，今自宋以来谈经籍者，以《学》《庸》与《礼经》并举，孰谓其不当耶？总之，异宗之学，谓其不能不有互相兼取与融通之处，则理所应尔。我亦无遮；但如欲将名宗根本主张与其特有之精神，一概矫乱而捆同之，则违实事求是之规，非吾所仰企于明哲也。又凡宗派之分，远自古昔，本属成案，后人如欲沟通之，只合明其异中有同，断无可取消成案；古学不曾分宗，而后人以意强分之者。亦是徒劳，此皆谈古学者所宜谨也。

有难："无著据《瑜伽》以谈境，备在《显扬》，以二谛开宗，无所不包，建立依他又无比其要，公一向持论谓《摄论》《唯识》独详，何耶？"《唯识》，即《成唯识论》省称。

答曰：《显扬》于《瑜伽》设教节目提控较详，若云谈境，岂二谛开宗便可包括耶？诚如此，则《法苑义林》之《二谛章》比《显扬》详悉多矣。建立依他，《显扬》果何特要？须知：无著之依他义首在种子，依他即是缘生义，谈缘生必析四缘，而四缘以因缘为主，无著所云因缘，即是种子。《摄论》首建赖耶以含藏一切功能，无著功能，即种子之别名。而历评外道等所各立之万有初因，如大自在天及自性、神我等是诸外道所建立为宇宙之初因者。以为皆不如己之种子说。复承《瑜伽》之种子七义而约为六义，又申熏习义，自是种子义确定。世亲及其后学承之，只有推演加详，而无有丝毫改易其本义者。依他建立，特异空宗，若非原本小有，小有犹云小乘有教。借鉴外道，以组成极有精严的体系之种子说，则三自性中之依他性又如何建立得起？孰谓《摄论》谈境不如《显扬》耶？《唯识》谈境，堪称义海，以言其广则无所不包，世亲于外道及小乘学无不博究，且无不精研，后因乃兄作《摄论》授之，遂舍小入大，乘受其兄之学。晚而造《唯识》，禀无著之精髓，而理论方面则烛照于外小，而肆应无方。以言其细，则无所不入，规模宏远，体系精严，虽与《显扬》等论并列十支，而实《瑜伽》以后最伟之作。《中边》虽善，详密远逊。吾生今日，虽病其悬空构划，兼厌琐碎，但在印度古代哲人工玄想而不免空想，精解析与排比而易流繁琐之学术空气中，但在至此为读。《唯识》甚有其长，而亦难避其短。玄想甚重要，西洋人非富玄想，不能有科学上之发明；印度前哲亦富玄想，然复过富于宗教之情趣，遂多陷于空想。印度人极精解析之术，但不务质测，辄以空想而流于繁琐哲学。其持论尚排比而每失伦类，如五蕴中色蕴，本分析物界，即以质碍名色，而内心之相亦名为色，列在色蕴，极无伦类，此例不胜举。总之，印度人长短之处，自外道小乘以至大乘随在可见。乎情而论，世亲《唯识》其骨髓的承无著，而运思之密、立论之精、实受当时外小影响。而或有蜗摄，或相反对，所资者博，所造者宏，其为彼时代极伟大之创作，而亦佛家有教中谈境最精最备之书。原其成立其依他性，恢宏小有之绪，而矫空宗末流沉空之弊。新熏种义应用于人生论方面，却极有贡献，与《大易》"日新之谓盛德"可相和会，新论"净习"亦本其旨。自余司称者多，兹不暇详，在历史上价值之巨，固永不可磨灭也。自唐以后，此学渐成绝响，近世宜黄大师赫然之绩实在于是，其可忽哉！自吾《新论》出世后，学者或轻视世亲《唯识》一书，以为不足深研；甚者至欲遗世亲而独崇无著，则是寻金沙之源而不肯睹扬子江流之广远也。夫不深穷世亲《唯识》一书，则亦不知《新论》所由作，宜其视《新论》于无物也。

有难："《摄论》《唯识》依《毗昙经》，与《瑜伽》异说，《本地分》依圆染净相对而谈，论经始说依他为二分，公向以为两论悉据《瑜伽》，可乎？"

答曰：本地但据染分依他言之，详略异耳，仅此一节，足为两论不据《瑜伽》之证哉？夫《瑜伽》称一本，两论并在十支，支自本生，自昔传承如是，岂吾臆说耶？

有难："基师纂《成唯识》，淆乱三家，迷离莫辨，既误安慧说为难陀，又以胜子等说改护法，今有安慧论梵本与护法论净译本可证，测更自郐而下。公一向误信两师解说有据，奚可哉？"

答曰：奘师之译世亲《唯识》也，本主十释别翻，十师各有释文。基请糅成一部。即今存《成唯识论》。别翻与糅译互有短长，基师于论本外别为《述记》，用意良善。常与贺自昭麟谈此意，自昭亦谓此种译书法最好。惜《述记》成得殊草率，此无可为讳；然既是糅译，只十师要义不遗，足以发挥世亲之旨，便称善本。至于某义发之谁氏，记忆有误自所难免。曾见后生稍有记问考核工夫，于章实斋书中发见引用故事错乱颇多，遂狂诋实斋为不学。余喟然曰：须识得章书旨要，枝节之误虽亦宜知，究无伤大体。吾尝与人笺，谈皮锡瑞《五经通论》，而误将皮字写为裴，设几吾改皮书为裴书，可乎？以此推知，君所举基师某说误为某，及以某说改某，似未足为基师深病。要之，基译《唯识》不失世亲本旨，未容轻议。测公精博或逊基师，然彼似多存真谛学，时有卓见，岂可等诸自郐？真谛所传唯识似不属无著世亲一派，世亲说三能变，实承无著《摄论》。此意须另为文详之。真谛朋一意识师，显与无著分途，古籍不完，无从考其来历。测基亲炙玄奘，学有渊源，吾侪不信测基而谁信？至谓玄奘喜以晚说改易旧文，此或偶有是事；然若以极少数之发见，辄疑奘译诸籍无不改窜，则奘师将知世儒所讥之刘歆，吾不敢信。且所发见改易之处，吾犹存疑。俄之梵文专家钢和泰，曾校奘译《摄论》，称其谨严，此一证也。

有问："无著世亲所立法尔种，不可说即是真如显现，'法尔种'，亦云本有种。真如无为故，真如无为，不得说真如显现为种子，则种子只是自本自根的，而与真如对峙为二。故有宗学与《新论》体用不二之旨根本迥异。然《新论》谓空宗'遣相以显性'，性字与体字通。则是性相不二，与《新论》意思似可通。公尝谓'佛家所云实体。似是现象界所依托的一个世界'，有宗颇此嫌，空宗却不如此。"

答曰：空宗不立依他，即遮相以显性，从玄学的意义来说，空宗却无病。但空宗决不肯道真如是无为而无不为，只说个无为，汝通十二部经大旨体会去。他说真如，总是无为，大概有遏逆生化的意思；或因出世思想使然。《易·系传》言太极，便说是生两仪。太极，本体之名；两仪，谓阴阳；生字，发现义，太极发现为阴阳，即阴阳即太极，非太极与阴阳为二也。不可妄计太极为能生，阴阳为所生，有能所，便是二，非《易》恉也。老子言道，便说"无为而无不为"，道亦本体之名。老子乃《易》之别派，犹不失《易》之根柢。佛家团体绝没有《系传》《道经》的意思，学者但虚怀参互究之，《大易》与佛氏不同处便可见。有人说佛家也讲流行，彼却不会《新论》。《新论》于流行识体，以流行即是真体呈现故也；佛家说流行，如就众生分上言，只是妄习流转，岂《新论》所谓流行。如云"从初发心，历一切胜行，至获无边智力德用，此有为净法亦曰流行，是不得以妄习言之。"殊不知，净发流行虽非妄习，然在佛家，并不谓此净法即是真体，智与真如，犹分能所故。前有一则言之。《新论》于流行识主宰，即工夫即本体，与空宗犹自不同，有宗更无论矣。

问曰："《新论》平章华梵，权衡今古，所涉亦已博矣，持论固自成体系，宗旨究密朋《大易》，是固不纯为佛家言；而乃以《新唯识论》名书，其将以新有宗自旌异耶？"

答曰：《新论》之作，元由研习有宗《唯识论》，渐悟其失，久之旁参博证，终归求己一路，困而后通，乃不容已于言，如蚕吐丝，如蜂酿蜜？岂复有所为而然哉！尝语人言：迂陋平生之学，以破除门户，舍先人为主之见，为实下手处；以旁参博采，而后反己体认，虚中冥应为实得。《新论》本不为佛书作注解，而必欲纯为佛家言耶？曰："若是，则书名何必沿有宗唯识之称，招佛门之议？"曰：甚哉，子之陋也！从来哲学思想不外唯心、唯物两途，虽有持非心非物之

新唯识论

论者？而其骨子里不是偏重在心的方面，便要偏重在物的方面，实无俱非之论。吾非唯物论者，不以唯识名吾书，而将何名？吾书之作，由不满有宗之学而引发，不曰《新唯识论》，而将何名？且吾之言学，夙主会通，夫岂无故！尝语人曰：古今中外哲学上许多无谓的纠纷，大家弄到把穷究真理的本务完全抛开不顾，而要自立门户，自树一帜；因此，哲学史也是一部相砾书，此正表现人类的见贪、见瞋，见贪、见瞋，详《新论·明心章》下。甚可痛惜！《新论》包罗儒佛而为言，既自有根据，非同比附；而取舍贯穿又具有权衡，纯是破除门户，一以真理为归。吾中国人也，又老年人也，所见自不出中国。中国哲学思想，要不外儒佛两大派，佛虽外来，而自汉迄今，已成固有。道家宗《易》，实儒氏之旁支；其崇无，亦有近于佛，故不别提。而两派又同是唯心之论。吾故汇通儒佛及诸子，析其异而观其通，舍其短而融其长，于是包络众言而为《新论》。始信象山"心同理同"之说无可议，理有所不同者，非至理也，至者极也，谈理到极处，不容有异。心有所不同者，非本心也。妄心或私心自不同。《新论》之作，不欲拘一家之言，守一家之形貌者，所以破除门户而归于心理之同然，以蕲免于哲学家相砾之害也。世人不识吾意，纷纷妄议，岂不惜哉！《新论》原本印行时，民国二十一年。南京支那内学院刊布《内学》第六辑，曰《破新唯识论》。其书诋《新论》甚力，内有一条，谓"不应杂取儒道诸家"。吾时作《破破新唯识论》，曾答之云：夫取精用弘，学问斯贵；博览遍观，唯虞孤陋。吾友马一浮与人书曰："耻为一往之谈，贵通天下之志。"此言若近，而有远旨，融摄诸家，讵为吾病。前过汉上，曾遇人言："佛家与此土诸宗，理当辨异，无取融通"，余曰：自昔有三教融通之谈，吾亦唾之夙矣。其所谓融通，非融通也，直拉杂耳，比附耳。习比附者，绝望于悬解；喜拉杂者，长陷于横通。今古学人免此者寡，如斯之流，公所弗尚，吾何取焉？若乃上智旷观百家之虑，虽各有条例、各成系统，而如其分理不齐斯齐，会其玄极，同于大通。故乃涵万象而为宰，遍征群虑而自有宗主，否则与拉杂比附何异？鼓鸿炉而造化，融会贯穿，新有所创，成为化学的变化。同归尽自殊涂，百虑何妨一致？斯固小知之所骇怪，一察之所不喻，宜其等华梵于天渊，视内外若矛盾，道隐小成，明穷户牖，其所患岂浅哉！昔罗什东来，睹远论而叹与经合，见肇文而欣其解符，此皆三玄之绪也，而什不以为异，何哉？远公著《法性论》。什览而叹曰："边国人未有经，便闇与理合，岂不妙哉！"肇公"四论"，什见之曰："吾解不谢子，文当相揖耳"。远肇两师之学，其根柢只是三玄，什未尝以为异也。夫学，必析异以尽其偏曲，必一贯以睹其大纯，知异而不知同，非所以为学也。吾说未竟，而彼人欣然会心。故知世无宗匠，士溺近习，脱闻胜论，忍碍通途。《破破论》久未翻印，世人得见者甚少。

问曰："佛家工于持论，老庄亦妙以文学达神旨，儒者似不屑驰骋论议，其故何耶？"

答曰：《论语》开宗明义而首提一学字。《白虎通》言："学者觉义，觉者，明解之谓。"吾人努力对治其与形俱始之迷暗，而复其明解之本性，是之谓学。迷暗只是与形俱始，非本性上便有此，本性确是明解的。吾人学问工夫，做到离暗得明、离迷得解，只是复其本性，不是于本性上添得些子。亦未曾减得些子。人生在迷暗时，本性只是障蔽而不显，非本性上有所减损，《新论》究竟意思要不外此。学者，非由外铄我也，此是性分内事，一息不容松懈，何暇论议？然论议亦不必可废，尝与人言：中外学术，自是就玄学或哲学言。有本其所明解，而发为一套理论以喻诸人者；如印度佛家。有明解内敛，直尔忘明息解，明不忘，则与所明为二；解不息，则与所解为二。体神化不测之妙于人伦日用之间，体神、至此为句。其示人亦只在躬行处提撕警醒，令有以自得而不屑敷陈理论者。《论语》记夫子曰："仁者，己欲立而立人，己欲达而达人。"与佛言自度他度同旨，立人达人，故教以之兴。教法则有假兴论议以喻诸人，如印度佛家及西洋学者皆是。其不务论议，而从人生日用中亲切指点者，独儒宗为然。吾意论议是不得已。儒者精神，确甚重要，宋明诸师风范犹承孔孟，惜乎今之学子，此义荡然矣！

牟生云:"有宗说话,处处分割得太死煞,《新论》破之已详。空宗,从玄学之观点去看,只是破而不立,自无有宗之失。只是无有宗之失。然谈到心地,与《新论》所云'全性成行''全行是性'及'智即是如'等等意思,毕竟迥别,不知何故?"

余曰:佛家思想根本多矛盾,此意非简单可说,亦难为不知者道。且佛家派别甚繁,各宗之高文典册多半是总辑众家之说而成,其思想也不完全一致,甚难董理。余通玩佛家大旨,约有三义是其超越古今处:一、于人生惑染方面深观洞照,详悉说与人看,好令自反。孔子不訾毁人生,不肯从这方面说,佛家偏要揭穿,虽不无短,佛家出世思想由此,而且把人生看得太坏,更有许多不好处。却亦是万不可少的说话。吾以为人生惑染方面识得最透者,自有天地以来恐无过佛家者。中外文学家揭人生坏处者虽多,然其态度冷酷,且从其小知小解、世间聪智而说出来,不是从悲心发出,更不能见大见深。此意难与世俗言。二、佛家书形容一真法界空寂、清净、真实,远离一切倒妄或戏论,无上庄严,真令人有颜子欲从末由之感。吾于此,直是穷于赞叹,人生不识此味,极可惜。孔子于此方面只是引而不发,大概恐人作光景玩弄,欲人深造自得之,孔子甚切实,但有佛家说一番却好。三、佛家书破除知见或情识处,直是古今中外无量哲人罕有如斯深远。老庄虽反知,迹其言说,犹未臻妙境,其境界自不及佛家之高。欧西哲人大抵不出思议窠臼,更难望老庄矣!孔子境界高,却不肯向这方面说话,应有佛家一说。昔在旧京,与友人林宰平梁漱溟言:佛家之学,须看他大处、深处,若云理论,则为宗教思想与空想所误,荒诞处殊不少,余故欲评而正之。吾国向来嗜佛者,大概属名士,谈玄说妙无不陷于笼统与混乱,久为思想界之毒,其于佛家罕能得真实受用。今后从事西洋哲学者,甚愿其于儒佛二家学作极深研幾工夫也。

向与牟生宗三言:东土哲人破知见或反知等话说,实非不要知识之谓,他只不遗知识而更有超知之一境。因俗学陷于知见中,不知有向上一层,故不得已而破之,而反之,其实,非屏斥理智或知识也。

与友人言：东方哲学，皆谈本体。印度佛家阐明空寂之一方面，甚深微妙，穷于赞扬。中国《大易》阐明神化之一方面，甚深微妙，穷于赞扬。《新论》融佛之空，以人《易》之神，自是会通之学。

【答谢幼伟】承寄《思想与时代》第十三期评《新论》一文，其后有疑问三点，复承嘱答复。吾大病初痊，老来不易恢复康健，意兴萧索，略酬明问，不得畅所怀也。第一，贤者认为吾之玄学方法非纯恃性智或体认，实亦兼恃量智，此见甚是。但若疑吾有轻量智之嫌，则或于吾书有未子细看也。又《量论》未作，则吾之意思隐而不彰者实多，又向未有接谈之机会，宜贤者不尽悉素怀也。此一问题实在太广大，每以为东西学术之根本异处当于此中注意，大文第二疑点实与此中密切相关。吾三十年来含蓄许多意思，欲俟《量论》畅发。而以神经衰弱，为漏髓病所苦，一旦凝思搆文，此病辄发，便不可支，此苦非旁人可喻。又谈理之文字，不可稍涉苟且，宋玉之赋美人，谓"增之一分则太长，减之一分则太短；施朱则太赤，傅粉则太白"，审美如是，论文亦似之。哲学文字，其于义理分际谨严盖亦如此。朱子为《四书集注》，自云："字字皆经秤量"，此非深于理者无从知此意也。佛家以幽赞玄义之文辞归之工巧心，工巧二字勿作世俗的意义会去。有味哉！世俗可与语此耶？每见相识，怪吾著书之难，曰："何不坐而言，令从游纪述？"吾闻之，俯首而叹：此辈以为天下无不可明白说出的道理，说出即录下，便成著述。如此见解，滔滔者天下皆是也，吾谁与言？又凡喻之于心者，出诸口便困；口头有时勉强道得者，形之文字又觉无限艰难。逻辑律令，其难犹次，深入其阻而显出之；遍历其广博而如量以达，无有漏义，则难之又难。且文章之事，纯是精神气力之表现，精气亏乏，虽胸罗万理，无可倾囊而出。偶为语录式之笔语，则在今日似不适应群机，今欲昌明一种学术，总以系统的论著为宜。吾少孤苦，极人生难堪之境，中年困学，加以病患，初犹不敢轻为著作，年邻半百，始有意乎斯文，而精气已不堪用矣。今迫六十，更复何言！《新论》语体本若以文学眼光观之，自是短阙；若仅作谈理文字看去，则每下一义，每置一字，皆经周察审虑，无有丝毫苟且，期于字字见吾之心肝脏腑而已。若夫辞义往复，百变不离其宗，期于达意，孔子曰："书之重，辞之复"，呜呼！不可不察也。"其中必有美者焉"，《春秋繁露》。非精义入神，诚难知制作之不易。《量论》之所以难写出者，自度精气只如此，欲本不苟之心作去，乃大不易耳。然此书不作，则于《新论》之了解要不无阂碍，不卜将有作者起而弥吾缺憾否耶？上来许多枝蔓谈，聊为贤者倾吐，此后将正酬来难。

　　东方学术，无论此土儒道及印度释宗，要归见体，此无疑义。但其从入之途，则有顿超直悟者，乃上根利器也；亦有婉转迂回、久历艰辛、而后忽遇明珠者，根器虽钝，及其成功，一也。明珠喻性智，前所谓顿超直悟亦即于此超悟而已。至此，则迂回者与顿悟合辙，所谓殊途同归也。性智是本心之异名，亦即是本体之异名。见体云者，非别以一心来见此本心，乃即本心之自觉自证，说名"见体"，此义确定，不可倾摇，玄学究极在此。如何说不纯恃性智或体认耶？纯恃二字吃紧。此处容著得丝毫疑情耶？此非量智安足处所，宁待深言。顿超直悟人，当下亲体承当，不由推求，不循阶级，宗门大德，皆此境界，颜子、蒙庄、僧肇、辅嗣、明道、象山、阳明诸先生，虽所造有浅深，要同一路向也。根器钝者，难免迂回，其触处致力全凭量智作用。探索不厌支离，征测尤期破碎，以此综事办物，功必由斯，以此求道，道，谓本体。岂不远而！但使心诚求之，久而无得，终必悟其所凭之具具，谓量智。为不适用。一旦废然，不信任量智有无限的效能。反之即是，反之即得性智。宋人小词"众里寻他千百度，回头蓦见那人正在灯火栏珊处"正谓此也。故玄学见体，唯是性智，不兼量智，是义决定，不应狐疑。会六艺之要归，孔门标六艺。通三玄之最旨，魏晋人标三玄。约四子之精微，宋明诸师标四子。极空有之了义，佛家大小乘不外空有两轮。以吾说证之，未见其有一焉或偶相戾者也。斯乃千圣同符，百王共轨，非有意为合，乃神悟之玄符耳。

　　然玄学要不可遮拨量智者，见体以后大有事在。若谓直透本原便已千了百当，以此为学，终是沦空滞寂，隳废大用，毕竟与本体不相应。譬之游断航绝港而蕲至于海，何其谬耶？大人之学，由修养以几于见道，见道，即见体之谓。唯保任固有性智，而无以染习障之，无以私意乱之，使真宰恒时昭然于中，不昏不昧，只此是万化根原，通物我为一，阳明咏良知诗："无声无臭独知时，此是乾坤万有基"，实了义语也。此种境地，岂可由量智入手得来？然到此境地却又不可废量智。须知：量智云者，一切行乎日用，辨物析理，极思察推征之能事，而不容废绝者也。但有万不可忽者，若性智障蔽不显，则所有量智唯是迷妄逐物，纵或偶有一隙之明，要不足恃。人生唯沦溺于现实生活中，丧其神明以成乎顽然之一物，是可哀可惨之极也。若修养不懈，性智显发，此即见体时。则日用间一任性智流行于万物交错、万感纷纶之际，而无遗物以耽空、屏事以溺寂。至静之中，神思渊然，于物无遗，而于物无滞，是所谓性智流行者，亦即是量智。但此云量智，乃性智之发用，与前云性智障蔽不显时之量智，绝非同物。从上圣哲为一大事因缘出世，兢兢于明体立极之学，岂无故哉！得此学者，方成乎人，方善其生；否则丧其生而不人矣。然若谓见体便游乎绝待，可以废绝量智；抑或看轻量智，以格物致知之学为俗学，无与于大道，此则前贤所常蹈其弊，而吾侪不可复以之自误而误人也。

抗战前，友人欲与吾讨论中西文化，以为二者诚异，而苦于不可得一融通之道。吾时默而不言，因《量论》未作，此话无从说起。实则，中学以发明心地为一大事，借用宗门语，心地谓性智。西学大概是量智的发展，如使两方互相了解，而以涵养性智，立天下之大本，则量智皆成性智的妙用。研究科学，经纶事业，岂非本体之流行而不容已者耶？孰谓量智可废耶？

佛经说佛号遍知，其徒或以为成佛则自然无所不知也。不知遍知云者，就真谛言，谓其证见真如，真如即本体之名。已知万法之本、万法之真，故说为遍知耳；若克就俗谛言，一切事物之理，虽成佛见体，果能不待量智推征而自然无所不知耶？

《新论》主于显体，立言自有分际，《量论》意思，此中固多有不便涉及者。

大文第三疑点云："著者一口抹煞，谓西洋哲学无体认，此亦未免武断。"实则，吾未尝武断也。若肯承认吾前文所说之不谬，即中学归极见体，易言之，唯任性智，从修养而入；则西学是否同此蹊径，似不待申辩而知其判然矣。夫体认之境，至难言也。由修养深纯，涤除情识而得到之体认，此天人合一之境地，实则，即人即天，合一犹是费词。中土哲人所为至卓绝也。西学一向尚思维，其所任之量智，非必为性智显发而后起之量智也。何者？反求本心，吾似未闻西哲有以此为学者也。夫思想之用，推至其极，不眩则穷。穷与眩异者，眩则思之多端，杂乱而成惑；穷者，思能循律而极明利，然终止乎其不可思，故穷也。思至于穷，则休乎无思，而若于理道有遇焉。此任量智之学者所自以为体认之候也，西哲所有者当不外此，而格以吾先哲之体认，则似之而非也。非从修养入手，则情识未净，乘思之穷，而瞥尔似有默遇焉，非果与真理为一也。要之，此事难言，必其从事于儒道佛诸氏之学，而非但以见闻知解或考核为务者，有以真知前哲之用心，然后知西哲自有不得同乎此者。昨腊，吾应南库讲演之请，方何诸先生亦断断致辨，谓吾薄西学不见体为未是。及讲后燕谈，方先生畅论西哲工夫，不外努力向外追求。吾笑谓之曰：本体是向外追求可得耶？君毋乃为我张目乎？今纵退一步言之，如贤者所说：西哲自昔即有言体认者，然此必非西洋哲学界中主要潮流。犹如晚周名家，似亦偏尚量智，然在中土哲学界终不生影响，可以存而不论。凡辨章同异，只约大端别异处较论而已。人与动物同处岂少也哉！而撮举大端，则二者不止天渊之判矣。

昨函写就后，复有余意未尽者。大文有云："著者'体用不二'之说，西洋哲学亦非绝无所见，如柏烈得来《现象与实在》一书，实尝言之。如曰：'现象无实在不可能，因如是，则谁为能现？而实在无现象将为空无。因在现象外必无物也。'是柏氏亦非外现象而求实在。即怀黑德教授《历程与实在》一书，亦明此义"云云。

吾不能读西籍，向者张东荪尝谓《新论》意思与怀黑德氏有不谋而合处，未知果然否？贤者所述柏氏语，似与《新论》有融通之点，然骨子里恐不必相近也。西洋学者所谓本体，毕竟由思维所构画，而视为外在的。《新论》则直指本心，通物我内外，浑然为一，正以孟氏所谓"反身而诚"者得之，非是思惟之境。柏氏是否同兹真髓，吾不能无疑也。昨函答来函"西哲自昔亦有体认之说"，吾谓其"似之而非"者，盖东方哲人一向用功于内，涤尽杂染，发挥自性力用。其所谓体认，是真积力久，至脱然离系、本体呈露时，乃自明自见，谓之体认。庄子云："明者，非谓其明彼也，自明而已；见者，非谓其见彼也，自见而已。"故此义极严格。西洋学者从来以向外找东西的态度探索不已，如猎者强烈追求，期有所掳获然。故其所见之体，正是思惟中所构画的一种境界，非果亲证实在而直与之为一也。西洋诸哲学者，其未能的然了解实在与现象为不二者，固是错误。即如柏氏辈观想入微，似有当于吾所谓体用不二之旨，然彼之入手工夫恐终是西洋路数，唯向外探索为务，则彼所见之体，要非如实证见。若尔，则彼之体用不二观虽与吾有其相近，而骨子里究判若天渊，此不容不辨也。体认之意义，吾已略说如前，不独西洋学者功力不同，未必果有此诣，即在宋明人语录中，其于体认一词亦有宽泛的说法。或以寻思义理，反覆含玩，使印解益加深切，谓之体认；或则推寻至竟，瞥然有省，恍悟至理毕竟不可思议，于是旷然若有默喻。以上二种意义，皆与吾前所谓自明自见者，绝不相侔。其后之一种，由推寻至竟而返诸默喻，其所谓默喻，犹是最极微细的观想，非即本体呈露也。本体必离系而始显，以探索为功者，始终有所系也。故彼之体认，非吾所谓体认也。真见体用不二者，说一真湛寂也得，说大用流行也得，说一真湛寂即是大用流行，说大用流行元是一真湛寂，均无不得。此中具无上甚深微妙义，恐柏氏思解所至，未许入实际理地。

又大文云："著者认'心物皆无自体，同为一个整体不同之两方面'，此其说，最近西洋哲学同见及之，如罗素、如杜威、如怀黑德，无不同声否认心物各有自体。心物二元论已成过去。"贤者此段话，从大端趋势上说，固无不可；然各家持论的内容与其根本观念，又当莫不互异。《新论》依本体流行假说翕辟，复依翕辟假名心物，随俗谛则不坏世间相，心物皆许有故；入真谛，则于世间相而荡然离相，乃见一切皆真。诸家果臻斯诣否？

又大文云："著者自认与西洋哲学不同之点，在于本体之认识恃性智而不恃量智，此不唯与柏格森之直觉说有相似处，即柏烈得来亦见及之。柏氏谓'思想仅能运行于有对，而不能运行于无对，思想如与实在一致，即为思想之自杀'。是柏氏亦感觉量智不可恃。"贤者所引柏氏语甚有意思，不悉中文有翻本否？贤者素精于柏氏之学，何不迻译得来？唯云"与柏格森直觉说有相似处"，则期期以为不可。忆昔阅张译《创化论》，柏格森之直觉似与本能并为一谈，本能相当《新论》所谓习气。其发现也则名习心。习心趣境固不待推想，然正是妄相，不得真实。此与吾所谓本体之认识及性智云者，截然不可相蒙。此间黄艮庸等皆于此与吾同其所见。

病瘚初痊，辞不达意，义理不厌求详，非必欲诤一己之是也。

有难："《新论》谓佛家真如只是无为，不许说为无为无不为，即谓真如是无有生化之体，此恐误会。如《金刚仙论》卷三云：'言一切法空者，有为之法，无体相故空。然真如佛性法，万德圆满，体是妙有，湛然常住，非是空法。'据此真如既是妙有，如何说无生化？"答曰：瑜伽家言真如非有非无，以无情计所执相故，说为非有，所执相三字宜深玩，哲学家谈宇宙本体者，种种构画只是其所执之相而已，非可与本体相应。以本非空无故，复说非无。然此与老氏有无之旨实不相近，须各通其全整的意思，而后可辨。吾国唐以前之佛家，多以妙有妙无之旨谈涅槃佛性，"妙有妙无"亦《金刚仙论》语。涅槃佛性乃真如之异名。皆援老以入佛。老氏之学本于《易》，其言无，确非不生化之无，故至无而妙有。佛氏之空，虽本非空无之空，然其所证会特在寂静之方面，故虽言非无，究与老氏所云有者不似。《金刚仙论》，六代时盛行北土，张生德钧考定为流支后学所作，近是。盖曾闻流支之说，而附以老子义，遂成斯论。德钧谓其有符《瑜伽》正说，殊嫌朋比。窥基法师谓此论为南地吴人浪造，非真圣教，不可依据。其斥绝之严如此，盖确守印度佛家本义故耳。基师以"凡情浪作图度"讥《金刚仙论》，则《仙论》妙有之旨违佛经甚明，亦足证余之所说无误会也。

【答友人】冬来山上阴寒的老躯极不适，得来书本不欲答，而此心此理又似不容默然。今就来书，略为疏通，不能细也。

一、来书云："尊《新唯识论》，弟所以始终不发一词者，即在兄认心为有实体一点上，以体用立说，建立本体"等语。弟谓吾"认心为有实体"，此语尚待商量。世学或以宇宙实体离吾心而外在，因向外探索。《新论》故指出实体即是吾之本心，此非外在，更不容向外穷索，要在反求自证，此《新论》之旨也。本心即是实体，而又曰有实体乎？是头上安头也，是妄执也，《新论》何曾如是乎？

二、来书云："弟认为大乘经典凡言心性。就心性本净言心即性、性即心，言如来藏、以及真如、圆成实，乃至菩提、涅槃，都无实体可即也"等语。夫如来藏乃至涅槃，皆实体之异名耳。即此万法实体，自其在人而言是真性故，含万德故，妄法依故，曰如来藏；不可变易故，曰真如；本来圆满，法尔现成，远离虚妄，曰"圆成实"；自性圆明，无迷暗故，曰菩提；常乐我净，曰涅槃。此皆实体之异名，而曰"都无实体可即"，不知胡为下此语也。谁教汝于头上安头耶？设复难云："你言本心即是实体，则本心亦实体之异名也，胡为著一即字？"答曰：吾以世之谈本体者，或向外求索，不悟即自本心，故说即言，以对治妄计，何庸唐难？

吾揣弟之本意，盖根本不承认有所谓万法实体，故以为如来藏乃至涅槃等名都是虚词，并不是实体之名，如此，则佛法竟是空见外道。然佛家诸经论，却无处不力破空见，且曰："宁可我见如须弥山，不可空见怀增上慢"，此何故耶？

弟云："经典凡言心性，就心性本净言心即性、性即心。"此处甚欠妥，欲与详说，老来却不耐麻烦。就所举心性本净一词言之，此中心性之性字，犹云自体，谓心自体本净也，别无他义。若"心即性"云云者，乃对彼不了自心即是与万物同体之实性者而说，此处殊不涉及。

三、来书云："兄谓无著只谈生灭，又谓其始终不见本体。不如《起信论》开一心为真如生灭二门者，诚不敢闻教。何者？凡有言说，都无实义。三藏十二分教文字无非在生灭范围中，何仅无著？如来之所以有'吾四十九年来未曾说一字'，及若谓'我有所说法，是为谤佛，是人不解我所说义'之言者，盖以此耳。夫生灭者何？如幻。如幻者何？本空。即无实体实法。可得，无体，则用又安立耶？今兄乃欲从言教中以求其本体与作用者，将何以把捉到耶？"此段话，真乃宗门所呵为葛藤也。今略提数点答之。（一），吾非谓《起信》开一心以二门为是也，但谓其尚知有真如心，比无著一派说赖耶等八识为贤。由无著之八识说，即舍染得净、而无垢识，犹是生灭法，犹是本有及新熏之无漏种子所生。此无漏种子却不即是真如，故无著无有所谓真如心。易言之，即其学始终不见本体。宗门多尊《起信》，而不依无著一派之学，岂其见地均出老弟下哉！（二），弟云："凡有言说，都无实义"，此真怪极。老迂所知，佛经亦只戒执著言说以取义耳。如说有真如心，你便把真如心当做一件实物来推测，而不知反求诸己，此即执言以取义，无可入道，乃群圣之所共斥。弟所引如来"四十九年未说一字"云云，正对此而发。吾弟不悟斯旨，乃谓"凡有言说，都无实义"，然则三藏十二分教，岂不等于风声鸟语，都无一毫宝义耶？且弟来书洋洋二千余言，既都无实义，何故写与我耶？吾尝谓：佛书，若不善读，只增长混乱。每见佛教信徒开口谈玄说妙，其论调有如俗谚所谓"八方都不着脚"。夫理见极时，唯是证会，诚非言说所可表。故有时说法，若八方都不容着脚者，所以遮戏论耳。但此看就何处说，若一往如此，则成大混乱，而无可救药矣。（三），弟云："生灭者何？如幻。如幻者何？本空。本空即无实体可得，无体则用又安立耶？"此段话，乃是吾弟根本病痛所在，其与释尊意思远隔者正在此。《新论·功能章》上，谈空宗处，弟向不肯降心一玩，此则无可如何耳！夫"生灭者如幻，如幻者本空"，此等语从真谛言之，皆是。但接着云"本空即无实体可得"，斯乃空见外道之谈，岂佛法哉！《大般若经》，无量言说，只是发明生灭如幻本空。但空者，空生灭法也。易言之，即因世间情计，执取宇宙万象而不得透悟实体，故说"生灭法如幻本空"，令其除执，而透悟实体。譬如迷者，于麻所成绳而执取绳相，不了其本是麻，因以种种说法令彼得空绳相，而透悟为麻。此乃方便善巧之极，岂可误会实体亦空？都无所有，陷于空见外道之邪执，自招谤毁大法之罪哉！夫佛家破空见甚严者，非独以其违于理实而已，将有如古诗所云："人生无根蒂，飘如陌上尘"之叹。昔在旧京，与林宰平兄偶谈陶诗："众鸟欣有托，吾亦爱吾庐"，余喟然曰：此二语意义深远极矣，人生若自识真性，乃自得真安稳处，可喻如庐。孟子言："仁，人之安宅也"，亦通此旨。否则如长空孤飞无托之鸟，岂不悲哉！宰平悠然有无限之感。佛法归于证真，儒学极于穷理尽性至命，恶可以躭空为学哉？（四），弟谓吾"欲从言教中求本体与作用"，此则不知果何所谓？吾平生著述与笔札之属，字字从胸中流出，稍有识者，当能知之。吾所为文字，向不肯引古书，有时对流俗须征引旧文，但此等处亦不多。老弟乃谓在言教中用功夫，亦足怪。向者师友疑吾议佛，或谓吾不曾虚怀读书，其实，吾未尝不虚怀也，但如汉儒所谓"存其大体"而已。此中之妙，诚有不可言传者，苟非其人，道不虚行耳，泛博乎为乎。又如陆象山云："六经皆我注脚，未可与言取义"，如言，即执着言说之谓。今老弟所责备者，却又云多着言教何耶？上来就弟前一大段文字中，略提四点，稍有辨说。而第三点主张实体非空，乃是千圣真血脉所在。吾竭吾诚，冀垂察纳，老弟年逾知命，至心求法，何忍自堕空见哉！

　　来书辞甚长，吾老来气力薄，不耐逐文详答，唯所引诸经偈，不得不略为疏释，以与弟相质证也。

　　来书遮拨实体，有云："兄若不谓然，弟姑引教，《华严经》云：'诸法无作用，亦无有体性，是故彼一切，各各不相知。'"

上所引经，弟据之以驳实体，适乃证明吾义。经云"诸法"，首须辨清，此是专目生灭法，不摄无为法也。大乘无为法，即实体之异名。凡情于生灭诸法执为实有，即计为有实作用，有实体性，经故遮之。而说一切法各各不相知，明一切法无有为能知与所知者，即一切法皆空也。然为《华严》持空见乎？非也，乃欲令众生空法相之妄执而透悟毗庐性海耳。性海，谓实体。

《楞伽》云："诸法无体性，而说唯是心，不了于是心，而起于分别"，此经诸法一词解如上。言诸法本无自性，即《大般若》之旨。只是妄想所现。心，谓妄想，亦云妄识，《楞伽》译妄识为妄想。非本心也，此不可混。不了唯妄识所现而起分别，则谓诸法有体性耳，此与上引《华严》意同。

又引《楞伽》云："非幻无有譬，说法性如幻，不实速如电，是故说如幻。"此经中法性一词，非目万法实性，实性即实体之异名。乃谓诸生灭法自性也。自性与实性一词绝不可混视，吾盖尝言之。生灭法者，幻法也。欲明此幻法，非无有譬喻，是故说诸生灭法自性如幻者，以其全不实故，刹那不住、速灭如电，故说如幻。如亦空生灭法相，令悟实性，与前引经义并同。

来书有云："《楞伽》亦言及诸佛体性矣，然其所谓体性者，佛言：大慧，觉二无我，除二种障，离二种死，断二烦恼，是佛体性，又何尝有实体可即耶？"所以，下文又说："虚空涅槃及非择，但有三数，本无体性。此非为执有实体者作师子吼耶？至于《大般若经》，更不待说，全部破有实体，以毕竟空名涅槃，未闻于毕竟空外别有涅槃可得也。"此段话纯是空见外道之谈，不知老弟读佛书何为至此？凡读书法，一不可寻章摘句而解，二须得言外意。《楞伽》言觉二无我乃至断二烦恼是佛体性者，纯从破执或断障而言。意谓吾人如能破一切迷执，断一切障染，则实性自显也。譬如云雾全消，阳光自著也。岂谓执尽障亡便一切都空？全无所有，乃云佛性耶？既是空空，无所有，又何佛性可名耶？"虚空涅槃亦非择"云云，此乃对破小乘妄执耳。夫所云实体者，本无形无相，不可夹杂凡情逐境之想，将实体或涅槃当做一种境界而追求之。小乘厌生死，欣涅槃，妄以涅槃为可欣之境而起贪着，与外道之以妄想所现境为涅槃者，等无有异。故般若崛兴，闵小之执，而为一切扫荡之谈。其语势虽过，要之密意则欲人荡执而自得实性，绝不与空见外道同其痴迷。毕竟空者，谓障染本空耳，岂云实体都空？弟云："未闻于毕竟空外别有涅槃可得"，老迂却谓毕竟空，则涅槃方显。《大般若经》极不易读，若如言取义，恐自绝慧命也。须知《般若》非遮实体，只恐人于实体而作实物想，即是以妄想所现相而认为实体如是，则堕大迷执，《般若》种种斥破者以此。四卷《楞伽》中卷四，申明"离有无、离生灭"之旨，亦然。至云"《涅槃经》说佛性义，以非常非无常为言，似有灵于《般若》《楞伽》"等语。夫《涅槃》言"非常非无常"者，离二倒故。凡情于无常法而计常，是名常倒；于真常法而计无常，是名无常倒。吾弟不能于幻法中见实体，由陷无常倒故。离此二倒，真常妙体，脱然呈显。《毗昙》《般若》而后，方出《涅槃》，机势则然，非有灵与不灵之别也。老弟既一意耽空，不悟真常，则一部《涅槃》破坏不留余地，乃以毁之者赞之，可谓妙哉！又来书举"无我如来藏"语，极赞其妙，然遮拨实体，即如来藏只是空空，全无所有而已。经中何不曰"无我空"，而曰"无我如来藏"耶？夫如来藏即圆成实，但非如外道所执之神我，故曰"无我如来藏"。此皆有明文可证，老弟竟玩弄名言而不反躬自求实际何耶？写此已倦，来书承说虽多，都无义蕴，不及一一作答。唯余尚有一言者：佛家无论何宗，确非无体论，确非空见，但其显体只着重空寂方面，空非空无之谓，详《新论》。而不于体上说生化。《新论·功能章》已说得明白。会不易与变易而为一者，《大易》其至矣哉！是《新论》所取正也。佛门学者，不喻微衷，妄相丑诋，至疑为私心立异，背师非圣。夫"当仁不让"，宣圣自明所志也；"吾爱吾师，吾尤爱真理"，西哲自述本怀也。吾虽不肖，忘情饥渴，矢心斯学六十年矣。其果内无所持而挟私逞异者哉！知我其天，圣犹兴叹，见嗔之烈，自昔然矣，复何怪焉？

新唯识论

【与杨中慎】《新论》明由体成用，而于用上说为一翕一辟。但翕实从辟，即辟为翕主。辟、神也，所以堪为主者，以不舍本体空寂刚健等等德性故。辟不舍本体德性，即于辟而见体；譬如绳由麻成，而绳不舍失麻之形色等德性，便于绳而知其即是麻。于辟而识本体，依此喻易了。见体，一顿。当下即是夐然绝待，离诸系缚。始信万化自我出，官天地，府万物，富有日新，是其充实而不可已也。宇宙人生本来不二，吃紧。相对绝对迷则有分，悟乃融一，迷则陷于相对中，不得与绝对为一；悟则相对即是绝对。此《新论》最旨也。《新论》开合万端，学者不得其要，将当作一套理论看去，反于座下无与，即无着落处，亦即与吾人生活上无关系。望澄怀深究之。

【与张君】贤者引王船山文云："善言道者，由用以得体；不善言道者，妄立一体而消用以从之。人生而静以上，既非彼所得见矣。偶乘其聪明之变，施丹垩于空虚，而强命之曰体。聪明给于所求，测万物而得其形影，则亦可以消归其用而无余，其邪说自此始矣。则何如求之感而遂通者，日观化而渐得其然也。故执孙子而问其祖考，则本支不乱。过宗庙坵墟而孙子名氏，其有能亿中之者哉！此亦言道者之人辨也"云云。吾贤于此段文后评云："言道者当由用以得体，沿流而溯源，船山此论可谓精卓之极。"吾子此语似无不是处，而惜乎其未入细也。吾于此颇有千言万语。老年精力乏，艰于文字，只合略抒吾意。

玄学家言道之宗趣，与求道之涂术或经过是两事，不当混视，言道即著述之事。玄学所究者宇宙本体，万化自有根源，人生自有真性，凭空幻起，无是事故。吾心或万物之本体，明儒以盛言之。佛典中言"诸法实体"或"诸法实相"。详儒佛老三家，曰"天"、曰"道"、曰"真如"，皆本体之名号也。故本体一名，并非近世译之西洋。玄学家如欲作一部言道之书，而或议其立一体便妄，吾不知是书将如何措辞？船山固宗《大易》者，《易》首《乾》《坤》，而曰"大哉乾元，万物资始"，"至哉坤元，万物资生"，试问此是妄立一体否？《大易》开宗明义，若不立体，则《大易》还为言

·406·

道之书否？《论语》首提出一学字，学者觉义，见《白虎通》。觉即心之本体。《大学》首提出"明明德"，《中庸》首提出"天命性道"，此皆妄立一体欤？不独吾先圣古籍，印度大乘亦然。《百法》《明门》总明一切法无我，直下显体，众典皆然，毋须具述。言道之书，原为显示本体，引人穷入无上实际理地，无上者，穷理至此已极，无有更在其上者故，超过一切虚妄分别，故云实际理地。今乃诋以"妄立一体"，此成何义？故从言道之宗趣而谈，船山似忘却玄学之所穷究者为何事。宗极者，庄生云："言有宗，事有君"，事无纲主，何成为事？言无宗要，何得成言？每一种学术中之著述，必有其宗主与要领所在，否则无关于某种学术之发明，何成著述？

若言夫求道之涂术或经过，则玄学家之穷究本体，未有非由用以得体者。但谈至此处，须将体用二名训释明白。吾子尝云："船山此段中所谓体用，指一物之质体与功效。"此解太阂碍在。船山明明曰："言道者，岂是就一物之质体而言体，就一物之功效而言用乎？"船山此文分明是谈形而上，断不可以日常经验中实物的观念去索解也。体，即宇宙本体之体。用者，吾《新论》中所云：言乎本体之流行，状夫本体之发现，是以谓之用。俗所谓现象界者，即依用上立名，非用之外别有现象也。名以现象似嫌执著，名之为用便活泼泼地。吾《新论》谈体用，而不曰实体与现象者，实有深意，此与船山似相符。然船山但偶用之，未尝拿定此意以立说。又《新论》根本大义在"体用不二"，船山亦未悟也。体用二名，义界既定，今还理前言：玄学家究体而果得之，则恶有不由用以得体者乎？人之思想必有所触而发，断未有无所触而凭空去幻想者。幻想亦非凭空起幻，但以其运思无有轨范，不应理道，故呵之以幻耳。若其起想，亦自有由，幻不徒幻，而况玄学家不皆幻想者乎？人生随逐大用流行中，恒触及逝者如斯，讵无根底，譬如临大海洋。谛观众沤新新不住、故故不留，当知自有大海水为一一沤而作根底。尼父川上之叹，触生神悟，微矣妙哉！此就上圣举例，虽凡夫盖亦有之。古诗云："人生无根蒂，飘如陌上尘"，岂谓人生果如陌上尘乎？诚知人生自有

· 407 ·

新唯识论

根蒂耳。古今哲学家断未有凭空忽构想一本体，而不由乎即用求源以生是想者，无端而妄立一体，何有是事？但船山由用以得体之言，吾拟先置一语，曰：由用求体，求之则有得、有不得也。不得而强索之，然后有妄立一体耳。夫求之不得者，仅任理智搆画，而无可实到其境。吾非反理智，但谓不可仅恃此，此中有千言万语说不及。吾意，西哲思辨，须与东圣修养冶于一炉，始可得到本体。船山云："偶乘其聪明之变，施丹垩于空虚，而强名之曰体。聪明给于所求，测万物而得其形影，则亦可以消归其用而无余，邪说自此始。"此自不得而妄搆者言，至为精鉴。古今玄学家不当受此痛棒者，有几何哉！本体非是一件物事，不待外求，反诸吾所以生之理，慎修而实践之，咳唾皆神之所行，逡巡皆理之所著，而况其感通之大者乎？《易·乾》之《象》曰："乃统天"，乾，神也。吾身之神即是宇宙之神，实无有如迷者所执之多神也。天者，无量星云或星体也。举天，即摄一切物；言神者，遍为万有实体无在无不在也。近取诸身，远取诸天地万物，孰发现是？孰流行是？孰主宰是？莫非神也。虽无有乎具有人格之一神或多神，然而莫非神也。吾与天地万物执形固各别，穷神则一体也。故全吾所以生之理，而不没于尘累，神斯著矣。"人生而静以上"，默而识之，何不可见之有？船山云："求之感而遂通者，日观化而渐得其原"，亦此意。故证体犹云见道。必由修养而至，修之严，养之纯，则缘小己而起之私欲感染儒言私欲，佛言感染，亦云杂染。克治尽净，而本体始显。至此，吾人乃别换一头面，不是形气的小己，而是固有无对的真己呈露出来，真己谓本体。方知起万化，应万感，皆是此个。此个谓本体。先儒诗句："等闲识得东风面，万紫千红总是春"，差可形容。学者如了吾此段话，当知见道之见，不是全凭理智思辨工夫可做到此中"见"字也。理智只是推度，思辨只是构画，毕竟与真己不相干，《新论·转变章》后，谈不可思议义，可玩。毕竟导不出真己来。吾平生主张哲学须归于证，求证必由修养，此东圣血脉也。然学者当未至证的境地时，其于宇宙人生根本问题有触而求，必不能不极用思辨，思辨之极，

· 408 ·

而终感与道为二也。则乃反求诸己，而慎修以体之，涵养以发之，始知万化根源毋须外觅。宋人小语云："众里寻他千百度，回头蓦见那人正在灯火阑珊处"，正谓此也。《论语》"学而不思则罔"一章，吾昔与子言者，实错误，尚存《语要》中，今当更正。学者，觉义，即证体之谓学。思者，理智思辨。斯二者不容偏废，如只求证，则一直向上，而于大用流行中一切事物散著者，未尝析观，即于事物不能无迷罔，故曰"学而不思则罔"；宋明儒不免此患。若只任理智思辨，将长困于支离破碎之中，而丧吾固有周圆不滞之神，易言之，即丧吾所以生之理，天下之至殆，孰有甚于此乎？故思矣，而必要归于学。学之言觉，即反己自识本体，乃独立而无匹，自得本体，即游于无待，得故名犹立无匹。周行而不殆，本体至神也，以其在人言之，则曰心。此心周遍流行，随缘作主，试反验之吾身，其非礼勿视听言动者，即可见其主乎吾之一身，随所缘而不可乱也。惟其神也。故玄学者，始乎理智思辨，终于超理智思辨，而归乎返己内证；及乎证矣，仍不废思辨。思辨，后省言思。但证以后之思与未证以前之思自不同，孟子云："如智者若禹之行水也，行其所无事也"，为证后之思言也。证后之思，其神，灵也。何以知证后不废思？孔子以学思互言，故知终亦不废思也。窃意玄学为如何之学，及其亦名为哲学之故，当以《论语》此章之义为权衡。其始终不废思，故是理智的，故谓之哲学；以其归极证体，故谓之玄学。其归极证体也，则由其理智，经修养工夫，涤除其一向在实用方面之杂染，而其本体脱然呈显。本体即是理智之体，理智即是本体之发用。自明自识谓之证，所谓万化根源、万物本命、人生真性，统是此个物事。一极真实一者，无时义；极者，至义、根源义。绝非如宗教虚构之神，艺术由情趣变幻之空灵境界。此为智体分明自证，真真实实，明明了了，不可说为恍惚不可捉摸的神秘。依于智，而不依于情，故即证言，亦是学，而不是宗教与艺术。由此学超越知识之学故，谓之玄学。人生无此学，即梦梦然，是大可惜！总之，玄学亦名哲学，是固始于思，极于证或觉，证而仍不废思。亦可说：资于理智思辨，而必本之修养以达于智体呈露,即超过理智思辨境界,终亦不遗理智思辨。凡吾所云理智者,即克就思辨或推度的作用而目之。《新论》亦谓之量智,他只是作用,而不是体。亦可云此学为思辨与修养交尽之学。吾《量论》未及作,许多重大问题不及讨论。哲学之本务不明,偏尚思辨者,极其能事亦不过如船山所云"测万物而得其形影"。余每谓船山此语甚精,如科学知识,亦不过图摹宇宙,非可穷其底蕴,得其实相。哲学上由思辨构成之理论与科学之图摹无异,本其摹形捉影之所获而构成一套理论,如蛛结网,徒以自缚而已。若其果穷底蕴或睹实相者,虽不得已而假设理论以喻人,固当与形影之谈绝异。但哲学家能如此者,恐古今无几耳!最下,犹不足语于形影,直在书册中作活计,玩枝辞,乐谬论,始乎外铄而终成不可解之内毒。人生自绝于真理,诚可悼也。若其只务修养者,喜超悟,厌支离,即在上资脱然大澈,向下更有事在。其本之一原而显为万事万物者,形影灿然,律则井然,岂得谓一澈其源便无事于斯乎?征事辨物之知,要有致曲一段工夫,致曲,即分析与推求等方法。非可凭一澈而尽悉也。"学而不思则罔",孔子之言可玩也。学是大澈,思便致曲。譬如高飞绝顶,其下千径万壑,未曾周历,终不能无迷罔之感。上资已有此患,劣根则等诸自郐。是故哲学在今日,无论中西,思修似乎两废,来者悠悠,更未知如何耳!